世界传世藏书

【图文珍藏版】

# 哈佛管理全集

马松源⊙主编

第二册

# 九、打造高效和谐团队

管理意味着用思想代替体力，用知识代替惯例和迷信，用合作代替强力。

——彼得·德鲁克

## （一）团队管理需要"人性化"

在德鲁克管理思想中，"人性"是他阐发、论证管理问题的一个重要维度。人是一切管理活动的中心，管理能否围绕"人性"展开，是评价管理成效的重要尺度。

人性即人的本性。文艺复兴后的欧洲思想家把人性看作欲望、理性、自由、平等、博爱等，他们大都从人的本质存在、天然权利等角度来阐发人性。中国古圣先贤则主要从社会伦理角度来阐述人性。孔子说"相近"，孟子说人性善，荀子说人性恶等，都将人性看作是重要的事物来对待。

那么德鲁克所说的人性确切指的是什么呢？事实上，德鲁克所说的人性强调的是人的需要以及作为人的天然权利。他认为，随着知识经济的深入发展，在管理活动中，管理者要"把人当人看"，一切活动要以维护"人性"为中心展开。所以，管理者只有充分认识到人性在管理中的作用，并改变思维方式，将这种理念贯彻到企业的管理和经营活动中去，管理才能适应知识经济时代的需要。在德鲁克看来，管理的前提是认识"人性"，管理的过程是弘扬"人性"，管理的结果是实现"人性"。因而德鲁克所提倡的是一种人性化管理。

孔子

1939年纽约世界博览会的"IBM日"中，老沃森组织了3万人去参加庆典活动。IBM职员乘坐老沃森为他们包下的10列火车浩浩荡荡地从恩地科特工厂驶向纽约。一路上职员们欢声笑语，手舞足蹈，好不快活！然而，当天晚上悲剧发生了，一列满载

IBM 员工家属的火车在纽约地区撞上了另一列火车的尾部，不知有多少人伤亡！此时正是深夜两点，四周一片黑暗。老沃森接到电话，二话没说，一骨碌从床上爬起来，带着他的女儿坐上汽车就向出事地点奔去。火车上的 1500 人里有 400 人受伤，有些人还伤得很严重。还好，没人死亡。此时，天已大亮，老沃森和女儿一整天都留在医院里，与人们谈话，并确保伤员们得到最好的医疗护理。老沃森又打电话向纽约总部发出指示，总部的头头们立即忙碌起来。一些医生和护士源源不断地来到出事地点，一列新安装好的火车把那些没有受伤的人以及受了点轻伤但不妨碍继续乘车的人接往纽约。当他们到达纽约时，IBM 已把纽约人旅馆改造成一座设施齐全的野战医院。老沃森直到第二天深夜才返回曼哈顿，回去后的第一件事就是命令部下为受伤者的家庭送鲜花。许多花店的老板在深夜被从被窝里叫出来，为的是第二天一早把鲜花送到伤员的病房里。

老沃森处理事故的做法中处处透着对员工的关爱，人们从这些关爱中感受到了温暖和战胜悲剧的力量。这件事后人们会变得更团结，更加以 IBM 为荣。假如，老沃森没有出现或没有及时出现在事故现场，事情又会朝着怎样的方向发展呢？显然不会处理得这样圆满，甚至会激发矛盾。

其实，爱是一种管理。管理者们，去关爱你的员工吧。你关爱他们，他们也会爱戴你。这会促进各项管理措施的执行，推动企业更好更快地向前发展。

作为索尼的缔造者和最高首脑，盛田昭夫具有非凡的亲和力，他喜欢和员工接触，经常到各个下属单位了解具体情况，争取和较多的员工直接沟通。稍有闲暇，他就到下属工厂或分店转一转，找机会多接触一些员工。他希望所有的经理都能抽出一定的时间离开办公室，到员工中间去，认识、了解每一位员工，倾听他们的意见，调整部门的工作，使员工生活在一个轻松、透明的工作环境中。

有一次，盛田昭夫在东京办事，看时间有余，就来到一家挂着"索尼旅行服务社"招牌的小店，对员工自我介绍说："我来这里打个招呼，相信你们在电视或报纸上见过我，今天让你们看一看我的庐山真面目。"一句话逗得大家哈哈大笑。气氛一下由紧张变得轻松，盛田昭夫趁机四处看一看，并和员工随意攀谈家常，有说有笑，既融洽又温馨，盛田昭夫和员工一样，沉浸在一片欢乐之中，并为自己是索尼公司的一员而倍感自豪。

还有一次，盛田昭夫在美国加州的帕洛奥图市看望索尼公司的一家下属研究机构，负责经理是一位美国人，他提出想和盛田昭夫合几张影，不知行不行。盛田昭夫欣然应许，并说想合影的都可以过来，结果短短一个小时，盛田昭夫和三四十位员工全部合了影，大家心满意足，喜气洋洋。末了，盛田昭夫还对这位美籍经理说："你这样做很对，你真正了解索尼公司，索尼公司本来就是一个大家庭嘛。"

再有一次，盛田昭夫和太太良子到美国索尼分公司，参加成立 25 周年的庆祝活动，夫妇特意和全体员工一起用餐。然后，又到纽约，和当地的索尼员工欢快野餐。最后，又马不停蹄地赶到阿拉巴马州的杜森录音带厂，以及加州的圣地亚哥厂，和员工们一起进餐、跳舞，狂欢了半天。盛田昭夫感到很开心，很尽兴，员工们也为能和总裁夫妇共度庆祝日感到荣幸和自豪。

盛田昭夫说，他喜欢这些员工，就像喜欢自己家人一样。

依靠索尼高层管理者的这种亲和力，使公司里凝聚成一股强大的合作力量，并借着这么一支同心协力的队伍——他们潜心钻研、固守岗位、自觉负责、维护生产、不为金钱追求事业，勇于开拓他乡异国销售事业，先锋霸主索尼公司才能屡战屡胜，一步一个脚印，在高科技优新产品开发上，把对手一次又一次地甩在后面。

人人都想让别人听自己的话，而不愿听别人的话，所以管人难。既然知道了这一点，我们就要学习"治人事天"的方法。所谓"治人事天"就是治理人事关键在于抓住人心。所以，好的管理者不按自己的主观意愿行事，而是集思广益，尊重员工的意愿，建立领导与下属之间的互信机制。

从管理的人本思想出发，要反对一味地追求法制。片面地追求法制，只会把企业逼上绝路。正如老子说："民不畏死，奈何以死惧之？"当人到了死都不怕的时候，你还能使出什么高招呢？何况在企业的管理中，法制管理最多只不过开除而已。这是一个企业和人才双向选择的时代，老板可以"炒"员工，员工也可以"炒"老板。靠硬性的管理不可能维系人心，只能采用无为管理的方略，以柔制胜，以弱服人。

"民不畏威，则大威至。"片面地追求法制，极易激化矛盾。这种矛盾往往是潜伏的，管理者一般不易觉察，尤其是对于那些习惯使用"大棒"的管理者而言。他们往往只会看到一种表面假象：法制很灵，人们在"大棒"面前表现得很听话，管理得很有序。其实，潜伏的矛盾就像一座即将喷涌的岩浆，就像一堆即燃的柴火。岩浆一旦喷涌，柴火一旦点燃，企业的管理即刻就会由有序变为无序，由治变乱。这种变化速度之快，往往超出人的想象。因此，在法制管理中，执法、行罚，绝不是管理的最终目的，只是"不得已而用之"的应急措施。

那么，要怎么做呢？老子说过："爱以身为天下，若可托天下。"意为如果能以爱护自己身躯那样去爱天下人，那么就可将天下托付给他。对于企业的管理者而言，如果能像爱自己那样去爱员工，必然可以获得员工的心，激发他们的工作积极性。作为管理者，如果真心爱护员工，就要做到"无常心"，"以百姓心为心"。

## （二）满足下属的精神需要

德鲁克认为，精神激励和物质激励作为两种激励方式，管理者要灵活使用。当物质激励失效的时候，应该从精神需求的角度对员工进行激励和满足，从而激发员工的工作热情，达到激励的效果。

美国钢铁大王安德鲁·卡耐基选拔的第一任总裁查尔斯·史考伯说："我认为，我那能够使员工鼓舞起来的能力，是我所拥有的最大资产。而使一个人发挥最大能力的方法，是赞赏和鼓励。""再也没有什么比上司的批评更能抹杀一个人的雄心。……我赞成鼓励别人工作。因此我乐于称赞，而讨厌挑错。如果我喜欢什么的话，就是我诚于嘉许，宽于称道。"这就是史考伯的做法。史考伯说："我在世界各地见到许多大人物，还没有发现任何人——不论他多么伟大，地位多么崇高——不是在被赞许中工作成绩更佳、更卖力气的。"史考伯的信条同安德鲁·卡耐基如出一辙。卡耐基甚至在他的墓碑上也不忘称赞他的下属，他为自己撰写的碑文是："这里躺着的是一个知道怎样跟他那些比他更聪明的属下相处的人。"

在我国也不乏善用保龄球效应的公司。中国石化江钻股份公司热处理车间通过书写赞美词的方式总结员工成绩，并将赞美词做成贺卡送给员工，意在激励员工，构建和谐向上、积极进取的团队氛围。

"凭巧手一双描绘产品，借灵心一颗理解人生。工作兢兢业业，待人诚恳热情。从严要求自己，以身作则……"这是江汉油田江钻股份公司热处理车间一次部门周会上发布的写给某一员工的赞美词。赞美词由该车间主任写，支部书记念，员工猜谜。这种形式的活动已成为该公司热处理车间周会上的一项重要内容。

这个创意来源于该车间主任潘泽民在看了中央电视台《感动中国》栏目后的启发。怎样捕捉员工的闪光点激励员工？怎样营造和谐向上、积极进取的团队氛围，进行正确有效的导向？从 2006 年 11 月中旬开始，车间利用周会这个沟通平台，为每周表现突出的员工编写"赞美词",采用"赞美词"竞猜这一形式来进行表扬,"感动领导""感动员工""感动自己",以此激发员工的成就感和自豪感。

赞美词语言通俗,文字朴素,其内容来源于近期某员工的一些好的表现。许多员工因此非常关注身边涌现出来的典型事迹,积极参与赞美词主人公的竞猜活动。2007年,该车间将"赞美词"竞猜纳入车间长期坚持的重要工作内容之一,并成为车间周会的第一项会议内容。车间主任每周收集近期表现突出员工的相关信息,编写"赞美词","赞美词"只描述员工事迹和某些亮点特征,不直接点名,在周会上由车间党支部书记朗读,由参加周会的员工进行竞猜,对猜中者车间给予一张十元面值的激励券,形成了"主任写、书记念、员工猜"的特色。

形式活泼新颖的"赞美词"竞猜活动受到了热处理车间员工的充分肯定和积极参与,"赞美词"竞猜活动,不仅使车间广大员工工作成绩得到及时肯定,而且还为车间其他员工树立了榜样,形成良好的文化氛围。

在一个企业中,当员工们有所付出时,当他们接受工作指派时,当他们取得成果时,他们往往渴望别人,特别是领导者的尊重和认可。作为一名领导者或管理者,首先应当作到的就是能够留意下属出色的工作,并加以赞许,满足他们的精神需求,这样做的结果往往能给企业带来巨大的收益。

姜爽大学毕业后被一家中日合资企业聘为销售员。工作的头两年,他的销售业绩确实不敢恭维。但是,随着对业务的逐渐熟练,又跟那些零售客户搞熟了,他的销售额就开始逐渐上升。到第三年年底,他根据与同事们的接触,估计自己当属全公司销售的冠军。不过,公司的政策是不公布每个人的销售额,也不鼓励相互比较,所以小姜还不能被肯定。

去年,小姜干得特别出色,到9月底就完成了全年的销售额,但是经理对此却没有任何反应。尽管工作上非常顺利,但是小姜总是觉得自己的心情不舒畅。最令他烦恼的是,公司从来不告诉大家谁干得好干得坏,也从来没有人关注销售员的销售额。他听说本市另外两家中关合资的化妆品制造企业都在搞销售竞赛和奖励活动。那些公司的内部还有通讯之类的小报,对销售员的业绩做出评价,让人人都知道每个销售员的销售情况,并且要表扬每季和每年的最佳销售员。想到自己所在公司的做法,小姜就十分恼火。

不久,小姜主动找到日方的经理,谈了他的想法。不料,日本上司说这是既定政策，而且也正是本公司的文化特色，从而拒绝了他的建议。

几天后，令公司领导吃惊的是，小姜辞职而去，听说是给公司的竞争对手挖走了。而小姜辞职的理由也很简单：自己的贡献没有被给予充分的重视，没有得到相应的回报。

正是由于缺乏有效、正规的考核，这家公司无法对小姜做出肯定与赞美，并且给予相应的奖励，才使公司失去了一名优秀的员工。

其实我们每个人都渴望别人的赞美和夸奖。林肯曾经说过："每个人都希望得到赞美。"著名的美国心理学家威廉·詹姆斯发现："人类本性中最深刻的渴求就是赞美。"这是人类与生俱来的本能欲望。所以，能否获得称赞，以及获得称赞的程度，变成了衡量一个人社会价值的标尺。每个人都希望在称赞中实现自己的价值。

对某个人在团体中的优良成绩，千万别忘了利用机会予以肯定。一方面，当某个人做某件事做得很好时，应该得到赞许。另一方面，赞许是对其行为的进一步肯定，可以激励他朝着正确的方向继续努力。

在美国《时代》周刊的一次调查中，有人与美国著名的企业——惠普公司的 20 位高级管理人员进行了面谈，其中的 18 位都主动提到，他们公司的成功，靠的是以人为本的宗旨。而惠普公司的创始人比尔·体力特说，关怀每位员工并承认他们的成就，目的就是让每位员工按照自己的特点来调整工作时间。他还强调："我们公司内部的上下级之间彼此都很随便，可以不拘礼节，不冠头衔。"

我们对此还可以举出很多例子，总之，那是一种精神，一种观点，一种建立在人本基础上的观点，让下属感到自己是集体中的一部分，而这个大集体就是惠普。总之，我们的公司不能办成"用人时就雇，不用时就辞"的企业。

事实上，惠普的领导人也正是这样做的。正像他们所说，在 20 世纪 70 年代的经济危机中，惠普利润大幅度地衰减，但公司内部并没有裁一个人。全体员工，包括总裁体力特本人在内一律减薪 20%，每个人的工作时数一并减少了 20%，结果惠普不但保证了全体员工无一失业，而且最后顺利地度过了这次危机。

可见一个成功的管理者，要懂得满足下属的精神需要，只有这样，下属才能听从你的领导，努力工作。而且作为管理者一定要谨记：下属并不是机器上的零件，而是和你一样的人。

## （三）金钱不是激励员工的唯一办法

德鲁克认为，很多企业领导都会犯一个大错误，即把金钱当成激励员工的唯一办法。他们把金钱加股息当成了万能的激励方法，但金钱并不能起到持久激励的作用。在现代知识型员工越来越多的情况下，员工们更多的是追求成就感，希望被组织安排挑战性的工作，同时得到组织的认可和尊重。

IBM 公司在员工激励方面，有着独到的见解。

为了充分调动员工的积极性，采取了多种奖励办法，既有物质的，也有精神的，从而使员工将自己的切身利益与整个公司的荣辱联系在一起。

该公司有个惯例，就是为工作成绩列入前 85% 以内的销售人员举行隆重的庆祝活动。公司里所有的人都参加"100%俱乐部"举办的为期数天的联欢会，而排在前 3% 的销售人员还会荣获"金圈奖"。为了表示这项活动的重要性，选择举办联欢会的地点也很讲究，譬如到具有异国情调的百慕大或马略卡岛举行。

有一个曾获得过"埃米"金像奖的电影制片人参加了该俱乐部 1984 年的"金圈奖"颁奖活动，他说 IBM 组织的每日"轻歌剧表演"具有"百老汇"水平。

当然，对于那些有幸多次荣获"金圈奖"的人来说，就更能增加荣耀感，有几个"金圈奖"获得者在他们过去的工作中曾 20 次被评选进入"100%俱乐部。"

此外，在颁奖活动期间，还要放映获奖者本人及其家庭的录像片，让人们更了解获奖者的生活，并且把这种荣誉感带给获奖者的家人。

颁奖活动的所有动人情景难以用语言描绘，特别应指出的是，公司的高级领导自始至终参加，这更激起人们的热情。此外，该公司有时还会花样翻新地做出一些出人意料的决定，以调动员工的积极性和增加公司的凝聚力。有一个员工的业务名片上有一面蓝颜色镶金边的盾牌，这是他 25 年工龄荣誉徽章的复制图样，同时上面还印着烫金的压纹字："国际商用机器公司 25 年忠实的服务"这就巧妙地告诉你，公司感谢你 25 年的努力工作。员工拿着这张名片，可以同认识他的每一个朋友分享这一荣誉。

用这种荣誉来奖励优秀员工，有时比物质奖励的作用更大，因为荣誉在员工的心目中激起的感情波澜是巨大无比的。

摩托罗拉公司的创始人高尔文有一句名言："对每个人都要保持不变的尊重。"公司总裁每周无论工作多繁忙，都会抽空给员工写一封信，把自己一周的工作及生活状况告诉员工，包括会见的客户、做了什么事情，甚至他这周陪孩子去游乐园也会在信中写给员工。

总裁不是以高高在上的口气与员工对话，而是以一个普通朋友的身份，把自身的经历、经验告诉员工，并在信中常叮嘱员工要关心自己的家庭等。为了推动"肯定个人尊严"活动，每个季度，员工的直接主管都会与员工进行单独面谈，交流思想与感受。

摩托罗拉天津分公司有一份人力资源部主办的人人皆知的《大家庭》报，该报的主旨就是服务员工，信息相当丰富且与员工息息相关。报上有内部招聘信息、培训机会、有关部门员工问题的解决情况反馈、各项福利的规定和具体数量、薪资调整问答等。

报上的事情琐碎得不能再琐碎，但却是员工最关心的问题，报纸的义务就是提供公司和员工交流、员工和员工交流的平台，处处反映公司以人为本的理念。员工担心的问题一定会有人管，而且会将处理结果公布在报纸上。

美国哈佛大学心理学家的一项研究证明，员工在没有激励的情况下，他的个人能力只发挥了 20%，而在开发和激励以后，他的潜能会发挥到 80%。这意味着只要员工受到充分的激励，你的团队在不增加一个人、不增加一件设备的情况下，团队的整体绩效就可以提高四倍。激励不仅是重要的管理手段，而且是一门高深的管理艺术。管理者对下属的激发和鼓励，会使他们发挥更大的积极性和创造性。激励的方法虽然多种多样，但大体上可划分为如下几个类型：

（1）形象激励。

形象激励，主要是指领导的个人形象对被管理者的思想和行为能够起到明显的激励作用，从而推动各项工作的开展。管理者的一言一行往往会影响下属的精神状态。管理者形象是好是坏，下属心中自有一杆秤。如果管理者要求下属遵守的，自己首先违法；要求下属做到的，自己总是做不到，他的威信和影响力就会大大降低，他的话就会失去号召力，下属将会表面上服从，而背后投以鄙夷的眼光。而管理者以身作则、公道正派、言行一致、爱岗敬业、平易近人，就会得到下属广泛的认可和支持，就能有效地督促下属恪尽职守，完成好工作任务。因而管理者应把自己的学识水平、品德修养、工作能力、个性风格贯穿于处世与待人接物的活动之中。

（2）情感激励。

情感，是人们情绪和感情的反映。情感激励既不是以物质利益为诱导，也不是以精神理想为刺激，而是指管理者与被管理者之间的以感情联系为段的激励方式。管理者和被管理者的人际关系既有规章制度和社会规范的成分，更有情感成分。人的情感具有两重性；积极的情感可以提高人的活力；消极的情感可以削弱人的活力。一般来说，下属工作热情的高低，同管理者与下属的交流多少成正比。古人云"士为知己者死，女为悦己者容"，"感人心者，莫过于情"。有时管理者一句亲切的问候，一番安慰话语，都可成为激励下属行为的动力。因此，现代管理者不仅要注意以理服人，更要强调以情感人。要舍得情感投资，重视与下属的人际沟通，变单向的工作往来为全方位的立体式往来，在广泛的信息交流中树立新的领导行为模式，如家庭、生活、娱乐、工作等。管理者可以在这种无拘无束、下属没有心理压力的交往中得到大量有价值的思想信息，交流思想感情，从而增进了解和信任，并真诚地帮助每一位下属，使团体内部产生一种和谐与欢乐的气氛。

　　（3）信心激励。

　　很多时候下属可能对自己缺乏信心，不能清楚地认识和评价自己，尤其是对自己的能力，往往不清楚自己的优势和劣势以及实现目标的可能性有多大。因此，下属需要外界尤其是自己信赖的、尊重的、敬佩的人的鼓励，而来自上级的鼓励则更加可贵，它意味着上级会给自己提供成功的机会和必要的帮助，这无疑会激发下属的需要和激励下属努力进取。因此管理者应努力帮助下属树立"人人都能成才"信心，让下属看到希望，扬起理想的风帆。下属有了信念、动力和良好的心态，就能激发出巨大的创造力。正像一句广告词说的那样："只要有激情，一切就有可能。"

　　（4）赏识激励。

　　赏识是比表扬、赞美更进一步的精神鼓励，是任何物质奖励都无法可比的。赏识激励是激励的最高层次，是领导激励优势的集中体现。社会心理学原理表明，社会的群体成员都有一种归属心理，希望能得到领导的承认和赏识，成为群体中不可缺少的一员。赏识激励能较好地满足这种精神需要。

　　管理者在管理上一定要有"双赢"意识，将员工的收益与企业利益紧紧捆绑起来。针对员工的所需给予激励，以此来激发员工的内在热情，发挥出最大潜能，提高工作效率，为企业创造更多利益。

## （四）成功靠的是团队，而不是个人

德鲁克曾经说过："企业成功靠的是团队，而不是个人。"一个民族如果缺失团结将成为一盘散沙，一家企业如果没有团队精神也将无所作为。在这个充满竞争的商业社会里，单打独斗的时代已经过去，想要成功需要一个高效的团队，企业的核心竞争力就是拥有经过有效磨合的团队。

只有拥有强大、不可战胜的团队，每一个员工才能将个人潜力发挥到极致，才会在工作中脱颖而出；企业才会在竞争中保持基业长青、蓬勃发展。个人和企业才能够成为真正的赢家。

团队每个成员要想成功，就必须具有团队精神，确保团队成员思想统一、认识统一，才能心往一处想、劲往一处使，进而促进团队整体向着共同目标前进。力量来自协作，力量来自团结，团队塑造奇迹。

对于中层管理者来说，自己的业绩就是整个团队的业绩，只有将这个团队运作好，发挥出团队的作用，管理者才能提高自己的绩效。团队的作用是无穷的，企业的经营发展离不开一个个团队的工作，作为管理者，必须首先了解到团队的重要性，使团队里的每个人都发挥自己的优势，同时，有着共同的目标，并在这一目标下形成坚不可摧的团队精神。

在1998年世界杯赛前，艾梅·雅凯告诫法国球员："要么22名球员一起赢得世界杯，要么大家一起被踢出赛场。"毫无疑问，在赢与输的选择中，不是由一两个人决定的，也不能仅靠赛场上11位出战的队员，而应由包括替补队员在内的22名球员共同努力来争取胜利。倘若有一个人开小差，偏离了团队这个航道，球队就会招致危险，甚至全军覆没。

让我们来看看1998年世界杯得主法国队是如何众志成城，迎战巴西队的。开赛前，更衣室里出现了少有的凝重，每名队员都全神贯注地投入赛前准备，他们驻足于战术讲解图前认真领会个中指令，有时互相讨论一下，交换彼此的看法，他们已做好了充分的心理准备，一个个精神抖擞，信心十足，一股强大的凝聚力把所有球员变成了一颗即将发射出去的子弹。

上半场比赛精彩绝伦，齐达内连进两球，当然，这不仅显示出他个人高超的球技和惊人的力量，也是集体智慧与合作的结晶，是集体力量有效发挥的成果。中场休息时，队长迪迪埃·德尚为了防止队员松懈轻敌，大声鼓动道："小伙子们，别激动！还有45分钟的苦战，他们肯定会向我们发起猛攻，但我们绝不能松劲，绝不！"每个队员的斗志被煽动起来了，他们齐声高喊："我们绝不松劲！"

下半场开战了，巴西队咬得很紧，双方打得难分难解。终场前20分钟，进入了迎战巴西队最顽强的反攻时刻，不幸的是，法国队一名球员因犯规被罚下场。面对突如其来的变故，必须给球队找到新的平衡点，于是，教练雅凯对战术稍做调整，在人员上也做了相应的替换，每个队员可谓"一切行动听指挥"，完全服从教练的调度。接下来就是罚角球了，这次行动堪称经典，无论是初时的站位，还是后来的传球、队员之间的配合，以至最后的射门，都处理得如此完美精妙。用一句话来形容就是：娴熟的集体球技、勇往直前的拼搏精神、竞技中的流畅严密、配合的默契协调。可以说，法国队最后的那一粒进球完全是一个集体入球，当属团队精神的大展示。

无怪乎，赛后媒体盛赞道："这无不充分展现了法国队的精神风貌——思想觉悟高，组织纪律严明，团队合作意识强，作风好、技术硬、敢打敢拼……"

虽然射球入网，破门得分的那个球员功劳巨大，堪称"赛场上的英雄"，但英雄的背后却有无数个支撑他的力量。正如雅凯所言："他之所以表现得如此出色，是因为有我们强大的集体做他坚实的后盾，是其他队友正在用身体抵挡对方的进攻和破坏，帮他扫清了前进道路上的障碍，才使他无后顾之忧地往前冲，并突破了个人能力极限。"

有这样一句名言："没有一只鸟会升得太高，如果它只用自己的翅膀飞升。"微软现任CEO史蒂夫·鲍尔默也说过类似的话："一个人只是单翼天使，两个人抱在一起才能展翅高飞。"无论是自然界的鸟儿，还是我们人类，想要飞得高，想要有所成就，离不开他人给你的推升之力。如果人与人之间都能相互借力、彼此提携，那么，大家前进的步伐会整体加快，成功指数也会比单打独斗、孤军奋战时高得多。同样，倘若企业每个成员都能互信团结，都具有分享与协作的意识，并有为集体奉献的精神，那么，企业的竞争力则会大大提高，获胜也就成为一件必然的事了。

联想集团曾被柳传志解释为"一个人与别人相比，比人家弱，合在一起就比较强"的企业。这一点，在联想汉卡的成功研制上得到了最佳体现。

当时，研究队伍的实力相当雄厚：首先，设立了直接从事汉卡研究的一个近十人的小组；其次，柳传志还专门请来倪光南，充分利用他在中文信息处理技术方面的特长，完成将汉字系统向PC移植的工作，把汉字系统集成到一块芯片上，不到半年时间就研制成了第一块汉卡；再次，就是让数十名具有研究员、副研究员职称的专家带领一支上百人的队伍，分别负责采购、生产、销售、培训和维修等工作环节，各尽所长。这样一个队伍终于使联想汉卡的研制工作取得了全面成功。

在培养人才方面，联想也特别注重协同作战能力的训练。

1994 年，联想成立了总裁办公室，把一些在各方面有良好可塑性的人才招集到总裁办，其中有一线业务部经理、职能管理部门的经理。在这里，大家一起讨论总裁需要决策的项目，一起议事，逐步在脾气秉性和价值观上融合，在能力上尽可能互补，形成一个团结有力、有机高效的工作班子，为将来极有可能管理整个公司做前期准备。

团队精神就是一个人与别人合作的精神和能力，是一种职业精神。在社会分工越来越细的今天，合作已经是天经地义的事了，也是公司发展的必要前提。俗话说：人多力量大，这是真理。我们要独立完成一件工作已经是一件吃力不讨好的事情了，现在有许多的事通过团队就会轻而易举地解决。团队还会帮助你渡过最艰难的时候，帮助你解决危险。

团队建设的核心精神，简单来说就是要有大局意识、服务精神。尊重个人的兴趣和成就。核心是协同合作，最高境界是全体成员的向心力、凝聚力，反映的是个体利益和整体利益的统一，并进而保证组织的高效率运转。团队精神的形成并不要求团队成员牺牲自我，相反，挥洒个性、表现特长保证了成员共同完成任务目标，而明确的协作意愿和协作方式则产生了真正的内心动力。团队精神是组织文化的一部分，良好的管理可以通过合适的组织形态将每个人安排至合适的岗位，充分发挥集体的潜能。如果没有正确的管理文化，没有良好的从业心态和奉献精神，就不会有团队精神。那么，怎样才能具备团队建设的核心精神呢？

首先，要树立共同目标。

目标的一致性，是团队建设的基石。一个企业只有在其所有成员对所要达到的整体目标一致的肯定和充分的认同，才能为之付出努力、最终共同实现目标。而我们的企业尤其是小型企业，奋斗目标的不确定性往往是导致最终失败的主要原因之一。目标的不确定、方向感的缺失使企业高层与中层之间、中层与基层之间出现了严重的信息与沟通的断裂并由于引发了价值观的分歧，失败的计划、目标、团队建设由此而生。事实上每个人都必须忠诚于自己的团队，忠诚于自己的事业，做好自己的本职工作，为共同的目标不懈努力。如果你不拍翅膀，他不拍翅膀，这个团体还会存在吗？又如果大家都朝着不同的方向拍翅膀这个团体还会称之为团体吗？而个体间的生存空间和高度还会有多少？

其次，要重视团队协作。

协作的优劣，是团队建设的关键所在。在一个企业里，会以企业为单位、部门为单位、小组为单位，分别存在不同的大小团队。企业为这三个团队中的核心团队，而企业的整体利益必然也必须成为任何一个小团队的利益中心，所有的行动的指南。在现在的企业团队中以销售团队最具代表性，为了个人、小集体、区域、部门的部分私利而置整体大局于不顾，大到业界之间、企业之间，小到部门之间、同事之间相互倾覆、抢单、抢户、杀价，使整体销售业绩急剧下滑、产品含金量大打折扣、利润空间严重缩水。飞行中，大雁们的相互协作一则是为了种群的生存，二则是为了提高团体的也是每个个体的飞行高度；而我们部门之间协作也正是为了提高工作绩效和产品利润，正所谓殊途同归！如果一根手指可完成整个手的日常工作，那么我们只需要一根手指就可以了，还要双手做什么？难道是仅为了美观吗？

第三，准确的角色定位。

准确的自身角色定位，是团队建设重要砝码。事实上无论是一个企业、一个部门、一个小组想要共同创造出优良绩效，对于每一个个体都会做出一个准确的定位。而最终导致绩效不佳的原因很大程度上是员工对自身在组织中的定位缺乏认识，以至于定位不准、不足、不对，最终没能发挥应有的作用，没能尽到应尽的职责，反而起到了不够积极的作用，更有甚者起到了副作用。大雁飞行中的角色定位和角色互换，使整个团队始终保持着飞行的稳定性和高度而且使每个团队成员都充分的投放到团队之中来。而现实工作中的角色定位，不仅可以使员工更为清醒地认识自己，更有利于发展、培养、锻炼自己的所长、更是为了充分提高团队的综合实力。俗话说："尺有所短，寸有所长"。如果全部都是将军，谁来打仗？反过来，如果全部都是士兵，谁又来指挥？

第四，要做到相互激励。

相互间的激励，是团队建设中的精髓。在职场上最好把共事的伙伴变成啦啦队，快乐、阳光的工作则是成功的最好助手，工作伙伴散播的有利消息远远比你个人所做的努力更有助于你职业生涯的发展。而相互间的激励更容易在心与心之间产生共鸣、达成默契，从而形成团结、向上的整体工作氛围。雁群间的友爱和激励，可以大大提高种群的生存空间与概率。其实在激励别人的同时，对自己何尝不是最好的激励。就如净化别人是对自己灵魂最好的洗礼一样。相互间的配合、帮助、激励会使我们更容易地攻克难关和通向成功。

综上所述，高效的团队离不开良好的团队建设。如今，激烈的市场竞争在企业的每一个成员身上扩展和深化，个人的力量已微不足道，团队制胜才是决胜市场的法宝。而团队的效率的提升，有赖于团队成员的个体优势得以充分发挥。在合作的过程中，只有发挥每个人的特长和智慧，才能快速高效地完成目标任务。所以，企业管理者必须善用团队的各种资源，即通过每个人相互作用形成合力，并使这个合力达到最大，才能在有限的资源下创造最佳的工作绩效。

## （五）团队合作是凝聚力的源泉

管理学家彼得·德鲁克曾说："现代企业不仅仅是管理者和下属的企业，而应该是一个团队。"松下幸之助也曾经说过"管理企业就是管理人"。所以企业之间的竞争，说到底就是人的竞争。作为一个领导，如果只是"我要成功"，将会越来越不能适应当前日渐激烈的商战；只有强调"我们成功"，才能使企业立于不败之地。

众所周知，通用电气的杰克·韦尔奇是全世界薪水最高的首席执行官（CEO），被誉为全球第一CEO。1981年韦尔奇入主通用电气后，在短短20年时间里，使通用电气的市值增长了30多倍，达到了4500亿美元，排名从世界第十位提升到第二位。就是这样一位商界泰斗，在他的《杰克·韦尔奇传》"作者的话"中这样写道："我承认，我讨厌不得不使用第一人称，因为我一生中所做过的几乎每一件事情都是与他人一起合作完成的。然而，你要写一本这样的书，却必须使用'我'来进行描述，尽管实际上它是应该由'我们'来承担的。所以，请读者们注意，你们在书中的每一页看到'我'这个字的时候，请将它理解为我所有的同事和朋友，以及那些我可能遗漏的人们。"

从韦尔奇坦诚的告白中，不难看出，一个企业不是仅仅只有高层那几个灵魂人物就能成就伟业，也需要形成中层强有力的团队，更需要普通员工的团队精神。

一个外企招聘员工，不少人前去应聘。应聘者中有本科生，也有研究生，他们头脑聪明、博学多才，是同龄人中的佼佼者。聪明的总经理知道，这些学生有渊博的知识做后盾，书本上的知识是难不倒他们的，于是，总经理就要求人力资源部策划了一个别开生面的招聘会。

招聘开始了，总经理让前六名应聘者一起进来，然后发了15元钱，让他们去街上吃饭。并且要求，必须保证每个人都要吃到饭，不能有一个人挨饿。

六个人从公司里出来，来到大街拐角处的一家餐厅。他们上前询问就餐情况，服务员告诉他们，虽然这儿米饭、面条的价格不高，但是每份最低也得3元。他们一合计，照这样的价格，六个人一共需要18元，可是现在手里只有15元，无法保证每人一份。于是，他们垂头丧气地出了餐厅。

回到公司，总经理问明情况后摇了摇头，说："真的对不起，你们虽然都很有学问，但是都不适合在这个公司工作。"

其中一人不服气地问道："15元钱怎么能保证六个人全都吃上饭？"

总经理笑了笑说："我已经去过那家餐厅了，如果五个或五个以上的人去吃饭，餐厅就会免费加送一份。而你们是六个人，如果一起去吃的话，可以得到一份免费的午餐，可是你们每个人只想到自己，从没有想到凝聚起来，成为一个团队。这只能说明一个问题，你们都是以自我为中心、没有一点团队合作精神的人。而缺少团队合作精神的公司，又有什么发展前途呢？"

听闻此话，六名大学生顿时哑口无言。

由此可见，团队合作的重要性。现实生活中，团队合作其实不需要花费我们很多的时间与精力，但却往往能够取得很大的成就。了解这一点后，我们一点也不感觉奇怪，为什么有许多人在公司里独行独立，而使自己的工作变得一团糟的原因。

我们都应该认识到，只有有了团队才会有我们个人，只有公司发展了，个人才会从中受益。唯有大家同心协力地发挥团队的力量，才能让大家一同向前迈进，个人也才能发挥自己最大的力量，去实现自己的理想与抱负。这正如一位老板对员工们告诫的那样："这个世界是瞎子背着跛子共同前进的时代！"

然而遗憾的是，在现代社会里，很多人却忽略了团队的力量。要么好大喜功，认为自己"天下第一"，无须别人的帮助；要么在工作中遇到困难时，喜欢独自一人逞强蛮干，从不和其他同事沟通交流。其实，这种认识是极其片面和错误的。在专业化分工越来越细的今天，单靠一个人的力量是无法应付工作中的方方面面的。虽然一个人凭自己的能力可能取得一定的成就，但如果你把自己的能力与他人的能力结合起来，那么结果绝不会是"1+1=2"，而可能是"1+1>2，……"团结的力量无坚不摧，这是一个浅显、而很多人又拒绝接受的道理。如果你具有良好的合作精神，无形之中就会大大提高你的工作业绩。

作为整个工作流程中的一个单一个体，只有把自己完全融入团队之中，凭借团队的力量，才能完成自己所不能单独完成的任务。一位颇有影响的公司老板认为，明智且能获得成功的捷径就是充分利用团队的力量。当一名员工在工作中表现出自负和自傲时，他的工作进度就显得缓慢和困难重重。这样的结果是老板最不愿看到的。因此，这也对他自己有百害而无一利。

公司的发展最终靠的是全体人员的积极性、主动性、创造性的发挥，每个人充分展现自己的聪明才智，贡献自己的力量。

## （六）尊重你的每一个员工

人是企业最重要的资产，因此，德鲁克认为，管理者必须尊重每一位员工。尊重并不单单是一种礼貌的要求，更重要的是基于这样一个理念：员工才是企业真正的主人。

松下幸之助认为，不论是企业或是团体的管理者，都要尊重员工，使属下能高高兴兴、自动自发地做事；要在用人者和被用人者之间建立双向的沟通，也就是精神与精神、心与心的契合。

因此，当你指挥员工去做事时，千万不要以为只要下了命令，事情就能够达成。做指示、下命令当然是必要的，然而，同时你也必须仔细考虑，对方接受指示、命令时会有什么反应？你是否尊重他？

只有充分地站在被管理者的位置上思考管理，管理才能产生实际效力。在企业中，管理者和员工就像一对天生的"仇敌"，他们似乎处在矛盾的对立两面，永远无法调和。在工作中，大多数人都抱怨过老板忽视自己的意见，用指挥、命令的方式来行使领导的权力，甚至经常无情地批评与训斥下属。同样，老板对员工也经常感到不满意，他们认为员工不服从管理、不遵守制度、生产技能不够、懒惰、效率低下等。对于这种冤家似的矛盾，美国学者肯尼思·克洛克与琼·戈德史密斯曾在合著的《管理的终结》中分析指出，管理的终结不应是强迫式的管理，即利用权力和地位去控制他人愿望，而应是用自己的魅力去感染他人。

在感染力方面，美国国际电报电话公司（ITT）总经理哈罗德·杰尼绝对是一个表率。从 1959 年起，杰尼在 ITT 的总经理位置上稳坐了 20 年之久。在杰尼任职期间，

ITT 创造了连续 58 个季度利润上升的记录——十几年来，每年都以 10% 的增长率上升，不论是经济萧条还是上升时期。这样的业绩一次又一次震惊了华尔街。

杰尼成功的因素有很多，但很重要的一点就是：用热情感染员工。

在杰尼的心中有一个目标，就是要建立一个世界上创利最多的公司。而他的行动也证明了他的热情和干劲：他有着惊人的精力、天生的热情、敏捷的头脑，一天在办公室工作 12~16 小时是常事。不仅如此，而且回家还要看文件。他的废寝忘食、不遗余力地工作，使公司所有的人都受到了感染，热情高涨，大多数员工都非常努力。

杰尼说："作为一个领导，激发部下干出好成绩的最好方法在于平时用一言一行使他们相信你全心全意地支持他们。"为此，他把难度极高的工作分派给下属，激励他们挑战原本可望而不可即的高峰。一旦下属出色地完成任务，杰尼一定会大加赞赏，而且总是称赞得恰如其分：如果下属是因为聪明而完成任务的，杰尼就会赞赏他的才智；如果下属是靠苦干而成功的，杰尼就会表扬他的刻苦精神。这种卓尔不凡的领导力似乎有一种不可抗拒的力量，激发着每位员工勇敢超越自己的限度。

作为一名优秀的总经理，杰尼一点都不高傲，他欢迎来自下属的批评。杰尼认为，只有开诚布公，才能激励大家发挥创造力。

就是这样一位出生平平、做过会计、半工半读 8 年才挣得大学文凭的杰尼，以非凡的领导力影响了一大批有才华的人。到杰尼退休时，曾经担任 ITT 的经理、之后到其他公司担任要职的总经理已有 130 人。这些颇有建树的人谈起杰尼时，都是恭之敬之，钦佩之至。因为杰尼培养了他们，并影响了他们的一生。从这个意义上讲，杰尼是他们的一面镜子，更是美国企业界成功的领导典范。

徒有权力是不能使领导掌握民心士气的，而魅力的素养显然是卓越领导不可或缺的重要方面，因此，一个优秀的领导必须牢记：不光要善于把握和运用权力，更要善于温和运用魅力；只有将权力和魅力两者结合起来，领导才能实现对下属的真正领导！

权力能让管理者做到许多事情，但却并不能保证做得最好。

有人说领导艺术就是一种智慧，就是精心运用和实现手中的权力。这话一点没错，管理者经营着权力。他们通过发动他人按照他们的意愿行动来达到目标。他们让事情发生，使事情完成。

一个人在组织中的地位越高，他个人所拥有的权力也越大。因为领导的优越地位，他可以指挥和引导他人的活动，调解存在的差异，必要时也可以强制命令。所以，权力对领导活动来说至关紧要。权力就是倾听他人、化解冲突、说服他人的能力。权力还是抑制破坏性的不满情绪、防止人们讨论可能有破坏性的话题、压制没有好处的批评的能力。

因此，在许多人的眼中，领导就是权力的代名词，意味着命令与遵从。这仅仅是权力的一种表象。因为，管理者在组织中并不拥有全部的权力。即使是那些最普通的员工也拥有某些权力。一般说来，权力受职务影响。权力都是与职务相连的，所以叫职权。权力的大小受职务大小的限制。你不能超出你的职务行使某种权力，也不能在你的职务范围内不行使这个权力。用多了叫滥用权力，用少了叫不负责任。

所以说，你有多大的权力就有多大的责任。当你是一个管理者的时候，不光意味着权力，更意味着责任（和职务相关的责任）。职责不光是指你"管"的范围。举个例子，营销总监的职责不光是对全公司的营销进行管理，更多的是承担培养的责任，发展的责任，激励的责任。

不要相信权力是万能的，因为权力不能带给你的东西太多。

（1）权力不能带来激励。

人的需求是内在的，你用权力不能够激励它，因为不一定能满足他的需求。很多管理者会说，谁说我不行，年末的时候，我给他红包，他不是对我千恩万谢的吗，实际上你知道下属在想什么？他们会说，这是我应该得的，甚至还有人会说，早该给我们了，本来按季度发，现在到年底才发，你们省多少钱啊。

（2）权力不能使人自觉。

权力是把自己的意愿强加于人，有可能你的意愿刚好是别人想做的事情，更多的时候是你的意愿跟别人的不一样。迫使别人做事情怎么能带来自觉呢？

（3）权力不能使人产生认同。

有些领导一拍桌子：就这么定了！一次两次有效果，时间长了，下属就跟你软磨硬泡了，甚至当面跟你顶撞。原因很简单，权力不能使人产生认同。秦始皇当年焚书坑儒干什么呢，不就是想用权力统一思想吗，那他做到了没有呢？秦始皇没能做到的事情，你能做到吗？

（4）权力对下属的影响有限。

在今天，"领导"一词被赋予的内涵从来没有如此丰富过，它已不再是人们心目中强硬的铁腕象征。"权力"更多地依附于影响、支持、信任、实现目标等诸多要素而发挥作用。

领导的过程不再是简单的命令与执行，而是一种将组织与个人的潜力释放的催化过程。其任务是去发现、发展、发挥、丰富和整合组织与个人业已存在的潜力。布兰查德说，"今日，真正的领导权来自影响力"，权力必须靠管理者自己争取，除非下属赋予你权力，否则你根本无法指挥他们。

一个"权力万能论"的信奉者，不久就会发现，单纯的权力是不可能给组织以持续的成长与发展。

## （七）内部公关，让员工树立主人翁意识

"内部公关"，乍一听，这个名词似乎不大可能成立——公关怎能与内部连在一起呢？这里的"内部公关"实际上指的是指企业内部公共关系在公司发展方面的作用，即在全公司范围内营造一种民主、团结、和谐的气氛，使得每位员工都对公司产生忠心耿耿、忘我工作的热情，尽心尽力地工作，从而促进公司事业上的成功。这种公关方式是解决公司发展原动力的问题，区别于其他有关市场或销售的公关，称"内部公关"。

哈佛认为，公司发展事业最可宝贵的财富便是"人"，包括各级主管和全体员工。他们之间的关系也就是企业内部公共关系，是企业提高竞争能力，在市场上赢得竞争尤势所不可缺少的基础条件之一。没有一个良好的内部关系，企业就会失去动力与活力，更谈不上在竞争激烈的市场上冲锋陷阵、独领风骚了。

美国沃辛顿工业公司是一家经营相当出色的大型钢铁公司。这家公司同竞争对手的一个显著的区别，就是在这家公司内部没有繁文缛节式的公司条例和规章，只有一条金科玉律式的公司经营方式，即"做好同顾客和下属方面的工作，节场自然就是你的了"。如果说"做好同顾客的工作"是企业同竞争对手争夺市历、争夺消费者的有效手段，那么"做好同下属方面的工作"便是为企业参与市场竞争提供有力的支持和坚实的保障。正如美国公共关系学家 F·P·塞特尔所说："公共关系如果没有良好的职工关系，想建立良好的外界关系几乎不可能。"

如果公司职工不支持公司，而要外界支持公司，也必无可能。公共关系人员已经逐渐承认"良好的公共关系来自内部这句话"。

追求公司内部的协调，成为越来越多的企业家们共同关注的话题，"团队精神"、"当家做主精神""利益共享"等一种又一种的尝试开拓．为企业内部公共关系注入了新

的活力。

进入 20 世纪 80 年代以后，"团队精神"成为现代企业家的"口头禅"，体现了他们努力追求与塑造的一种现代精神。随着企业竞争的日益激烈，越来越多的企业家确信，现代企业经营成败的关键在于企业是否具有一种团结奋斗、共存共荣的"团队精神"。

在这种"团队精神"影响下，每个人都会感到共同的利益，共同的事业已把大家连接在一个息息相关的命运共同体内。他们的工作、生活乃至家庭，已经同这个命运共同体牢牢地拴在一起了。这种精神并不仅限于企业成员与企业成员之间，而是要在企业内部上下关系、纵横之间，都要形成相互理解、相互信任、彼此支持、彼此协助的关系。这并不是指施予物质利益，由公司提供社会福利等，而是追求一种全体成员之间的相互关切。

这种"团队精神"的形成并不是一蹴而就的。它需要不懈地努力与付出。这也正是企业公关部门开展内部公关的任务所在。只有"内求团结"，企业才能"外求发展"。

美国捷运航空公司以其独特的经营方式而闻名遐迩。该公司从成立之时起，就没有壁垒森严的等级结构与制度。全公司的职工和兼职雇员每一个人都是"经理"，每一个人都担负一项以上的任务。其他航空公司称之为"班机服务员"的人，在捷运航空公司则称之为"旅客服务经理"；在其他航空公司称之为"驾驶员"的人，在捷运航空公司被称之为"飞行经理"。6 名公司的创办者同样有时担当"旅客服务经理"，有时担当"飞行经理"，有时又在地面检核行李，或者帮助登机服务台工作。

总之，在捷运航空公司，每一个人都是公司的主人、主管与经理。每一个人对公司的经营及形象都负有不可推卸的责任。在公司里。没有雇员，只有"当家人"与"股东"。捷运公司创始人兼公司董事长、总经理席·伯尔这样说："我之所以要开办一家新的公司，唯一重要的原因就在于我要努力制造一种方法.促使人们齐心合力、共同工作……人民捷运公司的名称就是从这里来的，对人的重视的信任也是从这里来的。"

这就是捷运航空公司称之为"当家做主精神"的集中体现，这种精神使得公司全体成员心理上感到前所未有的平等和满足，更加尽力卖力地工作，从而使该航空公司获得了巨大的竞争优势，在强手如林的航空界保持长盛不衰。

还有一种有益的尝试便是"利益共享"。每个人都有其不同的价值观和个人期望。企业的经营者与主管，在制定各项经营决策目标时，应充分考虑企业内部不同成员的利益要求；把这些不同的利益要求，尽可能地纳入企业经营决策目标之中。使企业的经营决策目标与个人目标能够达到和谐一致，这样就可以激发企业内部成员的积极性。

对他们来说，当完成了组织的目标，同时也就获得了个人的价值与成就的满足。而实现既定组织目标后，除去必要的再生产费用，公司应以利润的一部分与员工分享，让他们切实感受一下自己付出的心血与汗水所得出的成果。于是上下一致，对下次工作更是信心十足。

教授们指出，企业内部公共关系开展的方式还有许多，没有什么固定模式可言，但企业将越来越重视内部公关这一趋势是毋庸置疑的，今后它肯定会发挥愈来愈大的作用。

## （八）打造协作型团队，发挥人力资源最大效益

相互合作才有高效，但合作并不一定都能发挥人力资源最大效益。那么如何进行有效合作，形成一种团队精神，以达到整体效益大于部分之和的效果呢？答案是协作。我在论述分工和协作的时候，提出"协作力"这种概念。这种协作力，就是一种团队精神。

在专业分工越来越细、市场竞争越来越激烈的前提下，单打独斗的时代已经过去，合作变得越来越重要。有人说，企业竞争的实质是人才的竞争，实际上，更是团队的竞争。但是并不是所有的团队合作都能产生 1+1>2 的效果，只有有效合作才能使得团队的整体力量大于各个团队成员力量之和。所以，在现代企业团队建设中，打造一支"协作型团队"无疑是企业实现目标最有力的保障。

有一则流传很广的故事说，有一个人去世了，天国的导游带着那个人去参观了天堂和地狱。那个人看到地狱与天堂一模一样。只是地狱的人比天堂的人要瘦小很多，面黄肌瘦，骨瘦如柴，而天堂的人却个个红光满面，健壮如牛。到他们餐厅一看，也没有什么两样，相同的都是一口大锅，锅内是美味佳肴，每人手里使用的都是一米长的筷子。

那个人终于发现不同了，原来在地狱，用这么长的筷子夹菜，人人都无法把美味佳肴送到自己的嘴里，只好望着美味饿肚皮。而天堂的人却不像地狱的人那么自私，他们不用筷子往自己嘴里送食物，而是往对方嘴里送。于是你喂我，我喂你，大家都吃得饱。

这就是协作与不协作的区别。你不帮助别人，自然也得不到别人的帮助。而很多时候，帮助别人就是帮助自己。

在自然界里，蚂蚁是随处可见的，有时一窝蚂蚁多达几万只，但每一个蚁窝只由一只蚁后（有时会多于一只）和若干工蚁、雄蚁及兵蚁共同组成，它们各司其职、分工明细。蚁后的任务是产卵、繁殖，同时受到工蚁的服侍；工蚁负责建造、觅食、运粮、育幼等；而雄蚁负责与蚁后繁殖后代；兵蚁则负责抵御外侵、保护家园。大家各尽所长、团结合作、配合默契，共赴成功。所以，现在"蚂蚁搬家及运食"的故事，经常被人们用于诠释齐心协力、团队合作的意义。

我一直在强调，企业最终的关键是"让员工众志成城，调动员工的积极性与潜能，为企业创造绩效"。因此，建设高效的团队尤其显得重要。那么作为一个管理者，如何才能在最短的时间内创建一支高效团队呢？下面这些也许对你们会有所帮助：

1. 营造一种支持性的人力资源环境

为了创建一支高绩效的团队，管理层应该努力营造一种支持性的人力资源环境，包括：倡导成员多为集体考虑问题，留下足够多的时间供大家交流，以及对成员取得成绩的能力表示信心。这些支持性的做法帮助组织向团队合作迈出了必要的一步，因为这些步骤促进了更深一步的协调、信任和彼此之间的欣赏。管理者需要为此架构一种良好的沟通平台。

2. 让团队成员都充分了解共同的目标和愿景

成功的管理者往往都主张以目标为导向的团队合作，目标在于获得非凡的成就。他们对于自己和群体的目标，永远十分清楚，他们深知在描绘目标和愿景的过程中，让每位伙伴共同参与的重要性。因此，好的管理者会向他的追随者指出明确的方向，他会经常同他的成员一起确立团队的目标，并竭尽所能设法使每个人都清楚地了解并得到认同，进而获得成员的承诺并献身于共同目标之上。

因此，当团队的目标和愿景不是由管理者一个人决定，而是由团队内的成员共同合作产生时，就可以使所有的成员具有强烈的认同感、成就感，大家会从内心深处认定：这是"我们的"目标和愿景。

3. 让每一位成员都明白自己的角色、责任和任务

成功团队的每一位伙伴都清晰地了解个人所扮演的角色是什么，知道个人的行动对目标的达成会产生什么样的影响。他们不会刻意逃避责任，不会推诿分内之事，知

道在团体中该做些什么。

大家在分工共事之际，非常容易建立彼此间的期待和依赖。大家觉得唇齿相依，生死与共，认为团队的成败荣辱，每个"我"起着非常重要的作用。

4. 设定具有挑战性的团队目标

主管人员的职责是激励整个团队向总体目标努力，而不是强调个人的工作量。如果做得好，一位劳动模范也许会起到领头羊的作用；然而在不同的工作环境下，这种做法却很可能打击团队的合作。

正确的做法是，为团队设定一个具有挑战性的目标，并鼓励每一位成员的团队协作精神。当人们意识到，只有所有成员全力以赴才能实现这个目标时，这种目标就会集中员工的注意力，一些内部的小矛盾也就往往消弭于无形了。此时，如果还有人自私自利，其他人就会谴责他不顾大局。这样，就能形成更加紧密团结的团队。

5. 鼓励成员主动为团队的目标献计献策

现在有数不清的组织风行"参与管理"。管理者如果真的希望做事有成效，就会倾向参与式领导，他们相信这种做法能够确实满足"有参与就受到尊重"的人性心理。成功团队的成员身上总是散发出挡不住的参与热潮，他们相当积极、相当主动，一有机会就积极参与。

化妆品公司创办人玛丽·凯说过："一位有效率的经理人会在计划的构思阶段，就让员工参与。我认为让员工参与对他们有直接影响的决策是很重要的，所以，我总是甘愿冒着时间损失的风险，如果希望员工全都支持你，你就必须让他们参与，愈早愈好。"

不过这里要说明的是，团队中成员的"参与"是自主、自动的参与，这样的参与比以往的在领导带领下的"参与管理"更有效、更激励人心。

6. 引导和推动成员间彼此相互信任

真心地相互信任、支持是团队合作的沃土。李克特曾花了好几年的时间深入研究参与式组织，他发现参与式组织的一项特质：管理阶层信任员工，员工也相信领导，信心和信任在团队里到处可见。

近年来发现众多的获胜团队，其管理者都全力研究如何培养上下平行间的信任感，从而使团队保持旺盛的士气。这样的团队常常表现出四种独特的行为特质：

（1）领导人常向他的伙伴灌输强烈的使命感及共有的价值观，并且不断强化同舟共济、相互扶持的观念；

（2）领导鼓励遵守承诺，信用第一；

（3）管理者把员工当作合作伙伴，并把伙伴的培养与激励视为最优先的事；

（4）管理者鼓励包容异己，因为获胜要靠大家协调、互补、合作。

7. 倡导成员间真诚倾听彼此的建议

国际知名的管理顾问肯尼斯·布兰查德在其设计的高绩效团队评分法第十一项中指出："成员会积极主动地倾听别人的意见，不同的意见和观点才会受到重视。"正是如此，在一个高效团队里，成员发表意见或提出建议时，其他成员都会真诚地倾听他所说的每一句话。有位团队负责人说："我努力塑造成员们相互尊重、善于倾听其他伙伴表达意见的企业文化，在我的单位里，我拥有一群心胸开阔的伙伴，他们都有真心愿意知道其他伙伴的想法。他们展现出的倾听风度和技巧，真是令人兴奋不已！"

8. 鼓励成员自由表达自己的感受和意见

好的领导，要信赖自己的伙伴，并支持他们全力以赴。当然他还必须以身作则，在言行举止之间表示出信赖感，这样才能使成员间相互信赖、真诚相待。

成功团队的领导都会极力提供给所有成员双向沟通的舞台。每个人都可以自由自在、公开诚实地表达自己的观点，不论这个观点看起来是多么离谱。因为，他们知道许多伟大的设想，在第一次提出时几乎都是被冷嘲热讽的。当然，每个人也可以无拘无束地表达个人的感受，无论是喜怒哀乐。一个高绩效的团队成员都能了解并感谢彼此之间都能够"做真诚的自己"。

总之，群策群力，有赖于大伙儿保持真诚的双向沟通，这样才能使团队表现力臻于完美。

9. 在团队内部创造彼此认可与赞美的氛围

"我觉得自己能经常受到别人的赞赏和支持。"这是高绩效团队的主要特征之一，团队里的成员对于参与团队的活动感到兴奋不已，因为，每一个人会在各种场合里不断地听到这些话："我认为你一定可以做到！"、"你是最好的！你是最棒的！"、"我要谢谢你！你做得很好！"、"你是我们的灵魂！不能没有你！"这些赞美、认同的话提供了大家所需要的强心剂，提高了大家的自尊心、自信心，并促使大家愿意携手同心。

在这个竞争日益激烈的时代，一个企业仅仅提高员工的个人能力而没有有效的团队合作、生生不息的团队精神，已经没有生命力了，团队精神才是一个企业真正的核心竞争力。因此，加强团队精神是现代企业领导必须重视的问题。

## （九）讲管理者要协调组织与员工之间的矛盾

有七个人住在一起，每天共喝一桶粥，但粥少人多，多数人吃不饱，于是，他们抓阄决定谁来分粥，每天轮一个。这样下来，他们有一个人可以吃饱，就是分粥的那一个。后来，他们开始推选出一个道德高尚的人出来分粥。但强权就会产生腐败，大家开始挖空心思去讨好他，贿赂他，搞得整个小团体乌烟瘴气。然后大家开始组成三人的分粥委员会及四人的评选委员会，互相攻击扯皮下来，粥吃到嘴里全是凉的。最后，他们想出来一个方法：轮流分粥，但分粥的人要等其他人都挑完后拿剩下的最后一碗。为了不让自己吃到最少的，每人都尽量分得平均，就算不平均，也只能认了。大家快快乐乐，和和气气，日子越过越好。

由此可见，管理的真谛在"理"不在"管"。正因为公司会与员工之间存在矛盾，所以管理者的主要职责就是建立一个像"轮流分粥，分者后取"那样合理的游戏规则，让每个员工按照游戏规则自我管理。游戏规则要兼顾公司利益和个人利益，并且要让个人利益与公司整体利益统一起来。责任、权力和利益是管理平台的三根支柱，缺一不可。缺乏责任，公司就会产生腐败，进而衰退；缺乏权力，管理者的命令就变成一张废纸；缺乏利益，员工的积极性就会下降，消极怠工。只有管理者把"责、权、利"的平台搭建好，员工才能"八仙过海，各显其能"。

公司与员工之间存在的这种矛盾正是"不成熟——成熟定律"要解决的问题。这一定律是由美国著名的行为学家克里斯·阿吉里斯提出的，该定律认为：组织行为是由个人和正式组织融合而成的，组织中的个人作为一个健康的有机体，无可避免地要经历从不成熟到成熟的成长过程。在这个成长过程中主要有以下7方面的变化：

1. 从婴儿的被动状态发展到成人的主动状态。

2. 从婴儿的依赖他人发展为成人的相对独立。相对独立指在自立的同时又和其他人保持必要的依存关系。

3. 从婴儿有限的行为方式发展为成人多种多样的行为方式。

4. 从婴儿经常变化和肤浅、短暂的兴趣发展为成人相对持久、专一的兴趣。在这方面趋于成熟的标志是：成年人在遇到挑战时是专心致志地从整体上深入研究某一问题的全部复杂性，并在自己的行动中得到很大的满足。

5. 从婴儿时期只顾及当前发展到成人时期有长远的打算。

6. 从婴儿时期在家庭或社会上属于从属地位发展为成年人与周围的人处于基本平等的地位甚至支配他人的地位。

7. 从婴儿时期的缺乏自觉发展为成人的自觉自制。

然而对于一个正式组织而言，其传统的原则是众所周知的专业化分工、等级层次结构、集中统一领导等完全理性的纯逻辑化的原则。这些原则希望能消除独立于个人之间的性格差别给工作带来的影响（例如专业化分工），希望个人能够循规蹈矩，严格遵从组织的规章制度。可见，正式组织的这些原则所要求的是员工一直处于依赖、被动、从属的地位。阿吉里斯以这样的组织原则为前提，自然而然地得出结论：正式组织与成熟个性之间存在矛盾。

以上的矛盾在现实生活中常常表现为：员工频繁地离开组织；有些不择手段地往上爬；普遍产生对组织目标的漠视或抵触情绪，例如精力不集中、侵犯他人、工作拈轻怕重、集体限制产量、对明显不利于组织目标实现的事件袖手旁观、极端重视物质利益等等。

解决个体成长和企业发展之间的矛盾是至关重要的，它是管理者长期面对的挑战，管理者的任务之一就是努力减少这种不协调。

## （十）团队精神是团队稳定的保证

如果管理职员成为忠诚的团队一员，他们就必须清楚团队的使命。现代人偏好独立作业，喜欢在他们自己的时间和空间里，追求有创意的成果，而只有很特别的公司才能赢得现代人的承认和关注。评估一个公司时，首先会看看这个公司是否有清楚的使命，因为一个没有使命感的团队不可能生产出有价值的成果。许多人不可能把创意自主性浪费在可能虚掷他们才华的团队上，为了将自我的目标与团队的目标合而为一，团队的目标必须一致、定义明确，这样才可能成功。

团队目标以组织为导向。现代人对团队目标的定义有更高标准的要求。团队目标如果是在没有职员参与的情况下制定的，而又被突然宣布，并且强加在他们身上，那么这个团队目标最好定得非常完美。团队目标最好能提供职员成长和学习的空间，让他们有机会对宝贵的最后成果有所贡献，因为团队目标是他们工作价值的唯一参考点。

有的雇员指出："我们毫无团队精神可言，因为我们根本没有教练，因此也没有统一的使命感及目标。如果大家可以一起为共同目标努力，感觉一定很棒。可是没有人领导我们，所以大家要不就放弃，要不就是只为自己努力。在这样的情况下，成果永远只是不尽人意。"有的雇员指出："真正的转折点是：我开始觉得我只是为公司工作，却不是公司的一分子。管理层完全未征询我们的看法，没有问我们的意见，没有解释发生了什么事或是变动的原因，便把每个人的工作做了一番重组。我们完全不被当作公司的一员，这对士气打击很大，每个人的生产力也大为降低。以我为例，我本来非常的卖命，常常加班，为工作付出许多心力。但是现在，我们对工作完全无法控制，把工作做好的希望破灭了，而工作的成功与否也不再是我考虑的问题了。"

对于许多下属职员来说，坚持制定工作议程和工作目标，却不提供一些支援他们这些工作和目标的管理者，令他们感到挫折失望。他们的创造自主性受到压抑，大量精力平白浪费在没有方向感的团队里，最终他们只好失望地离开。

那么，如何怎样培养团队精神呢？我研究发现，传统的组织管理模式和团队协作模式最大的区别在于：团队可加强团队中个人的创造性发挥和团队整体的协同工作能力。如何协调个人成长与团队成长的关系，使他们能够相互作用、共同发展，这是一个值得讨论的话题。

团队精神主要包含以下几方面的内容：

1. 员工对团队的高度忠诚

团队成员对团队有着强烈的归属感、一体感，强烈地感受到自己是团队的一员，绝不允许有损害团队利益的事情发生，并且极具团队荣誉感。

2. 团队成员相互尊重

这包括两方面的意思：一是特定团队内部的每个成员间能够相互尊重，彼此理解；二是团队的领袖或团队的管理者能够为团队创造一种相互尊重的氛围，确保团队成员有一种完成工作的自信心。人们只有相互尊重彼此的技术和能力，尊重彼此的意见和观点，尊重彼此对团队的全部贡献，团队的协同工作才能比这些人单独工作更有效率。

3. 团队充满活力

一个团队是否充满活力，我们可以从三方面看出来，这三个方面也是管理者要注意的地方。

（1）主动精神。团队是否有创造性的想法？是否积极思考，寻求问题的解决方案？能否发现机会，敢冒风险？团队是否能提供团队成员挑战自我、实现自我的机会？

（2）热情。大家对共同工作满意的程度如何？是否受工作的鼓舞？想干出成就吗？成功对大家有无激励？

（3）关系。团队成员能愉悦相处并享受着作为团队一员的乐趣吗？团队内有幽默的氛围吗？成员之间是否能共担风险？

那么，作为团队中的一员，我们应该从哪几个方面来培养自己的团队合作能力呢？

### 4. 寻找团队积极的品质

在一个团队中，每个成员的优缺点都不尽相同。你应该去寻找团队成员积极的品质，并且学习他，让你自己的缺点在团队合作中被消灭。团队强调的是协同工作，较少有命令指示，所以团队的工作气氛很重要，它直接影响团队的工作效率。如果团队的每位成员，都去积极寻找其他成员的积极品质，那么团队的协作就会变得很顺畅，团队整体的工作效率就会提高。

### 5. 对别人寄予希望

每个人都有被别人重视的需要，特别是这些具有创造性思维的知识型员工更是如此，有时一句鼓励和赞许的话语就可以使他释放出无限的工作热情。并且，当你对别人寄予希望时，别人也同样会对你寄予希望。

### 6. 时常检查自己的缺点

你应该经常检查一下自己的缺点，比如自己是不是还是那么对人冷漠，或者还是那么言辞锋利。

这些缺点在单兵作战时可能还能被人忍受，但在团队合作中就会成为你进一步成长的障碍。团队工作中需要成员一起不断地讨论。如果你固执己见，无法听取他人的意见或无法和他人达成一致，团队的工作就无法开展下去。

团队的效率在于配合的默契，如果达不成这种默契，团队合作可能是不成功的。如果你意识到了自己的缺点，不妨就在某次讨论中将它坦诚地讲出来，承认自己的缺点，让大家共同帮助你改进。当然，承认自己的缺点可能会让人尴尬，你不必担心别人的嘲笑，你只会得到同伴的理解和帮助。

### 7. 让别人喜欢你

你的工作需要大家的支持和认可，而不是反对，所以你必须让大家喜欢你。除了和大家一起工作外，还应该尽量和大家一起去参加各种活动，或者礼貌地关心一下大家的生活。总之，你要让大家觉得，你不仅是他们的好同事，还是他们的好朋友。

### 8. 保持足够的谦虚

团队中的任何一位成员都可能是某个领域的专家，所以你必须保持足够的谦虚。任何人都不喜欢骄傲自大的人，这种人在团队合作中也不会被大家认可。你可能会觉得某个方面他人不如你，但你更应该将自己的注意力放在他人强项上，只有这样才能看到自己的肤浅和无知。谦虚会让你看到自己的短处，这种压力会促使自己在团队中不断地进步。

管理者只有激发员工的团队精神，维持管理队伍的团结合作，才能保持队伍的精干统一，最大限度的发挥团队的整体优势。

## （十一）整合个体优势，发挥团队效益最大化

我在企业调研时遇到这样一个案例：

杰瑞是一名业务骨干，上司却提拔他到生产部当主管；本来马克是企业管理的顶尖高手，可偏偏被安排到了市场营销部任营销主管。企业的管理层这样乱点鸳鸯，使本来可以在某一个工作岗位上能发挥一技之长的人才，却被安排到一个既不熟悉又不适应的岗位上，犹如赶鸭子上架。可想而知，具有这样管理模式的企业在市场竞争中能获胜吗？答案肯定是否定的。

虽然这个道理很浅，也很简单，可是，仍然有很多人被这种荒唐的管理模式所迷惑，不整合个体优势，乱点鸳鸯的结果，致使他们的企业永远也不可能有一个长足的发展，更谈不上有什么高效率可言。

在市场竞争日趋激烈的今天，你不重视人才效率最大化，你就无法在竞争中立于不败之地。

你可以设想一下，先前提到你的目标主旨是使效率最大化，可你却未能使你的所有下属效率最大化，那么，你的团队能成为高效能的组织吗？

想要你的投入与产出有一个理想的比例，进而追求圆满的人生，效率最大化问题就显得更加不可缺少和重要了。如果你不能让你的管理效率最大化，就是你没有发挥出应有的管理水平，你就不是一名称职的管理者。即使你能坚持得住，这种坚持他只能是暂时的，更好的发展机遇也不会降临在你身上。

但如何才能让你的管理效率最大化呢？我经常深入到一些企业进行调研，结果发现，很多企业在管理中存在着问题，他们往往因上司与下属沟通不畅出现问题，从而

导致管理者与被管理者出现矛盾激化，更多的表现是消极怠工，这样就很容易使一些管理者觉得很被动。可想而知，如果一个企业出现管理被动局面，你的管理还会有效吗？你所管理的企业还能够有长足的发展吗？

主动也好，被动也罢，这只能说明企业的管理是否得当。更严肃的问题，就是能否使你的管理产生效率最大化，这才是真正重要的。

斯顿是一家企业的老板，他完全有权力决定每一件事，可斯顿并不是这样，他经常召开例行会议。会议的参加者有企业的管理人员，也有部分职工代表。会议的主题当然是企业管理中出现的这样或那样的问题，以及如何利用企业中的人力资源等。

开始时，有人提出异议，说这种会议尽量少开，这本来就是老板做决定的事，为什么非要征得别人的同意呢？有些人甚至认为，斯顿是否有能力管理企业？依靠别人的意见或建议是否可靠呢？

经过一段时间的实践，很多持怀疑态度的人，便不再怀疑了，而是非常喜欢开这样的会，都愿意提出一些好的建议，以显示自己的才能。

就这样，这种工作方式使许多员工的工作积极性大幅度提高，他们一心扑在工作上，生怕自己耽误了公司的发展。他们认为斯顿就像自己的长辈，不仅能够善解人意，而且能够采纳大家的合理建议。

有一次，一位普通员工提出了一项有效的管理方法。这个方法被采纳后，公司内部一片哗然，认为这回他可有升迁的机会了，可没有想到，斯顿并没有提升他，而是给他涨了两级工资，并给了他2万元的奖励。

为什么呢？斯顿在一次例会上，对此事做出公开表示。斯顿认为，这名员工虽然提出了对公司的管理行之有效的方法，但不一定能在管理上有所作为。他认为，这名员工有一技之长，能在生产中更好地发挥高效率，不仅斯顿认为这样，这名员工也认为目前的位置最适合自己。有的人虽然有很高的地位，不也是不能发挥自己的最大效率吗？就是你在最低级的岗位上，也能使你的效率更大化。是金子不论放在哪儿，总是要发光的。

斯顿的企业在广泛听取群众意见中渐渐成长起来。用斯顿自己的话说，就是愿意接纳别人的意见，要比一个人独断专行的效率高得多，况且一个人的力量总是有限的，你可以顾得了一时，可顾不了一世。

斯顿道出了今天很多企业管理者的心声，这种管理方法之所以能使企业发展壮大，关键就是从愿意接纳别人意见的管理方法中，调动了员工的积极性，使员工在自己的岗位上发挥出他的最大效率，同时也能够使自己的管理发挥出最大的效率。

作为一个企业的管理者，能不能接纳别人的意见是很重要的，接纳别人的意见不仅能为自己的决策起到辅助的作用，而且也能使你在管理中获得员工的支持，从而使企业能够保持一个不断向前发展的强劲势头。

如果，斯顿不愿意听从别人的意见，自己独断专行，那么，也许他就成了我们本书的反面教材。整合员工的个体优势，发挥团队的效率最大化，不仅关系着企业的生命力及竞争力是否增大，同时也决定着你企业的成功与失败。

能使你在企业管理中发挥出最大效率的重要一条，就是你是不是能够善于让每个人都发挥出最大效益，也就是说把每个个体的最大效益整合起来，构成全局的效益最大化。

## （十二）更新组织结构体系，打破组织的藩篱

随着越来越多的企业加入全球化经营的队伍中，各个企业所经营的业务种类越来越多，范围越来越广，因此企业的组织结构往往也越来越复杂。特别是对于那些业务跨越多个行业的企业来说，由于各个业务部门之间的业务各有不同，企业常常会陷入因组织机构过于庞大而沟通不畅的苦恼中。公司的业务发展越快，因为组织机构臃肿而导致的沟通不力越明显，大量的资源因此被浪费，企业的运营效率大大降低，企业的运营成本因此而提高。

在不考虑人员素质影响的条件下，部门功能的错位或者异位应当是造成部门沟通障碍的最主要的因素。部门功能的错位或者异位的具体表现有：

1. 部门业务圈的非正常扩大。例如，财务部人员依据自己的判断而非销售部门的要求，决定折扣发放的频率以及时间。

2. 部门关注圈的非正常扩大。例如，财务部主管以本人的营销知识为依据审批营销计划，而非从成本利润的角度。

部门功能的错位或者异位是几乎所有企业都或多或少存在的一种现象，造成这种现象的主要原因是部门本位主义和部门主管扩大影响圈的个人偏好。这种现象会随着公司发展速度的不断加快而愈演愈烈，成为阻碍企业前进的障碍。

在 20 世纪 90 年代中期，壳牌石油公司面临一个新的机遇，就是在深海里发现了油

田，从而增加了公司的产油潜力。但公司同时也碰到了一个挑战，就是过去从未在深海区进行过石油开采，而且公司现有的生产、勘探方法与技术不能用于深海作业。为了获得高额的收益，公司进行了不懈的努力。

一开始，公司成立了与企业内部其他部门平行的深海作业部。该部由两个次级单位组成：勘探处与开采处，每个处又由若干功能各异的科组成。但是，在开始运作之后公司发现，由于各个部门的职能不同，两个作业部之间的交流受到了很大限制，下属组织间的交流非常少，而且效率低下。

为了加强部门间的沟通，促进知识的共享，加快创新速度，壳牌公司宣布了重组计划，将深海作业部分分成三个处，这些处是根据油气资源所在的地理位置而形成的，因此又称为资源处。公司成立了交叉功能科来促进各处间的交流，三个资源处内均由各种学科的人员组成，既有地质学家又有采油工程师。各资源处的人员都可以向负责整个项目的项目经理汇报项目进展情况。

随着项目的进展，公司还对员工的层次和成分进行了相应的改变，不断地根据需要增加和减少专业技术人员。这种在组织机构和管理制度上的改变，立即带来了员工工作和交流方式的变化。作为某一资源处的成员，员工对于各个工作程序的进展和相互影响都很清楚。更重要的是，由于知识的及时交流和共享，创新的思维更容易在不同的学科间传播。

在随后的时间里，为了进一步扩大知识的共享和交流，公司还成立了知识共享社区，使得知识的共享不会出现断断续续或是难以形成体系。

通过上述两个步骤的知识共享体系设立，壳牌实现了两个成果：有效地降低了成本和提高了石油开采的准确率与质量。例如，在化学分析方面，公司使某个勘探区内的研究成本下降了60%。

壳牌公司采用了一个简单而又常用的方法来促进部门间的沟通和知识的传递与共享，这种组织结构方法已被证明为实现功能交叉的协作时最有价值的方法。公司的实践也证明，部门间的知识共享的体系必须根据企业的发展而不断地进行调整。

IBM在走出困境，重塑辉煌，实现公司复兴的时候，将组织机构改革作为其战略调整的一个重要组成部分。海尔更是将组织内部的有效沟通视为发展动力，采取多种手段促进企业内部的沟通与联系。可以说，进行组织机构调整，实现企业内部的有效沟通，已经成为现代企业发展的先决条件之一。

BT集团目前是全美的硅产品生产基地，他们之所以能够有今天的业绩，其组织机构的及时调整功不可没。

过去，BT集团是一个拥有电子、电器等多行业产品的集团企业，组织机构非常庞大。企业的组织结构包括集团内的决策层和执行层、职能部门的管理层和执行层，还有各工厂的管理层和执行层，组织结构层层叠叠，多至五到六层。当时BT集团的组织机构看起来很像一个等级分明的金字塔，这种组织结构使企业的大规模生产和管理效率之间的矛盾越来越突出，制约了企业的进一步发展。

此时，管理者意识到，公司只有进行企业组织机构的调整，才能获得新的发展。针对原来组织机构的弱点，公司将管理层中过多的层次统统砍掉，并集中所有资源进行硅产品的专业化生产。经过组织机构的变革，公司最终形成了只有决策、管理和执行三个层次的"三层结构制"，把一个集团化的庞大组织变成了一个简单而便于沟通的结构。这样，企业对市场的反应能力得到了大大加强。

目前，BT集团下设按八条线划分的八大独立管理体系，分管从生产、技术质量项目、行政、外贸、内贸、策划、市场研究、供应等各个领域。经过组织结构的变革，企业内管理面显然得到了拓宽，各基层的工作也能一步到位，实现准确沟通。以前那种层层上报、层层审批的模式已被彻底废除。

尽管管理者的管理跨度加大了，工作压力也大了，但是由于克服了过去沟通不畅、管理容易流于形式的缺陷，企业的管理效率得到了显著提高。此外，集团还根据其竞争战略进行了有针对性的培训，以充分发挥现有组织结构的优势。

所以，企业内部组织间的有效的协作沟通是战略得以实施的保证，如果没有一个有利于信息交流和反馈的组织结构，企业设计出再好的战略也无济于事。而一旦沟通协作不好，就可能出现扯皮、推诿的现象。企业要在竞争中做出及时而正确的反应，就必须进行组织内部的深层次改革。不仅要发挥各个业务部门的自主性，同时也需要建立起有效促进横向沟通的机制，使公司能够充分发挥自主激励机制与共享机制的长处。这样的组织结构才能为企业创造不断发展的潜力。

公司的业务发展越快，因为组织机构臃肿而导致的沟通不力越明显，没有及时准确的沟通，企业就会陷入创新不力、管理低效、凝聚力下降等困境中，大量的资源因此被浪费，企业的运营成本因此而提高。更严重的是企业的战略目标难以实现，甚至还会失去原有的竞争优势。企业内部各部门之间的合作障碍是目前所有企业都必须面对的管理难题。从某种程度上说，哪个企业内部部门间的协调更科学、更流畅，哪个企业就更加具有竞争优势。

部门间能够有效地沟通，建立起知识共享体系，对于企业的创新意义非比寻常。单兵作战的业务部门固然能够通过有效激励激发员工的创新意识，而通过知识共享所产生的创新火花更能为企业带来意想不到的收获。这正是企业的发展潜力之所在。

## （十三）"鱼缸"法则：把自身置于员工的监督之下

管理中有一个著名的"鱼缸"法则，说的是鱼缸是用玻璃做的，透明度很高，不论从哪个角度观察，里面的情况都能看得一清二楚。让员工监督上司，一般人肯定觉得难于理解。"我是管他的，他反倒反过来管我，到底是谁管谁？"大多数人会有这样的想法。其实，这种想法是错误的，管理者只有将把自身置于员工的监督之下，才能有效地防止管理者滥用权力，从而强化管理者的自我约束机制，增强团队的管理效率。

联邦快递，一家集邮政快递、物流等为一体的跨国集团公司。弗雷德·史密斯是其中的一任 CEO。在他 20 多年的经营之中，联邦快递已变成了高科技、集约化、全球化的国际运输集团。在对待员工方面，他有一个独特的做法，就是让员工监督经理。

史密斯对待员工的措施之一是让每个员工都受到公平待遇，为此联邦快递的管理者们总是必须经过严格的训练并受到密切的监督。每一位管理者上任之后，每年都要接受老板和工人们的评估。如果一位管理人员连续几年的评估都低于一个预定的数值，那么等待他的只能是解雇。

联邦快递员工在每年都会收到包含 29 个问题的调查问卷。前 10 题是与个人有关的工作团队气氛，如"主管尊重我吗？"，接下来的问题包括调查直管上司的管理态度，以及关于公司的一般情况。最后一题则问公司去年的表现。将调查结果按不同团队做成一览

弗雷德·史密斯

表，并列出各主管成绩。前10题的综合得分形成领导指标，该指标关系到300位高级主管的红利，而红利通常为资深主管底薪的40%。但若领导指标没有达到预定目标，则拿不到红利。所以，这项规定对主管而言，意味着他们要与部下融洽且善待他们；对员工而言，意味着他们的意见可能影响公司的决策。

联邦快递的主管收到自己以及其他部门主管的成绩一览表后，便召开部门会议。其目的在于让团队（主管和部属）探究问题并提出改进意见，作为下年度的主要工作计划和目标。联邦快递位于孟菲斯的收款部门，在5年前的调查结果中，领导指标只得了70分，远比预期低，却一直没有改进行动，员工抱怨年年情况一样，而且没有人聆听他们说话。直到3年前部门经理汉森注意到，比她低两级的员工被问道："我的上司供应我们所需的支援吗？"一题中，她只得了14分。

汉森立刻召开会议，深入探讨。她回忆说："他们直谏我过去两年的不当行为。老实说，我怕得要死，因为他们现在决定我的分数。我足足听训7个小时。"汉森发誓改变现状，部属也允诺帮忙。她开始常在部门内走动，听取员工的心声。她管辖之下的各级中层干部也和自己的团队开会，并且草拟早上5点到晚上10点之间的弹性工作时间实施办法。另外，还有一项比较特别的办法，就是让因小孩生病而临时不能上班的员工，能在日后弥补意外的旷工时间。这些办法实施后，不仅提高了士气，也提高了生产力。联邦快递估计，由于实行弹性上班时间，从而减少了加班和节省了人力，在两年内为公司节省200万美元。而且，收款部门员工还开发出一套统计评比系统，以更科学与精确的方法，公平评价员工的表现。

总之，事情有了戏剧性的变化。收款部门的领导指标在3年内增加至90分！不仅如此，联邦快递的经理在员工的督促下，按工作要求做出了适当调整，并因此创造了一流的业绩。

管理者要意识到，员工监督上司只是对管理者的行为进行监督，使其行使权力有利于工作进程，并非要干涉上司的具体事务。"鱼缸"法则在管理中的运用，可以充分地监督管理者，并使上下形成合力，更有利于工作的开展。

增加各项工作的透明度，使管理者的行为完全置于下属的监督之下，就能使领导与下属很好地融合在一起，并有效地防止管理者滥用权力，从强化管理者的自我约束机制。

## （十四）管理越少越好

企业的竞争集中体现在人力资源的配置上，而配置的优化都需要企业的组织结构来实现。某些企业的人才并不差，但却受制于复杂的层级制结构。管理层次太多、效率低下的不足抑制了人才优势的发挥。一些企业特别是一些大企业管理层次过多，管理中心下达的指令必须经过许多层次才能到达生产或业务现场，并且在信息传递的过程中，由于层次多，产生误差的概率大大增加，经常出现信息失真现象。这就要求企业在必要的时候，要懂得轻装上阵。

1960 年 10 月 17 日，也就是韦尔奇上班的第一天，他就感觉到了 GE "令人窒息"的官僚主义气息，并一度决定离开这家公司。多亏一位非常有远见的上司的极力挽留和特别承诺，才使他在最后关头改变了主意，决定继续留在 GE。结果，同事们为他举办的"欢送会"，变成了杰克·韦尔奇决定留在 GE 的"新闻发布会"。

在升任董事长兼 CEO 之前的 21 年里，他对 GE 内部官僚体制的认识愈加深刻，也愈加深恶痛绝。他认为，通用已产生了"广泛的、过度的官僚体制，它窒息了创造性和激情"；"它浪费了通用无数的财富"；它使沟通变得异常困难，以至于在正式会议上，不少经理不得不靠从幕僚那里得到的"内幕消息"来吓唬下级（因为正规的报告里几乎没有真实的信息）。

因此，在上任之后，尽管有来自方方面面的压力，韦尔奇依然决定重击官僚主义，而且要"果断地采取行动"。

在 GE 当时的 40 多万名员工中，有 2.5 万人具有"经理"头衔，其中的 500 名是高级经理，130 名是副总裁或者处于更高的地位。太多的员工及管理人员不仅消耗了大量宝贵的资源，更使公司内部沟通困难、人浮于事，不能对外界的变化采取及时的行动，从而极大地削弱了公司的竞争能力和盈利能力。

在"整顿，出售，或者关闭"战略思想的指导下，韦尔奇毅然进行了大规模的重组。重组涉及 GE 内部 350 个业务组织的各个角落，包括这些组织中的首席执行官。在 5 年的时间里，总量超过 11.8 万、约占公司 25% 的员工在大规模重组中失去了工作岗位。更令人惊叹的是，经过持续努力，从 1981 年到 1992 年，公司总部的行政管理人员从 1700 人减少到了 400 人，而 GE 在此期间则一直保持高速增长。用韦尔奇自己的话来说："我们管理得越少，却管理得更好了。"

重组和裁员后的 GE 看起来比以前更小，也更加灵活，管理费用大大降低，同时也为下一步改革做好了准备。

　　首先是减少管理层次。在 1980 年底，GE 内部拥有"太多的管理层级"，2.5 万名经理平均每人只负责 7 个方面的工作。从韦尔奇本人到工厂之间共有 12 个管理层级、5 个主要管理层：公司、区域部、事业部、事业分部和工厂。更令他不能容忍的是，这些管理者"除了审查下级的活动之外几乎什么也不做"。同时，由于机构庞大、管理层次过多，公司的人心难以凝聚，决策过程复杂而漫长，难以适应瞬息万变的市场竞争需要。

　　针对这种情况，韦尔奇将过去的 350 个事业部重组为 38 个战略经营单位，并在 1987 年进一步合并为 14 个产业集团。主要管理层也相应地由原来的 5 个减少到 3 个，形成了公司"产业集团"工厂三级管理体系。

　　此举消除了"不必要的指挥关系"，各主要管理层的角色（权限和责任）也更加明确，依次为：投资中心、利润中心和成本中心。每个管理者平均负责的工作由原来的 7 个变为 15 个，在工作效率提高的同时，也因职责范围的扩大而有效地锻炼了人才。另外，决策点的前移使决策变得更灵活、更迅速，企业的竞争能力相应增强。

　　在实行精简以前，惠普公司有着很宽的产品线，从高端服务器到低端打印机，产品和服务达 80 多种。以前，惠普公司的组织模式按产品划分为 17 大类，每个产品部门再以客户为中心进行部门划分，如市场、销售、服务、研究开发等。惠普公司拥有庞大的组织层次——全球 400 多个分公司，80 多个产品中心、销售部门、生产厂、市场部和财务部。

　　惠普公司前 CEO 卡莉决心改变这臃肿的组织层次，把惠普公司变成"全面客户体验"服务模式。这就需要把条块打散，把众多的部门重新整合，并按照客户种类和需求进行划分。卡莉只花费了两个多月时间，就完成了精简的手术：所有销售部门统一起来，然后按不同客户重新划分成全球客户、大客户、中小客户三大部门；所有从事技术研发和生产的部门也重组成三大部门，分别是计算系统部、图像及打印系统部、消费电子产品部。最终，整个塔腰的格局演变得非常简单：前面三个客户销售服务部门、后面三个产品部门。改革之后，惠普公司的每一位销售人员所代表的都是惠普全线的产品和服务，而且客户从选购到服务的整个过程中，惠普公司都有专门的人员一直与客户保持互动关系。对于客户来说，惠普公司只有一个出口，而不再是 17 个出口。

IBM公司简直就是一头"大象",但是它绝对是一家善于精简的公司。在1980年以前,由于组织极其臃肿复杂,公司领导层总是无法掌握业务层面的真实面目,于是赶紧砍掉了许多官僚机构,建立了直接向主席报告的任务小组,之后才研究PC机,并且占有了80%的市场份额。但是1985年以后,IBM公司又原地踏步,该年经历了50亿美元的巨额亏损,它又像一个垄断者一样臃肿和官僚(一个执行副总裁与主席之间至少有7个管理层),"大象"又开始笨重起来。这倒是给了郭士纳大动干戈的机会,他自1993年以后就致力于通过精简让"大象"跳舞。郭士纳的精简方法很简单,就是加法和减法,先把IBM公司不具有竞争力和亏损的业务全部采用减法卖掉(硬盘、管理软件、一些大楼等),然后把IBM具有竞争优势的资源全部加在一起,整合成四大业务集团,分别是硬件集团、软件集团、全球服务集团和技术集团。谁都知道,IBM公司从此一路好转,成为全球最具潜力的技术公司。仅仅是IBM全球服务部,自1996年组建以来,到2001年时,年收入就达到了惊人的250亿美元。郭士纳为IBM公司精简的惊人成果:5年创造了一个三星电子(年收入也是250亿美元规模)。"大象"开始跳起了欢快的舞蹈。

所以,我对"管理"的理解是"越少越好"。我对"管理者"重新进行了定义:过去的管理者是"经理",表现为控制者、干预者、约束者和阻挡者;现在的管理者应该是"领导",表现为解放者、协助者、激励者和教导者。我建议"不去管理",并非认为管理者可以自由放任不进行管理,而是强调不要陷入过度的管理之中。我把管理行为界定为:清楚地告诉人们如何做得更好,并且能够描绘出远景构想来激发员工的积极性,就是"传达思想,分配资源,然后让开道路"。

经营管理的规范过度必然使企业的各项活动变得迟缓。管理不需要太复杂,因为经营活动实际上非常简单;你熟悉有限的竞争对手和自己的营销市场范围,这种熟悉的程度远远会比从2000个选项中进行选择来得简单容易。我发现,经营一个成功企业的秘诀在于确信企业所有的关键决策者都能了解所有同样关键的实际情况。如果他们充分了解了实际情况,大家就会在如何解决实际问题中达成一致的结论。所以,我对企业管理者的建议是:"管理越少,公司越好"。

组织的层次是公司规模过大带来的另一个问题,毛衣就像组织层次,它们都是隔离层,当穿了四件毛衣后,就很难感觉到外面的天气有多冷了。

# 十、团队领导

## （一）领导者所具备的艺术品质

一个成功领导者的工作不仅是一种行为，其过程还是一种创造过程，因而领导在一定程度上说是一种艺术，即领导艺术。领导艺术是领导者运用自己的知识和经验，以自己本身素质为基础，在领导活动和组织工作中所表现出来的领导技巧和领导技能。它是领导者主观能动性的具体发挥，是一种创造性的领导方式和领导行为。

成功的领导者所表现出的领导艺术一般具有以下几项特征：

1. 直观性

对每一个领导者来说，他在思考分析和处理问题时，并不是具有一定的规范和程序的，而是根据不同的时间、地点应需而变的一个成功领导者的工作不仅是一种行为，其过程还是一种创造过程，因而领导在一定程度上说是一种艺术，即领导艺术。是结合具体条件，凭借直接观察所得到的信息，进行推理判断来认识和处理事物的一种能力。因此，每一个领导工作都有其随机的不确定性，都是直观的，可以分析的，而不是遥不可及，不可触摸的。

2. 创造性

领导艺术凝聚着领导者的创造才能，它是指挥者的智慧和才华的结晶，是对整个组织团队和组织团队外部条件的艺术性把握，具有与众不同的独到之处，是带有鲜明的个性烙印的。

3. 动态性

领导艺术的源泉是领导者的个人知识、阅历和经验，它不是一成不变的，而是随着领导者本身知识的积累、经历的丰富、阅历的增加和素质修养的不断加强，随着领导科学的发展和应用，实践经验的积累和充实，进而不断完善和发展的。因而即使是同一领导，在其事业的不同阶段，其领导风格、领导方式也是不尽相同的。

4. 灵活性

领导艺术是领导者在思考和处理日常事件时，针对实际情况的变化和当时条件的约束，做出反应的一种应变技能。它不只是明察秋毫，而且要具有适应变化的应变能力。这种能力来源于以前经历的磨炼，是应变艺术不断得到培养和加强的结果。

5. 多样性

领导艺术是一种生动活泼、丰富多彩的工作技能。不同的领导者在处理相同的事情时，往往表现出迥然相异的风格，即使同一个领导者，由于时间、地点和条件的变化，也会有不同的解决问题的方式和方法。但这种多样性，并不排斥领导工作的有迹可循，无论怎样变化都是有一定原则的，只是达到目的的手段不同和遵循客观规律的形式不同而已。

关于领导艺术，虽和具体的领导者有关，但又是区别具体领导者的一种统一的东西。领导艺术必须通过学习才能获得，而且只能够通过学习获得。美国管理学大师彼得·P. 德鲁克也承认，"可能的确存在天生的领导者，但这种人太少，根本不可能成为主流"，而能够有机会施展其才能的人就更少了。绝大多数人的领导才能是通过后天的学习获得。即使一些类似先天性的东西如领导者的气质、性格、处世态度也离不开后天的影响和自己有意识地培养。

人们在强调领导是一门艺术的时候，也绝不能否定领导是一种技术和具体的工作，甚至强调领导是一门技术有时候显得更为重要，因为这样不会使领导方法显得难以把握和不可捉摸。而且，实际上领导工作也是有迹可循、有法可依的。领导技术是由一系列的方法、技巧、工具和基本制度构成的，使用和掌握这些技术需要调动领导者的智力、观察力、预见力以及文才、口才和本身各种先天及后天的素质。

但领导既是一门艺术，它与一般意义上的经营管理还是有区别的。在生活中常有这种事：能把各方面工作安排得井井有条并且效率很高的人往往坐不到最高位置。这一现象形象地体现了领导和经营管理的不同。美国南加利福尼亚大学商学院的沃伦·本尼斯教授说："经营管理人员的目标是使事情按照应该有的秩序进行。领导者的目标是做应该做的事情，去寻找和决定下一步应该做的事情。"一位职业经理要是没有了管理对象，就什么都不是；但是一位卓越的领导者辞职了，往往还会带走一大批追随者。这在实际生活中是不乏先例的。

领导艺术的不断发展和日益得到重视是时代发展的需要。卓越的领导者需要既有远见，又有做到应该做到的事情的能力，他们决定资源的配置、权力的授予，并且管理最精明的下属去实现自己和组织的目标。知识化社会迫使每一个人都必须拥有学生的心态，终身学习。只有不断学习领导的方法和技术，掌握高超的领导艺术，在未来的岁月里，才有更大的可能向前迈进，取得最终的成功。

# （二）领导者的权力

众所周知，领导者的工作包括：应付各个群体，做出各种决定，召开各种会议，经营各种业务。尽管他有这么多责任，但他同时也拥有这么多的权力，因为权力是责任的伴生物，没有权力的责任和没有责任的权力都是不可能存在的。

总裁们拥有权力，可以使工作按照常例正常运转，很少分心。

——保罗·豪顿斯

领导者大部分工作实际上就是行使权力。他的权力有一部分来自他的头衔，但大部分来自他的影响。有一位总裁曾经说，"权力来自身上老是装着五千美元现金；它使我成为头头"。这说明，权力在以强迫形式出现的同时，更多时候是通过被实施者的自愿来达到目的的。让我们来看这样一个例子。有一位大学刚毕业的学生希望在一家公司里找到一份工作。面试他的刚好是总经理，这位总经理思维活跃，不到30岁就事业有成。当学生正在陈述他对组织管理和权变领导的心得时，总经理突然打断他的话说："这些都是课本上讲过的，没有一点实际作用，做管理只有一件事要做，就是如何将你的意愿强迫加于别人身上。"这位总经理大概太强调"强迫"了，其实，管理人员的重要任务是"影响"他人的行为。虽然其目的是相同的，即让别人接受你的意愿并按其行事，以达到你所希望的目标。这个例子中"强迫"讲的更多的是职权，而"影响"则是指"影响力"，两者的统一便是一个领导者权力的体现。

我们先来看三个被广泛应用的概念：影响力（influence）、权力（power）和职权（authority）。尽管它们用得很广，但仍然没有一致和被普遍接受的定义。本书的定义如下：

影响力：影响力是追随者对领导者命令、劝告和建议，即自觉地对领导者的某些举动的反应。影响力是没有任何具体的形态，也是无法得到具体测量的，不是别人给予的，也不是人人都能拥有的。

权力：权力包含个人及职位特性，这种特性又形成影响这个领导者潜在影响力的基础。它是职权和影响力的统一，而不仅仅是一般意义上的"职权"。

职权：职权只是正式组织所授予的权力基础之一。有人成功地影响了其他人，我们认为影响者具有权力，因此影响在某种意义上便是权力，而且影响必须要靠权力，但职权则不同，影响力与职权是两个既联系，又有区别的不同概念。

1. 权力的具体表现形式

通过以上的论述，我们对权力已经有一个大体的认识，下面我们从合法权、专家权和亲和权三个角度来描述权力的具体表现形式。

首先，让我们来看合法权（legitimate power）。合法权来自追随者内化的看法和观念，认为影响者有合法的权力影响他，他有义务接受影响者的影响。合法权是传统影响力系统的核心。而且传统体系中的领导职位都具有正式职权。在一定意义上，职权是主要的合法权。企业领导的合法权有以下五种内容：

（1）强制权：强制权来自追随者感觉到影响者有能力惩罚他。使他痛苦或不能满足某些需求，并基于这种感觉去做一些事情。

（2）职务权力：这种权力来自总裁的职务和地位。

（3）监督权力：当总裁领导职称时，他运用监督权。

（4）美元权力：总裁掌握财政大权。

（5）奖赏权：奖赏权来自追随者感觉到影响者有能力奖赏他、使他觉得愉快或满足某些需求。

其次，是专家权（expert power）。专家权来自追随者感到领导者具有专门知识技术，可以满足成员的需求。这种专门知识、技能或者别人没有掌握的本领，就是专家权。如发明一种攻克癌症的办法的人将在全世界具有极大的影响力和威望。对某人进行指导的导师具有专家权力。当人们需要会计专业知识的时候，会计师就有了专家权力。当你需要数据处理专业知识的时候，数据处理人员就拥有了专家权力。由上可见，并不是拥有知识和技能便拥有专家权，这种知识、技能必须是相对稀缺的和别人需要的，才能形成专家权。

最后，是亲和权（referent power）。亲和权来自追随者的渴望，渴望认同于领袖而且"盲目"信从他，如果成员遵守领袖所讲的话，就可以维持这种认同。这是一种魅力权力。这是一种无可争议的、看不见摸不着的能力，魅力是没有什么道理好讲的。有些总裁尽管把一个公司搞垮了，但他仍然有可能被认为是一个杰出的、具有魅力的"社区商业领袖"。可见这种权力并不是来自其所在的职位，也不是来自于其在工作中起到的作用，而是来自其本身的魅力，是领导个人修养和素质的综合产物。

随着权力的逐渐扩大，领导者的权威和效率也提高了。领导者自然而然地具有职务权力。如果他是靠自己的专业知识而创建公司或在公司中工作，那么，他就具有了专家权力。随着公司的发展和财力的增加，他又有了美元权力。由于拥有了职务、专家和美元权力，监督权和奖赏权自然也就有了，雇用人和解雇人，全由他说了算。但是，只有当一个总裁具有做人的工作的本事时，他才能拥有魅力权力。

要做一个成功的领导者，就要不断地努力扩大基于个人威望的权力，而不是依靠职务权力。因为有效的权力不是来自职务或金钱，而是来自人品。权力的获得和不断扩大还在于不要使权力被使用得过分频繁或不适当，这样它的效力就会丧失。不公平地使用权力，也会遭到质询和非难。

2. 领导者的影响力

在这里，我们将着重讨论领导者的影响力。大家都知道要影响他人就要迎合他的需求，如果你拿着手枪顶着一个人的太阳穴，然后告诉他如果不照你的话去做，就要杀死他，通常情况下，他当然会听命于你。但这种影响力是有例外的，也不会持久，甚至有可能带来相反的后果。这说明：在影响过程中，追随者的分量至少和领导者一样重要，甚至更重要。由追随者决定到底要不要服从往往决定影响过程是否成功。也许追随者没有选择余地，也许他不会考虑其他选择，无论如何命令是否被接受是操在追随者手上的。

从以上论述中，我们可以看出，影响力是有很多种的，并且手段、效果也不尽相同，从其产生的原因来划分主要有以下几种：

（1）基于威胁的影响力

在人类历史上恐惧可能是最普遍的影响系统之一，甚至在人类跨入 21 世纪的今天也如此。害怕受到心理或生理的伤害在各家庭、群体、军队中是很普遍存在的。例如在企业中，常因担心失业或减薪而造成恐惧感。

在恐惧产生的影响力下，部属是否同意命令或了解命令的原因并没有多大关系，影响者所关心的只是部属是否有能力执行命令，当然如果部属了解也同意命令，强制的压力也许会小一点，但命令的执行却绝不容许改变。

虽然威胁作为管理手段相当吸引领导者，但是它也有个最大的缺点就是成本太高。采用这一手段的领导者必须时常盯着下属，以发现不按规定的行为，并为了维持下属的恐惧一定要加以处罚。这样便使得处罚和监督的成本都很高昂。

此外，恐惧本身就可能导致失效，在长期的恐惧压力下，人们对恐惧不会再有任何感觉，并有可能在长期的压力下爆发出相反的作用力。这是任何一个领导者所不希望看到的。

（2）基于传统的影响力

传统习惯大概是历史上产生影响力最普遍的方式，这种传统习惯可能起因于恐惧，然后对恐惧的服从经过内化和制度化，融入了社会的阶级结构和人们的意识形态。对影响者的服从可能由于尊敬他的高明之处，也可能由于社会习俗，认为服从他是天经地义的。由此可见以传统为基础的影响力的最大优点在于：具有正面的激励作用而不是使人因恐惧而不得不服从。并且影响力来自职位而不是来自占有职位的人，这种"对位不对人"的影响力带有稳定性和可预测性。即使换了人，影响力依然存在。正因如此，系统的影响力也就有了一个最大的缺点，便是对影响力的发生者，其影响力与本身的能力没有了关系，于是这种影响力也就成了基于盲目信从的影响力。

（3）基于理智信从的影响力

假设我们能够计算所有影响事件的次数，会发现最普遍的影响过程是透过理智服从，这在管理人员和技术人员中表现尤为突出。追随者基于某些证据，相信领导者有足够的知识和能力，而且做事确实有其自己的原则和道理，因而愿意服从领导者。所以在这种影响力下，下属之所以服从可能因为他了解行动的缘由，而且同意这是解决问题的适当行动。

在这种影响力发生的过程中，领导者要有更多的主动精神，即领导者要对下属解释，这是对下属最基本的尊重。这种方式等于是说："我认为你有能力和知识了解我所说的，而且我花时间跟你解释说明我尊重你。"因此，下属觉得领导者对他相当尊重。

有这种影响力的领袖多数是依赖他的亲和权和专家权劝服追随者，而不以命令方式使追随者服从，这样便让下属觉得自己已分享了领导者的权力，不觉得被领导者统治。行动的成功又反过来增强了领导者的权力，结果下属就会基于理性而信从领导者对其的领导。

如果领导者按照理论，前后一致地运用上述种种影响过程，一定会有效果。但不能保证任何一种影响过程，在任何对象和情况下都能成功。因为在实际工作中，影响力不会单纯地来源于权力、传统或者说理智，更多情况下是三者的结合体，而如何成功地把握三者的成分，正是一个成功领导者实施其影响力的关键所在。

在领导者实施影响的过程中，其结果是否会与其想象的一致还在于具体操作过程中的某些具体因素。追随者的工作动机和努力有赖于：

预计努力会达到领导者所设置的目标的可能性；

预计如果达到目标，领导者会奖赏的可能性；

预计奖赏能满足需的可能性；

所满足的需求的重要性。

于是，当满足的需求非常重要，奖赏便是满足需要的工具，如果通过努力达到目标并且得到奖赏的可能性越大，下属就会有越强的工作动机并付出更多的努力。

## （三）领导者的工作

前面我们已经讲过，领导艺术是存在于领导者的具体工作中，并且在日常工作中表现出来的，在这一节里我们来看一下领导的工作有哪些。

不同学者对于领导的任务有不同的观点，差异来源于他们对于领导的定义不同。我们认为领导的任务包括：计划、组织、协调、沟通、团结、指挥、激励、考核等八项。而这八种任务又包含在管理的四个职能中，按照最普及的管理学教科书（例如 P. 罗宾斯、孔茨的管理学教科书），管理的职能包括四个方面的内容：计划、组织、领导和控制。

1. 计划（planning）

计划是指为了达到组织的目标而筹划的必要的行动，以决定哪一种行动最为有效，并对未来可能的情况及各项条件加以预测。任何工作人员对于其工作，都应有事先的考虑，以便在执行时有一定的工作程序可依，因此拟订计划与决定工作标准是领导者的主要任务。只有事先明确行动的计划，才能使下属明确努力的方向和具体工作步骤。同时，如果让下属也参与到计划的拟定或者在拟定计划时充分考虑下属人员的意见和要求，对于培养他们的责任感，发挥他们的潜能，提高他们的工作效率具有很大的好处。因此计划除了对未来的行动或活动以及未来资源供给与使用进行筹划，指导一个组织系统循序渐进地去实现组织的目标，使组织适应变化中的环境外，还有协调领导与下属的关系，沟通整个团队的重要意义。

2. 组织（organizing）

组织有两个重要的方面：一是将组织内各种资源按照配比及程序要求，按效率要求进行安排；另一是指按照一定的规则为了实现一定目标将一群人组成一个团体或实体。作为一种行为活动的组织是指前一种含义。在这种含义下的组织事实上也是一种降低不确定性的手段。因为不能将无序的资源按照配比及程序的要求使资源在整合之初及整合过程中达到有序化，有效资源配置将成为一句空话。而这样一种有序化行为也是在降低预定成果或业绩获取的不确定性。由组织的四个含义可以得出领导的四个具体工作：

（1）资源配置

成功的领导有义务使一个单位内各种人力、物力和财力在适当的安排与配置下，获得合理的分工合作，以达到单位的工作目标。

（2）协调

协调是把组织内人员间相互间冲突的利益融合在一起，并以引导这些人员达到共同目的的一种工作。

（3）沟通

计划决定后，就应该贯彻执行，要考核执行的结果，必须要做到组织内的有效的沟通。如果没有恰当的配合和有效的沟通，而使人员按照计划的要求去具体实行，那么再完美的计划也是空中楼阁，没有任何的实际作用。组织内各单位和个人由于都有各自的利益要求，容易造成单位内的本位主义，从而对整个组织的目标的实现有十分重要的影响作用。沟通的潜在目的是要各关系人对共同问题有彼此了解。可见，协调是为了使大家在行动上趋于一致，而沟通则是为了使大家在思想上互相了解，两者具有同等重要的作用。

（4）团结

当人们在共同的工作中，因为思想交流和沟通而产生出归属感或团体意识时，便形成了所谓的组织。虽然工作情况、共同兴趣等因素都对团体意识的形成和加强有重要作用，但要把潜在的团体意识凝成坚固、稳定的工作团体，还需要领导充分发挥其团结功能。

3. 领导（leading）

领导是指组织的领导者进行的一系列指挥组织内的人同心协力去执行组织的计划，努力实现组织的目标以及协调组织内部的矛盾冲突等的一种活动。每一个组织都是由不同的人组成的，管理的任务就是指导和协调组织中的人，这就是领导职能。当领导者在激励下属，指导他们的活动，选择最有效的沟通渠道，解决组织成员中的利益冲突时，他就是在进行领导。最能体现领导者领导职能的是其对企业的生产经营活动、对各种生产要素合理使用的正确指挥。一个精明能干的企业领导者的有效指挥，在于他能随时了解外部环境，根据企业内部条件和外部环境，适时地提出企业的经营方针和经营目标，合理地把企业的人、财、物和供、产、销进行有机结合，使企业的生产不断发展。可见，指挥从某种意义上来说，既是企业管理的一项重要职能，又是企业领导的一项基本工作，还是企业领导者领导艺术的重要体现。它在企业管理和领导工作中占有十分重要的地位。

为了保证企业的生产经营按计划、有组织地高效、高速运转，企业领导干部必须善于使用自己的指挥权力，掌握有效指挥的基本原理，进行正确的指挥。

4. 控制（controlling）

控制是指根据既定的目标不断跟踪和修正所采取的行为，使之朝着既定的目标方向进行，以实现预想的目标或业绩。设定了目标之后，就开始制定计划，向各部门分派任务，雇用人员，对人员进行培训和激励。同时，为了保证事情按照既定的计划进行，管理还要监控组织的绩效，必须将实际的表现与预先设定的目标进行比较。如果出现了任何显著的偏差，管理的任务就是使组织回到正确的轨道上来。这种监控、比较和纠正的活动就是控制职能的含义。可见控制的主要目的便是使错误的行动得到改正，正确的得到保持。为此便有了领导的另外两个具体职能，即：考核与激励。

（1）考核

考核是指当工作计划与标准决定后，领导者对执行计划的单位和人员加以督促和考核，以确定工作计划是否得到了贯彻实施，是否偏离了主题的轨道，是否对实现组织的目标有利。

（2）激励

激励员工，使部属提高工作的兴趣以增加工作效率，这是领导者使计划得到有效、正确实施的法宝之一，同时也是领导的重要功能之一。从心理学的角度看，人的每一种行为都有其原因，如婴儿啼哭，表示他饥饿；部属顶撞上司，表示他有某种需求没有得到满足。因此要激励员工，一定要了解员工的需要。这就需要组织内有通畅的沟通机制，由此可见领导的各项工作职能是相互联系，不可分割的。

# （四）领导方式

## 1. 领导方式

不同领导有不同的领导方式，决定具体领导方式的基础是前面已经讲过的影响力的三种基础：威胁、传统、理智。

由以上可以看出，经理人在扮演领导者的角色时，影响力是非常重要的一面。简单地说，管理人员该用哪种影响力的方式，也就是管理人员应该采用何种领导方式，及其对应的权力、影响过程来投合下属的需求。

领导者的管理方式各不相同，但总的来说有两个极端，也就是两种基本的管理方式，即专权式和参与式两种。专权式投合低层次需求，即管理人员或多或少将自己的意愿加于部属之上；参与式投合高层次需求，要求部属有某一程度的参与。下面让我们来具体看一下这两种领导方式。

### （1）专权式领导

不论影响力的基础是恐惧、传统或盲目信从，还是强制权、奖赏权、合法权和亲和权，影响过程都属于专权式的。当领导者告诉下属他要做的事，下属立刻服从时，这可能是因为下属害怕惩罚，或想得到奖赏，也可能是因为他觉得有责任服从或因喜爱领导者而且信任他的能力。在四种情况下的沟通都是单向的专权式的沟通，下属不问命令是否对实现组织的目标有利，也不了解下命令的原因，更不论是否同意，只需要服从命令。

专权式领导的基础主要有以下三点：

部属大都希望上司是权威型的人物，因为传统的教育就是这样教他们的。如果上司都符合他们的期望，过分考虑下属的要求和意见，会被认为懦弱，有不被部属信任的可能。

对大多数领导而言，专权式领导比较容易。他们关于人性的观点是：每个人都需要工作以满足低层次需求，所以不需要分析部属有哪些不同的需求。而且在这种模式之下，专权式领导非常有效。

工作大部分令人厌烦，而且许多人天性懒惰，所以专权式领导是必要的，否则下属会尽可能偷懒。

这种领导方式的主要优点是：

由于基于每个人生理及安全的需求只能用工作所赚的钱来满足假设，所以专权式领导最能预测行为，也最有效。

专权式领导不但公正而且明确，上司只要确定恰当的行为，宣布奖惩标准，判断下属绩效然后加以奖惩，无须改变部属的性格，也不要分析他们的动机或评估他们的生活。与迂回含蓄的其他领导方式相比，专权式显得更为明确。

专权式领导只要告诉部属如何去做，不浪费时间在讨论上，因而迅速而有效率。并且太关心员工反而可能会削弱管理人员处理困难问题的能力。

（2）参与式领导

管理方式是一种民主的决策与管理模式，主张在管理与决策中体现更多人的意见、看法与利益，从而得出更为正确的决策，并使决策达到完美，得到明确的理解和实施，最终达到组织的目标。参与式管理产生的基础有三点：

这种理论的假设前提是所有的人都有低层次需求，但却不一定非要靠一个工作才能满足，可能拥有多种技术、有许多工作可供选择，而且有些工作可同时满足高层次和低层次需求，这样结果会是员工会逐渐流向这种工作。

随着教育水准的提高，更多的领导了解人性的复杂，也知道人类渴望满足高层次需求。被领导者与领导者的教育水准，都已比过去要高得多，所以专权式领导已经过时，不能使人发挥所长。

实际上大多数的人并非天性懒惰，他们付出精力工作就像喜欢娱乐或休息一样自然；富有挑战性和激情的工作会激起这种人的活力，此外，令人挫折的工作可以修改成刺激满足欲望的工作。所以工作可以成为满足能力和成就需求的工具。

在这些理论假设的前提下，参与式的领导方式有以下几个优点：

参与式领导较之专权式领导更公正，因为上司尊重部属，充分的沟通使得彼此都了解对方的期望。

部属希望增加对上司的影响力，这是今日教育下一代的方式已经改变的结果。当今的教育更鼓励他们参与、负责、独立和自我控制，所以服从性不会像以前那么强。但相应增加了其执行决策的自觉性，因而使工作更有效率。

参与式领导下的组织成员，在工作时能自我指挥、自我控制，因而会投入更多精力因此产生更多创意、更有效率的绩效。有员工参与制定组织目标和工作评估制度之后，会使他们更了解目标及制度，因此工作会更卖力。

　　管理方式除了以上讲的两种大的类型外，从不同的角度划分，还可以分为不同的类型。事务型领导与变革型领导便是其中重要的两种。

　　事务型领导者通过明确角色和任务要求而指导或激励下属向着既定的目标前进，因而其工作的重心更为侧重日常的工作和组织的目标。变革型领导者则鼓励下属为了组织的利益而超越自身利益，并能对下属产生深远而不同寻常的影响。他们关怀每一个下属的日常生活和发展需要；他们帮助下属以新观念看待老问题从而改变下属对问题的看法；他们能够激励、唤醒和鼓舞下属为达到群体目标而付出最大的努力。在信息与需求多样化的今天，变革型领导优于事务型领导。

　　变革型领导是在事务型领导的基础上发展形成的。变革型领导所导致的下属的努力和绩效水平比单纯事务型好得多。此外，变革型领导也更强调领袖魅力。单纯领袖魅力的领导仅仅是想让下属适应领袖魅力就足够了，而变革型领导者则试图逐步培养下属的能力，使他们不但能解决那些由观念而产生的问题，而且完全能理解和解决那些由领导者提出的问题，从而自己寻找哪些工作是为组织目标应该做的，哪些不是。

　　2. 领导四忌

　　经理人处于领导的位置，高高在上，有时也会得意扬扬，如果没人提醒，就会十分危险。这里特别提出领导四忌，以引起作为领导者的经理人的重视。

　　（1）朝令夕改，优柔寡断——领导一忌

　　如果将领导者对整个组织进行领导的整个过程比做下棋，那么各人有各人的下法，但最令人讨厌的就是"悔棋"，走棋之前不仔细想一想，出麻烦了，方知走错了一步。朝令夕改用悔棋来比喻是再恰当不过了。朝令夕改其实是领导者优柔寡断的表现，不但削弱了命令的力量，而且会逐渐削弱发号施令者的权威，老是"悔棋"也就没人跟你下了。同样号令改多了，这个领导的威信就没有了。没有谁愿意服从这种处事轻率，决策不顾后果的领导。这样的领导以后再发号施令或做工作将会越来越难，因为你已经使得你的部下无所适从，疲于奔命了。

　　所以作为一名领导者，一定要在平时就注意培养自己的坚定性，选择的培养方法可以通过各种游戏来完成，可以选择那种"一发而不可收"的游戏，如电脑里的"空当接龙"游戏，要迅速地移牌，而且永远不要用"撤销"键。当然，这种方法对于这个游戏已经玩得透熟的人士来说没有多大作用。但我们的主要目的是：在不断地底牌中快速地思考，并迅速地下结论，直到你的任务胜利完成或陷入僵局，失败多了以后，就会三思而后行了。这只是一个例子，各人应该有自己的方法。总之，要培养自己言行的"慎"，所谓三思而后行。在日常的工作中，一旦决定了的东西就不要轻易地改变，即使这种决定有点小毛病，只要不对全局造成严重的影响就应"将错就错"，当然这样说并非要我们的领导"执迷不悟，一意孤行"。每个人都有犯错误的时候，如果领导也如此执行到底，那么，这个组织就危险了。

（2）角色错位，越俎代庖——领导二忌

其实领导过程就是一场戏，领导者是这出戏的导演者，而部下及其他工作人员就是演员。角色错位的意思是导演亲自当上了演员，而且试图扮演每一个角色，如果真的出了这种事，我们常斥之为荒谬，可是现实生活中，领导过程中确实有类似的情况发生。领导者为属下布置完任务后，千叮咛万嘱咐，不能干砸了，属下还没有开始做这件事他便开始来检查了，名为检查，实为真干；明为指导，实为越俎代庖，具体指点着下属的每一步，就像操纵一台机器一样，结果自己指挥过分，吃力不讨好。

为避免这种情况发生，向下属下达任务时，只要交代清楚任务和要达到的目标就行了，至于如何去完成等都可以不做交代，留给属下一个思考的空间，培养他们的主动性及创造性。如果把什么都讲得一清二楚，万一发生差错，你就要承担全部责任，久而久之，部属将丧失责任感。有很多领导者就曾深有感触地说，往往有些东西交代得越具体，完成得越一般，而如果仅是指个方向，点到为止，却可以收到出乎意料的效果。

领导与一般人员的角色分配要明细，对下属的引导和培养要注意方法，对下属过分的操纵实际上是对他工作能力的怀疑，丧失自尊心的部属将会同样丧失工作的激情。使部下失去工作热情的领导者是最糟糕的领导者，名义上是他指挥着部下做事，实际上是他自己在做事，只是用了部下这台机器罢了。

（3）先入为主，印象用人——领导三忌

凭印象用人的原因往往是领导者对自己十分自信，或者说感性占了上风，凭借自己对某些下属良好的印象而重用他，这是领导者的又一大忌。

凭印象用人常常使得一些巧言令色的小人有可乘之机。他们对领导者唯唯诺诺，投其所好，让领导者觉得这个人用起来很合自己的意思。因为没有哪位领导者喜欢用不好用的人。领导者往往在自己的头脑中盘算："甲最听话，乙不行，总是跟我作对。"在遇到较为重要的事情时，自然就会把事情交给甲做，对于甲是否真的比乙更胜任这项工作，领导者就说不清了，反正印象中甲比乙好用……作为领导者，凭印象用人常常使自己被蒙在鼓里，重在表面而忽略事物的本质。久而久之，每个人都争相投你所好，让你顿觉形势一片大好，实际上已是积重难返，众叛亲离，最后才发现坏事的恰恰是你认为用起来最顺的人酿成的。

凭印象用人最直接的表现是以貌取人，觉得面善，或拍脑袋，觉得某某人气度非凡，能做成大事，这是领导者受到各种外界因素误导而犯的错。其实，工作能力的差异与相貌并没有十分紧密的联系，只能说相貌好的人在某些方面较常人有一定的优势，但未必事事都强过其余的人。

凭印象用人还有先入为主的原因，就是如果某位属下做一件事，做得比较令你满意时，以后再遇到其他类似的事情时常常先入为主不假思索地考虑用他，这种行为其实是领导者懒惰的表现。他不认真考虑下属工作人员的分工配备，一旦某人干某件事情比较出色，便以后可能什么事情都找他做，而懒得找时间去仔细地分析、考察每个人的实际能力，尤其是不同的人在不同的具体工作上的表现。

凭印象用人一方面使一些庸才被领导重用；另一方面先入为主，则使不少真正的能人得不到充分的使用。

（4）言行不一，不讲信用——领导四忌

领导者必须具备的五项素质是：智，信，仁，勇，严。这里的"信"就是将领必须讲信用。"一言既出，驷马难追"，说明人们对信用的重视和对讲信用的人的尊重。

现代社会是信用的社会，信用无处不在。向同事朋友借钱是靠信用，而领导者做工作也要讲信用。领导者要对自己说过的话、做过的事负责，这就是领导的信用。一个言行不一的人，常被人们斥之为小人甚至是骗子，而不讲信用的领导可以称其为赖皮领导，最终将会失去下属的信任。对下级不讲信用，会遭到他们的反对而失去应有的威信；对上级不讲信用，将得不到重用；对同级及组织外的其他单位失去信用，将会导致组织与外界关系的中断，这是组织公共关系的最大阻力。

# 十一、加强制度化管理

制度是约束团队行为最基本的保障。制度制定得好不好，执行得到不到位，都将直接影响到团队的工作效率。

## （一）IBM 公司基于实际情况的制度调整

一个一成不变的制度，对企业来说不是约束，而是束缚。

——彼得·德鲁克

所谓合理的制度，就是要根据各种内部和外部的情景变化而时常修整它的面容。

——日本棱备公司前总经理　浦上浩

我们之所以建立制度，是为了在当前的环境下更好地约束员工的行为，但环境发生变化后，制度也要随之进行调整。

——美国 IBM 公司前 CEO　路易斯·郭士纳

制度的严格化，并不是说要一成不变地执行现存的管理制度，而是要在合适的环境下选择符合实际的制度，并严格执行。

——美国通用电气公司前 CEO 杰克·韦尔奇

IBM 公司创始人托马斯·沃森之子小托马斯·约翰·沃森曾在一次公司高层经理会议上宣布：IBM 公司的所有员工都必须穿非常正规的职业套装，即黑色正装和白色衬衫，以体现对客户的尊重。

随着时代的变迁，客户已经改变了工作时的着装，可 IBM 公司的员工仍然保持着当初的着装规范，从而在客户当中留下了呆滞、死板的印象，极大地影响了 IBM 公司的企业形象。

1995 年，时任 IBM 公司总裁的郭士纳做出这样的决定：员工可以根据时间、场合以及要见的人（客户、政府领导或者同事）来决定自己的着装。这个简单的调整在不违背当初沃森先生提议的情况下，使着装制度更加符合实际情况，从而实现了对制度的合理调整。

## （二）琼斯恪守制度而不忘人情

管理是一种严肃的爱。

——美国国际农机商用公司创始人　西洛斯·梅考克

制度就是企业管理中的法律，它的威信只有依赖于无条件地遵守与执行才能获得。

——张瑞敏

一个优秀的管理者，会懂得拿捏制度与人情之间的关系，并在尊重公司制度的前提下，做出符合人情的处理。

——彼得·德鲁克

说起通用电气公司，大家都会想起杰克·韦尔奇，不过在这里要说的是另一位在通用电气公司历史上很有名的人物——雷杰·琼斯（Reginald H. Jones）。他在 1972 到 1981 年之间担任通用电气公司的董事长兼 CEO。

在这之前，他曾在通用电气公司的一个下属企业当主管。一次，他发现一个叫彼得的员工经常精神不集中，生产的许多零件都不合格。彼得向来表现很好，一直是企业的骨干。琼斯经过调查之后发现，原来彼得的妻子出了车祸，他下班回家后要照顾妻子，还要照顾孩子，疲惫不堪，因此工作经常出差错。

按常理说，他应该努力关怀他的员工，为他做点什么，让他能够安心工作。但是琼斯还是按照规定解雇了彼得，他没有把同情心和工作制度混在一起。琼斯通过个人关系为彼得介绍了一份新的工作，地点离他的家比较近，可以方便他照顾家人，而且这份工作的工作时间也比较灵活。

琼斯这么做，不仅没有让人感到他不近人情，反而获得了员工的赞赏。因为他很好地维护了公司的制度，同时又让员工觉得他是真心关心他们的生活。从那以后，员工们工作的时候都更加努力了。

## （三）麦当劳工作细节的制度化

将工作细节制度化，管理就会越来越简单。

——彼得·德鲁克

把每一件简单的事做好就是不简单；把每一件平凡的事做好就是不平凡。

——张瑞敏

在中国，想做大事的人很多，但愿意把小事做细的人很少；我们不缺少雄韬伟略的战略家，缺少的是精益求精的执行者；不缺少各类管理规章制度，缺少的是对规章制度不折不扣的执行。我们必须改变心浮气躁、浅尝辄止的毛病，提倡注重细节、把小事做细。

——柳传志

进入麦当劳工作的每一位员工，都是从最简单的工作做起，从炸薯条开始，一点一滴学习，直到学会做烤面包。即使在休息的时间里，麦当劳也给员工创造了学习的机会，餐厅会放一些如何将烤面包做得更好的宣传片，让员工在潜移默化中提高工作能力。麦当劳甚至编写了《麦当劳手册》，可谓是把细节和制度化做到了极致。例如：收银员一定要与顾客保持眼神交流并保持微笑，从拿杯子到将奶茶卖出的全过程都有明确的规范；顾客进门，服务人员要一起说"欢迎光临"，顾客离开时，要一起说"欢迎再来"；清扫工作一定要在顾客用餐完毕并离开后进行，并防止灰尘飞扬，等等。

现在，麦当劳还在不断地对《麦当劳手册》进行增删和修改。麦当劳通过将整个工作流程细化，再将细节制度化，使《麦当劳手册》不断得到改进。这保证了麦当劳的每个工作环节都有"法"可依，获得了良好的管理效果。

## （四）麦当劳制度不可简单的照搬照抄

我们所说的学习，并不是要照抄照搬，而是要基于企业的实际吸收、采纳。

——三菱商事前董事长　田部文一郎

一个好的制度空降到我们公司，可能就失去了它本身的价值，我们需要做好接收措施，让它平稳落地。

——美国陶氏化学公司前董事长兼 CEO　法兰克·波波夫

为了快速建立自己的企业制度，很多中小型餐饮公司选择了一条"捷径"——直接照搬成熟企业的管理制度。

麦当劳是世界闻名的快餐业巨头，自然成为人们竞相模仿的对象。向麦当劳学习成为很多中小型餐饮公司的发展策略。然而，多年过去了，却没有一家获得真正意义上的成功。

可见，麦当劳独特的管理制度并不是所有公司都能效仿。这些中小型餐饮公司的失败就在于：它们在学习麦当劳的管理制度时，没有考虑到公司自身的实力、经营状况，只是一味地照抄照搬，没有把麦当劳的管理理念跟自身的经营特点相结合。

## （五）松下幸之助的严格化制度管理

让每个员工都按秩序来开展工作，这样才能最大限度地发挥团队的力量。

——美国哈佛大学心理学教授　理查德·哈克曼

如果不能处罚一个上班迟到的人，那么也就会给工厂里的其他人提供了一个迟到的理由。

——美国"现代成人教育之父"、人际关系学大师　戴尔·卡耐基

20世纪40年代，松下公司面临着极大的困境。为了渡过难关，松下幸之助制定了"全体员工振作精神，不迟到，不请假"的制度。

然而不久之后，松下本人却上班迟到了10分钟。本来，他上班是由公司的汽车来接的。那天，他早早起来，在约定的地点等车，可左等右等，车就是不来，无奈之下，他只好搭乘电车。刚上电车，他看见汽车来了，便又从电车上下来转乘汽车。这么一折腾，松下到公司的时候一看表，已经迟到了10分钟！后来经过调查，松下发现是司机的主管督促不力，司机睡过了头，因此晚到了10分钟。松下认为必须严厉处理此事，首先以不忠于职守为理由，给司机以减薪的处分，其直接、间接主管也因监督不力而受到处分。最后，松下对自己实施了最重的处罚，扣发了自己当月的薪金。

## （六）托马斯·沃森以身作则维护企业制度

管理者如果想发挥管理效能，必须得勇于承担责任。

——美国财星顾问集团总裁　史蒂文·布朗

上级全力以赴地工作就是对下级的教育。职工三倍努力，领导就要十倍努力。

——日本东芝公司前总经理　土光敏夫

IBM公司用识别牌的颜色区分不同的员工，浅蓝色代表厂区员工，粉红色代表行政区员工。公司规定，只有戴相应识别牌的人才能进入相应区域，无论谁都不能例外。

有一次，IBM公司的董事长托马斯·沃森带着几位客人参观厂房。他们走到厂门时，警卫拦住沃森说："对不起，先生！您佩戴的是粉红色识别牌，不能进入厂区。"董事长助理皮特急忙上前对警卫说："这是我们的董事长，要陪重要的客人参观！"但是警卫回答说："十分抱歉，既然公司有这样的规定，我就必须按照规定办事！"托马斯·沃森笑着说："他说得对，快去把识别牌换一下。"他们换好了识别牌后，警卫尊敬地说："先生们，请进！"警卫的尽职和托马斯·沃森的以身作则让客人们大加赞赏。

## （七）奥克斯集团对员工制度意识的培养

将遵循制度的行为培养成习惯，然后一切就变得简单了。

——美国国际电话电报公司前董事长兼 CEO　哈洛德·吉尼恩

每天早上游泳是他成为亿万富豪的关键，在游泳过程中，他给自己输入正面潜意识，整天都能保持巅峰状态。

——亚洲"成功学大师"　王宗立

奥克斯集团十分重视培养员工遵循企业制度的意识。例如，奥克斯规定，开会时手机不许响铃，否则每次罚款 50 元。在此之前，开会的过程中总有此起彼伏的手机铃声，常常导致会议无法正常进行。因此，管理层决定，无论会议大小，只要会议开始，与会者就必须都将手机调成震动模式或关掉手机。规定出来以后，奥克斯马上召开了员工大会，并从新员工进入企业的第一天就进行这方面的教育，使他们尽早树立制度意识，从而自发地维护相关制度。

## （八）迪士尼全员参与管理的制度

企业的成功靠团队，而不是靠个人。

——美国纽约梅隆银行董事长兼 CEO　罗伯特·凯利

大成功靠团队，小成功靠个人。

——美国微软公司创始人　比尔·盖茨

最好的 CEO 是构建一个团队来达成梦想，即便是迈克尔·乔丹也需要队友来一起打比赛。

——美国通用电话电子公司前董事长　查尔斯·李

有一次，一名游客在迪士尼乐园游玩时，看到一名演员停下来捡地上的垃圾，并把它们丢进了垃圾桶。游客很好奇地问导游："他们不是有专门的清洁人员吗？为什么演员还要做清理垃圾的工作呢？"导游笑着说："迪士尼乐园制定的卫生制度是全员参与管理的。"游客问："他们有多少管理人员？"导游回答说："45000 名。"

这就是说，每一个在迪士尼乐园工作的人，无论是普通员工还是高层管理者，都是迪士尼乐园的管理者，都有维护环境卫生的责任。他们所有的人都有着同样的目标，

美国迪士尼乐园

那就是保持乐园的良好形象。每个人都在为这个目标而努力。

# 十二、持续学习，提升工作能力

　　培训是一项需要持续进行的工作。通过不断的培训，团队成员将逐步掌握各项工作技能，团队的工作效率也会不断提高。

## （一）IBM公司的培训结果持续跟踪体系

　　没有一击奏效这种事，凡事要想取得成功都需要依靠一点一滴的累积。

——美国协利证券公司前董事长　彼得·科恩

　　每一项工作都不是只做一次就可以完成的，都需要在后期不断追踪其效果、巩固其作用。

——林正大

　　IBM公司流传着这样一个故事。一名老员工对一名新人进行专业技能培训，在车间里，这位老员工很认真地给这名新人演示了部件装配技巧，并让其按演示的操作方法练习。两天后，老员工为新人安排了装配任务：一天内完成600个部件的装配。随后，老员工一直忙自己的事，没有问新人进展如何。最后交工时，老员工发现600个部件里竟然有几十件不合格。

事后，老员工总结经验：任何指导和培训都要进行跟踪，不能撒手不管。员工知道了并不等于可以执行了，更不能确定员工能否正确执行。

这一管理经验在 IBM 公司被推广开来，在员工培训过程中，主管必须对培训结果进行持续跟踪，以保证培训效果。

# （二）惠普公司员工间相互学习的培训方式

在企业里，人人都可以是我的老师。

——罗伯特·凯利

很多时候，知识和好的老师就在你的身边。

——加贺见俊夫

企业要培养员工之间相互学习的氛围，让他们每时每刻都能够从工作的各方面获得新知识、增加新经验。

——米切尔·拉伯福

为了提高培训效果，惠普公司以销售人员的成功案例为蓝本，针对 IT 行业和惠普产品的特征，编写了充满实战性的培训教案，并通过角色扮演、模拟销售现场等方式对员工开展培训。

在此类培训中，销售经理是现成的培训师，他们有着丰富的销售经验，能把不同场合下各种性格客户的表现演得活灵活现，并引导销售人员用所学的知识和技巧来应对、处理各类问题。这些销售经理不仅可以直接向员工介绍经验，为员工作现场指导，还可以观察本部门员工的表现。

每次角色扮演之后，员工都会受到各方面的点评。例如，培训讲师们会点评员工对课堂理论的应用情况，销售经理则会点评员工在销售过程中的实际表现，人力资源经理则会从沟通技巧的角度进行点评。

通过这种培训方式，惠普公司加强了员工之间的交流，使员工在培训过程中既可以发现自身的优缺点，也可以学习他人处理问题的方法，进而提升自身的业务能力。

## （三）松下公司全方位的员工培训

单一的技能培训或者流于形式的培训，都不是合理的。

——美国管理顾问 詹姆斯·莫尔斯

企业不能满足于现状，不能满足于简单的培训，而要更深入地对员工进行投资。

——松下幸之助

松下公司的管理层认为：一个公司的经营不能只依赖于管理者，而要依靠全体员工。因此，松下公司非常重视对员工的培训，长期为员工开设全方位的培训课程。

总体而言，松下公司的员工培训具有以下几个特点。

一、注重对人格的培养。松下认为，一个企业之所以内部会出现混乱，一个很重要的原因就是忽略了对员工人格的培养。

二、注重精神教育。松下认为，精神教育能让员工了解组织的价值观、使命和发展目标，从而增强员工对组织的认同感。

三、重视传授专业知识。没有扎实的专业知识，员工很难做好自己的工作。

四、培养员工的细心与耐心。产品质量关乎企业的声誉，细心和耐心是很重要的品质，员工在工作中出现一个小的差错都可能导致很严重的后果。

五、培养员工的竞争意识。企业要想拥有强大的竞争优势，就必须培养一批有强烈竞争意识的员工。

六、培养员工的协作精神。只有汇集每一位员工的聪明才智，让员工之间形成良好的协作关系，企业才能获得最大限度的发展。

正是这种全方位的培训机制，使得松下公司的员工得到了技能和素质的双重提升，为企业的快速发展奠定了坚实的基础。

## （四）乐百氏公司时新员工工作意识的培养

不管你会不会水，先把你推进水池里。

——路易斯·郭士纳

对新员工工作意识的培养，应当注意联系实践，并要从他踏入公司大门的那一刻就开始。

——陈怀荣

乐百氏公司认为，乐百氏不是一部赚钱机器，而是一所培养人才的学校。基于这样的理念，乐百氏公司创始人何伯权提出了这样的用人策略：欢迎员工早犯错误，早栽跟头，早些成熟。

那些刚走出校门来乐百氏工作的大学生，公司会先让他们到车间实习3个月。有人说这是在浪费时间，何伯权的解释是：公司必须让大学生改掉自视清高的毛病，他们来这里不是来享福的，而是来解决问题的。在实践中解决问题不仅是对他们能力的考验，也是让他们找准自己位置的有效方法。

## （五）玫琳凯公司基于内部选拔的人才培养理念

全世界所有员工的最大福利就是培训。

——美国联合保险公司创始人　克里曼特·斯通

我们要大幅度地提升人力资源的素质，也就是员工的素质。我们要一心一意地专注于人才的训练和培养。

——杰克·韦尔奇

美国玫琳凯化妆品公司一直提倡从本公司内部培养和提拔人才，只要公司内部有合适人选就不会从外部招聘人才。当某个职位出现空缺时，部门经理会向人事部门说明这一职位的任职资格，随后人事部门会在公司公布招聘消息。公司中每一名员工都可以申请这个职位，无论其当前从事什么工作、担任什么职务。人事部门对申请者进行筛选，并与他们进行面谈，从中择优录取。

员工上岗后，公司会针对员工的技能、经验和期望，为其安排专门的培训。这样的制度安排，一方面可以大大降低招聘成本，另一方面也可以激励员工，减少人才流失。

## （六）科林·马歇尔对培训错误认识的纠正

始终让员工知道他要做什么，为什么要这么做。

——美国经济学家、管理学家　赫伯特·西蒙要让员工心甘情愿地接受一项指令，你就必须告诉他这项指令可以给他带来什么。

——本杰明·罗森

20世纪80年代，英国航空公司遭遇连续两年的高额亏损。新上任的总裁科林·马歇尔对公司进行了认真的考察，并得出结论：服务质量欠佳是导致亏损的主要原因。随后，马歇尔在公司开展了一场以提升服务质量为宗旨的大规模培训。

培训固然是好事，但有的员工并不喜欢培训，或是因为工作任务繁重而拒绝培训。针对这种情况，科林·马歇尔采取了以下几个方面的措施。

一、在进行培训之前，公司尽可能多地向员工提供培训信息。

二、公司尽可能让员工了解到培训给他们带来的收益。

三、公司允许员工选择参加培训的方式，并根据员工的实际情况安排培训时间。

四、在日后的工作中，公司将为员工安排一些可以运用新技能的机会。

在实施了这些措施后，员工的抵触情绪逐渐消除，员工慢慢理解并接受了公司的培训计划，不但积极地参加各项培训，还将培训的成果充分应用到工作当中。不久，英国航空公司的服务质量就提升了一个档次。一段时间后，英国航空公司一举成为世界上最受欢迎的航空公司之一。

## （七）IBM公司的终身教育体系

各级组织加强员工培训，是一项长期而艰巨的任务。

——任正非

对于一个企业家来说，性格也是一种成本，是比生产成本、销售成本、管理成本等更隐性、更难掌控的成本。如何把性格成本降到最低？这是很多企业家需要正视的大问题。

——财经作家　张小平

IBM公司于1911年创立，逐步发展为了全球最大的信息技术和业务解决方案提供商。IBM公司的发展离不开对人才的培养。IBM公司建立了一套终身教育体系，其最大的特点就是：不论是在职员工、临退休员工还是离职员工，都可以在这个体系中受益。

公司对在职员工的教育和培训主要是业务方面的，对于临退休员工或离职员工的教育则主要是一般修养方面的。IBM公司希望这些临退休员工或离职员工无论走到哪儿，都能以他们出色的风采、才能、气质得到很高的评价。现实也正是如此，"曾在IBM效力过"已经成为 IT 从业者的一块金字招牌，得到了社会各界的广泛认可。

## （八）迪士尼面向全体新员工的工作标准化培训

无论对于管理者还是对于员工，学习都是必要的。

——英国危机公关专家　迈克尔·里杰斯特

新员工从进入企业开始，不论是什么职位，都应努力学习企业的文化和经营理念，并迅速地掌握工作方法。

——威廉·弗斯特

在迪士尼，不管是新上任的副总裁还是入口处售票的兼职人员，每个人都要接受工作标准化的培训。

例如，在对于扫地的培训中有这样的内容：扫地有 3 种扫把，一种是用来扫树叶的，一种是用来扫纸屑的，一种是用来扫灰尘的，这 3 种扫把的形状都不一样。怎样扫树叶才不会让树叶飞起来？怎样扫灰尘才不会让灰尘飘起来？这些看似很小的事却都在培训的范围之内。此外，迪士尼还规定，扫地人员在开门、关门、中午吃饭、距离客人 15 米以内时都不能扫地。所有这些规范迪士尼都会进行认真培训，并要求员工严格遵守。

## （九）西门子公司制度化的员工培训

培养下属，要将可适之材变为可用之才。

——林正大

企业要将员工的培训工作作为一项重要任务，并形成制度固定下来。

——任正非

我们要特别为从前方回来的员工提供更多的培训机会，改进培训的手段，使公司各种好的培训能被普及到天涯海角。

——张瑞敏

在西门子公司，经理要在新员工上班之前，根据其职位和背景、经验起草目标协议书。这个协议书不仅描述了新员工的职位，还会列出其工作任务、目标和培训计划等。新员工到公司上班后，经理会与其一起讨论协议书的内容，根据双方期望和员工表现调整条款，并签订协议书。此后，经理人会和新员工定期开会讨论新员工的工作表现和碰到的困难，帮助他们完成目标。

根据公司规定，每位新员工都会被指派一位教练。这位教练必须是熟悉内外部环境、经验丰富的员工，通常由新员工的直线经理担任。他们将为新员工提供指导和帮助，包括解释部门工作流程、工作软件的使用，介绍客户、供应商，甚至介绍周边生活环境。

西门子公司还规定，新员工进入公司一段时间后，公司会召开"SOS"（西门子新员工研讨会），所有新员工都将被邀请与会。在这个为期两天的研讨会上，高层管理人员会为新员工介绍西门子公司的文化和历史、在全球各地的发展状况，信息安全经理会介绍公司的信息管理制度和安全须知，人事经理则介绍员工发展计划、薪资结构等。西门子公司制度化的员工培训保证了员工能更快速地适应公司环境。

# 十三、激发竞争意识

对于一个团队来说，竞争是一种卓有成效的激励方法，它能充分激发团队成员的积极性、主动性和创造性，使整个团队活力四射。

## （一）查理·斯瓦伯对员工竞争意识的引导

最能影响人们行为的因素就是：还有另一个人在场。

——美国心理学家斯坦利·米尔格拉姆

我今天就要打败你，我不睡觉也要打败你，这就是我们的文化。

——胡伯林

人们有种"希望与其他人做得一样好"的愿望，这就是所谓的人际关系的本质，它很容易超越个人的利益以及管理层所使用的、建立在不合理原则上的思维逻辑。

——人际关系学说创始人　梅奥

查理·斯瓦伯曾在钢铁大王安德鲁·卡内基的公司担任总裁。上任后不久，他到一家产量下降的钢铁厂考察。针对生产力不足的问题，该厂的厂长想尽了办法，甚至拿就地免职、不发工资和奖金等方法来吓唬工人，但仍然于事无补。

这一天，斯瓦伯来到车间，正好赶上日班与夜班的工人交接班。他问日班领班："今天你们这一班制造了几部暖气机？"领班回答："6部。"斯瓦伯点点头，一句话没有说，在黑板上写下"日班，6部"后就走了。

夜班的领班看到黑板上的字感到很奇怪，忙问是怎么回事，日班的员工告诉他："今天总裁来过了，粉笔字是他写的。"

第二天一早，斯瓦伯又来到了车间，发现黑板上多了一行字"夜班，7部"。在场的日班领班发现输给了夜班，心里很不是滋味，于是立刻动员日班工人努力工作，以赛过夜班。

就这样，两班工人展开了一场保质量、增产量的劳动竞赛。而随着产量的不断刷新，这家工厂的产量竟然逐渐冲到了公司榜首。

## （二）松下公司适应市场竞争环境变化的人事改革

在新经济时代里，不是大鱼吃小鱼，而是快鱼吃慢鱼。

——美国思科公司 CEO　钱伯斯

不论面对什么事情，都要使自己的决策不断适应外部环境的变化，以求在竞争中经常处于优势状态。

——松下幸之助

为了适应市场竞争环境的变化，松下公司曾实行了一次人事改革。

首先，公司缩短了做出决策的时间，增加直接决策人员的数量和比例，减少间接决策人员在全部员工中的比重，目的是让公司能够快速响应市场，及时把握市场变化。

然后，公司调整了薪酬福利制度。调整前，公司根据考核成绩将符合条件的员工升职，之后升职者就可以享受相应的薪酬福利待遇。而调整后，员工的待遇与是否担任管理职务无关，一旦晋升到某个位置，就可获得与管理人员一样的待遇。通过这次改革，松下公司留住了大批优秀员工。

## （三）杰克·韦尔奇基于竞争的员工考评

竞争对手就像磨刀石一样，把我们磨得非常锋利，然后我们就手起刀落，将竞对手砍掉。

——奇虎360公司创始人　周鸿祎

如果通用电气公司不能在某一个领域坐上第一把或第二把交椅，那么通用电气公司就会把它在这个领域的生意卖掉或退出这个领域。

——杰克·韦尔奇

杰克·韦尔奇极为推崇竞争意识，并以严格的标准来考评员工。他对员工的考评结果进行强制性划分：优秀者20%，普通者70%，不胜任者10%。对于优秀者，杰克·韦尔奇会毫不犹豫地给予他们丰厚的奖励，而对于不胜任者，他会很不客气地将他们辞退。

杰克·韦尔奇认为，包容那些不胜任者，直到最后实在无计可施才辞退他们，这种做法会浪费员工的时间和机会，也是对员工的不负责任。让不胜任者趁早离开不仅可以减少企业的损失，也可以让被辞退者尽快找到自己的位置。

不过，杰克·韦尔奇裁员时也是区别对待的。对于那些违背了诚实正直原则的员工，他没有半点犹豫就会将其解雇，并让公司上下都知道解雇该员工的原因，让每个人都看到破坏规矩的后果。如果员工因业绩不佳而被辞退，他会向员工说明，他的能力与公司的要求存在一定的差距。

无论以哪种方式辞退员工，杰克·韦尔奇都坚持公开、公正的原则，一方面是让被辞退者心服口服，一方面也能对在职员工起到一定的鞭策作用。

## （四）道格·梅雷狄思正确看待竞争对手

第一，不许说竞争对手的坏话；第二，不许说竞争对手的坏话；第三，还是不许说竞争对手的坏话。

——马云

不要说别人不好，而要说别人的好话。大多数情况下，不失时机地夸赞竞争对手，可以取得意想不到的效果。

——本杰明·富兰克林

道格·梅雷狄思在美国威斯康星州一个只有7000人口的城镇上开了两家药店。听说沃尔玛将要到这里开设分店，他便决定到威斯康星州的其他小城镇和伊利诺伊州的小城镇调查当地药店的运营情况。他根据调查结果和多年的经验，采取了以下措施应对即将到来的竞争。

一、将主店扩大4000平方英尺，扩大药店规模。

二、增加广告，在报纸广告中刊登资深药剂师的照片，宣传他们的工作资历和可信度。

三、沃尔玛对新顾客或转来处方者提供5美元的折扣，梅雷狄思的药店提供同样的优惠，并在广告中与沃尔玛提供的优惠进行对比。

四、兼并另一家独立药商，增加处方顾客。

五、增加沃尔玛没有的业务，如顾客赊记账户、为顾客传递处方等。

六、保持低价，使沃尔玛的价格并不比自己的价格低。

七、做一些特殊业务，如轮椅的维护、修理和定做等。

通过这些积极的措施，梅雷狄思在强大的竞争对手面前占据了当地药品销售市场中的一席之地，并不断向竞争对手学习，提升了药店的业绩。

## （五）本田公司通过"鲶鱼效应"创造竞争氛围

人与人之间的竞争是激励的主要来源之一。

——人性假设理论提出者　道格拉斯·麦格雷戈

适度的压力能让团队成员紧张起来并产生危机感，继而激活其斗志。

——加贺见俊夫

研究发现，实行计件工资的员工仅发挥了其能力的二到三成，而当这些员工受到充分的表扬时，其能力可以发挥八到九成。也就是说，表扬可以使员工发挥出很大的潜在能力。

——美国哈佛大学教授　威廉·詹姆斯

日本本田汽车公司曾经陷入这样的窘境：公司有大约两成的员工人浮于事，不思进取，而考虑到公司的承受能力，公司又不可能将这些员工全部辞退。时任总裁的本田宗一郎在受到"鲶鱼效应"的启发后，决心进行改革，他首先选中了当时问题最为严重的销售部门。

当时的销售经理思想十分保守，在他的影响下销售部的员工行为保守，业绩不佳。本田宗一郎邀请松和公司的销售部副经理武太郎加入本田公司，并让其担任销售部的经理。武太郎的工作热情和惊人毅力感染了整个销售团队，使销售额直线上升。

销售部的改革成功后，本田又迅速在其他部门引入"鲶鱼"，他将不称职的管理者进行了大换血，各部门员工的热情被激发出来，人浮于事、不思进取的员工越来越少，本田公司的工作氛围也得到了极大的改善。

## （六）莱曼兄弟公司给员工施加压力

速度就是一切，它是竞争不可或缺的因素。

——杰克·韦尔奇

懒惰的心理要比懒惰的手脚危险很多倍，而医治懒惰的心理要远远难于医治懒惰的手脚。因为我们做一件不愿意、不喜欢的工作，身体的各个器官都会感到不安和无聊。反过来说，如果我们对于一件工作有兴趣，那么不但工作效率高，身心也会感到十分舒适。

——戴尔·卡耐基

莱曼兄弟公司曾预计可以用 3 年时间研制出一种新型的 8 毫米电眼摄像机，但负责销售的副总裁觉得研发时间过长，不利于推广和销售。于是，他与公司的其他高层管理人员沟通，决定给员工施压，让员工感到事情的紧迫性，以此激励员工提前完成该电眼摄像机的研发。

他对负责该项目的研发工程师说："公司刚刚听说，咱们的竞争对手已经成功研制出了 8 毫米电眼摄像机。这样，我们的 8 毫米电眼摄像机研发出来的时间越晚，就会被竞争对手抢走越多的市场。"这个消息很快产生了效果，研发人员觉得自己绝不能落后于竞争对手，经过不懈的努力，最终仅用 3 个月的时间便成功研制出了 8 毫米电眼摄像机。这一研发成果被迅速投入市场，为公司获取了丰厚的利润。

事后，莱曼兄弟公司总结道："紧迫性不仅能给员工带来危机感，还能激发他们的竞争意识，使他们发挥出难以想象的能量来。"

## （七）三星公司善用信息提升行业竞争力

未来十到十五年，收集外部信息将成为新的热点领域。

——彼得·德鲁克

在未来的企业市场竞争中，竞争情报的搜集工作会越来越重要。企业应早做准备，不要让别人吃掉本应属于你的盘中餐。

——美国竞争情报专家　本·吉拉德

三星公司派驻在美国洛杉矶的员工偶然间看到了这样一则消息：由于美国大量进口廉价的韩国产品，美国最后一家吉他工厂即将倒闭。该员工把这则消息送回公司总部后，总部的竞争情报部门立即做了如下分析：吉他是美国独立和自由精神的象征，美国本土生产的吉他的消失就好象牛仔的消失一样会令美国人难以接受，美国可能会通过提高关税的手段来保护这一具有象征意义的产业。

三星公司马上采取措施，尽可能将更多的吉他抢先运往美国，存入仓库。结果正如公司分析的那样，美国提高了吉他进口关税。三星公司不仅避免了损失，还赚取了更多利润。

# 十四、提升工作绩效

无论是对于企业还是员工，工作绩效都是其最为关注的事项之一。绝失部分企业都会着力做好绩效管理工作，以期为企业与员工开创出合力共赢的局面。

## （一）富鸿机械公司针对专业人员的绩效管理

对特殊的事情区别对待可以使管理更有效率。

——汤姆·彼得斯

有时候，最好的经理如同一个手里牵着狗的小男孩。他看狗想去哪儿，然后就把它带到哪儿去。

——李·艾柯卡

美国富鸿机械公司的员工以技术人员为主。随着公司的发展，许多经验丰富的技术人员被提拔到管理岗位上，他们不得不在各类琐碎的行政事务上花费大量时间。这导致他们用于技术研发的时间很少，其所领导的团队创造的成果越来越少、越来越差。

针对这一情况，公司决定将研发经验丰富但不适应管理岗位的技术人员集合在一起，根据各自的资历、能力等情况，授予不同级别的内部咨询师称号，组成研发咨询小组。小组成员根据等级以及咨询项目数量的多少和难度享受不同的特别津贴。

自此，这些老员工在物质回报和精神上得到了极大的满足，公司的研发团队迸发出新的活力，最终实现了公司与员工的双赢。

## （二）通用电气公司考核机制的建立

完善的考核机制是绩效管理的前提。

——杰弗里·摩尔

仅仅在薪酬方面对员工进行激励是不够的，绩效考核、晋升等都会影响员工的工作动力，影响到员工为提升组织绩效的努力程度。

——汤姆·彼得斯

通用电气公司曾多次名列世界500强企业第一名，其管理之道一直被人们津津乐道。

通用电气公司的考核机制非常完善，其考核内容包括"红"和"专"两方面。"红"是指考核价值观；"专"是指考核工作业绩，两方面综合的结果就是最终考核结果。通过对考核结果的分析，公司可以及时发现员工的优点与不足。员工的考核结果与薪酬、培训、晋升等直接相关，这可以激励员工努力提高工作效率和绩效。

## （三）摩托罗拉公司对于绩效管理的战略性定位

一开始设定高目标，日后才能构思出崭新的方法。

——美国廉柏电脑公司前CEO 伊克德·皮费佛

对于看不清楚的路，先走两步，踩结实了，然后再跑，回头看看，没问题了，再撒开脚丫跑。走了两步，发现不对，赶快折回来，脚上沾了点泥水，没什么了不起，换双鞋寻找新路再往前走。

——柳传志

关于企业管理与绩效管理，摩托罗拉有一个观点，就是：企业＝产品＋服务，企业管理＝人力资源管理，人力资源管理＝绩效管理。可见，绩效管理在摩托罗拉公司是多么的重要，甚至可以说，摩托罗拉公司将绩效管理上升到了战略管理的层面。

摩托罗拉公司认为，绩效管理是一个不断进行沟通的过程。在这个过程中，员工和主管以合作伙伴的形式就下列问题达成一致。

一、员工应该完成的工作。

二、员工所做的工作如何为组织的目标实现贡献力量。

三、用具体的内容描述怎样才算把工作做好。

四、员工和主管怎样配合来帮助员工改进绩效。

五、如何衡量绩效。

六、确定影响绩效的障碍并将其消除。

摩托罗拉公司的绩效管理将员工的行为和企业的发展绑在了一起，员工们工作劲头十足，摩托罗拉公司的业绩也随之越来越好。

## （四）亚太公司背靠背的绩效评估打分方式

让员工能够说出想说的、做到想做的，这是管理者的一项职责。

——严凯泰

如果员工的绩效考评及薪酬收入深受管理者主观喜恶的影响，那么将会让企业掉进官僚化的深渊。

——贺来龙三郎

亚太公司的年终绩效评估一直采用公开打分的方式进行，打分高低的问题常常导致打分者和被打分者之间出现矛盾。

一些老员工认为他们在公司的资格老、经验丰富，而新员工仅仅有理论知识，工作实践中时远不如他们。由于抱有这种想法，一旦分数跟他们的期望值存在差距，他们往往难以接受，由此产生了诸多矛盾。

为此，亚太公司决定改变原先的打分方式，采用背靠背的打分方式，即：主管人员为员工打分或员工为主管人员打分后，公司不再公开打分情况，而是通过综合评分计算公式算出最终分数后只公布一个最终分数。这种打分方式可以把员工的注意力从搞好人际关系转移到提升自身能力上来。

## （五）西门子公司通过激励提高员工绩效

管理者要经常激励你的员工。

——乔瑟夫·威尔森

如何激励员工，让他们竭诚为企业做贡献、提高企业绩效，是众多管理者亟待解决的问题。

——渥鲁达·拉达诺

西门子公司非常注重对员工的激励，公司定期对各个部门的员工进行问卷调查，了解员工的工作满意度，然后根据调查结果制定相应的激励方案。例如，在销售部门，公司会让销售人员充分认识到工作绩效突出就会获得奖励。而在研发部门，公司会为研发人员提供技术培训、技术论坛的参加机会，使他们获得更大的成长空间。通过满足员工的各方面需求，西门子公司的员工们工作热情高涨，纷纷努力提升个人和团队的工作绩效。

## （六）诺基亚公司"投资于人"的绩效管理

一个合理的薪酬体系是员工努力工作的原动力。

——西奥多·莱维特

在很多企业中，员工实际上并不清楚经理或者企业对自己的期望，所以在工作时经常做了过多不被期望的事，而在期望他们有成绩的领域里却毫无建树。之所以造成这样的情况，完全是因为经理没有帮员工设定目标，或者目标没有被清晰地传递给员工。

——美国管理学专家、情景领导理论的创始人之一 肯尼斯·布兰查德

诺基亚公司的"投资于人"计划是一套非常人性化的绩效管理制度，它是从诺基亚公司的企业文化发展出来的，为诺基亚公司战略和价值观的实现提供了极大的支持。

"投资于人"的讨论会每年有两次，分别在 1 月和 7 月进行。全公司从上而下开展直线经理和员工的面对面交流，双方以平等的身份开诚布公地讨论工作中的成绩和问题，对员工的工作绩效进行评估并提出改进方案。员工绩效考核成绩的 40% 是基于过去一年中员工的工作表现，而剩下的 60% 是基于员工的工作成果，而且绩效考核成绩和接下来的奖励计划直接相关。

诺基亚公司正是通过这种人性化的绩效管理制度，让员工能够参与到对自己的评估工作中来，让员工感觉到自己与公司紧密相连，从而不断地提升员工的工作热情。同时，这种绩效管理制度也使得诺基亚的绩效考核更加透明、公平，减少了绩效考核过程中可能出现的弊端。

# 十五、及时沟通以便化解冲突

## （一）沟通在管理中的作用

哈佛认为，沟通在管理中的重要作用体现在以下几个方面。

### 1. 激励

良好的组织沟通，尤其是畅通无阻的上下沟通，可以起到振奋员工士气、提高工作效率的作用。随着社会的发展，人们开始了由"经济人"向"社会人""文化人"的角色转换。人们不再是一味追求高薪金、高福利等物质待遇，而是要求能积极参与企业的创造性实践，满足自我实现的需求。良好的沟通，使职工能自由地和其他人，尤其是管理人员谈论自己的看法、主张，使他们的参与感得到了满足，从而激发了他们的工作积极性和创造性。

### 2. 创新

在人际有效的沟通中，沟通者互相讨论、启发，共同思考、探索，往往能迸发出创意的火花。专家座谈法就是最明显的例子。惠普公司要求工程师们将手中的工作显示在台式机上，供别人品评，以便大家一起出谋划策，共同解决困难。

员工对于本企业有着深刻的理解，他们往往能最先发现出现的问题和症结序在。有效的沟通机制使企业各阶层能分享他的想法，并考虑付诸实施的可能性。这是企业创新重要来源之一。松下的意见箱制度就充分说明了这一点。

### 3. 交流

沟通的一个重要职能就是交流信息。顾客需求信息，制造工艺信息、财务信息……都需要准确而有效地传达给相关部门和人员。各部门、人员间必须进行有效的沟通，以获得其所需要的信息。难以想象，如果制造部门不能及时获得研发部门和市场部门的信息，会造成什么样的后果。企业任何出台的决策，都需要凭借书面的或是口头的、正式的或非正式的沟通方式和渠道传达给适宜的对象。

### 4. 联系

企业主管可通过信息沟通了解客户的需要、供应商的供应能力、股东的要求及其他外部环境信息。任何一个组织只有通过信息沟通，才能成为一个与其外部环境发生相互作用的开放系统。尤其是在环境日趋复杂、瞬息万变的情况下，与外界保持着良好的沟通状态，及时捕捉商机，避免危机是企业管理人员的一项关键锋职能，也是关系到企业兴衰的重要工作。

## （二）培养沟通基本技能

对于培养沟通技能，哈佛老师感到，真正有效的交流，并非一日之功。他们在课堂上总会教导学生一些这方面的技巧，以提高学生们的交流能力和解决交流中碰到的难题，使大家学会在生活和工作中的每次交流都能富有成效。

1. 妥善处理期望值

要想消除双方期望值之间的差异，一种途径是订立业绩协议。员工与企业签订的业绩协议可使双方明确彼此的期望和要求，帮助设计双方都能达到的目标，并且定期评估协议以确保双方的目标和要求都能得到实现。

另一种方式是清楚说明你的期望。这样，能否达到你的期望，对方有责任向你说明。这种做法可以使你根据需要对自己的期望做些有效调整，预先消除可能出现的伤害和失望感。

2. 培养有效的聆听习惯

人们之间的交流充满变数（如自己和别人的谈话及聆听风格等），因而既复杂又具挑战性。设身处地是成功交流的一个关键因素。聆听，但不要受别人情感的感染。别人有难处时，应设身处地理解别人，但不能为这种情感左右。必须为自己留点精力去做自己的事。记住，不要做一块海绵，什么都予以吸收。

3. 认真积极听取、积极给予反馈

一般来说，反馈是事实和情感因素的结合。交流中的实质信息和关系信息很容易带来误解，招致不满。因此，在提供反馈意见时，应强调成长进步，不要妄做评判或横加指责。听取别人的反馈时，则要抓住其中对自己有价值的东西，不要计较对方的身份和交流的方式，做到言者无罪，闻者足戒。

4. 坚持诚实

有时，实话实说的确伤人。但诚实最终能增加建立稳固长久关系的机会，因此诚实非常重要。如果有什么事烦扰你，尽量直接说出来，以免小事化大更难处理。

**5. 平息对方的怒火**

对方怒气冲冲时，如何冷静处之，使对方平息下来？在此向你介绍几招：让对方的火发泄出来，表示体谅对方的感受，询问是否需要帮助。针对问题，一般情况下，最正常的反应是，找引人发怒的人谈谈，然后逐一解决问题。

**6. 有创意地正面交锋**

所有其他方式都行不通时，唯有正面交锋。这也是摆平各方、理顺头绪的一个机会。如果不愿正面对垒，不要因为害怕而逃避，而要哩直气壮。当然有的时候，借故避开不失为最明智之举。

**7. 果断决策**

如果你疲惫不堪、心中烦恼或忙得无法分身，坦然地说出来。另找一个时间，使自己处于最佳状态来处理局势和有关人员的事。如果优柔寡断、迟疑不决，可采用以下步骤予以补救：回顾所有事实；反复过滤各种可行方案；选择最佳方式，哪怕这意味着你要多受点委屈；一旦决策，立即行动。

**8. 对失误不必耿耿于怀**

交流中出现失误，让你失望或受到伤害，不要挂在心上。不妨自问一下，想不想背上这包袱？自己能从中得到什么？一旦尽心尽力地澄清了交流中出现的失误，就要为自己付出的努力骄傲，该过去的让它过去。一番心血没有白费，心中巨石落地，该高兴才是！

## （三）正确认识冲突和矛盾

任何一个组织或团队在对内对外关系中都会产生误解和矛盾。作为一名现代经理人，学会运用协调与沟通的技巧，对内消除误解和矛盾，对外取得理解和支持，已成为衡量其领导成功与否的重要因素之一。

在传统意义上，冲突被认为是造成不安、紧张、不和、动荡、混乱乃至分裂瓦解的重要原因之一。冲突破坏组织的和谐与稳定，造成矛盾和误会。基于这种认识，各层次的领导者都将防止和化解冲突作为自己的重要任务之一，并将化解冲突作为寻求维系现有组织的稳定和保持组织的连续性的有效的、主要的方法之一。毋庸置疑，传统的观点有其合理的一面，但将冲突完全消化显然是一种不够全面的理解，也是一件不可能的事。

美国西点军校编的《军事领导艺术》一书对冲突的积极作用进行了探讨，并指出，群体间的冲突可以为变革提供激励因素。当工作进行得很顺利，群体间没有冲突时，群体可学会运用协调与沟通的技巧对内消除误解和矛盾，对外取得理解和支持。通过变革促进成长与发展，而群体间存在冲突反倒会刺激组织在工作中的兴趣与好奇心，这样其实增加了观点的多样化以便相互补充，同时增强了组织成员的紧迫感。

通用汽车公司发展史上有两位重要人物，他们对冲突和矛盾所持的不同看法和做法，给通用公司的发展分别带来了截然不同的影响。一位是威廉·杜兰特，他在做出重大决策时大致上用的是"一人决定"的方式，他喜欢那些同意他观点的人，而且永远不会宽恕当众顶撞他的人。结果由他领导下的由一些工厂经理组成的经营委员会在讨论任何决策时都没有遇到一个反对者，但这种"一致"的局面也仅仅维持了四年。四年之后，通用汽车公司就出现了危机，杜兰特也不得不充满遗憾地离开了通用。对今天的领导者来说，从这件事中引以为戒的是要正确看待组织内的冲突和矛盾。既然冲突和矛盾是必然的，

威廉·杜兰特

普遍存在的，就不应回避、压抑或熟视无睹，不要为表面的"一致"所蒙蔽，更不要人为地营造"一致"的现象。总之，任何一个人的认识能力都是有限的，一个人的意见也不可能永远正确。而冲突和矛盾正是弥补一个人不足的最佳方案，只要协调合理，沟通及时，冲突会为组织的成功铺垫基础。

另一位对通用公司有重大影响的人是艾尔弗雷德·斯隆，他是迄今为止通用汽车公司享有最崇高声望的领导者，被誉为"组织天才"。他先是杜兰特的助手，后来成为杜兰特的继任者。他目睹过杜兰特所犯的错误，同时也修正了这些错误。他认为没有一贯正确的人，在做出决策之前，必须向别人征求意见。他会在各种具体问题产生时阐明自己的观点，同时也鼓励争论和发表不同的观点，这使他取得极大的成功。

被誉为"日本爱迪生"的盛田昭夫则从自己的亲身经历中进一步说明了领导者应

如何正确看待冲突。他认为：大多公司谈到"合作"或是"共识"时，通常意味着埋没个人意见。索尼公司鼓励大家公开提出自己不同的意见，不同意见越多越好。因为这样形成的最后结论必然高明。多年前田昭夫担任副总裁时，与当时的董事长田岛有过一次冲突。由于盛田坚持自己的意见不让步，使田岛很愤怒，最后他气愤难当地说："盛田，你我意见相反。我不愿意待在一切照你意见行事的公司里，害得我们有时候还要为一些事吵架。"盛田的回答非常直率："先生，如果你我意见是完全一样的，我们俩就更不必待在同一公司领两份薪水了，你我之一应辞职。正因为你我看法不一样，公司犯错的风险才会减少。"

通过以上事例分析，我们可以得出这样一个结论：没有冲突的组织是一个没有活力的组织，作为领导者，要敢于直面冲突和矛盾；闻争则喜，应成为领导者的一种必有的态度。

## （四）如何保持组织活力

1. 改变组织文化

激发功能正常的冲突的首要一步是，管理者应向下属表明，冲突有其合法地位，并以自己的行动加以支持。而且对那些敢于向现状挑战、倡议革新观念、提出不同看法和进行独创思考的下级员工给予鼓励，甚至可以采取晋升、加薪或其他强化手段。

2. 重新建构组织

结构的变动也是冲突源泉之一，因此把结构作为冲突激发机制是符合逻辑的。使决策集中化、重新组织工作群体、提高规范化和增加组织单位之间的相互依赖关系都是结构机制的变化，这样做可以收到打破现状并提高冲突水平的效果。

3. 运用沟通

政府官员有时会把可能的决策通过"可告信息源"渠道透露给媒体。比如，把可能任命的检察长的名字泄露出去。如果该候选人能够经得起公众的预前考察，则将任命他为检察长。但是，如果发现该候选人不能引起足够新闻、媒体及公众的关注，新闻秘书或其他高级官员不久将发表诸如"此人从未在考虑之列"的正式讲话。灵活自如的特点使这种方法十分流行。如果导致的冲突水平过高，则可以否决或消除信息源。要注意，模棱两可或具有威胁性的信息同样可以促成冲突。

4. 任命一名吹毛求疵者

吹毛求疵者指那些习惯与大多数人的观点或做法背道而驰的人。他们扮演着批评家的角色，即使对那些自己大体上赞同的做法他们也会努力去寻找其中的不足。吹毛求疵者作为一个检查员可以消除小团体思想和"我们这里从来都是如此"的辩护。如果其他人能认真倾听他们的意见，吹毛求疵者可提高群体决策的质量。

5. 引进外来人员

改变组织或单位停滞僵化状态所普遍使用的方法是，通过从外界招聘或内部调动的地方引进背景、价值观、态度或管理风格与当前群体成员迥然不同的个体。

用这一技术来填补他们管理层的空缺。很多大型企业采用这一技术来填补他们管理的空缺。

# （五）领导者的沟通方式

人与人之间、人与组织之间的冲突、矛盾既然不可避免，为了使之向着对组织有利的方面转化，领导就有必要学会协调的手段，而协调的基本途径是通过沟通去进行的。一般而言，沟通可以按照不同的依据进行分类。

1. 正式沟通

正式沟通，是指通过组织明文规定的渠道进行的信息的传递和交流。如贯彻上级精神的会议，或者下级的情况逐级向上反映等等，都属于正式的沟通。

（1）正式沟通的方式有很多，按沟通的流向来划分，有三种具体方式：上行沟通、下行沟通、平行沟通。

上行沟通是指下级的意见向上级反映。其作用是将职工愿望反映给领导，获得心理上的满足，从而激发他们对组织的积极性和责任感。领导者可以通过这种沟通了解职工的一些情况，如对组织目标的看法、对领导的看法以及职工本身的工作情况和需要等等，使领导工作做到有的放矢。职工直接和领导者说出他的意愿和想法，是对他精神上的一种满足，否则，就将怨气不宣，胸怀不满，或者满腹牢骚，自然会影响工作。

领导人应鼓励下级积极向上级反映情况，只有上行沟通渠道通畅，领导人才能做到掌握全面情况，做出符合实际情况的决策。要做到这一点，领导者要平易近人，给大家提供充分发表意见的机会。如经常召开职工座谈会、建立意见箱、实行定期的汇报制度等，都是保持上行沟通渠道畅通的方法。

（2）下行沟通主要是指上层领导者把部门的目标、规章制度、工作程序等向下传达。它的作用有三个：一是使职工了解领导意图，以达到目标的实现；二是减少消息的误传和曲解，消除领导与被领导者之间的隔阂，增强组织团结；三是协调企业各层活动，增强各级的联系，有助于决策的执行和对执行实行有效的控制。

为使下行沟通发挥效果，领导者必须了解下属的工作情况、个体兴趣和要求，以便决定沟通的内容、方式和时机更主要的是，领导者要有主动沟通的态度，经常与下属接触，增强下属对领导者的信任感，使其容易接受意见。在下行沟通的同时，要听取下属的意见，必要时根据下级意见做出改正，以增强被领导者的参与感。

（3）平行沟通是指部门中各平行组织之间的信息交流。在单位中各部门之间经常发生矛盾和冲突，除其他因素以外，相互之间不通气是重要原因之一。平行沟通能够加强组织内部平行单位的了解与协调，减少相互推诿责任与扯皮，从而提高协调程度和工作效率。同时还可以弥补上行沟通与下行沟通的不足。因此，保证平行组织之间沟通渠道的畅通，是减少各部门之间冲突的一项重要工作。

2. 非正式沟通

非正式沟通，是指在正式沟通渠道以外进行的信息传递和交流。如，单位职工之间私下交换意见，议论某人某事以及传播小道消息等。这种非正式沟通，是建立在组织成员个人的不同社会关系上。如几个人的年龄、地位、能力、工作地点、志趣、际遇以及利害关系的相同等等，他们之间频繁地接触，交换各种信息，形成一个非正式团体。因此非正式沟通的表现方式和个人一样具有多变性和动态性。因为是个人关系，就常有感情交流，因此还表现为不稳定性。这种交流久而久之，就会产生非正式团体首领。从管理的角度看，这种非正式的意见沟通，乃是出于人本来就有的一种相互组合的需要，而这种需要若不能从组织或领导者那里获得满足，这种非正式的结合要求就将增多。

非正式沟通往往有这样几种倾向：容易变成一种抵抗力量；因其不负责任，往往捕风捉影，以讹传讹，产生谣言；有时会钳制舆论，再加之冷嘲热讽，歪曲真相，孤立先进，打击进步；往往因为众口铄金，甚至法不责众，因而影响工作；这种沟通的非正式领袖，往往利用其影响，操纵群众，制造分裂，影响组织团结。

由于非正式沟通多数是随时随地自由进行的，它的内容是不确定的，沟通的方法也就千变万化。它掺杂感情色彩或个人因素，或捕风捉影，或节外生枝，或望文生义，一传十，十传百，以讹传讹，正如通常所说："锣敲三锤必变音，话传三遍定走形。"

要想杜绝或堵塞这种非正式沟通是不可能的，只能尽量减少或巧妙地利用它，以达到以下目的：

（1）预先做好某种舆论的准备，获得非正式组织的支持，促进任务的完成；

（2）事先做好决策前的准备工作，征求下属的意见，即使是反面意见也好，借以纠正工作的偏向；

（3）传递正式沟通所不愿传递的信息，如对某些恶意传言的警告等；

（4）把领导的意志变为群众的语言，起到正式沟通的作用，实现领导的目的。

## （六）有效沟通的障碍

沟通随时随地都可能发生，而在任何沟通过程中都可能发生各种不同的障碍，归纳起来主要有以下几点：

### 1. 由知识、经验等差异引起的障碍

发出信息者对要传递的信息是凭自己的知识、经验进行编码发送的，而收到信息者也是凭自己的知识、经验进行解码接收。如果发、收双方有共同的知识和经验即"共通区"，那么对传递信息就能有相同理解和共识。通常说，一点就通就是有很大"共通区"。显然，这个共通区越大，双方交流越顺利，交流范围越广。

### 2. 过滤的障碍

过滤指故意操纵信息，使信息显得对接受者更为有利。比如，下属所告诉上司的信息都是上司想听到的东西，这位下属就是在过滤信息。信息过滤的程度与组织结构的层级和组织文化两个因素有关。在组织等级中，纵向层次越多，过滤的机会也越多，信息传递过程中被过滤的可能就越大。组织文化则通过奖励系统或鼓励或抑制这类过滤行为。奖励越注重形式和外表，下属便越有意识按照对方的品位调整和过滤信息。

### 3. 心理障碍

由于信息传递者的思想倾向，致使信息的传递被歪曲或中途停止。例如，传递者对信息的内容在观点、态度或心理上不能接受，或对信息本身抱有敌对、不信任，因而有意歪曲或因不感兴趣而故意搁置，以致信息走样、失真甚至停止传播。还有些人常常喜欢根据自己的主观判断去推测对方的意图和动机，猜测对方的"言外之意""弦外之音"。这样，不仅会歪曲事实，产生误会，还会严重影响人际关系。

### 4. 语言障碍

同样的词汇对不同的人来说含义是不一样的。年龄、教育和文化背景是三个最明显的影响因素，它们影响着一个人的语言风格以及他对词汇含义的界定。而在一个组织中，员工常常来自不同的背景。另外，横向的分化也使得专业人员发展了各自的行话和术语。在大型组织中，成员分布的地域又十分分散，每个地区的员工都使用该地特有的术语或习惯用语。纵向的差异同样造成了语言问题。虽然大家都会说一种语言，但在语言的使用上却并不一致。了解每个人修饰语言的习惯将会极大地减少沟通障碍。问题在于，组织中的成员常常意识不到接触的其他人与自己的语言风格不同，他们自认为自己的词汇或术语能够被其他人恰当地理解，从而导致了沟通问题。

### 5. 信息过量形成的障碍

管理人员一般都抱怨他们为沟通所花时间太多了，如果要参加所有的沟通活动，单位里的实际工作就没有办法完成。因而在一次沟通中，如果信息量太大，会引起双方的厌烦，从而有可能导致沟通的失败。

### 6. 非言语提示的障碍

非言语沟通几乎总是与口头沟通相伴，如果二者协调一致，沟通效果便会被强化。如，上司的言语显示他很生气，他的语调和身体动作也表明很愤怒，于是可推断出他很恼火，这极可能是个正确的判断。但当非言语提示与口头信号不一致时，就会使接受者感到迷茫，而且传递信息的清晰度也会受到影响。

### 7. 地位障碍

社会地位不同的人往往具有不同的意识、价值观念和道德标准，从而造成沟通的误解。不同阶层的成员，对同一信息会有不同的甚至截然相反的理解。政治差别、宗教差别、职业差别等，都可以成为沟通的障碍。不同党派的成员对同一政治事件往往持有不同的看法；不同宗教或教派的信徒，其观点和信仰迥异；职业不同也常常造成沟通的鸿沟；甚至年龄的差异也会造成"代沟"。

### 8. 组织障碍

组织结构不合理，会严重影响组织内部沟通渠道的形成和畅通。这种障碍是由于组织结构层次过多。层次越多，沟通中信息失真的可能性就越大；机构重叠，沟通传递过程缓慢，影响信息的时效性，时机已过，信息就失去了价值；条块分割，各独立的部门各为自己的利益而层层设卡，封锁信息；渠道单一，造成信息不足，影响沟通效果。

9. 情绪

在沟通时，双方的情绪也会影响到对信息的解释。不同的情绪感受会使个体对同一信息在不同时间做出的解释截然不同。极端的情绪体验，如狂喜或抑郁，都可能阻碍有效的沟通。因为这种状态常常使我们无法进行客观而理性的思维活动。因此最好避免大喜大悲以使我们清楚地思考问题。

## （七）进行有效的沟通

如何消除以上提到的沟通障碍呢？大致可以运用以下方法：

1. 运用反馈

很多沟通问题是由于误解或理解不准确造成的。如果领导者在沟通中使用反馈，就会减少这些问题的发生。这里的反馈可以是言语的，也可以是非言语的。当领导者问接受者："你明白我的话了吗？"他所得到的答复便代表着反馈。但反馈并不仅仅包括是或否的回答。为了核实信息是否按原有的意图接受，领导者可以询问有关该信息的一系列问题。但最好的办法是，让接受者用自己的话复述信息。如果领导者听到的复述正如本意，说明沟通是成功的。反馈还包括比直接提问和对信息进行复述更精细的方法。例如，综合评论可以使管理者了解接受者对信息的反馈。

2. 消除沟通障碍

有时行动比言语更为明确。所以绩效评估、薪金核查以及晋升都是反馈的重要形式。你可以观察对方的眼睛及其他非言语线索，以了解他们是否在沟通中接受了你的信息。

3. 简化语言

由于语言可能成为沟通障碍，因此沟通者应该选择措辞并组织信息，以使信息清楚明确，易于被接受者理解。领导者不仅需要简化语言，还要考虑到信息所指向的听众的自身特点，以使所用的语言适合于接受者。有效的沟通不仅需要信息被接收，而且需要信息被理解。通过简化语言并注意使用与接收信息者一致的言语方式，可以提高理解效果。特别是在传递重要信息时，为了使语言问题造成的不利影响减少到最低程度，可以先把信息告诉不熟悉这一内容的人。这有助于确认沟通中含混的术语、不清楚的假设或不连续的逻辑思维。

### 4. 抑制情绪

如果认为领导者总是以完全理性化的方式进行沟通，那太天真了。我们知道沟通双方的情绪能使信息的传递严重受阻或失真。当领导者对某件事十分失望时，很可能会对所接受的信息发生误解，并在表述自己的信息时不够清晰和冷静。那么在这种情况下领导者应该怎么办？最简单的办法是暂停进一步的沟通直至自己恢复平静。

### 5. 注意非言语揭示

往往行动比言语更明确，因此沟通中很重要的点是注意你的行为，确保它们和语言相匹配并真正起到强化语言的作用。非言语信息在沟通中占据很大比重，因此，有效的沟通者十分注意自己的非言语提示，保证它们同样传达了所期望的信息。

### 6. 使用目光接触

当别人在同你说话时却不看你，你的感觉如何？大多数人将其解释为冷漠和不感兴趣。与说话的人进行目光接触可以使你集中精力，并能鼓励说话的人。

### 7. 积极倾听

积极倾听常常比说话更难做到，因为它要求倾听者脑力的投入，要求集中全部注意力。人们说话的速度是平均每分钟 150 个词汇，而倾听的能力则是每分钟可接受将近 1000 个词汇。两者之间的差值显然留给了大脑充足的时间，使其有机会神游四方。

通过发展与沟通对方的"移情"，也就是让自己处于沟通对方的位置，可以提高积极倾听的效果。不同的沟通对方在态度、兴趣和期望方面各有不同，因此移情更易于理解信息的真正内涵。

### 8. 避免中间打断说话者

做出反应之前先让说话者讲自己的想法，在说话者说时不要去猜测他的想法。大多数人乐于畅谈自己的想法而不愿聆听他人所说。很多人之所以倾听仅仅因为这是能让别人听自己说话的必要付出。尽管说使人不舒服，但我们不可能同时做到听和说。一个好听众一定要明白这个道理。

### 9. 使听者与说者的角色顺利转换

大多数沟通情境中，听者与说者的角色在不断转换。有效的倾听者能够使说者到听者，以及听者再回到说者的角色转换十分自然。从倾听的角度而言，这意味着全神贯注于说者所表达的内容，即使有机会也不去想自己接下来要说的话。因为只要你明白了对方的意思自然会做到这些。

10. 展示赞许性的点头和恰当的面部表情

有效的倾听者会对所听到的信息表现出自己的反应。赞许性的点头、恰当的面部表情与积极的目光接触互相配合，向说话人显示你在认真聆听并随时表明你的态度。

11. 避免分心的举动或手势

表现出感兴趣的另一做法是避免走神。在倾听时，注意不要进行下面这类活动：看表、心不在焉地翻阅文件、拿着乱写乱画等。这会使对方感觉到你很厌烦或不感兴趣。另外，这也表明你尚未集中精力，因而很可能会遗漏一些对方传递的信息。

12. 提问与复述

批判性的倾听者会分析自己所听到的内容，并提出问题。这一行为保证了信息正确理解，并使说话者知道你在倾听。复述是指用自己的话重述说话者所说的内容。有效的倾听常常使用这样的语句："我听你说的是……"或"你是否是这个意思……"首先，复述是核查你是否认真倾听的最佳监控手段。如果你的思想在走神或在思考你接下来要说的内容，你一般不能精确复述出完整的内容。其次，复述是信息传递精确性的控制机制。用自己的语言复述说话者所说的内容并将其反馈给说话的人，可以检验自己理解的准确性。

# （八）开发有效的反馈技能

在沟通中开发有效的反馈技能十分重要，可以从以下几点做起：

1. 强调具体行为

反馈应具体化而不要太笼统。要避免下面这样的陈述："你的工作态度很不好"或"你的出色工作留给我深刻印象"。这些都过于模糊。因为在提供这些信息时，你并未告诉接受者足够的信息以改正他的态度，或你凭什么判定他完成了"出色的工作"。反馈，尤其是消极反馈，应是描述性的而不是判断或评价性的。反馈应针对具体工作，而永远不要因为一个不恰当的活动而指责个人，"很笨""没能力"等等，这样会激起极大的情绪反应，这种反应很容易忽视了工作本身的错误。当你进行批评时，记住你指责的是与工作相关的行为，而不是个人。

2. 使反馈指向目的

不要把反馈完全"倾倒"到别人身上。如果你不得不说一些消极的内容，应确保其指向接受者的目的。问问你自己是否希望通过反馈帮助别人。如果答复是"我只想把我心里想说的话都说出来"，那么你会自食其果。这类反馈降低了你的领导威信，并会减弱以后反馈的意义与影响。

3. 确保理解

一次成功的沟通需要双方信息的传递与理解。为了使反馈有效，应确保对方理解它。与倾听技术一样，可以让接受者复述你的反馈内容，以了解你的本意是否已被彻底领会。

使消极反馈指向接受者可控制的行为，让他人知道那些自己无法左右的缺点毫无意义。消极反馈应针对接受者可以改进的行为。比如，责备员工因为忘记给钟表上闹铃而上班迟到是有价值的，但不要因为每天上班必乘的公共汽车出了故障而责备他的迟到。

4. 把握反馈的良机

接受者的行为与获得对该行为的反馈相隔时间越短，反馈越有意义。比如，当新员工犯了一个错误时，最好在犯错误之后或在一天工作结束时就能够从经理那里得到改进的建议，而不要等到几个月后的绩效评估阶段才获得，这样可能会让人心烦，如果你需要浪费时间重新回想当时情境和恢复某人的记忆，那么你所提供的反馈很可能是无效甚至会起至相反作用的。当然，如果你尚没有获得充足的信息，当你很恼火，或者情绪极为低落，此时仅仅为了快速的目的而匆忙提供反馈也会适得其反。在这些情况下，反馈的"良机"意味着"一定程度的推迟使自己平静"。

## （九）协调及协调的原则

协调是领导和管理者重要的管理技能，提高这项工作，有助于领导者妥善处理企业内外、企业上下、部门之间、各经营环节之间的人与人、组织与组织、人与物、人与事、物与物、事与事、时间和空间等方面的各种问题和冲突。

一个善于协调的管理者，总能让自己的工作顺畅有序地进行，上级乐于支持，同事乐于配合，下级乐于拥护，为自己的工作顺利展开营造一个良好的环境。

有效的协调应注意以下几条原则：

一是及时性原则。及时性原则是指发现冲突和问题应该及时解决。问题一旦出现，若得不到及时协调，会积少成多、积小变大，甚至无法正常解决，有些问题当初只要稍加注意，用很少的时间和精力就可以解决，这样也可以降低协调的成本。

二是关键性原则。关键性原则有两层含义：第一，要抓住重大和根本的问题。主要包括：影响深远的问题，影响全局的问题，薄弱环节，代表性的典型问题，员工意见大、反映强烈的问题。第二，解决问题时要标本兼治。不仅要解决问题本身，还要解决引发问题的根源，只要原因存在，问题就会不断重复发生。

三是沟通情况和信息传递原则。及时沟通传递信息，可以保证配合顺畅，反应迅速，也能达到相互的支持和理解，减少误会；问题发生以后，协调矛盾和解决冲突也要快得多。

四是激励性原则。合理使用激励手段，不仅可以预防问题和矛盾的发生，而且在问题发生以后，也可以调动各方协作的意愿。

## （十）领导人的协调方法

协调工作的形式多种多样，这里择要介绍如下几种：

1. 会议协调

为了保证企业内外各部门之间在技术力量、财政力量、市场力量等方面达到协调，保证企业的统一领导和力量的集中，使各部门在统一目标下密切配合，必须经常开好各类协调会议。会议协调的类型有以下几种：

第一种是解决问题会议。这是会同有关人员共同讨论解决某项问题的会议。目的是使与会人员能够统一认识，共同协商解决问题的方案。

第二种是培训会议。旨在传达指令并增进了解，并指下一步执行的政策、计划、方案、程序进行解释。这是动员、发动和统一行动的会议。

第三种是信息交流会议。这是一种典型的协调沟通的会议，通过交流各个不同部门的工作状况和业务信息，使大家减少会后工作之间可能发生的协调沟通问题。

第四种是表明态度会议。与会者对上级决定的政策、方案、规划和下达的任务表明态度和意见，并对以往类似问题执行中的经验、教训提出意见。

2. 结构协调

结构协调就是通过调整组织结构、完善职责分工等办法来进行协调。对待那些出现在部门与部门之间、单位与单位之间的"三不管地区"的问题，以及诸如由于分工不清、职责不明所造成的问题，应当采取这种协调措施。"结合部"的问题可以分为两种，一是"协同型"问题，这是一种"三不管"的问题，就是有关的各部门都有责任，又都无全部责任，需要有关部门通过分工和协作关系共同努力完成。二是"传递型"问题，它需要协调的是上下工序和管理业务流程中的业务衔接问题。可以通过把这种问题划给联系最密切的部门去解决，并相应扩大其职权范围以适应扩大的责任。

3. 现场协调

现场协调是一种快速有效的协调方式。也就是把有关人员带到问题的现场，请当事人自己讲述产生问题的原因和对问题的看法，同时允许有关部门提要求，使决策者有一种"压力感"，感到自己部门确实没有做好工作，并使其他部门也愿意提供帮助，或出些点子，这样有利于统一认识，使问题尽快解决。对于一些扯皮太久、群众意见大的问题，采用这方式尤其有效。

# （十一）怎样协调人的冲突

在一个组织中，这一个人和那一个人，这一些人和那一些人，对某项任务、某个问题在利益和观点上不一致，是常有的事。有时甚至双方会剑拔弩张，面红耳赤，搞到十分紧张的地步。有人估计，领导者要花上 20% 左右的时间来处理各种冲突。说明冲突在人际关系中是固有的，不能回避，必须予以适当的处理，方能形成"人和"的气氛。这需要领导者巧妙运用调停纠纷和处理冲突的技巧，协调各方在认识上的分歧和利益上的冲突。那么如何来处理纠纷、冲突和分歧呢？说来并无现成的公式可循，不过，领导者能不能成功地处理冲突，主要受以下三个因素的影响：领导者判断和理解冲突产生原因的能力；领导者控制、对待冲突的情绪和态度的能力；领导者选择适当的行为方式来处理冲突的能力。

解决人际冲突，可以采取以下几种方式。

"彼此谦让"的方式。就是使争执双方各自退让一步，达成彼此可以接受的协议。这是调停纠纷、解决冲突最常用的办法。这种解决办法，关键在于找准双方让步的适度点。无论调停政治纠纷，还是解决日常组织工作和生活上的冲突，要使双方团结起来，共同行动，就不能用偏袒一方，压服另一方的做法，而应该运用"互相让步"方式解决问题。

"接受时间"的方式。这是指当解决冲突的条件还不成熟时，需要维持现状，等待时机给予解决；或者经过一段时间问题的积累，由工作或生活本身逐渐地加以调整。采取"接受时间"的方式，可以让人们通过时间，逐渐放弃旧有的成见，适应新观念和既成事实。这种解决冲突的方法是十分明智的。因为一个人的信仰、观念和立场的改变，往往需要一个漫长的过程。采取强加于人的做法，反而可能会使矛盾激化，隔阂加深，损伤人们的感情，产生不良的后果。而"接受时间"，则可以使冲突的解决比较自然和顺畅。如当有人对组织的决议持不同意见时，组织上允许其保留意见，而不滥用组织手段强迫其改变观点。当然前提是在行动上必须执行决定。这儿的"允许保留意见"，运用的就是"接受时间"的方式。

"迂回前进"的方式。这是说在特定的环境下，对一些无法可依的纠纷应采取含糊的处理方法，或者为了解决某些冲突，可做出一些必要的折中或退让、妥协。比如鼓励冲突的双方把他们的利害关系结合起来，使双方的要求都得到一定的满足；或者驱使一方放弃自己的利益去满足另一方的要求；或者用暗示或不管的方式鼓励冲突双方自己协商去解决分歧，等等。

还有一种情况便是假若双方都是搞派别斗争，为他们各自的小集团的私利而闹纠纷，完全违背整体利益。在解决这样的纠纷中，就不必去分清谁是谁非，事实上也没有必要分清谁是谁非，可采取各打五十大板的方法来处置。又如，对某些闹事问题的处理，从闹事本身看并不正确，但为着有利于组织安定，可对他们的要求做出一些不损害大原则的妥协，以缓和矛盾。这样处理纠纷的方式看来显得简单和有点不分是非，但仍不失为一种解决冲突的方法。

"泄愤释怨"的方式。双方发生冲突以后，应该让每个人都有机会泄愤释怨，不要让心头的愤懑禁锢起来。这样可和冲突的紧张程度，打开解决冲突的大门。

## （十二）部门冲突的协调方法

我们已经知道组织是由若干个部门或团体组成的。组织中部门与部门、团体与团体之间，部门、团体与组织之间，由于各种原因也常常发生冲突。组织理论者认为，组织中团体的冲突一般有这些原因：

一是各部门之间目标上的差异。组织由于划分成不同功能的各个部门、单位，每个部门、单位在组织设计时就已确定目标和各自的职责，各个子目标的组合就构成组织的整体目标，但在执行过程中，各部门和单位的工作行为常以本单位利益为中心，可能会忽视组织的整体目标和与其他部门、单位的协调，使各部门和单位相互隔绝，致使冲突与矛盾产生。

二是各部门之间认识上的差异。如甲单位的领导者认为实施 A 方案最好，乙单位的领导者则认为实施 B 方案最好，由于彼此认识上的差异，致使两单位意见一时难以协调，也可能引起部门间的冲突。

三是各团体之间的职责权限划分不清。如权力交叉或职责缺漏等引起的权力与责权纠纷。

四是不健康的思想意识或反面的团体作风，也可引起团体间的冲突。

部门间的冲突，不仅会造成各部门之间关系的不协调，而且也会给整个组织领导工作带来反面影响。因此，协调好组织内部各部门之间的关系，对于形成组织系统的合力，发挥组织系统的整体效应，具有十分重要的意义。

组织系统部门之间的关系，在很大程度上是部门主管人员之间的关系问题。各部门主管人员能否顾全大局，他们之间的人际关系是否融洽，对部门关系影响很大，因此，作为经理人来说，要处理好部门之间的关系，就要加强各自的配合与协调意识。

首先，要做好沟通工作。

这既是做好部门工作的需要，也是处理好部门关系的第一步。沟通是双向的，也是多方面的，主要应当从目标上、思想和信息上加强沟通，进而取得共识，这是协调各部门领导关系的基础。

一是在目标上沟通。首先强调整体目标，使他们认识到各部门、对整体目标的作用，以及相互配合、协调的重要性，力争把部门利益与共同的目标联系起来，进而增强各自对组织目标的关切感，减少部门间不必要的冲突。其次要在具体目标上取得沟通和共识。各部门领导，在目标的确立上，要相互理解和支持；在目标的实施上，要相互帮助；在目标的冲突上，要相互调整和适应；在目标的成功上，要相互鼓励和总结。

二是在思想上沟通。各部门领导不要单纯以本部门的利益得失考虑问题，而应当从各部门利益的互相联系上考虑问题，包括设身处地地替其他部门着想，达成彼此可以接受的意见，以防止思想认识上的片面性。同时各部门领导在思想观念、思想方法、思维方式上也是互有差异的，由此而形成的观点上的争鸣和分歧，可以通过平等的交流、启发，缩小认识上的差距，以达到统一认识。对于因工作关系所引起的思想误会、隔阂，各部门领导之间应严于律己，宽以待人，必要时多作自我批评，求得互相谅解。

三是在感情上沟通。感情上的联络和加深，对部门领导来说是很重要的。很难设想没有任何感情交流的部门领导之间在工作上可以配合融洽。要增加感情上的沟通，除了目标思想上的认同外，还可通过工作交流、参观访问、公共关系活动等不断加深，从而创造一种和谐共事的工作环境。

四是在信息上沟通。沟通也是传达交流情报信息的过程。部门之间的矛盾与隔阂，都可以从信息沟通上找到原因。一般而言，凡缺乏沟通的部门，信息传递肯定不畅，极易造成部门之间的不了解、不理解和不协调，甚至造成冲突，既影响工作，又影响团结；凡主动沟通的部门，必然信息流畅，往往容易赢得对方好感，取得信息，形成部门之间的良好关系。

其次，要倡导相互帮助。

各部门领导之间在强调自己部门工作的地位和作用时，不能贬低其他部门的地位和作用。工作的配合与支持不能仅是单向的企求，而应成为双向的给予。各部门领导之间互相支持，是圆满完成组织工作任务的前提。一个各部门之间相互支持配合的组织，才是有力量的组织。各部门之间的相互支持，体现在具体的工作之中。当某一部门工作遇到困难、阻力时，另外一个部门主动去排忧解难，在人财物方面给予帮助，是一种支持；当某一部门工作取得了成绩或出了问题，另一部门给予热情的鼓励或提出诚恳的批评，也是一种支持；当某一部门与其他部门发生矛盾，其他部门不是置之不理而是出面调解，帮助消除误会、解决矛盾，更是一种支持。各部门之间的相互支持，是避免冲突、消除矛盾、友好相处的重要条件。

最后，要维护合理竞争。由于各部门在组织系统中处于不同的地位，具有不同的功能，部门之间既具有共同的利益和目标，也有各自不同的利益和目标，因此必然存在竞争。组织内各部门的地位和功能既反映了相应的权利和义务，也反映了相应的责任和作用。这是组织系统内部各部门在协作过程中存在竞争的客观基础。在组织内部，竞争是一种最活跃的因素和力量，具有使组织系统不断向前发展的功能。这种功能既可以使组织系统发生进步性变化，将组织的作用充分发挥出来，也可以使组织系统发生破坏性变化，造成组织系统的不稳定，产生内耗。合理竞争要求部门之间形成一种正常的竞争关系，最大限度地发挥积极性和创造性，共同努力实现组织系统的整体目标。在合理竞争中，既反对封锁信息，相互拆台，制造矛盾，也反对满足现状，不求进取，得过且过。尤其应反对的是那种不择手段、尔虞我诈的倾轧式竞争。

组织系统部门之间出现矛盾冲突时，如果涉及范围小，可以采取"协商解决法"。

即由冲突相关的部门彼此通过协商解决冲突。协商时双方都要把问题摆在桌面上，开诚布公，阐明各自的意见，把冲突因素明朗化，共同寻找解决途径。如果冲突涉及面比较广，则可以采用"仲裁解决法"。所谓仲裁解决法，即由第三者出面调整，进行仲裁，使冲突得到解决。是部门之间经过协调仍无法解决冲突时才使用的方法。这里要求仲裁者必须具有一定的权威性。可以由两个部门的顶头主管部门担任仲裁者。

不过，不管用何种方法解决，领导者在此过程中必须保持公正与正直。

## （十三）避开协调的误区

有效的、正确的沟通有助于领导者迅速地消除冲突和误解，解决矛盾，增强领导与下属、下属与下属之间以及本组织与外单位之间的亲密度，使本部门内部更为团结，有助于领导的工作与组织的发展。但是领导在沟通之中也应当注意，并不是每一种沟通都是有效和实用的，当你费尽苦心去沟通时也可能得不到预期的效果。这时，你有必要改进自己沟通的方式，同时力使自己走出沟通的误区。一般来说，领导者在沟通中最易犯的错误有以下 10 个方面：

（1）对谈话对方所谈的主题没有兴趣。

（2）被谈话对方的态度所吸引，而忽略了对方所讲的内容。

（3）当听到与自己意见不同的地方，就过分激动，以致不愿再听下去，对其余信息也就抹杀了。

（4）仅注意事实，而不重视原则和推论。

（5）过分重视条理，而不重视一些细节和线索。

（6）过多注意造作掩饰，而不重视真情实质。

（7）过于分心于别的事情，心不在焉。

（8）对较难的言辞不求甚解。

（9）当对方的言辞带有感情时，则听力分散。

（10）在听别人讲话时还思考别的问题，顾此失彼。

当然以上 10 个方面并不能全面地代表沟通中存在的这样或那样的陷阱，领导者需要具体情况具体分析，这样才能准确地把握自己所犯的错误，然后找出正确的处理问题的方式，果断、坚决地执行或操作。

# 第五章　人员管理

## 一、有自己的识人战术和策略

### （一）不以个人的好恶为标准

　　哈佛管理学一直以来主张伟大的成就来自正确地用人。真正有智慧的管理者在用人时有一个最大的特点：唯才是举，而不是根据个人的好恶。在识别人才时，若以个人好恶作为选人的标准，合乎自己心意者就是人才，不合乎者就是庸才。那么，就容易有溜须拍马者围在领导者左右，专拣领导喜欢的事情和话语来迎合领导的趣味和喜好。久而久之，领导者就会凭自己的意志来识别人才，对有好感的人委以重任；而对与自己保持距离、印象不深的人，即使有真才实学，恐怕也不会委以重任。

　　这样，必将造成不良的后果。所以选贤用能，必须把个人的感情放在一边，抛开自己的好恶，以整体利益为重，以事实为根据，以实践为标准加以检验，如此才能选到真正的人才。但是在实际的管理中，有一部分管理者通常会不自觉地抵触比自己优秀的人，而选择比自己差一点点的员工为自己的下属。用比自己差的人不仅方便管理，并且非常安全。因此，有人在招聘下属时以自己的好恶为衡量标准；提拔副手时，同样喜欢找能力比自己差的人。

　　还有一部分管理者，往往习惯感情用事，看到与自己脾气和志趣相投的人，便不再注意这个人的其他方面，从而将其当成人才。这样做的结果往往是此管理者形成自己的"人才小圈子"，由于考核不到位，致使很多人"浑水摸鱼"进入团队，而真正适合的人才却被错过。

　　也有一些管理者懂得知人善任的重要性，他们在用人过程中懂得识才、重才，不以个人的好恶来看人，这样的管理者往往会得到下属的尊重和追随。

事实上，做一个不以个人好恶为标准去选人用人的管理者，是一种明智的选择。人才与厂房设备等资源最大的不同在于人会思考、有感情。管理者只有知人善任，人才才会感恩图报。那些以个人好恶来管理员工的行为是一种放弃工作原则，对工作不负责任的表现。

要做一个比较客观的领导，在招聘的过程中要善于识人，不以自己的喜好招聘人，这是作为一个好领导的素养之一。

在选拔人才的过程中更要避免"成见效应"。所谓"成见效应"也称定型作用，是指某人由于经验、教育情况、世界观、个人背景及人际关系等因素而形成的固定思维对其评价结果的刻板化影响，也就是我们通常所说的"偏见""顽固"等。"成见效应"会导致个人的价值观和偏见代替组织已制定的职场规则、考核标准等，使人依据个人的意愿和理解随意地给别人定性为是怎样的人、会犯什么样的错误。

"成见效应"是招聘管理者在评价人的时候容易犯的一个错误。因此，当你想指正某个人的时候，应时刻注意自己的每一个判断是否因个人成见而产生错误。你需要让自己保持冷静、理性思考，学会反省和检查自己的观点，这有助于减少成见效应所导致的判断误差。

作为一个管理者，如果你指正别人的时候，加入了个人因素，对方是不能够接受你的观点的。在选拔的过程中，如果管理者加入了个人因素，就容易犯一些主观错误，意气用事，违背公平客观的原则。如果你希望别人信服你，就先想一想自己的观点是否存有偏见、是否加入个人好恶等情绪。只有避免了自己的好恶才能比较客观地识人，才能把合适的人放在合适的位置上，给其一个较好的发展空间，从而创造更多的业绩和价值。

## （二）找到"潜力股"人才

知识经济时代，人才制胜，企业需要有潜力的员工。考核现代 HR 业绩的一项标准就是发掘有潜力的员工，培养优秀者，创造高绩效的工作环境。发掘有潜力的员工是促进公司发展的智力资本。

潜力是什么呢？美国泛华保险公司认为"德才兼备，专注好学"的员工就是企业寻找的"潜力股"。在泛华的人才选拔与任用实践中，重能力更重潜力，重潜力更重人品。胜任目前岗位工作的基本能力是必需的，但只有品德优良、有潜力的员工才能得到足够的发展空间。

什么样的人是有潜力的人呢？在泛华公司，有潜力的人才一定是视野广阔、心态积极、专注好学的员工。如果说事业心是成长的动力，那么专注好学就是员工成长的助推剂。员工只有花精力去钻研和学习工作领域的知识，花精力去改善工作领域的绩效，才能为企业创造价值。只有这样，企业才会把自身的发展托付给这些人。

泛华保险公司提出的"德才兼备、专注好学"，实际上指的就是人才的两个方面：品德素质和专业能力。想要成为具有潜力的人才，就要在这两方面下功夫。

有一位刚毕业的大学生本想到大企业去做机械设计工作，可最终进入了一家工厂做技术维护，工作很闲，价值不大，他干得很郁闷。两个月后，公司因为发展的需要，从国外购进了 5 台工业用的大车，由这位大学生负责技术维护。可是不到半年，这 5 台车就坏了，怎么也开动不了。这位大学生和技术组一同寻找原因，同时也联系了生产该车的外国技术专家。

外国专家前来简单地看了一下大车的情况，马上得出结论：故障是因为工厂工人操作不当引起的，生产方没有责任。但是这位大学生认为，工人完全是按照说明书进行规范操作的，并没有不当之处。于是，他向外国专家提出了自己的看法，但是几个外国专家坚持说是工厂工人的责任。

这让工厂的领导很为难：如果承认是工人操作不当引起的故障，那么厂家就不负责维修，5 台车的维修费用要自己掏，算下来怎么也得 100 多万元。可是如果不承认，因为自己的技术人员不精通这方面的技术，又提不出有力的证据。就在领导准备咬牙承担这笔巨大的损失时，这位大学生却拦住了领导，他给领导立下"军令状"，一定给工厂拿出证据。

随后，他带领几个技术工人，在车上一待就是几天，用各种检测工具从头开始，一点一点地检查线路。就在第四天早上，这位大学生在一组线路中发现了问题，这组线路存在的问题足可证明，这 5 台车在生产设计时就存在着严重的问题。当这位大学生把这组数据放在外国专家面前时，趾高气扬的外国专家顿时说不出话来。最后，维修费用由生产厂家全部承担。

这位大学生为公司立下了大功，领导马上提升他为技术总监。这位大学生也在这份原本不被自己重视的工作中获得了成就感。这位大学生身上体现出了现代企业最重视的素质：专注好学。具备良好道德素质的"学习型"人才就是企业在寻找的"潜力股"。学习能力是企业十分看重的一点，只有不断学习，才能适应不断变化的岗位要求，才能在学习中不断提升自身的能力，从而实现个人与企业的共赢。

能不断为企业创造价值的人是不会被淘汰的。曾有一位从哈佛商学院毕业的管理者说："我们不想招聘一个过了二三五年就没有价值的员工。"优秀的企业总是在寻找有潜力的人，从而使企业源源不断地获得优秀人才贡献出来的力量。

## （三）不同职位需要个性不同的员工

千军易得，一将难求。人才，是事业之根本。争天下者必先争贤，得贤者必得天下。一个国家如此，一个组织亦然。因此，管理者应该不拘一格地选拔和使用人才。哈佛管理学课堂上也总是提到，在用人的时候要因人而异，因位而异。这就要求管理者在识别人才的时候，要根据每个人的个性为其选择恰当的位置。

1. 主管人才的识别。

相对于成员来说，主管是组织内某一方面的管理专家，是直接的管理者；相对于上司来说，他们又是下属和助手。主管这种特殊的角色，使企业在聘用他们时，必须进行综合考虑、慎重地权衡。无论多大的企业，主管与经理之间保持和谐的人际关系是很重要的。

主管要成为经理得力的助手，首先必须与经理在性格上相投。主管要能够理解经理的感情变化，不要有过多的被人使唤或命令的怨气，更不能认为自己在一人之下、万人之上，就在下属面前显示自己不可一世的傲气；也不可以在单位内部搞宗派，不把经理放在眼里，甚至架空经理。主管确实应有一定的权力，但不能以为自己能做到的事情就不需与经理通气、向经理汇报。

另外，主管要有辅佐经理开拓最得意的经营领域的能力。企业在选用主管的时候，最好选择能发挥经理长处的人。作为经理的助手，他要有能够弥补经理短处的能力，有时候要能够代替经理处理某方面的重大问题。

2. 推销人才的识别。

推销人才的选择对企业来说是件相当重要的事。管理者在选择时，不妨有意识地从几个方面衡量一下，看看被你选择的对象是否具有这些素质。一个书生气十足的人是不可能具有这些素质的：丰富的推销经验、相当高的教育程度、出色的智力。智力对推销工作来说是取得成功的必备条件，但又不必过高。如果一个人智力高超，他就不会安心做推销工作了。

选择推销人才时，还要注意这几方面：被选择的对象，要安心于推销工作，能够吃苦耐劳，以保持这一职位的员工的稳定性。否则，如果经常更换推销员，那就等于永远是由一个新手来做推销工作，对企业就会造成极大损失；被选择的对象，应具有很强的事业心，把办好企业作为自己的奋斗目标，为了达到这一目标而甘愿吃苦，即便从每天清晨8点出门登门拜访第一个客户直到晚上10点，他也毫无怨言；被选择的对象还要具备对企业忠诚的素质，他应该是一个忠诚的人，而且他要凭着这种忠诚去感动推销对象；被选择的对象还要善于辞令，措辞要准确。

管理者选择好了推销人才以后，就要抓紧时间对他们进行培训。要通过培训，使他们克服一些"天然素质"，如过分体贴、同情顾客，说话办事缺乏弹性，不乐意做推销工作等。推销教育专家高曼说，选择推销员时，首先应深入分析公司到底需要何种类型的人才来担当此任，并观察哪些人拥有此种人才所需的特点和条件。他说，他创办了一个训练推销员的公司，公司在日内瓦。在那里接受培训的，是来自各个国家的大约8000个大企业的几十万名推销员。可见，对推销人才，不但要重"选拔"，也要重"培训"。

3．秘书的识别选用。

一个秘书选择得是否恰当，与一个管理者的成功和整个单位的振兴与否有很大的关系。所以，在选择秘书的问题上，不得不以更谨慎的态度来对待。选择秘书时，一般应该由管理者亲自来选。下属或许能做好这个工作，但终究没有太大的把握。事实上，一个英明的管理者不会因为自己抽不出时间，而放弃亲自对秘书进行考察的机会。

## （四）组织能力比什么都值钱

组织协调能力是管理者必备的能力之一。某装饰集团计划招聘一名市场部经理。该职位主要负责公司品牌推广、维护，组织客户维护活动和市场开拓活动，对外联系与合作。因为在工作中，既需要在公司内部协调各部门关系以共同举办活动和开拓市场，又需要站在公司的角度与外部有关联的单位进行合作，所以该职位对任职者的组织协调能力要求较高。如何能在一两次面试中，准确地判断出候选人的组织协调能力强弱？哈佛商学院的专家认为，组织协调能力主要包括组织能力、问题解决能力和领导力。因此，在招聘过程中应该从以下三个角度进行评判。

1. "组织者"的气质和角色。

一个人是否具有出众的组织能力，主要看其是否具有"组织者"的气质和风范，以及是否在工作开展过程中担任过真正的"组织者"角色。这和职务高低没有太大的关系。有些人天生就是"组织者"，即使他职务不高，但是一旦领导将某项组织工作交给他，他就能立即在职务范围内对他人产生影响力。有些人即使身在领导者位置，但他们喜欢战略层面的指导，真正的组织者角色却由下属充当。

所谓组织者气质，主要体现在以下几个方面：具有坚强的意志力、具有明确的目标、记忆能力出众并且善于总结经验、性格开朗并喜欢沟通、兴趣广泛、思想开放、对人宽容。在对候选人的考核中，招聘单位可以从以上几个方面，综合把握候选人是否具有组织者的气质，这也直接反映了候选人的组织能力和发展潜力。

2. 避免问题和解决问题。

事物的发展都是伴随着矛盾问题进行的，工作的开展也是一样。一个合格的管理人员，不仅要不惧怕问题，有解决问题的能力，更重要的是，要有避免冲突和问题的能力。也就是说，对工作中出现的矛盾和问题，要有精确的预判。

在工作中，矛盾产生的原因有多种：彼此之间的误解，不同人的个性差异，对利益的不同追求，工作方法的不同，等等。当这些问题出现后，正确地处理问题是最为重要的。一般来说，处理的方法主要有：压制、强权式解决、妥协、均衡利益。方式无对错，只是各种方式的结果存在差异。招聘企业在考核过程中，只需把握住一个原则：候选人采用的方式是否能够最大化地促进组织目标的实现。

3. 有信任，才有领导。

只有信任下属，才能获得下属的追随，才能产生领导力。许多工作需要下属去做，这就需要领导者信任下属，对下属适当授权。授权不是放弃自己的职责，而是准许别人去更好地完成工作。是否懂得授权，也是对候选人的考核点之一。伴随授权机制一起应用的还有监督机制，高明的授权者既允许下属放手去做，又时时监督下属的工作进程，并保证在关键点上不出差错。这也是用人单位考察的一个重要方面。

授权是给下属提供舞台，而激励则是促进下属卓越工作的音乐。作为团队的领导者，有责任激励下属，使他们更有效、更卓越地工作。一个领导力出众的领导，既对下属高度信任，又能够发自内心地给予下属尊重；既能主动关心和帮助下属的职业发展，又能在工作中使下属人尽其才、发挥其所长。招聘企业在考察候选人的领导力过程中，可以从其与下属的关系、下属的发展现状、下属对其的评价等几个方面进行判断。

## （五）先检测下属的本性

在识别下属的实际过程中，有些领导者往往被下属的外表和漂亮的言辞所欺骗，对其委以重任，结果却"一块烂肉惹得满锅腥"。

怎样才能避免仅以外表识才的错误呢？一个领导者要想看出一个下属到底能否担当重任，可以采用以下8种检测下属本性的方法：

1. 多向下属提问，获得对下属深层次的了解。社会生活的复杂性主要表现在事与事之间存在着直接或间接的联系，这就要求人们无论做什么事，都要尽可能地了解其深层次的原因，然后，一个层次一个层次地去解决。好的管理者会养成好习惯，在遇到问题时，多征询下属的意见，从他们的答案中，可以逐渐了解他们对问题的认识角度、解决方案、真实动机等。所谓问之以言，以观其详，讲的就是这个道理。

2. 必要时，可以故意把秘密说给下属听，以此来观察他的德行。有时候，管理者也可以故意向某个下属提供一些假情报。只要情报被泄露了，马上就知道他不能守口如瓶。如果一个人不能守口如瓶，他是不能办好事的。在信息社会里，商业竞争，除了资金、人才的竞争外，更多是技术核心的较量，由此，保守商业秘密是人才的最起码的标准。所以当一个管理者发现下属不能保守秘密时，千万不要把重大的问题交与他去处理，否则就容易把事情搞砸。

3. 善于追根问底，以此来测定真假虚实。有些人在回答问题时，只是敷衍塞责，可能会说得很漂亮，但是经不起进一步的追问。另一些人虽然回答简单，却总能道出实情，也显得比较自信。所以老板可以抓住某一个问题，不断地追问，密切观察对方的反应。如果对方显得惶惶不安，则表明他刚才的回答大有问题；如果对方显得很坚定，安如泰山，则表明他的确讲了真话。这一做法和现代的某些测谎手段有些类似，不过的确很有用。

4. 故意派人去诱发对方谋反，以此来评定他的忠诚程度。所谓"与之间谍，以观其诚"讲的就是这种方法。有些人摇摆不定，当面一套，背后一套，往往阳奉阴违。这种人是使内部人员涣散的最大病根。而且，这种人言行诡秘，也不是很容易就能鉴定出来，最好的手法莫过于故意派人与之密谈、策反，看他是否附和。例如，可以派人在他的面前故意说公司的坏话，以看他是否也开始抱怨，于是，就能把这类人区分出来。

5. 故意让他经手钱财，看他是不是廉洁。一个公司的生存与发展离不开财务的正确管理。如果公司内部的员工没有清廉的作风，那么，公司很难再立足下去。怎样看部下是否清廉呢？最好是在实践中观察他。可以让他经手一些钱财，看他在办理这些事情的过程中有没有贪污的倾向。即使没有，也要看他是否有接受贿赂的倾向，因为钱财的问题可能会涉及多方的利益，所以在这个过程中也就很可能有人行贿。如果部下因受贿而在处理钱财时，故意偏袒某一方，则就表明他并不清廉，说不定什么时候他也会将公款中饱私囊，对这种人一定要小心提防。

6. 看他在女色面前如何表现。有些人很在乎钱财，有些人则常沉迷于女色。这两种人都会因此而坏事，不能委以重任。重钱的人很可能就受贿，好色的人很可能就会因枕边细语而坏事。对于这种意外事故，管理者不得不防。

7. 把困难摆在他面前，以测试他的勇气。一般人对困难的事情都会有不同程度的畏惧，没有足够的胆识和勇气是不会勇于承担责任的。所以，管理者可以故意把困难的事情告诉他，如果他表现得为难或胆怯，则表明他不足以成大事。相反，如果他勇于承担而又确实有信心，则完全可以委以重任。

8. 从他的酒后言行中判断其品性。有句话叫"酒后吐真言"。一个酒品不佳的人，喝醉以后就会胡言乱语、行为轻浮。这种人酒后容易失态，更会乱性，从他酒后的一言一行中就可以很清楚地看出他的本性。

## （六）员工的举荐势必要考虑

微软成立之初，就对招聘非常重视。当时，公司的盈利全靠两位编程元老比尔·盖茨和保罗·艾伦，因此，所有新聘员工都必须配合好这两位创始人的工作。尽管微软 2003 年的目标是招聘 2600 名员工，但对于招聘编程人员，人力资源部的负责人说道："我们的做法还是像只有 10 个人的公司在聘用第 11 个人一样。"

员工参与是聘用到最合适的精英的关键。公司的主要领导参与招聘活动是微软的一大特色，从副总裁一直到比尔·盖茨等所有高级管理人员都要亲自参与。微软有自己的小算盘：如果高层人士对招聘漠不关心，那么其他人就更不会重视招聘工作。这

会使人力资源部门在公司中处于无关紧要的地位，进而影响人力资源部门人员才能的施展，降低招聘工作的水平。

微软鼓励员工举贤荐能。据《工业周刊》报道，微软约有 30% 的新开发人员是通过这种渠道聘到的。员工的推荐大约有 50% 都是很好的线索。

应聘者经过招聘人员的预试之后，还要通过公司其他员工的面试。他们会要求应聘者演示专业技能，如编码等。有时还会出一些脑筋急转弯的问题，如"美国有多少个加油站"等，但应聘者不一定都要答对。他们只是想了解应聘者思考和解决问题的方式。

微软的员工对面试工作非常投入，希望有一种方式能客观地描述公司的期望。管理开发部门的南希说道："公司不同部门的经理，采用的是市场上不同的招聘模式。结果，谁也闹不明白到底该用哪一种。因此，我们决定开发一种适合我们经理独特要求的方式。"

微软（澳洲）有限公司形成了一种以"才能"为基础的招聘模式。"这一工具使我们能够明确指出微软的战斗口号：我们需要工作勤奋、能用 30 种方法完成工作的聪明人。"罗碧介绍道，微软的每位经理都会同下属一起找出员工现职要求的 5~7 种才能，并就今后的行动计划达成一致，这样员工才能向着目标水平努力。他和他的前任就是这样携手合作，担负起微软马来西亚公司掌舵人的职责的。

无论招人还是用人，微软向来不拘一格，就像比尔·盖茨的衣着，怎么舒服怎么穿，形式是次要的，效果才是最重要的。微软公司在招收人才方面一向采取的重要方法就是，聪明人推荐聪明人。比尔·盖茨号召公司所有杰出的人才将自己所认识的能人推荐到微软来，微软不断敞开胸怀接纳这些优秀人才，而且给那些推荐杰出人才的聪明人以优厚的奖金。这种求才若渴的招人之策，也只有像比尔·盖茨这样热爱人才的人才能想得出来。

据统计，微软雇用的员工，40%是通过员工推荐来的，因为聪明人了解聪明人，忠诚的员工会推荐最好的员工。"请你帮助提供顶尖的候选人，推荐适合我们岗位的人，可以是你自己认识的，也可以仅仅听说过他的名字。比如，你知道某个人发明创造过某项了不起的技术，听说某个人有'电脑怪才'的称号，请把他的名字寄给我们。"这就是比尔·盖茨的主张。

为了把那些隐藏在世界各地的天才人物统统网罗旗下，微软公司实行了一个政策——推荐一个研究员、高级研究员和主任研究员，微软公司将奖励3000美元。

这个奖励政策对所有员工都适用。微软这一人事制度是以员工的信誉为保障的。任何人在推荐人选的时候，必须以自己的"信誉"为无形担保。

滥竽充数之人，本身极难通过严格的面试。就算众多考官全被蒙蔽，"三流"被当作"一流"引进公司，一经发现，即被辞退，推荐者的信誉也会受到牵连。所以，尽管公司鼓励所有人举荐亲朋，却没有人敢胡来。这项推荐制度的好处就是"举贤不避亲"。通过层层把关，能够闯关夺魁的一定是优秀的人才，这些优秀人才成了公司的核心层。

## （七）拟定科学的选人步骤

对一个组织来说，管理者就是一位知根知底的管家，他应该知道自己缺乏什么样的人才，以及怎样才能找到这类人才。因此，选出什么样的人才是衡量管理者水平的一个重要标志。

人才对于组织来讲是至关重要的。把优秀的人才选拔到合适的岗位上，是现代管理者的一项重要的工作内容。"用金银总有尽时，用人才坐拥天下"。及时准确地把人才选拔出来，我们就具备了征服自然、征服社会的人力资本。

选拔人才是一门学问，现代管理者应该用心揣摩。做出正确的人力资源决策，是管理者驾驭好一个组织的最基本的手段。因此，管理者必须通过科学而严密的步骤，有效地选拔人才。

第一，找出职缺。这是选拔人才的起点，也是关键的步骤。它要求管理者，必须清楚每个空缺的职位所需要的是什么样的人才。为此，必须从分析工作的需要人手，根据工作要求，缺什么样的人，就选什么样的人。总之，要因事选人，不能因人设事。还要根据不同的职缺要求的侧重点，来确定选拔人才的目标。整个选人过程，都要紧紧围绕职缺和目标进行。

第二，确定人才条件。关于选才的具体标准，各个国家可能不同，但也有共性。如日本选人的标准是学历、经历、能力、忠诚和健康五条。中国强调德、才、资。德，是指品质，即具有高尚的道德情操；才，是指才能，即具备能够胜任工作的能力；资，是指资历，包括学历、经历、经验和工作成绩。总之，要德、才、资兼备。

第三，拟订选拔方案。管理者应根据职缺要求，制定选拔方案。它包括确定选拔对象，规定选拔内容，采取具体的方式、方法，拟订具体的时间程序。

第四，选定对象。候选人必须有一定的数目。没有一定数目的候选对象，就不会有充分的选择余地，所选的人才也不一定合格，更不用说优选了。

第五，跟踪考察。管理者要组织人员到候选人的原单位了解每个候选人的情况，并对候选人进行全面考察。考察的方法多种多样：

观察法，就是实际观察候选人的作业；

参与法，就是请候选人实际参加某项工作，观察一段时间再说；

日记法，就是请候选人把每天的工作记录下来，管理者可从中分析他的能力；

列表法，就是将职务的工作内容列一张表，请候选人考虑，能胜任多少条；

问卷法，就是把问卷发给候选人，请他回答有关问题。

通过考察，管理者就可以大体了解候选人的智力、性格、技能、兴趣、动机、愿望等特性了。在此基础上，管理者还要亲自与候选人进行面谈，以便进一步考察验证。

第六，做出结论。管理者必须经过集体讨论，认真地研究这些候选人的优、缺点；同时从几名候选人中，进行反复比较推敲，优中择优，最后做出决策，并对中选者进行任命（聘用）。

## 二、挑选合适的"兵"为我所用

### （一）知道在你的领导力层级里都有什么吗

现在，一种新的商业模式在几个月时间里就可能过时，预测未来几年对领导人才的需求还可能吗？当然可以，但是你要抛弃那些曾经在二三十年前流行的方法。你需要更有意识地使你的领导能力和公司的战略目标相匹配，同时你也要加速员工获得所需能力的过程。

领导力研究一直是大家关注的重点，调查也显示：只有少数企业在领导力培养发展中取得成效。在大多数企业中，现有的领导力供给仍远远无法满足企业未来战略实施及推动领导力发展的需求。那么，企业如何根据自身实际打造领导力供给线？

领导力供给可以分为两条线：一条是常规的领导力供给线，另外一条为领导力供给线"快速通道"。对于企业来说，最好的选择是同时打造这两条领导力供给线，并在各个层级建立这样的领导力供给线。首先，企业需要发掘有潜力晋升至一线领导者岗位的员工。其次，现有的一线领导者要提升至更高的职位。当企业识别出这些员工之后，就要开始为这些员工提供一些任务、历练。当这些员工需要晋升至更高一层领导岗位时，企业需要给予员工更进一步的历练和培训。同理，第二、三、四层级都需要进行同样的规划，每一层级都需要一个衔接。所以，企业首先要识别高潜质员工，然后对其进行相应的培养。

我们把打造领导力供给线定义为，在每个层级找到合适的人选，从而为下一个领导岗位的空缺做好准备。除此之外，企业还需要为潜在人才准备一个快速通道，我们称之为"领导力加速发展中心"，之所以采取这种措施的主要原因在于：企业需要填补的高层领导岗位空缺十分巨大。如果按照常规的发展路径，管理者的领导力发展速度很难跟上企业发展的需要。因此，企业需要为那些高潜质人才准备快速发展的通道。这样，经过5~15年的发展，企业就能培养出所需的领导人才。所以，企业需要打造两条领导力供给线，一条是常规的领导力供给线，一条是快速通道。

当然，企业也需要从外部招聘人才。通常，从外部招聘的人才都是高潜质人才，企业需要考虑把其放入快速发展通道。一般来说，企业会根据各个层级需要的人才进行相应的招聘。最好的情况是，企业从外部招聘的人才能力比现有空缺职位所需能力低一层，然后，企业可以利用一年左右的时间对其进行发展，从而使其更好适应这个职位的需求。

在领导力层级中应用差距分析，明智的公司要尽早考虑应用差距分析来进行他们领导力的开发活动。密歇根大学商学院组织行为和人力资源教授诺埃尔·M. 蒂奇也认同这一观点。他说："与我合作过的许多公司需要重新考虑他们的领导层级，早在20世纪70年代，一些能源公司就能够预见未来10~15年发展过程中对领导人才的需求，同时相应地开发他们的人才计划，也因此而为大家所熟悉，如今你将很难找到可以模仿的例子了。"

讨论领导力拓展的话题可以增强组织对于这类问题的意识，就需要进行一次完整的领导力差距分析。要做好这个分析，就需要弄清楚从战略计划细分出来的每一个目标所需要的领导能力。然后评估现在的领导团队与需求之间的匹配程度，同时找出不足。在整个年度的进程中，无论何时进行战略目标的修订或增改，都要评估相应的领导能力。

一旦差距被找出来，那么以下三个方面的事情就变得重要了：

供给。当你要实现战略目标时，将具备所需技能的人组织到一起，你必须要做些什么？

配置。很多公司有足够多的人才，但是他们没有将人才放在正确的位置上，如果核心业务没有实现其应有的潜力，那么这些人才就需要被转移到战略核心中来。

执行。你需要开发什么样的流程来确保员工知道他们需要做什么，同时确保他们有动力去做那些事情？

此外，在你评估一个候选人的能力时，仅仅看他是否适合工作是不够的，你必须判断他是否能够成长，从而可以适应工作。然后询问自己要用谁来填补工作的空缺。对于这些问题的关注是非常重要的，因为它将培育一个开发管理能力的思维模式，会在整个部门或组织中蔓延。

差距分析方法的意义之一在于，它可以使你清晰地表达本公司的领导力所要求的基本技能和态度。从20年多年前开始，必备能力列表就已经有了明确的改变，那个时候领导力开发只是在大公司里比较流行。

领导能力开发已经不再是只有在未联网的状态下进行的事情了。它必须成为公司每天生活的一部分，渗透到组织的每一个活动中去。

## （二）不要盲目雇用"空降兵"作为你的高层主管

对于企业来说，发现高管继任人有两种方式：外部招聘和内部培养。一般来说，没有固定的模式。企业采用这两种方式理想的比例是：80%内部培养，20%外部招聘。实际情况是，企业40%的高管继任人是从外部招聘获取。尽管企业认为内部培养的方式更好，但是因为培养过程比较缓慢，跟不上企业发展的脚步，所以企业大多采取外部招聘的方式。

对于快速发展的企业或者经历转型时期的企业，一般没有时间从内部培养，只能从外部进行招聘。但是，如果企业可以从内部进行培养而没有实施，那么，对于企业的发展就是错误的决策。因为，高管职位都从外部招聘，无论对内部员工士气，或对内部人才来说都是很大的打击。所以，盲目雇用"空降兵"，而没有提前考虑是否在本公司内部有员工已经积累了必要的经验，是不可取的。

对于中小企业来说，从内部培养需要注意关键的几个步骤：首先，企业需要识别高潜质人才；其次，企业需要针对高潜质人才诊断其发展需求；再次，企业需要不断跟进高潜质人才的发展情况；最后，企业需要用量化的指标评估高潜质人才的成长或者培养结果。

同时，如何提升人才开发的投资回报率就成为企业急需解决的问题。企业采取哪些措施才能有效提高人才开发的投资回报率？

事实上，很多企业只把领导力发展放在口头上，实际并没有去努力改变这种状况。要有效提高人才开发的投资回报率，在领导力发展过程中，首先要分析企业人才差距，人才差距可由公式导出，这正如企业的人才结构是金字塔形状一样，如果底部太窄，发展太陡，对企业都不利。在美国，公司一般需要评估企业发展的速度，而后计算出人才差距，最后才可以进行具体分析领导力发展投资的成本数量。比如，公司需要考虑有多少人即将退休，然后计算因此而产生的人才差距。

无论是采用一种工具，还是多种工具，最终目的就是得出准确的结果。其实，企业利用的诊断工具越多，得出的结果越准确。但是，利用的工具越多，成本也就越高。

对于一线或中层领导者，进行评鉴时需要考虑两个方面：第一，考虑效度问题。

第二，高层领导者希望了解应征者的能力有哪些？有针对性的评鉴可以帮助企业得出更加准确的结论。第三，许多公司非常注重高管是否具备风险管理能力。因为很多大公司都在风险管理方面问题频频，所以，风险管理能力的指标。比如，评鉴一个领导人是否具备风险管理能力，就是看这个领导者是否能够理清整个风险发生的过程？是否能预测最好的结果和最坏的结果。

很多企业也开始尝试建立自己的评鉴中心，但是，对于高层领导人才来说，目前企业是不可能自己建立评鉴中心进行评鉴的。因为这些领导者已经是公司的最高层，企业已无法在内部找出更资深的专家来对其进行评鉴。但是，如果仅仅是针对基层领导进行评鉴，那么自己建立评鉴中心也未尝不可。但是，没有任何一家公司可以对高层管理者进行评鉴。

另外，从某种意义上来说，企业领导者的风格决定了公司的文化。企业无论是从内部培养还是外部招聘，都会经历不同领导者的领导，不可避免会产生领导风格的冲突。那么，企业如何处理不同领导风格之间的冲突？

领导者各自有不同的专长。通常来说，选择领导者就是择其所长来解决企业急需解决的问题。从这个本质来说，领导者的任期一般不长。当现任领导者解决完当前问题之后，企业就会考虑雇用别的领导者来解决企业其他问题。

对于领导力发展完善的企业来说，一般会为一个高层职位准备多个候选人（2~3个），然后从这些候选人当中选出一个。被选出的这个人需要更多的培养和发展。在提升之前，会有1~2年的时间对其进行培养，比如提供更多的机会进行历练，提供很多机会跟政界等外界打交道。就如一个金属，越磨越亮。而准备多个候选人的好处在于，即使这个人失败，还有另外两到三个人可以接替；需注意的是，其余候选人虽然能力合格，但是因为他们没有经过这种打磨，起步就会慢一些。

领导层领导风格迥然不同，冲突一定会存在，但如果领导者个人技巧不错，一般冲突都是可以避免的。如果不能避免这种冲突，则双方可以制定协议，在决策方面进行分工。同时，还可以请外部顾问协助其做决策。当然，如果要提高领导者的决策能力，就是不断历练他的决策能力。

## （三）通缉：新类型的领导者

如今的流动人才库给管理者们带来了新的压力。与管理一个来自同一地方的全职人员组成的团队相比，管理一个由兼职、时间弹性、具备相当高技术水准的虚拟员工组成的部门，并且要创造出高的业绩将是一个很大的挑战。不是所有的管理人员都能应付随之而来的差异性和不确定性。更糟糕的是在未来的 15 年中，进入高管团队的优秀管理人才（35~44 岁的人）预期将下降 15%。

因此你如何才能找到能应对这一挑战的新类型的领导者呢？作为选拔、审核和员工录用的"裁判"，人事经理如何为企业找到最为匹配的"千里马"？

显然，以前的招聘方法或许不再有效了。使高绩效公司与低绩效公司明显区别开来的是彼此对于招聘工作的不同态度。高绩效公司的领导亲自进行招聘，其他的一些应对的办法有：

首先，应重新审视企业文化，搞清公司到底需要什么样的人才，对不同职位在不同时期的工作任务及企业招聘的需求深入了解，包括岗位信息、职能范围和工作内容等方面，只有这样，才能为企业挑选出最为合适的新型管理者！

其次，改变原有招聘方式，符合现代人力资源管理的要求，进行更广泛、更有想象力的搜寻工作。如果你只是将自己局限在传统的小范围资源里，你将不能找到足够多合适的人选。要打破传统的模式，去寻找来自不同的教育背景、不同行业以及不同国家的人。同样，也不要抱着传统思路等待求职者主动来找你——在这个年代，你要做猎头的工作。

人事部门可多渠道地获取符合公司要求的人才资料，如成功率较高的注册、登陆综合性招聘网站，即时发布招聘信息，吸引人才投简，成了拓宽渠道的必经之路。

第三，在对人员的考察、筛选上，人事要有独立分析和思考的能力。在了解了相应职位的素质要求后，要对候选人应具备的能力进行考察，考察范围也要始终围绕相应的工作岗位展开，找到企业和人才的最佳结合点。

第四，人事部门在开展工作时也应善于倾听，像对待客户一样对待求职者。有条件的话，可与曾与这些候选人共事或合作过的人交谈，将熟人的意见纳入考量范围，以免受到个人偏见的影响。

彼得·卡佩利在《哈佛商业评论》中写道，今天的招聘方法就如同市场营销过程一样，"应该像对待客户那样对待今天的求职者：仔细确认瞄准目标，通过公司或品牌吸引他，然后售出职位"。从第一次接触到发出邀请，整个过程要快并且还要令人愉快。除了传统的招聘职责——即通过面试确认是否合适外，你有必要执行销售过程的每一步。正如同你要花很大努力去维系一个最忠实的客户一样，你有必要推出一些补偿性的政策，去吸引那些可以使一个动荡的团队创造高业绩的管理者。

在信息时代，人才是创造价值的关键，一个伟大的天才相对于一般的人才而言会有更大的影响力。在未来的10~20年中，导致人才战争的深层次的结构性力量还将进一步增强。在可以预见的未来，创造如今这个流动人才库的条件还将继续存在。

简言之，拥有优秀的人才从来没有如此重要过，管理优秀的人才也没有如此复杂过。这也是为什么要找到合适的领导来管理这些人才，从来没有如此至关重要的原因所在。

加里·德斯勒所著的《人力资源管理》一书在对人力资源管理的职责描述中指出，除了把合适的人配置到适当的工作岗位、引导新雇员进入组织（熟悉环境）、解释公司政策和工作程序之外，还要培训新雇员适应新的工作岗位、开发每位雇员的工作技能等方面的内容，经过培训和雇员技能的提高以及对新的工作环境熟悉程度的加深，人力部门有望将其培养成为具有扎实专业基础、认同企业文化和较好发展潜能的员工，甚至成为企业团队的中流砥柱。

以上提到的几点，企业可根据实际情况和人才需求进行必要的权衡和考量。

此外，当一个新管理者到任时，欧洲工商管理学院的研究员让·弗朗索瓦·曼佐尼和让·路易·巴赫苏认为：

不要指望他立即就能派上用场，即使他有多年经验。

在没有搞清楚下属一定擅长的两三个方面之前，不要急着分派太多的责任。

不要假设任何公开的批评都会损害关系。

不要设想他在遇到麻烦时，他会主动找你寻求帮助，通常他不会意识到自己需要帮助。

## （四）为工作，而不是为职位招聘

为工作，而不是为职位招聘。优秀的面试官提供了一些在面试前必须要问自己的一些问题：

做这份工作需要哪些技能和技术知识？

我与这个人工作的紧密程度如何？我有时间来培训他吗？

该职位是否涉及要代表组织，不管是对内还是对外？

我想让这个人在这个位置上做多久，他的期望是什么，我能对他做出职位升迁的保证吗？

如果这个人失败了或者他要求太高，后果是什么？

这个人将和谁在一起工作，我如何在招聘中撮合他们沟通？

布鲁斯·塔尔根是造雨者思想管理咨询公司的总经理，也是《赢得人才大战》的作者，他曾说过在这个快速变革的时代，信息并不总是好东西。"定义自由人才市场的因素上下不定很快出现了商机，然而机会又会很快消失。真正的挑战是在你招聘时，要补充尽可能多的你所需要的人才，尤其在你所需要的专业领域相关的人才还很少的时候。"

记住，老练的应聘者会想尽一切办法来得到它们想要的"Offer"（工作职位）。一旦被录用之后，聪明的人知道他们会有回旋余地，总是试图重新定义工作来符合他们的兴趣，或者抱怨说任何失败都是因为缺少培训和支持。

小心不要承诺那些不现实的期望。在面试的过程中，关于工作内容，不管你说些什么，对方几乎总是想听他们希望听到的。他们会记住工作描述中可以展现他们优势的部分，同时会漠视自己的劣势可能造成的影响。一旦开始工作，出于最美好的愿望，他们往往会抵制那些说是他们而不是制度或老板需要承担失败责任的任何建议。

面试官应该控制面试的结构。这意味着，通常以客套话开始，并建立和谐的气氛，澄清工作的期望值，随后转到期望的话题，然后令求职者抛开原有思路，最后让他有一个清楚的概念，明白自己的观点。求职者头脑中也常有一个大概类似的步骤：先从闲聊开始，然后谈职位和求职者之间的匹配程度，最后做出总结。

专心地倾听还可以给面试官提供其他信息，包括一些超出申请人意料之外的一些内容：在这个职位上，你的自由发挥空间会比你前一份工作小，你如何处理这个问题？这个职位的薪水和时间要求是否适合你？你确实具备我们所需要的很多技能，但是在一个完全不同的领域，你如何能最快地发挥呢？

总之，要客观了解职位提供的机会和局限性，包括告诉对方他将如何被评估，并关注他是否理解了这些信息。

此外，一个好的面试官一定要知道什么不能问。拟定一串禁止提问的问题并不能完全由你决定，还有法律、联邦政府和州政府规定的限制。如果在你的权限内你不了解这些规则，一定要提前和人力资源部门的人确认一下。通常的原则是尽量绕开那些有争议的或者涉及个人的话题，除非对方主动提起来。询问对方的政治倾向、宗教信仰、种族、性取向等问题并不关你的事。此外，还有涉及法律上敏感的一些问题：求职者的健康状况，可能的残疾情况，对前雇主的投诉程序、检举揭发行为、保险需求或犯罪记录，等等。

总之，一定要记住这条原则：你是要进行一次谈话，而不是在打嘴仗。

此外，为了发展企业，我们势必还要保持一个强大的核心团队。只要你的流动性人才库在不断变大，同时你拥有了管理这个人才库的技能和系统，你就不必担心你的核心团队正在变小。

很多雇主都已经有了自己的流动人才库：他们找外包业务，找临时代理公司，请咨询顾问来，一切都基于现实的需要。然而，为了更好地管理这些人才，我们给出了两条建议：

确信你的人才库范围够广、领域够深。终究，你第一个打电话请他承接项目的人可能在你正需要他的时候没有空。

基于技巧和绩效能力，要开发一个系统来组织这些人才。有时，那些能完成这项工作的人可能是兼职的，在家办公，有灵活的工作时间，或者享受一年的公休假后再回来工作。正是由于这些人不必在办公室工作很久，你才需要用新的方法来追踪他们。创建一个数据库来记录关于潜在临时员工的技能的详细信息、工作背景以及联络信息。然后在项目需要补充人力的时候，你可以通过这些外部资源来补充人才缺失。一个非常好的，却常被忽略地建立数据库的方法是记录那些已经离职的员工的信息。避免人才彻底地离开公司，将他们放入预备队中，在需要的时候将他们请回来。内部人选与外部人选之间权衡时，要清楚内部人选更容易一举成功，因为他对组织内部很了解。一个来自组织外部的人更倾向于给组织带来新的技术和观念。有鉴于此，什么特质的组合对你的职位更合适呢？

当然，要和公司里面试过同一个人的同事讨论。让他们帮助你消除一些个人的偏见。最后，在某些层面上，你必须凭胆识去做，但是，这样完成一次精心的招聘后，你会收获很多。

最后，招聘方还要充分思考关于决定录用的问题，要了解在责任与薪酬上可以做出多少让步。有时在面试的过程中，主管发现了一个有能力的求职者，但是自己也不知道是否需要，由此可见，招聘的情景多么复杂多变。

## （五）人才短缺这里有未利用的劳动力资源

现在兼职人员非常难招，通过网上发布信息、通过中介招聘，有时也不能取得很好的效果，企业招聘不到合适的兼职人员，那么到底是什么阻碍了企业的招聘？为此我们进行了一系列调查：目前，快消行业在终端竞争日益剧增，每个企业恨不得在每个大小卖场都布满自己的长期促销，但迫于成本压力，又不得不放弃，但是终端这一直接面临消费者的平台又不能放弃，放弃就等于死亡。于是乎，临时促销员和兼职促销员应需而生，据调查，大小卖场约300万家，每日兼职促销员需求量大概在500万人左右，周末基本上是平时的10倍，兼职人员需求量庞大，如何招聘临时兼职促销员，成了各家企业促销主管的头疼事情。甚至有部分企业为了抢得一个优秀的促销员，薪资居然开到了普通促销员人员的3倍，节假日甚至飙升到了5倍。那么如何能够解决招聘难的问题？恐怕光靠企业自身资源是很难达到的。

2010年，部分中介开始转型，步入终端执行竞争之列中，但这个转型是粗糙的、野蛮的，大部分中介缺乏创新、创意、管理等能力，企业也纷纷弃而避之，于是这类中介又返回了之初单纯靠收取兼职求职者会员费的盈利模式，当然这其中不乏部分通过管理创新和兼职中介企业文化的创建而壮大的中介，比如雨点兼职、兼职无忧、成都兼职网、兼职地带。

尽管现在有不少兼职中介得到了发展，但局限性依然很大，经受不住市场的考验，所以，随着新媒体的发展，微博日益流行。它打破了移动通信网与互联网的界限，人们不仅开始习惯使用微博随时获取、分享信息，还开始用微博做更多的事情，如利用微博开展营销、招聘等。

微博让企业争夺人才的阵地发生了改变，微博招聘已慢慢变成了一种时尚。很多企业设立了官方微博并通过这个企业微博账号发布招聘信息和网友互动，求职找工作的朋友们也纷纷注册了个人微博来实时关注企业招聘动态……如今网上"织围脖"的人越来越多，微博已成为求职、招聘的新平台。

1. 直接又有效

相比其他的网络工具，微博具有即时、迅捷的沟通优势。快速反馈和拟人化的微博运作无疑有效拉近了招聘企业与求职者之间的距离，使得"亲和力"一项大大加分。这样的交流不仅实用，而且很有趣，感觉就像朋友交流一样。甚至很多不好当面发问的难题也被纷纷抛出，吸引不少围观，这样也进一步扩大了企业的影响。

2. 招聘信息新

微博，已成为职场人士日常生活的一部分。特别是在学生团体中，微博已经成为求职的一个重要工具。只要对感兴趣的企业添加关注，企业的招聘动态就能尽在掌握之中，不必到每家企业的网站去搜寻，也不必为找企业 HR 的联系方式绞尽脑汁，既及时又有效率。对企业来说，企业官方微博解答问题之外，企业直接面向大众的招聘微博有一个最基本的功能，即宣传和及时通知最新消息，让求职者获得最新的招聘和面试细节。

3. 内容很丰富

微博不仅可以发布招聘信息、公司动态、产品发布诸如此类的公司信息，还有很多求职宝典，职场生存之术，对于初入职场或者即将进入职场的新人来说，这样的"段子"无疑大受欢迎。诸如"十种不可追随的老板""职场跳槽八须知"等。

目前，虽然微博招聘求职越来越受关注，但现实中通过微博找到工作或招到合适人才的实例其实并不多。一方面，微博提供的信息量有限。另一方面，微博内容过于生活化和私人化。在应聘中，过于随意化的信息可能被潜在雇主看到。因此，有用微博求职的人还要注意自己平时的留言和转发，或者设置好访问权限。"微招聘"还大多依赖于"线上线下"的互动。就比如×××的微招聘主要有两种模式：一为在微博发布"微职位"后，留下邮箱供候选人投递传统简历，并安排相应的传统面试程序；二为发布"微职位"后，候选人投递"微简历"，HR 与优秀的微简历主人进行微互动，并联系他们附一份详细的传统简历进入传统程序。从简历和面试来看，传统简历和面试程序还是必不可少的。

总而言之，企业在 A 岸，求职人员在 B 岸，没有很好的桥梁，两者是没有机会相遇，如何改善这种困局，企业应该建立兼职管理机制，建立兼职档案模式，培养潜在优质兼职人员。

# 三、合理安排岗位，大胆进行授权

## （一）人事部门更应有策略

德鲁克还是一个普通职员的时候，曾被分派到人事部门，负责公司的内部改革。

当时他对企业这种只"向后看"的人事管理很不认同，因为意见不统一，他几次和主管领导发生争执。德鲁克的观点是，提升客户服务水平的同时要兼顾人事制度的变化，使人事制度最终能够与企业的方向和目标保持一致。

然而，德鲁克的主管对此却不屑一顾，他固执地认为人事制度最好不要变来变去，并且他认为公司的人事制度是比较超前与合理的，所以根本不需要改变。德鲁克认为这位领导的主张太过保守，也违背了公司制度要与企业目标紧密结合的要求。

很多年后，德鲁克对这件事情依然记忆犹新，所以在讲起人事部门的策略时，他认为人事部门是离市场最远、最不能听到顾客心声、最为保守的部门。事实上，企业保持活力的源泉就在于灵活合理的安排人才，及时做出符合现实与变化的人事决策。人事制度不能是一成不变的，倘若企业别的制度全都变了，但在人事上却维持原状，那么这个企业仍然没有根本性的变化。

所以，德鲁克一再强调人事部门也要讲究策略，必须将人事上的一些想法与行为上升到策略的层面上。人事部门也不是按部就班地进行人事的升迁与淘汰，而是要通过严格地评价与适当的待遇，让企业内部活跃起来，从而创造更高的生产力，或者将其看作是企业内部沟通的信息中枢，为企业的经营发展发挥更大的作用。

## （二）人事决策是唯一关键的决策

德鲁克说："在所有的决策当中，人事决策是最重要的，人事决策左右了组织的能力，所以在管理上是一种最要紧的工作。"

人事部门在企业内部是一个重要的理应掌控大权和受到重视的部门，虽然不直接参与生产，但是直接影响着生产与经营，从一定意义上来说，它的作用甚至超过了非一线的生产职能部门。

任何组织都是由不同的人所构成，人是组织最宝贵的资源，如何对这一资源进行正确合理的安排与评价，是组织管理的关键所在。卓有成效的人事管理总是能够做到，对组织予以充分的动力与激励，从而激活一股新的力量。

然而，我们看到的大部分企业，通常都把人事管理放在一个不重要的位置，他们认为人事部门与获利并没有直接的关系，因此多被看成是非生产性职能部门。比如说，一些保守的组织在对人事进行管理时，大多会侧重于处理失败的方面。

换言之，部门负责人对于员工的潜力和优势并不清楚，而总是着眼于他过去做了什么、做得怎么样等等。

这样一来，他们的关注点就完全放在了结果的事后审查，以"向后看"倾向原则来进行人事决策，而不是以前瞻性的眼光，积极调动发挥员工的能力和优势。

因此，在很多组织里，包括营利组织和非营利组织，其人事部门掌控着决定人事安排的大权，但是在企业内部却没有什么地位，或许原因就在于此。

德鲁克说："在我参加通用汽车公司高层主管会议的几年里，公司拟定了第二次世界大战后政策的基本方针，诸如投资事宜，海外业务拓展，汽车业务、零部件业务与非汽车业务之间的平衡，工会关系以及财务结构……后来，我才意识到，其实公司多半时间是用在人事决策上，而非政策制定上。"

在通用汽车公司的高层会议上，管理者们经常要用长达几个小时的时间来决定人事任命，有时不过是一个低层职位的人事任命也要反复被讨论，面对有些人的质疑，通用汽车公司的 CEO 斯隆先生说道：

"公司给了我这么优厚的报酬，就是要让我来做出重要的决定，并且确保无误……刚才讨论的那个在代顿市工作的总机械师人选，如果我们选错了人，那么我们的决策也就像是形同虚设。将决策转化为绩效的正是这些基层员工。至于很多人说我在这方面花了太多时间，那简直是'屁话'。"

"如果我们不花上几个小时来考虑职位安排，并找到最合适的人来担任这个职位，我们以后就得花上几百个小时来收拾烂摊子，我可没那个闲工夫。"斯隆先生总结说，"你和其他所有人总认为公司能找到'更好的人选'。其实，公司只能将现有的员工安排到合适的岗位上。这样一来，大家自然就会有不俗的表现。"

可以说，管理者最重要的任务就是做好选人、用人和评价人的工作，否则就不会是一个合格的职业经理人。

## （三）如何达到科学合理的人事安排

德鲁克不止一次地对高层管理者强调："你的同事和你必须要视员工为最重要的资源，而不仅仅是成本。"卓有成效的管理者已经认识到，通过人力管理，可以实现预期的结果和目标。日本人对德鲁克的这一观点理解得最为彻底，并且他们也取得了实际的成效。

管理不是论资排辈，不是运用特权，也不仅仅是致力于产品经营。管理会深深影响到员工和他们的生活，包括商业层面上的，也包括其他许多方面。人是生产关系中最重要的因素，在过去的企业理论中，人力仅仅被当作成本来发生作用。随着社会生产力的不断进步，人力日益表现为一种稀有资源。

德鲁克强调，人事安排是一项很困难的工作，要做到尽善尽美是不可能的，但要做到科学合理还是可以达到的。在进行人事安排时，管理者遵循几个步骤：首先要搞清楚职务的性质与内容，然后根据需要找出几位合适的人选，最后再以人选各自具有的优势来确定谁是最佳人选。即使如此，人事决策成功的概率也不超过30%。

因此，管理者还要在人事安排失败时进行有效的补救措施：当人事调整欠妥或升迁失败时，要马上根据情况进行重新调整；如果一个职务使得几个优秀员工都无法胜任时，这种情况多半由于企业迅速成长或市场急剧变化使得某项职务变得过于复杂且责任重大，这时我们不必再考虑合适的人选，而是应该撤掉这个职位。人事安排要避免过于极端，比如突然找个完全不相干的人担任补缺，担任一项重要职务，还要注意如果某个员工无法提高工作成效，那么赋予他这一职位的人便要负起责任。

## （四）资金与人员的分配决定着组织的表现

德鲁克说："企业资金与人才的分配，决定着经理人能否成功地将业务知识转化为行动，也决定着企业能否获得收益。"

对于企业资金的分配，经理人要首先了解资本投资的情况，一般来说要本着四个评价标准，即投资回报、投资成本回收时间、资金流动和折现值。

这四个评价标准在不同的角度说明了对未来资本投资的不同信息。值得注意的是，企业管理者不应该单一地评价资本投资，而应该将其视为整个系列项目中的一部分。

其次，决策者应该深入分析并找到机会成本最大的投资组合，然后再进行合理有效的资金分配。

最后审计时，管理者应该将资本支出的具体情况和预期进行比较，这个比较分析得出的重要信息，可以帮助管理者制订下一步的资金分配计划。

企业对人才的分配，必须能够达到资金分配一样的标准，要经过反复思考，要有前瞻性和目标性。

对于管理者而言，人才的使用、解聘和晋升等人事决策是他业务和管理水平的一个重要体现。事实上，这些人事决策的难度要远远胜于资金的分配。在每一家企业，都有一个人事决策的系统程序，这个程序的制定也要和资金使用决策一样周密。管理者必须将其执行后的实际效果和先期预测做出比较，以此来决定下一轮的人员分配。

回顾上一年度中你的资金分配决策，看看它们是否达到了你的预期目标。回顾上一年度中你的员工雇用和晋升决策，看看它们是否也达到了你的预期目标，然后根据自己的分析改进企业的资源分配程序。

## （五）挑选领导的秘诀

德鲁克认为，领导必须依靠自己的长处行事。因此在任命企业领导时，首先要考虑候选人是否发挥了他的长处，此外还要了解他将长处发挥到了什么地方。接下来，会从组织的现实状况出发，考虑组织所面临的迫切问题是什么？也就是要把候选人的长处与组织的现实做个比较。

还有一个很重要的问题不容忽略，那就是对候选人的人品考察。一个领导者是否正直，决定了他能否成为一个出色的领导。看他能否能够以身作则，成为下属们的效仿对象。这一点至关重要，候选者的能力可以培养，但是人品却是不容易改变的。

当然，我们要侧重挑选业务能力较强的人员，但是也要兼顾人员的品质和修养。一个品质极差，没有修养的人即使有再高的水平，也不大可能带领一个团队创造极大的生产力，这与他的能力无关，而是与他的品质与人格魅力休戚相关。

英国一家大型跨国企业的首席执行官，以知人善用而远近闻名。这位年近 80 的智者告诉我们一个用人的秘诀，他说挑选领导的核心问题就是扪心自问：如果让这个候选人取得任命权，那么我是否愿意我的儿子在他手下工作？我是否愿意我的儿子以他为榜样甚至成为他那样的人？

所以，在选择企业候选人的时候，你不妨也这样问几个问题：候选人长处何在？他所要担任的职位是否能够发挥其所长？他是一个正直的人吗？当然，最简单的方法就是扪心自问："我会让我的儿子为这个人工作吗？"如果答案是肯定的，那么你就可以做决定了。

## （六）避免用人失当的基本准则

再高明的管理者都有用人失当的时候，如何将用人失当的概率降到最低，是成功的管理者应该掌握的。也许我们无法确保"将最合适的岗位留给它的主人"，但我们完全可以避免"将不合适的岗位分给员工"。因此，在制定人事决策时，管理者要把握以下几点。

第一，善于弥补因用人失当所造成的损失。在人事决策失败之后，管理者不要一味责备员工并推卸责任，而是要想办法亡羊补牢，要知道选错了人，管理者是要负责任的。

第二，发现岗位不适合，立即调整。倘若一个员工在不适合它的岗位上表现差劲，管理者不要犹豫要立即调整，否则他会给其他员工设置障碍，从而影响整个系统的绩效。

第三，如果你的员工在某个岗位上表现差劲，不要将他彻底否定。这可能是你还没有发现他的优势，也可能他自己也并不清楚，作为管理者你要帮助他走出盲目点，找到适合他的工作岗位。

第四，将新员工安排到职责明确的岗位上。这有利于他明确自己的工作任务，并容易获得老员工的帮助指导，而那些需要紧急处理的重大任务，最好安排那些资历老的员工去完成。

## （七）有效任命要遵循的五大步骤

有效任命是人事决策的一项重要内容，对于人员的晋升与配备一般要遵循以下步骤。

### 1. 明确任命的目的及理由

当面临挑选一个营销部门经理的任务时，管理者应首先明确这项任命的目标，要培养新的部门经理，是因为现在的营销经理临近退休，还是要开创一个从未涉足过的营销领域。管理者要根据这些不同的目标和原因，任命不同类型的中层领导。

职位应该是客观的，它不可能为某个新人"量身定做"。如果"因人设事"，那么企业内部任何一个职位的改变，都会引起负面的连锁反应。因为这些职位是互相关联的，牵一发而动全身，这样势必会形成恩怨帮派，这是我们所不愿意看到的。所以我们不能为了"某人适应职位"，而影响到整个机构都受到牵连。

人事的决策，必须保证公平和公正，否则就会挤走了有能力的人，或破坏有能力的人的干劲。同样，组织也需要各方面的人才，否则就会缺乏改变的能力，也难于得到正确决策所需的不同意见。只有为组织选用了合适的人选，内部关系才能保持以"任务"为重心，而不是以"人"为重心。也只有容忍了人的各种差异，才会衡量出成就的高低以及绩效的大小。

2. 确定一定数目的候选人

德鲁克强调，确定一定数目的备选人才，是有效任命的重要步骤。要注意，这句话的关键在于"一定数目"，为了确定最后人选，要界定一个候选范围。最后的合格者是考虑对象中的极少数，如果没有一定数目的考虑对象，那选择的范围就小，确定适宜的人选难度就大。要做到有效任命，管理者至少应该着眼于挑选 3~5 名合格的候选人。

3. 找到候选人的优势，并以之作为出发点

如果管理者对任命进行了深入的分析，他就会明白新人最需要集中精力做什么。核心问题应该是"他所拥有的长处是什么？这些长处是否适合于这项任命"。短处是一种局限，它当然可以将候选人排除出去。德鲁克深入分析了两种用人思路，一种以候选人的长处为出发点；一种是关注人的短处和局限。前者能使组织取得绩效，后者却只会使组织弱化。

卓有成效的管理者不会以寻找候选人的短处为出发点，因为不能将绩效建立于短处之上，而只能建立于候选人的长处之上。许多求贤若渴的管理者都清楚，他们所急需的正是胜任工作的能力。如果有了这种能力，组织总能够为他们提供其余的东西，若没有这种能力，即使提供其余的东西，也无济于事。

有效的管理者总是能够发挥人之所长，他们懂得用人不能以其弱点为基础。每个人的长处，才是他们自己真正的机会。有效的管理者择人任事和升迁，往往都以一个人能做些什么为基础。对于人的短处，我们不可能使其改变，但是却完全可以使它不发生作用。所以，人事决策的根本在于发挥人的长处。

4. 确定人选一定要经过广泛的讨论

确定人选之前，一定要经过广泛的讨论，范围越大越好，切忌私自决定。

5. 让任命人精力集中到职位的更高要求上

德鲁克强调，被任命人在新的职位上工作了一段时间后，应将精力集中到职位的更高要求上。管理者要抽出时间与他谈话，谈话内容包括被任命人的工作表现、工作体会，以及他在未来一段时间的工作目标和计划。

管理者要对他说："为了使自己在新的职位上取得成功，你必须做些什么呢？好好考虑一下吧，一个礼拜或 10 天后再来见我，并将你的计划、打算以书面形式交给我。"如果你没有做到这一点，就不要埋怨你的任命人成绩不佳，而应该是你自己没有尽到管理者的责任。

对你所任命的人这样说："为了使自己在新的职位上取得成功，你必须做些什么呢？好好考虑一下吧，一个礼拜或 10 天后再来见我，并将你的计划、打算以书面形式交给我。"这对你对他都是负责任的态度。

在制定人事决策时，不妨采用以上五个步骤来进行，也许你会收到意想不到的效果。

## （八）搞清楚所用之人"好在哪里"

在一家企业，人才是最稀缺的资源，所以人事决策就显得至关重要。人事决策不亚于一种赌博，只不过是一种理性的赌博，这就要求管理者要能够看出人之所长，卓越的管理者总是能够利用员工的优势来创造价值。他们会根据员工所能处理的事情来安排工作岗位，并没有缩小他们的缺点，而是放大他们的优势。事实上，这也是不容易做到的。人的优势越明显，缺点也就越突出，这几乎是一个潜在的规则，就好比山峰越高，峡谷就越深。

正如德鲁克所强调的，"好人"的说法不能成立，因为我们必须要搞清楚一个人"好在哪里"。一个人也许在某一方面非常优秀，但他不可能在各个领域都占据优势。所以，一个人只能在一个或为数不多的几个领域施展才华。

正因为这样，管理者通常都是以员工能够做好的工作作为分配原则，然后再去要求他们真正去做事。要注意的是，特殊岗位的特殊要求，一定要选择在这方面有特长的员工，尽管他有着很多别的缺点。其实，在某些领域存在缺陷也是非常合理的，品质与团结本身并不能创造任何生产力。但是如果没有了它们，工作就无从做起，在这些领域，缺点本身就代表着资质不够。

在进行人事决策时，首先要对工作分配状况有一个系统的认知；然后再挑选合乎要求的候选人，最后再根据候选人的不同特点和优势进行分配或排除。

## （九）"有权无责"与"有责无权"都不可取

斯隆认为，"公共责任"比"不够专业"还要糟糕，"公共责任"不但不负责任，甚至是一种权力的逾越。企业界的人士不可能对高等教育负责，也没有权力对其指指点点。作为企业的高级主管，要明白"权"与"责"之间的关系。权与责是相当的，要是你不想承担责任，而且也不该由你来负这个"责"，也就别谈什么"权"。

德鲁克对斯隆的管理原则也是认同的，这也是政治理论和政治历史的第一课。他认为，"有权无责"与"有责无权"都可能会导致暴政，企业的高层管理者既要享有很高的权威，也要承担起重大的责任。

管理者在给下属制定较高工作标准和工作效率的同时，也要给他们提供足够的空间。管理学大师德鲁克早年曾做过晚报记者，成就他的正是一位自律极为严格的主编，在他身上德鲁克学到了很多东西。

当时，这家晚报是欧陆地区的第二大晚报，每日发行 60 万份，编辑群共有 14 人。德鲁克在这家报社负责撰述财经方面的新闻与外电报道，编辑群中年龄最大的也不过26 岁，德鲁克与他的同事们每天都在超负荷地工作着。

这家晚报的主编对稿件的要求非常严格，德鲁克撰写的评论必须交给主编过目，但题目完全自由发挥。在担任记者期间，德鲁克不仅使自己机智应对的能力得到了提高，创新意识得到了激发，而且还在短时间内阅读了大量的书籍，因为只有这样才能适应岗位的要求。

这位主编在考核下属的工作绩效方面，也有自己独到的见解和方法。每个月他都会抽出一个周末，把下属们召集到一个酒馆聚会，他们坐在一起，检讨自己这个月的表现。主编往往都是一言不发，让下属们轮流介绍自己的工作状况，并互相问问题，他偶尔也会拿起笔来记点什么，但多数时间都是在倾听。通过这样的形式，下属们对自己一个月来的工作表现也就有了深刻的认识，也就很好地做到了查漏补缺。

## （十）慎重挑选继任人选

在人事决策中，对于最高管理层的继任人选决策是最困难的，最高管理层相当于人的大脑中枢，所以每一次类似的决策都事关重大，不亚于一场冒险。德鲁克强调，最高管理层的继任人选决策，是最关键的人事决策，而且一旦失误必将难以挽回。

挑选企业高层管理的继任人选一定要慎之又慎。通常而言，需要企业在明确今后3~5年中将会遭遇的最大挑战，并及早选择、培养有潜力、有能力应对这一挑战的候选人。

对最高管理层继任人选的选择，可以尝试一个有效的办法，那就是让他身在其位，并且是在他还没做好准备的情况下，这是唯一的测试高层管理者绩效的有效方法。在确定最高管理层的最佳继任人选时，要避免让其成为前一任领导者的复制品，如果前一任的领导者说"他和我30年前一模一样"，那么，只能说明这个人事决策是失败的，最起码是不高明的。

然而，到底该如何决定继任者的候选人呢？这要依企业在未来一段时期的战略目标而定，也就是视任务定人选。企业要考虑在今后的几年内，我们要面临的最大挑战是什么？明确这一问题非常重要，然后再去考察合适的人选取并测量他们的绩效。将企业的发展战略与候选人过去的绩效进行比较，往往能够较容易地确定出最佳人选。

在做出继任者决策的同时，还要留心前任领导者身边的助手型员工，可能由于他们在前任领导身旁听命行事了十几年，不太习惯新任领导的工作风格。事实上，有想法并乐于做出决断的人不会一直都是助手型员工。除此之外，还要防止那些所谓的"太子爷"，他们往往在责任重大、需要评估绩效而且可能会出错的事务上逃避责任。他们最乐于登台作秀，或是溜须拍马，而并非踏踏实实地做事，这样的人在企业里并不少见。

## （十一）唯才是用，把能力放在第一位

"我劝天公重抖擞，不拘一格降人才"。古诗人龚自珍的呐喊，直至今日，依然为人们所震撼。作为将帅，在选拔和任用人才时，一定得将目光放在有能力又能体现在成果上的人身上，即使他没有较高的学历，也应该加以重用。而那些只会捧着高学历时刻不忘吹嘘一把，却没有什么能力和成果的人，则没必要在他们身上浪费精力了。

近些年，职场上"重能力，轻学历"的呼声虽然很高，但受传统观念影响，很多管理者在选拔和任用人才的时候，依然着重于学历，认为学历高能力自然也高。从某个角度来看，这种认识不无道理，学历高说明接受的教育程度高，同时也说明人家学习的过程中是认真投入，并且是聪明智慧的。

但是，如果把学历和能力完全等同起来，认为一定成正比的话，可就有失偏颇了。有的企业管理者在选拔和任用人才时，不断在招聘条件上提高学历要求，从大专升至大本，如今，连大本也难入他们的法眼，只有研究生及以上学历，他们才会考虑任用。

实际上，这样的做法是很狭隘的，会让公司流失很多优秀的、能力出众的人才。作为管理者，应该将眼光放宽，唯才是举，才能网罗真正的人才。

古往今来，有很多先辈在这方面的做法很值得现代将帅们借鉴，在此我们举一个元世祖忽必烈的例子：

元世祖忽必烈被公认为我国历史上的一代杰出帝王。因为他不仅打出了中国历史上最大的版图，而且在用人上也能慧眼识才，唯才是用。其中，让18岁的安童任担任丞相就是一个例证。

安童，是元初"开国四杰"之首木华黎的孙子，在他13岁那年，就依仗着祖父的威名，被"召入长宿卫，位上百僚之上"。

虽然身为名门子弟，但安童从不愿意倚靠祖辈的荫庇，而是和其他孩子一样勤奋学习。正是因为这样，胸怀大志的安童表现出了与众不同的成熟和稳重。

安童16岁时，元世祖与阿里不哥在争夺皇位中获胜，一举率军拘捕了阿里不哥的党羽千余人，元世祖问安童："我想将这些人杀掉，以绝后患，你认为怎么样？"

忽必烈

安童却说："以臣之见，自古以来，人各为其主，他们跟随阿里不哥也是身不由己，这由不得他们选择。陛下现在刚刚登上皇位，要是因为泄私愤而杀了这些人，那又怎么能让天下人诚心归附呢？"

一个16岁的少年竟然说出这样有见识的话来，元世祖惊讶地说："你年纪这么小，怎么知道这番道理呢？其实，我只是说说，我并不打算杀他们！"

一晃两年过去了，安童已经18岁了，元世祖一直细细地观察着安童，见他处世练达，办事果断，为人稳重，足智多谋，于是就决定破格提拔他为中书右丞相。

知道元世祖这一想法后，安童赶忙推辞道："虽然大元已经安定了三方，但江南还没有归属朝廷，臣年少资轻，恐怕四方会因此而轻视朝廷，还请陛下另请高明。"

但是，元世祖主意已定，毫不动摇，说："我已经考虑清楚了，你就不要再推脱了。"

用一个18岁的年轻人为丞相，在大一统的王朝中，是绝无仅有的。少年得志的安童，自然会招来不少人的嫉妒，劝说元世祖不应该将大权交给一个小孩子。

元世祖语重心长地说，"如果用人论资排辈，那我岂不是要等到安童三四十岁，甚至更老的时候才能提拔他？那时的安童可能已经锐气全无，才思迟钝，这将是对人才的扼杀。"

元五年，有几位权臣想削夺安童的实权，建议设尚书省让阿合马主持，而让安童居三公之位。

元世祖把这件事交给大臣们讨论，最后说："安童，国之柱石，若为三公，看似给了他权职，实际上是夺了安童的实权啊，这样的做法我不同意。"

自此之后，安童一直身居要职，直到49岁因病去世，为元世祖效力长达31年，为元初国家的稳定和繁荣做出了巨大的贡献。

正是因为没有遵循人们一以贯之的"论资排辈"，而是破格提拔，才使得安童在风华正茂之年为国效忠。元世祖的英明之举不得不让人敬佩！

可时代发展至今，不少企业的管理者在选拔人才的时候，却还会不自觉地按个人的外在因素综合出资历大小，辈分高低，再让所有人按"辈"就班，依次考虑。殊不知，这种的做法会压制真正有才能的人，使组织出现僵化和凝固的情况，从而停止前进的步伐。古人曾指出："资格为用人之害"，只有唯才是用、不拘资历，才能得到真正的人才。

从这一点上讲，现代企业将帅们就有必要借鉴和学习一下古人了。作为管理者，忽必烈的唯才是用是很值得参考和学习的，不要只看一个人的外貌、学历等外在的东西，要深入了解其内在，然后再判断其是否为人才。

一个民营企业的销售经理曾讲过这样一件事情："我亲自带过一个员工，她相貌平平，而且只有高中毕业，在公司的员工中，她是最不起眼的一个。但是，她的工作态度很好，非常认真地向老员工学，自己又努力去实践。我觉得她很有潜质，就提拔她当我的助理。她果然没有让我失望，进步非常快，已经是销售部的精英了。"

唯才是举，会让管理者挖掘到很多人才。但是，要做到这一点，并不是说说那么容易的。要想做到这一点，不妨看看下面几个需要注意的地方：

1. 为将帅者要具备宽广的胸怀

比如说，有个员工你很讨厌，甚至水火不容。作为他的头领，绝不能因为个人恩怨，就忽略了人家身上的才能，甚至遏制他的发展。正确的做法是：让他尽其才，发挥自己的才能。

2. 讲究方法才能有的放矢

虽说将帅们大多独具慧眼，能在众人中一眼看中谁的本领强，谁的潜力大。但是，这个人不一定就是众人眼中的优秀者。比如，与老员工相比，他资历尚浅。如果管理者不讲技巧，直接将其委以重任，恐怕就会激起民愤。在这方面，将帅们可以向"经营之神"松下幸之助学习。

在日本的公司中，有一个不成文的升职规定：依照资历升迁。这也就是说，破格提拔人才的阻力很大。因此，在真正需要破格提拔人才时必须特别非常谨慎。所以，松下幸之助想出了一个很好的办法。

首先，在提拔新课长时，他会先广泛地征求课内人员的意见。因为如果年长的员工对新上任的课长不满意，而公司领导采取强制宣誓的办法的话，不仅不能达到目的，反而会带来许多麻烦。

其次，他用耐心和技巧来说服年长的员工，让他们同意和支持新人升迁。松下幸之助认为："当你把某人提升为课长时，等于忽视了该课内曾经照顾过这个人的许多前辈。我觉得，如果只是把派令交给新课长并予以宣布，是不够的。我主持公司时，总是交代得很清楚，那就是让课内资格最老的人，代表全体课员向新任课长宣誓。"

当一个新人接受课长的派令后，会致辞："我现在奉命接任课长，请大家以后多多指导及协助。"然后，课内资格最老的成员会代表全体员工致贺词："我们发誓服从新课长的命令，勤奋地工作。"这样，就会提高新任课长的威信。

对于提拔人才，松下幸之助总是会强调这样一点，那就是：在提拔人才的时候，一定不要有任何私心，是否适合工作才是任用人的重要标准。只要这个人有才能，就要尽力给予提拔，这种为工作提拔贤才的做法，其他的下属也是会理解和支持的。

的确，松下幸之助正是以唯才是用为选才标准，并善用技巧，使他破格提拔了很多优秀人才，大力推动了企业的发展。身为将帅，是不是有必要向"经营之神"学习点什么呢？

## （十二）品质至关重要，选才要以德为先

德才兼备几乎是所有人评价人才的一项重要标准。因为二者中少了其中任何一个，都算不上理想的人才。有了好品行，又有一定的才能，方可称为优。相反，如果品行不过关，即便才能凌驾于他人之上，也只能算劣才一个。

"21 世纪什么最重要？"

"人才！"

这句几年前热映过的电影中的台词至今言犹在耳。没错，人才是任何一个团队和任何一家企业发展的根本。和其他方面比起来，人才才是企业发展的第一要素，是推动企业发展的最强大力量，也是企业必须紧紧抓住、努力开发的最核心资源。

然而，现实生活中，是什么景象呢？很多企业并不缺能力强、学历高的人，甚至有的企业精英荟萃，可是让人迷惑的是，在这样的企业或者团队里，却面临着发展动力不足的困境，甚至有的还惨遭淘汰。

仔细挖掘其中原因，我们会发现，这样的企业虽然能力强、学历高的人不稀罕，但是他们大多缺乏诸如忠诚、敬业、服从、正直、诚信等优良品德，而一个优秀的员工，是必然要具备这些品质的。试想，一个员工人品普遍低下，充满重重矛盾、钩心斗角、尔虞我诈、损公肥私的企业，又怎能发展壮大呢？

北宋著名史学家司马光曾经说过："德，才之帅也；才，德之资也。"意思就是说，德，是才的统帅；才，是德的辅助。他将人才分为四种："德才兼备为圣人，德才皆缺为愚人，德高于才为君子，才高于德为小人。"他曾感叹，许多君主用人时，都会为被其才能所迷惑而忽视了品德，最终亡国毁家。因此，他的选才思想是：以德为首，因为君子凭才能而行善，小人凭才能而作恶。

在这方面，清朝著名军事家曾国藩拥有一双善于识别德才兼备者的慧眼，经他之手，曾有不少栋梁之材涌现出来。他选才的思想与司马光一样：在德才之间，他更强调人的品德。曾国藩所谓的"德"，含义很广泛：忠诚、踏实、正直、勇敢等都属于有德。他强调要"于纯朴中选拔人才，才可以蒸蒸日上"，这里的"纯朴"就是指朴实、诚实等优秀品质。他认为："德就是在政治上要忠于自己的信仰与事业，要能心甘情愿地为之竭尽全力；在作风上要质朴实在，能吃苦耐劳；在精神上要坚忍不拔，顽强不屈。"

正是在这种选才标准下，他提拔了后来成为台湾首任巡抚的刘铭传。

一个阳光明媚的午后，曾国藩的家中来了三个年轻人，他并没有立刻接见他们，而是让他们在大厅中等待，一直到黄昏时，曾国藩才露面。

原来，这三个年轻人是曾国藩的学生李鸿章向其举荐的，希望他们可以得到曾国藩的赏识，做出一番事业。而曾国藩迟迟不肯相见，就是想考验他们一下。他一直在暗处观察他们的举动，发现三人各有不同：一个人四处观察屋内的摆设；一个人规规矩矩地坐在椅子上；一个人则站在门口，仰望天上的云朵。时间一长，前两个人开始露出不满的神色，而第三个任仍旧面色平静地欣赏美景。

看到这一切后，曾国藩走到大厅，和他们攀谈起来。几轮谈话下来，曾国藩又有了新的发现：四处观察屋内摆设的年轻人和他很有共同语言，讲起话来滔滔不绝，另外两个人则显得沉默寡言。但是，那个一直在门口欣赏美景的年轻人虽然话语不多，但常常语出惊人，见解独到，偶尔还会顶撞他。天色渐晚时，三个年轻人起身告辞。

他们离开后，曾国藩就对三个人做出了职位安排，结果让人很意外：他将顶撞自己的年轻人派去军前效力，让那个沉默寡言的年轻人去管理钱粮马草，而那个与他很谈得来的年轻人只是做了一个有名无权的小官。

众人对这个安排十分不解，有人问道："曾大人，您为何将与您最投机的人排斥在外，却让一个有些高傲的年轻人去军中任职，还让军中的大将重点培养他？"曾国藩笑着说道："那个和我很谈得来的年轻人，在大厅等待的时候，就认真观察大厅的摆设，他与我说话的时候，我能感觉到，他对很多东西根本不精通，只是投我所好而已。而且，在背后发牢骚发得最厉害的就是他，但见了我之后，他却最恭敬。由此可见，他是个表里不一的人，有才无德，不可委以重任。那个沉默寡言的年轻人，说话唯唯诺诺，没有魄力，但性格还算沉稳，至多可做刀笔吏。而那个顶撞我的年轻人，虽然在大厅里等待那么长的时间，却毫无怨言，还有心情观赏浮云，这份从容淡定就是少有的大将风度，而且，面对我这样的高官，他还能不卑不亢地说出自己的独到见解，可见品德高尚，是少有的人才，我当然要提拔他。"众人听后，连连点头称是。

受到曾国藩提拔的那个年轻人就是刘铭传，他与曾国藩的期望一样，在一系列征战中表现出色，迅速成为军中名将，还因战功显著被册封了爵位。年老之时，他还重跨战马，率领台湾居民抗击入侵的法军，扬名中外。

识才、选才、用才，三者是相辅相成、一脉相承的。曾国藩慧眼识才，以德选人的故事，是很值得现在的管理者深思和借鉴的。作为团队掌门人，选拔人才时，要遵守这样的原则："有德有才重用，有德无才可用，无德有才慎用，无德无才弃用。"如果一个管理者只重视员工的才能，而忽视其品德，最终只会给企业造成损失。或许，我们能从下面这个案例中接收到某种教训：

春节过后，温浩负责的部门新招聘了两名业务员，一个叫李达，一个叫黄鹏。按照公司规定，新员工都要有两个月的试用期。

很快，两个月过去了，在短短两个月内，李达签单位居整个销售部第三名，为公司创造了可观的利润。为此，作为主管的温浩对他另眼相看，觉得这是个可塑之才，甚至在一次部门会议上表示，要提拔温浩做他的助理。

此后没几天，温浩收到了好几封匿名邮件，里面的内容意思相近，大致是说李达这人的品质不太好，当助理好像不太合适，反而他们觉得黄鹏不错。

李达心想，我们作为销售部，看中的就是业绩，在这一点上，李达绝对强于旁人。虽说黄鹏态度很好，但业绩要逊色一些，不适合升职。于是，他坚持己见，让李达坐上了助理的位置。

没想到，升职后的李达，狐狸尾巴渐渐露了出来。他狂妄自大，总是无事生非、挑拨离间，使员工之间矛盾重重，把一个好端端的部门弄得乱七八糟。他还暗地里拿客户的回扣，将一些商业机密透露出去，给公司造成了不小的损失。

而一直没被温浩看好的黄鹏呢，则一直脚踏实地地工作，敬岗敬业，乐于助人，尽管没有得到重用，却没有抱怨，依然努力做好自己的工作，不仅为企业创造了经济效益，也以优良品质得到了同事的尊重和客户的认可。

经历了这件事后，温浩深有感触地说："一个员工有才无德，最终会危害公司的利益。李达出了问题，主要不是出在才上，而是出在德上；部门的员工对他不满意，也主要是对他的德不满意。所以，德才兼备、以德为先，应该是我们的首选用人标准。"

温浩用自己的经历为人们做出了警示：德才兼备、以德为先，应该是选用人标准。

某著名企业的用人哲学就是："有德有才，破格使用；有德无才，培训使用；有才无德，限制使用；无才无德，绝不使用。"古代管理者所讲的"以貌取人"看重的是一个人的外貌，而现代管理者推崇的"以才取人"，注重的则是能力。但是，如果一个"才貌双全"的人却品德不健全，那么，在当今注重品德与诚信的职场大环境中，他的路就会越走越窄，最终进入死胡同。

曾有这样一家企业，他们录用员工的时候，提出的第一个问题居然是其对老人是否孝顺。在他们看来，不孝则无德，而无德之人即便才华横溢，也不能被信任与录用。这就是选人先选德，他们为人才树立起了一杆品德的标尺，这是值得鼓励与倡导的。

意大利诗人但丁有句名言："一个知识不全的人可以用道德去弥补，而一个道德不全的人却难以用知识去弥补。"才能不出色，可以通过自身努力和他人的帮助而提高。但是，品德低劣，却是很难改变的。所以，将帅们要改变"有才即可"的选才观念，要用品德作为筛选人才的第一工具，这样，才能将真正的人才网罗到自己的部门中。始终需要铭记：好的人品也会成就优秀的企业，一定要用人才，而不要用"奴才"。

## （十三）人各有"长短"，学会扬长避短是关键

俗话说得好："尺有所短，寸有所长"，一个人即使再优秀也不可能十全十美，一个人即使再拙劣也不可能一无是处，都会有各自的长处和短处。对于管理者而言，不要抓住人才的短处不放，而要善于让人才尽情发挥他的长处。同时，一个合格的将帅型人才也一定得具备好的心态，能够容人之短。

对于"扬长避短"这个成语我们都很熟悉，其意思就是说，要尽可能发挥长处，而要避开短处。就好比，兔子和猫一起爬山，由于兔子后腿较长，爬山是它的优势，猫自然不是对手。可是如果让它们爬树，肯定就是猫比兔子快。

这就是说，谁都有自己的优势和劣势。对于职场上的将帅们来讲，运用人才时很必要懂得发挥下属的优势，避免其劣势。其中，"扬长"尤为重要。

一位人力资源专家指出："虽然扬长与避短是用人过程中对立统一的两个方面，但扬长是起决定性作用的主导方面。因为人的长处决定着一个人的价值，能够支配构成人的价值的其他因素。扬长不仅可以避短、抑短、补短，而且更重要的是，通过扬长能够强化人的才干和能力，使人的才干和能力朝着所需要的方向不断地成长和发展。"的确如此，用人就要用他的长处，使他的长处得到发展，短处得到克服。

我们再来看一个日本"经营之神"松下幸之助的案例：

第二次世界大战后，松下幸之助为了重建松下集团的胜利者唱片企业，决定选一个优秀的人才担任胜利者唱片企业的经理。该企业是以经营音乐唱片为主的大型企业，按理说，松下幸之助应该选择一位对音乐和唱片颇有经验的人，担任经理一职。但是，出乎大家意料的是，他最终选择了对音乐、唱片一窍不通的原海军上将野村古三郎。

野村古三郎曾在日美战争中担任特命全权大使，在日本小有名气，但从未涉足商业，更别说唱片业。对于他出任松下集团胜利者唱片企业经理一事，质疑的声音此起彼伏，很多人怀疑他是否能胜任此职。就连野村自己也很犹豫，他觉得自己完全不懂业务。在松下幸之助的一再邀请下，他提出了一个要求：出任经理一职可以，但松下幸之助必须给他派几个懂业务的人做助手。松下幸之助欣然同意。

野村上任后，质疑他的人有增无减。在一次董事会上，大家谈到音乐作品《云雀》时，他问别人："《云雀》是谁的作品呀？"作为唱片企业的经理，竟然对名曲《云雀》一无所知，这件事很快流传出去，一时间，人们议论纷纷，一些高层也开始说服松下幸之助辞退野村，另谋人才。但松下幸之助坚持己见，丝毫没有动摇。

松下幸之助之所以如此固执，自然有他的道理。他认为，野村为人不但豁达大度、人格高尚，而且还极会用人，擅长经营。他认真地分析了野村的长处和短处后，采取了扬长避短的策略：给野村配备了能力出众的业务人才，让他们承担一切业务工作。这样，野村就可以摆脱具体业务的羁绊，尽情发挥组织、调度、协调的长处。结果，一切如松下幸之助所料，胜利者唱片企业在野村的管理下，经济效益迅速提高，企业的发展形势一片大好。

看得出，松下幸之助充分挖掘了野村的潜能，使之带领团队取得了良好的效益。在"扬长"的同时，我们还应看到，松下幸之助还很讲究"避短"的策略，这为野村摆脱了短处的羁绊，可以尽情地发挥其长处，带领好团队，为企业创造效益。

我们发现职场中有不少管理者，他们虽然也将"用人之长"的理念发挥得淋漓尽致，但还是失去了很多人才，原因何在呢？其中最关键的就是因为他们不能容人之短。比如说，有的管理者一旦发现下属有这样或那样的缺点，就将其忽视，直接打入冷宫或束之高阁，这种做法显然是很不理智的。

我们常听说"金无足赤，人无完人"这句话。作为将帅，一定要辩证地看待人才，既要看到其优点，又不能抓住他的缺点不放。唐代陆贽曰："若录长补短，则天下无不用之人；责短舍长，则天下无不弃之士。"用人之长、容人之短，是唯才是举的一个重要原则，做到这一点，将帅们也许会有意外收获。

崔紫玉是一家公司的人事总监，她曾讲过这样一件事情："我做人事主管的时候，曾经碰上一个难题。有一个员工非常老实，但是有点老实得过头。他不爱讲话，也不会请教别人，工作总是完成得不好。但是他很遵守公司的各项规章制度，从不迟到早退，并且忠于职守。我几次萌生辞退他的念头，但看见他认真的工作态度，我就很不忍心。为了他的职位安排，我很是伤透了脑筋。让他在公司闲着，不仅要照发工资，而且别的员工会有意见；给他工作，他还什么也干不好。慢慢地，我开始灰心丧气。恰好这时，公司的仓库需要有人盘点和看管。但由于工作太枯燥，谁也不愿意去。原来的库管，大都耐不住寂寞，经常跑出去聊天。于是，我就将这个老实员工派去当库管。让我意想不到的是，他在这个岗位上干得非常好。因为他整天面对着大堆材料，根本用不着说话。他的守职和诚实，非常适合这个工作。我暗自庆幸，幸亏当初包容了他的短处，不然，不知何时才能找到一个称职的库管。"

容人之短是一个管理者应具备的用人素质，但这里所说的容并不是无限度、无原则的容。所谓能容忍的"短"，必须是不影响大局的小"短"。如果是涉及根本原则、严重妨碍公司发展的短，就不能一容再容了。

从某种意义上说，有些短处是工作中潜在的炸弹，处理它们的明智办法不是一次性地清除，而是利用短处更好地为公司服务，最大限度地减少其危害。某公司曾对全体员工进行了性格测评，公司的管理者依照测评结果，不但让各人发挥长处，而且利用每个人的"短处"为企业做贡献。比如：他们让喜欢挑三拣四的人当质检员，让好胜心强的人去管生产，让喜欢炫耀自己的人去搞市场公关等，达到人尽其才的良好效果。

容人之短的最高境界并不是无限制地包容，而是化短为长，使公司的每个人都有发展机会，有展示自己的舞台。这也是古往今来的开明管理者的一个重要管理思想。

刘邦出身低贱，文才武略也不出色，但他却能打败楚霸王项羽，建立大汉伟业，原因何在？用他自己的话说，就是"夫运筹策帷帐之中，决胜于千里之外，吾不如子房。镇国家，抚百姓，给馈饷，不绝粮道，吾不如萧何。连百万之军，战必胜，攻必取，吾不如韩信。此三者，皆人杰也，吾能用之，此吾所以取天下也"。子房、萧何、韩信都不是全才，也都有这样那样的短处，但刘邦却巧妙地用其所长、容其所短，让三人互补，于是一种合力产生了，刘邦借助这股力量，坐上了皇帝的宝座。

世界上没有绝对的事物，只有相对的。人的长处和短处也是如此，可以在一定的条件下相互转化，关键在于管理者如何运用，为下属创造怎样的条件。

美国柯达公司在制造感光材料的时候，需要有人在暗室里工作。但是，一个严峻的问题出现了：视力正常的人一进入暗室，视力就会严重下降，根本无法工作。针对这个问题，一位主管提出了解决方案：有一种人习惯于在黑暗中生活，如果让他们来做这个工作，一定能提高工作效率，这种人就是盲人。于是，柯达公司经理下令：将暗室的工作人员全部换成盲人。

柯达的这一举动非常成功，不仅提高了劳动生产率，为公司增加了利润，而且给大众留下了唯才是用的良好印象。这件事情之后，很多优秀的大学生、研究生和专业人才，都争先恐后地到柯达公司应聘。

不得不说，柯达公司是非常善于挖掘出员工的优点，这也是用人艺术的精华所在。人之长处固然需要重视，但包容短处，并在短处中想办法挖掘其长处，由善用人之长发展到善用人之短，就可以使"劣马"变成"千里马"，从而大大加速公司前进的脚步。

因此说来，每位将帅都有必要把用人之长、容人所短的方法有效地实施到行动中去，这无论对于员工，还是对管理者本人，抑或对于企业，都是有利无害的事。对员工来说，能够使其在工作中发挥自己的特长，提升业绩，增强自信心，也有利于其个人能力的不断提高；对将帅们来说，能够精准地发现和发挥员工在工作中的长处，对于自己管理水平的提升是极为有利的，同时也有利于培养员工成为工作中的得力助手，分担相应工作，使自己能够集中精力于思考更复杂更重要的问题；如果从整个团队乃至企业的角度来看，则能够实现人尽其才的良好工作局面，这不但对人力资源的优化起到推动作用，而且还会有效提升整个企业的管理水平。

## （十四）事不必躬亲，学会合理授权

作为将帅，主要职责就是带好手下的兵，让工作井然有序地进行，按期完成公司分配的任务。一个合格的将帅是不必事必躬亲，单挑大梁，自己去完成所有的工作的，正确的做法应该是：善于授权，将权力下放，让每个下属都有事可做。

近两年，红极一时的职场小说《杜拉拉升职记》中的女主角杜拉拉有两个管理方式截然不同的领导，一个是紧握权力不撒手，唯恐杜拉拉威胁自己职场地位的行政经理玫瑰，另一个则是充分授权给下属的人力资源总监李斯特。

起初，杜拉拉在玫瑰手下工作时，事无巨细都要一一请示汇报，然后才能去执行。这样的结果就是杜拉拉做起事来瞻前顾后，缩手缩脚，工作能力也没有明显的提高，为此她郁闷不已。

待到玫瑰暂时离开公司后，杜拉拉直接归李斯特管理，李斯特的管理方法很人性化，进行一项工作前，杜拉拉只要和他进行简单的沟通，他就放手让拉拉去做，在这样的管理下，杜拉拉充分发挥了主观能动性，工作能力大大提高，成为李斯特的得力干将。

看看我们周围，像李斯特这样的管理者并不多见，相反，像玫瑰一样喜欢大权在握的管理者却并不少见。

这样的管理者或许认为凡事只有自己插手才放心，才能做好。实际上，这种做法对于下属及整个团队的成长极为不利。对下属来说，不敢施展手脚，就像杜拉拉在玫瑰手下一样缩手缩脚地工作，这样的局面下，即使有才能也未必施展得出来。而团队是由一个一个下属组成的，如果大家都这样，团队还有什么发展可言？

另外，领导们也需要清楚，一个人的精力是有限的，成功的人却能在有限的精力内做出无限的业绩来，事必躬亲的领导虽然把有限的精力耗光用尽，收获却往往少得可怜。

祁国庆是一家公关公司的经理，他每天要面对数不清的文件，还要经常接待客户。他经常抱怨说自己要多长一双手或多长一个脑袋就好了。很明显，祁国庆已感到疲于应付。曾经他也考虑过添加个助手，或者将权力下放给下面的客户部负责人和媒介部负责人，可最后还是刹住了自己的一时"妄想"。因为他认为这样的结果只会让自己要多看两份报告，与其如此，还不如自己亲力亲为。

上至公司中层管理，下至普通员工，都知道经理将权力掌握在自己手里，公司每项工作都需要自己去安排，所以他们每做一件事都在等待着经理下达指令。于是，公司里常常出现这样一幕场景，祁国庆刚走进办公室，门口就有好几名下属排队等候找自己签字，或者请示。

终于有一天，祁国庆忍不住了。他告诉几位中层管理者，让他们自己拿主意，尽量不要凡事都找他。刚开始，大家都不习惯，因为他们已养成了奉命行事的习惯，而今却要自己对许多事拿主意、做决定，他们有点不知所措，但这种情况没有持续多久，然后公司开始有条不紊地运转起来，下属们的决定是那样的及时和准确无误，公司几乎没有出现什么差错。

祁国庆也开始真正有了"一家之主"的感觉，这时他才体会到自己是公司的经理，而不是个什么事都包揽的"老妈子"。

由这个案例，我们可以看出，高度的集权管理只会使管理者筋疲力尽，使公司运行缓慢。好在，故事中的祁国庆终究还是开窍了，他大胆下放自己手中的大部分权力给各主管以及每一个员工，给他们充分发挥自己优势的机会，这样做的结果：非但他担心的状况没有出现，反而每个人都可以各显其能了。

《淮阴侯列传》里有一段话：上问曰："如我能将几何？"信曰："陛下不过能将几万。"上曰："于君如何？"信曰："臣多多而益善耳。"上笑曰："多多益善，何为为我擒？"信曰："陛下不能将兵，而善将将，此乃信之所以为陛下擒也。"韩信所谓的将将，简单一点来说，就是要合理授权。在这方面，西汉名相陈平是很好的典范。

有一天，汉文帝问陈平，全国一年共审了多少案件？财政收支有多少？陈平答道："这些事有专人主管。"汉文帝不解地问道："谁主管？"陈平答道："皇上若要了解司法问题，可以问廷尉；若要了解财政收支，应该问治粟内史。"汉文帝有些不悦地说道："你把所有的事情都交给别人去管，那么，你这个丞相管什么？"陈平笑着答道："丞相者，上佐天子，理阴阳，顺四时，下遂万物之宜；外镇抚四夷诸侯，内亲附百姓，使卿大夫各得任其职也。"汉文帝听后，连声称赞。

由此看来，为将帅者敢于放权的结果，促使下属全都积极地行动起来。他们会充分利用自己手中的权力，让工作完成得更完美，更有效率。所以，作为将帅，可以大胆放权，这不仅不会动摇自己的位置，相反，只会使你的位置变得更加牢固。这难道不是有百利而无一害的事吗？

有专家曾发表过这样一份资料："管理者80%的工作都是可以授权的，诸如日常事务性工作、具体业务工作、专业技术性工作、代表其身份出席的会议、一般客户的接待等等。管理者本人只需做诸如企业发展战略决策、重要工作目标的下达、人事的奖励与惩处和员工的规划与晋升等20%的工作。"

作为将帅，应该以身作则，但不必事必躬亲，否则，自己忙得不可开交不算，下属也得不到应有的锻炼和成长，企业的发展也必将受到很大局限。

甲乙两家民营贸易公司都想得到跟某大型电器公司合作的机会，而电器公司只能选择两者中的一方与其合作。公平起见，电器公司将相同的任务分别交与两家公司，让其分别去完成，完成质量较好的一方则能够得到合作的机会。

甲公司的项目管理者接到任务后，立即制定了详细的实施方案，并认为这项任务十分重要，每一个环节都应当亲力亲为，不能有半点疏忽。于是他便加班加点，独自埋头于这项重要的工作。在实施的过程中遇到了一些麻烦，任凭他绞尽脑汁地去想，也没有想出更好的解决方案。几天下来，这位管理者明显憔悴了许多，而这项任务的完成效果却并不理想。

乙公司的管理者接到任务后，也立刻在脑袋里形成了一个实施方案，但他没有马上去执行，而是召集下属开会，与下属一同探讨。他的下属觉得管理者能让他们参与这项重要的任务，是对他们的信任，于是，心里充满感激的下属们决定要尽心尽力地协助管理者完成这项任务，并在会议上提出了很多具有建设性的建议。管理者综合了一些好的建议，并将一些具体工作相应地分配给下属去完成。几天之后，这位管理者与下属一同漂亮地完成了这项任务。

有些管理者喜欢事必躬亲，"一竿子插到底"，当然，这种工作风格在特定情况下还是值得肯定的，但如果长此以往，就会产生极大的危害，不仅会使正常的工作秩序受到影响，还会阻碍下属能力的提高，自然也就不利于工作的高效完成。

有人曾做过一个很形象的比喻："一个部门好比是一台计算机，管理者是这台计算机的中央处理器，员工好比是各种零部件。要想让这台计算机能够准确、高效地运转，只靠管理者这个中央处理器是远远不够的，它需要各个零部件都能按照自己的程序良好的工作，发挥各自应有的作用。"这充分地说明了授权在管理中的重要性。

既然授权、放权如此重要，那么，将帅该如何授权呢？

1. 信任是授权的前提

俗话说，用人不疑，疑人不用。举个例子：当一个老司机坐在一个新手的车里时，往往老司机比新手还要紧张，不是担心对方方向盘掌握得不好，就是担心对方油门踩得不好。而同样的问题也存在于教练和学生中间。然而，不给新手亲自开车的机会，新手又怎么能变成老手呢？因此，当管理者给下属授权时，应当充分信任下属，这样不仅能增强下属的信心，提高成功率，还能让下属有被重视的感觉，避免愤怒、厌烦等不良情绪的产生。

2. 选好对象

有效授权最关键的一步，就是要选择一个正确的授权对象。在授权之前，管理者要对自己的下属进行细致的考察和分析，包括每个人的特点、优点和弱点等，应该将权力授予那些品德好、能力强的人。

3. 明确目标

亚里士多德说过："要想成功，首先要有一个明确、现实的目标，一个奋斗的目标。"授权行为也是如此。在授权的过程中，必须要让下属明确了解自己所期望达到的目标，并告诉下属，怎样做或用什么方法去执行才能达到这个目标。授权后不需要丢时时监督，更不需要用自己的方式去影响被授权的下属，除非下属主动向你求助，作为管理者，你只需在必要时给予下属一些相应的指导就可以了。

4. 授权不授责

授权并不意味着将责任完全推给下属之后就可以撒手不管了。作为管理者，要保留对这项工作的知情权和控制权，同时还要为下属承担一部分责任。要知道，即使你把这项工作和权力完全交予给了下属，也并不意味着结果的好坏与你无关，将帅永远都是最终的责任者。

# （十五）授权不等于弃权

授权并非一蹴而就，不能说一句"这件事交给你"就算完成了授权。授权也不代表任何权力都可以下放，完全做一个"甩手掌柜"的做法也不合理。管理者授权是换一种管理方式，而不是对工作撒手不管，任由员工自由发挥。授权实际上是集中智慧的体现。

看完上一节内容，此时决定实施授权的将帅们，也许正在琢磨：把权力都扔给下属，那不等于"放羊吃草"了吗？

其实不然。授权并非一蹴而就，不能说一句"这件事交给你"就算完成了授权。授权一事需要管理者与被授权的下属之间密切的合作，彼此态度诚恳，相互沟通了解。同时，也保留权力，在接任者出现不可原谅的错误时，随时取消他的接任资格。

从这一点来看，把授权等同于弃权的认识是有失偏颇的。另外，授权也不代表任何权力都可以下放，完全做一个"甩手掌柜"的做法也不合理。那么，对于一个正在发挥重要作用的管理者，哪些大权是他必须抓的呢？

1. 财权

这一点主要针对一些民企老板们所说的。我们知道，古代的人掌权时，通常是左手抓着财权，右手抓着军权，足可见财权之重要。"钱"是企业发展的命脉，如果管理者连这一"命脉"都交由他人把持，岂不是开玩笑吗？当然，我们所提倡的掌握财权并不意味着管理者要把所有财物细节摸得一清二楚，这些事情完全可以委派财务部门的负责人去处理。我们所说的要管理者掌握财权，实际上指的是，管理者只需清楚地掌控资金的流向，并且关键时刻能够自由调动即可。

2. 人事任免权

这项权力的范围主要涉及非常重要的人事调动和安排。

3. 知情权

即使某些时候不参与决策，对所有重大决策也应该有知情权。

4. 最终决策权

亦即对一般及重要决策进行最后拍板的权力。

一个杰出的将帅型人才，不见得自己的能力有多强，只要懂信任、懂放权，就能团结比自己更强的力量，从而提升自己的领导能力。

授权不等于对工作撒手不管，任由员工自由发挥。授权实际上是集中智慧的体现。

平民出身的刘邦最终战胜贵族出身、受过正规教育的项羽而一统天下，主要就是因为他重用了张良、萧何和韩信。

虽然刘邦没有个人专长，但他能够运用三人之长，将三个人具备的不同能力整合于一身，并且能够合理整合和运用，实在是高明！为此，刘邦自己也自豪地说："此三者皆人杰也，吾能用之，此吾所以取天下也。"他还不忘嘲笑项羽："项羽有一范增，而不能用，此其所以为我擒也。"

那么现代企业里的将帅们，如何才能向刘邦一样，做一个成功的将帅呢？授权之后，又该做些什么呢？

1. 定时追踪

交代给下属某些权力之后，并不等于授权完成了，这只能算是授权的开始。接下来，管理者有必要对员工的工作进度进行定时追踪，给予员工应得的赞赏与具有建设性的回馈。至于怎么进行追踪，我们总结了两种方式，以供参考：第一，在发布授权指令后的一定时期，亲临现场，认真观察执行的情况；第二，在发布授权指令的同时与下属商定，要求下属定期汇报工作的执行情况。

需要提醒的是，定时追踪的目的不是让管理者直接参与工作，而是可以从全局把握工作，这样将有利于了解下属是否按原定的计划执行，同时也可以及时发现意外情况，对自己下达命令的技巧和方式有一个比较直观的了解，好在以后的授权工作中起到借鉴作用，进而改进授权的方式和方法。

## 2. 及时进行检查监控

应该说，授权使管理者的控制发生了一定的变化，因为授权，管理者对工作及局面的控制实际上是退后了。这样一来，反而使控制在授权中的地位得以凸显，所以就需要管理者必须让自己的控制技巧更加高明，才不至于使工作陷处于失控状态。

一代名相诸葛亮分配关羽守荆州，最后关羽大意失荆州，这与诸葛亮对荆州的信息了解不够是分不开的。所以，管理者必须对工作进行监督，监督主要包含三个方面：第一，监督工作进展，但不干涉具体工作；第二，以适当的方式提出意见或建议；第三，确定奖惩制度，对于出色的工作要给予充分的鼓励，对于不足的要及时提出意见。

此外，管理者还必须及时进行调控。如果下属因为主观不努力没有完成工作任务，就必须及时纠正，并承担相应的责任。

## 3. 授权后要给予下属适当的支持

授权的同时，管理者还要让员工知道，在工作中遇到问题可以向谁求助。同时，当管理者把工作分配给对方时，确定也把权力一起转交。例如，告诉客户，自己已经授权给某位员工负责某项工作，请他以后直接和该员工协商。

## 4. 获取有效的反馈信息

为了更好地把握工作进展，管理者有必要要求下属及时反馈信息，了解具体情况，反馈中要把握几点原则：第一，用数据说话。即要求员工不要按照自己所想的发表看法，而要看具体的数据，否则会失去对工作的评判标准。第二，反馈应该具体化。笼统的评价往往会缺乏说服力，比如说员工的工作态度好，不应只是听信几句赞美之词，而应拿到考勤单，如果考勤情况优良才可说明一定的问题。第三，反馈要对事不对人。作为领导，在发现将某件事交给下属去负责，而下属将其做得一团糟时，领导的气愤可想而知。但是对于工作本身而言，责备人于事无补。正确的做法应该是：应冷静地想一下，或许把全部过错归在员工头上并非完全地公平，或许事情还没到不可挽回的地步。将自己对该项工作的不满告知下属，共同探讨补救的措施。

由此可见，授权并非是撒手不管，因为撒手不管，必将导致局面失控，管理者的授权行为的积极意义也就被这种失控给抵消了。权力一旦失控，后果必然是不堪设想的。由此看来，管理者既要做好授权又要避免失控，既要充分调动下属的积极性和创造精神，又要保持管理者对工作的有效控制，这样才能为授权工作设置一架天平，取得授权与掌控之间的平衡。

我们相信，如果按照前面所述的几点进行授权，那么你的权力将会"授"而不"弃"，让自己成为一个管理有方的杰出将帅。

## （十六）用人不疑，信任是授权的前提

"任人之道，要在不疑。宁可艰于责人，不可轻任而不信。"一个善于用人的管理者，绝不会轻易怀疑下属，而是敢于将权力下放，并能够运用巧妙的管理方法，显示自己用人不疑的气度。从某种意义上讲，管理者的信任和下属的业绩是成正比的：领导给下属多少信任，下属就还给领导多少业绩。

有些领导之所以喜欢大权在握，不肯撒手，多是因为对下属没有足够的信任。他们觉得别人不可能做得和他们一样好，或者是惧怕下属滥用权力，其实质就是不信任自己的下属。

如果连信任都做不到，即使放了权力，也很难以得到满意的效果。作为一名将帅型人才，懂得如何授权是非常有必要的。而权力的下放是以信任为基本前提的。一个管理者要敢于授权、善于授权，信任是前提。

从某种意义上讲，管理者的信任和下属的业绩是成正比的：领导给下属多少信任，下属就还给领导多少业绩。所以说，下属能创造出色的业绩，既与自身的努力和能力有关，同时也是领导高度信任的结果。

在职场中，我们常常会听到这样的抱怨声："我和领导相处得很不愉快，因为无论大事小情，他都要一一过问，眼睛就像粘在我身上了一样。""我们部门的经理总是嘴上说'你办事，我放心'，但实际上，他对我是极其不信任的，总是不断地查岗，问我的工作进度。"这些抱怨声反映出一个管理漏洞：领导多疑。

一般来说，领导多疑的原因有两点：其一，有的领导因为"高处不胜寒"，所以会过分地留心下属的一言一行，下属稍有风吹草动，他们就草木皆兵；其二，近年来，员工以歧视、骚扰、不公正对待等种种理由将管理者推向法庭的事件频频发生，有的领导唯恐自己一着不慎，就坐上被告席，所以，他们时刻保持高度的警惕性，对下属疑神疑鬼，信任感日渐淡薄。

可以说，多疑的管理者是不幸的，过多的疑惑和猜忌不仅会让他们身心憔悴，而且会逐渐打消下属的积极性，导致人才流失。不妨来看看这个案例：

一家农用车配件生产企业的技术主管到下属部门检查工作，车间负责人信心满满

对主管说："我保证按时完成任务！"这位技术主管想了想，说道："还是带我到生产车间看看吧，这样我心里有底。"车间负责人有些不满地说道："您不相信我？怀疑我们不能按时完成任务？"技术主管答道："不怀疑是相对的，怀疑是绝对的，你不明白这个道理？"车间负责人听后，心里十分不舒服。送走技术主管后，他就写了一封辞职信。

可见，因为技术主管的多疑，公司失去了一名优秀的员工。

一位知名作家在其著作中这样写道："每一个工作场合都是一个磁场。当我随便走进一幢写字楼，随便走进一间满是员工的办公室，我会马上感觉到里面的磁场——是人心涣散的磁场，还是人心凝聚的磁场？作为老板，对员工首先要做到'用人不疑，疑人不用'。信任他人的磁场，吸引来的是忠心、踏实，甚至是卖力。怀疑他人的磁场，往往吸引来的是反感、排斥、二心，甚至背叛，尤其是当你毫无根据地怀疑某个人的时候。"如果领导用了一个下属，给了他一定的权力，却又对其疑心重重，信任不深，那么，事情就会越来越糟，甚至给公司造成巨大的损失。

陈洛思原本是一家科技公司的市场部经理，但因为与老板的经营理念不合，就辞职走人，应聘到现在竞争对手的公司工作，职务同样是市场部经理。

一向对工作持积极态度的陈洛思到新公司后，仍然非常努力，谈客户、跑业务，早出晚归，废寝忘食，她希望可以在这里开创一片新天地。可是，就在她满怀希望地描绘未来的美丽蓝图时，一件事情的发生让她满怀热情的心冷却了下来。

原来，新公司的市场部总监程毅是一个生性多疑的人，他觉得公司和陈洛思的老东家竞争非常激烈，而且陈洛思在原公司的职位也很高，如今跳槽到这里，目的肯定不单纯。另外，通过几个月的接触，他觉得陈洛思是个非常精明、圆滑的女人，肯定不会甘于挣那份不高的薪水，一定会报假账、拿回扣，甚至会私吞公款。于是，他决定请会计查陈洛思的账。

负责财务的王主任知道程毅的意图后，便好心劝他说："你既然用人家了，就不要怀疑人家。如果查不出什么问题，不仅伤了陈洛思的心，而且你也会很尴尬的。"但是，程毅决心已定，王主任只好让会计查账。结果证明，陈洛思是清白的，没有占公司一分钱的便宜。

事情发展至此，程毅并没有因此信任陈洛思，他还是对陈洛思持有怀疑态度。敏感的陈洛思也感觉到程毅的疑心，加之上次的查账事件，她感到十分愤怒，开始了疯狂的报复：报假账，拿回扣，私下抢程毅的客户，甚至将公司的商业机密卖给竞争对手。等到财务发现陈洛思的账不对劲时，公司已经亏损了几十万。

看完这个案例，我们似乎不能说程毅的多疑"成全"了陈洛思，但也不能说伤害了陈洛思。但有一点是可以肯定的，那就是这种强烈的不信任感于己于人于企业而言都是有害无利。

在此，我们不去对故事中陈洛思的为人做什么样的评判，单说作为领导的程毅，对下属持如此强烈的怀疑态度，只能给管理工作造成障碍，阻碍团队的良性发展。

其实，当团队中出现了精明能干的员工，为将帅者要做的不是处心积虑地查他，怀疑他，而是对他表现出足够的信任和赏识，因为人都有这样一种心理："你越是信任我，我就越不会辜负你对我的信任。"

春秋时期著名的政治家管仲说过："不能了解人才，有害霸业；了解了人才但不能任用人才，有害霸业；任用人才但不信任人才，有害霸业；信任人才但又让品行不好的人干涉他的事情，有害霸业。"历史上很多贤明的君王就是"用人不疑，疑人不用"的典范。在此，我们看看唐太宗李世民是怎样对待下属尉迟敬德的。

尉迟敬德是唐朝著名的战将，他骁勇善战，屡屡立功，为大唐的安定和平做出了很大的贡献。同时，他对唐太宗李世民也是忠心耿耿。而他之所以誓死效忠唐太宗，有一个很重要的原因：李世民十分信任他。

尉迟敬德原是刘武周手下的一员大将，武德三年（620年），他与另一员大将寻相一起归降于唐太宗。李世民见他武艺超群，决定重用。屈突通觉得不妥，劝谏道："尉迟敬德是被逼归顺，恐怕将来会叛变，不应委以重任。"李世民没有采纳屈突通的意见，而是重用了尉迟敬德。

没过多久，寻相连同他人，制造了一场叛乱。此时，众人对尉迟敬德起了疑心，他们担心这个与寻相关系密切的归降之人也会造反。于是，殷开山、屈突通等人将他捆绑起来，押到李世民面前，建议李世民将其处死，以绝后患。

李世民摇摇头，说道道："尉迟敬德何许人物！如果要叛乱，还会落在寻相的后面吗？"他亲自为尉迟敬德解开绳索，说道："大丈夫以义气相许，千万不要将这点小误会放在心上。我是绝不会随意轻信旁人之言，加害忠良勇士的。"尉迟敬德听后，深受感动，从此对李世民忠心耿耿。

北宋著名文学家欧阳修曾说过："任人之道，要在不疑。宁可艰于择人，不可轻任而不信。"一个善于用人的管理者，绝不会轻易怀疑下属，而是敢于将权力下放，并能够运用巧妙的管理方法，显示自己用人不疑的气度。作为将帅，始终要记得的是：信任是笼络人心、和谐上下关系的不二法门。如果管理者能够选出有才之人，并对其充分信任，敢于授权给他们，那么，团队工作就得以良性展开，呈现一派生机勃勃的大好景象。

# （十七）有效授权的五大原则

有效授权为组织带来较高的激励水平、高效率的团队和优异的业绩。因此，如果做到有效授权成为管理者们不得不面对的问题。所以将帅们不仅要树立勇于授权的意识，而且要掌握有效授权的方法。只有这样，才能打造出高效的团队，才能让企业基业长青。

如今，随着市场规范和制度规范的逐渐成形，很多管理者都能够把授权看作团队健康发展的重要手段。通过授权，管理者增强了领导能力，员工增强了归属感，团队及企业的各个层次将有序交接和平稳过渡。这也正是为什么有的企业可以经营成百年老店，而且长盛不衰的原因之一。

显然，这些均是由于有效授权而形成了良性发展模式。所以，管理者不仅要树立授权的意识，而且要掌握有效授权的方法。如下的授权原则是值得重视的。

1. 责任分解

将责任分开是授权的第一步，也是最基础和最重要的一个环节。一个没有责任的授权算不上真正意义上的授权，责任分解的目的就是让授权的下属明确在这次授权中，自己必须要完成的目标，所涉及的范围和程度，以及这些目标完成时授权者应该采用的检验标准。也就是说，通过责任分解，可以让下属明确自己的职责所在，能够更好地完成任务。作为管理者要清楚，任何人只会做你要求的，而不是你期望的。

2. 及时有效的沟通

权力下放给下属，并不意味着只让他们承担责任就够了。事实上，管理者必须就职责担当与授权的下属进行有效沟通，必须让其非常明确自己的职责和领导的期望，这些需要管理者和下属之间达成共识，也只有这样，授权才具有意义。

3. 不要授权给"猴子"

在论述本部分内容之前，我们先来看一个寓言故事，将会给我们一些关于选择受权者的启示。

一个国王长时间待在王宫里，感到很无聊，一个很有眼力劲儿的大臣察觉后，就找人牵来一只猴子，让猴子给国王解闷。国王果然很开心。再加上猴子天性聪明，很快就得到国王的喜爱。在王宫里吃好的喝好的，猴子很快长得膘肥体壮。国王也越来越宠爱这只猴子，甚至把自己至爱的宝剑也让猴子拿着。

第二年春天，国王带着正宫娘娘来王宫附近的一片景色秀丽的林边游玩，当然猴子也是陪伴在侧的。树林简直美极了，成群结队的蜜蜂嗡嗡地飞来飞去，争芳斗艳的鲜花散发着香气。国王被树林的美景所吸引，带着正宫娘娘来到树林。他把所有的随从都留在林边，只留下猴子给自己做伴。

在树林里游玩了一番之后，国王感到有点疲倦，就对猴子说："现在，我有点疲倦，想在这座花房里睡一会儿。要是有想要伤害我的人到来，你可要竭尽全力保护我。"说完，国王就睡着了。

国王睡着后，猴子发现一只蜜蜂嗡嗡嗡地飞到国王身边的花丛中，继而又飞到了国王的头上。猴子一看就火了，心想："这个倒霉的家伙，竟敢在我的眼前蜇国王！"于是，它开始阻挡。可是，前一只蜜蜂被赶走后，又来了一只落到国王身上。猴子见后，不由得大怒，抽出宝剑就照着蜜蜂砍下去，结果把国王的脑袋砍了下来。

睡在国王身边的正宫娘娘听到动静，被惊醒了，看到国王人头落地，吓得花容失色，爬起来大声喊道："哎呀！你这个傻猴子，你看你干了什么呀！"

猴子把事情的经过原原本本地说了一遍，娘娘又气又恼，随从们也狠狠地骂了猴子。

这则寓言告诉了我们这样的道理："国王"作为管理者，将保护自己的权利授给了无法承担保护责任的"猴子"，另外，在对"猴子"授权后也没有进行有效的监督与约束，不仅将宝剑交给了"猴子"，就连一直尽职尽责保护自己的随从也被支开。正是这种不科学的授权，最终导致了悲剧发生。

虽说管理者不能事必躬亲，有必要对属下进行授权。但是，怎样授权也不能乱授，只有找对人，用对了方法，才是科学的，有效的授权。如果你发现有的下属对自己所承担的工作了解较为透彻，并且远远超出你原来的预料，这些人就有可能具备担负重要工作任务的才能和智慧。

4. 授权检查与跟踪

这一点，在前面的章节里简单阐述过，在此再详细论述一下。

现代企业的多数管理者，是能够做到责任分解和权力下放的，但很多管理者只做到这一步就结束了。其实，领导授权是一个系统的管理保证体系。给予了权力、分派了责任，管理者千万不要忘记要按照授权项目的计划定期对所授权的下属进行监督。有必要提醒的是，这种监督与检查不是走过场，真正意义上的监督，并不是只给下属一个"好"或者"不好"的评语就万事大吉，而是需要了解授权执行的效果及出现问题以后的及时反馈与调整。

要知道，只有授权而不实施反馈控制，不仅导致授权无意义，而且还有可能为工作带来很多麻烦。其中，最有可能出现下属会滥用获得的权力的问题。因此，在分派任务时就应当明确控制机制。首先，管理者和受权者要对任务完成的具体情况达成一致，而后确定进度日期，并明确约定在什么时候用什么方式，下属需要向领导汇报工作的进展情况和遇到的困难。这种控制机制还可以通过定期抽查得以补充，以确保下属没有滥用权力。

但是需要提醒的是，不要控制过度，否则等于剥夺了授予下属的权力，那样就会物极必反了。

5. 授权终止与评估

任务完成后，并不算真正意义上的授权结束，最后还需要对本次授权进行评估，这是授权的最后一环，不管最终授权执行的效果怎样，作为授权方的管理者必须给予被授权者合理的评估，而这种评估必须是与受权者共同达成。在对授权进行评估的过程中，必须以结果和业绩为导向，将授权的评估作为下属个人绩效考核的重要依据之一，这也是完善的授权体系必不可少的一环。

总之，领导授权给下属，并非仅仅是授予权力，更重要的是分派责任。因为权力只是一个表象和形式，而本质上还是责任，权力是为责任服务的，责任是权力赋予的证据，二者缺一不可。不管管理者采取哪种授权模式，上述几个原则是必须要遵守的，希望管理者们谨记。

## （十八）委派任务讲求艺术，领导需要好好把握

虽说委派下属工作是一个团队带头人的基本的也是重要的职责，但事实上却并不是所有管理者都具备正确委派工作的能力。因为向下属委派工作是要讲求一些方法的，

只有灵活运用这些方法，才能让下属愿意承接工作。这样，既能够提高自己的管理能力，又能改进部门的工作效率。

前面我们已经提到，作为管理者的一个非常重要的职责，就是将一些工作分配给自己的下属去做，然而，并不是所有的管理者都有正确委派工作的能力。一些管理者甚至是非常拙劣的委派者，他们会在不了解工作和下属的情况下，将那些工作随意分配给不适当的人去做，或者他们在委派工作的时候，不能将这项工作的具体情况告知下属。等到浪费了很多时间或收到了不尽如人意的结果以后，他们便又亲自去从头实施。这样一来，不仅会浪费时间和金钱，还会打击下属的积极性。

一位部门经理的办公室里发生了这样一幕：

下属小刘拿着一沓资料来到总监办公室，他颇有些骄傲地说："经理，这是你昨天让我整理出来的订单，我已经按照不同的区域进行了分类。"

经理愠色道："什么，按照客户所在区域？我想要的是按照退单的原因进行分类。"

小刘的笑容瞬间僵在了脸上：可是，您昨天没说……

经理生气地一摆手道："算了算了，你放在这儿，我自己干吧。"

小刘沮丧地将那些辛辛苦苦整理的资料放在经理的办公桌上，垂头丧气地出去了。

案例中这位经理委派工作的效果很不好，由于他在委派工作的时候没有向下属讲明这项工作的目标，导致下属没能按照他最初委派时所希望达成的目标去完成。结果，经理因工作没有达成，还得自己去做，感到很失望，而下属也因自己的工作没有被肯定，感到很沮丧。这样一来，很可能会削弱下属的工作积极性，影响他以后的工作态度。

事实上，向下属委派工作是要讲求一些方法的，只要灵活运用这些方法，就能让下属愿意承接工作。这样，既能够提高自己的管理能力，又能改进部门的工作效率。正确地委派工作，不仅能节约时间，还能为团队创造出一种畅快的工作气氛。

那么，怎样才能将工作有效的委派呢？

1. 对工作有较清晰的了解

管理者要认真了解所要委派的各种工作，确保自己了解这些工作都需要做些什么，有些什么特性或特殊问题，要达到什么样的目标。在你没有完全掌握这些情况之前，不要轻易委派工作。

2. 要充分地了解你的下属，并对下属进行详细的分析作为领导，你可以让每个下属诚实、坦率地告诉你，他们喜欢做什么工作，还能做些什么新工作。如果你发现有的下属对自己的工作有着深刻的理解，并且远远超出你的预料，那么，这些人就有可能胜任重要的工作任务。

一旦你掌握了每个下属对工作的了解程度和完成速度等情况以后，就能估测出每个人能够处理什么样的工作，也就可以对你所掌握的资料进行综合分析，以便将工作委派给能达到目标要求的人。需要注意的是，要尽量避免把所有的工作都交给一个人去做。

当你选定了合适的下属以后，还要使你的下属也了解这项工作的情况，向其说明这项工作的性质和目标，并告诉他，具体是怎样制定地完成工作的期限，为什么说这个期限是合理的等等。在向下属解释工作的具体情况时，要尽量讲出你所知道的一切。不要故意保留信息，给下属设下工作的陷阱。最好把自己在这项工作上的经验传授给下属，让他知道想要得到某种结果该怎样去处理。

要在正确的时间里委派工作才能得到良好的效果。大多数管理者往往会在上午上班后委派工作。这样做方便了自己，却可能会打乱职员在头一天晚上所做的计划，导致下属对工作提不起兴趣。委派工作的最佳时间是在下午下班前，这样有利于下属为第二天的工作做具体安排。面对面地委派工作是最好的方法，这样既便于回答下属的问题，还能强调工作的重要性。

当下属不愿意接受这项工作时，要根据不同的原因，想出不同的对策，让下属心甘情愿地接受。例如，有些人不愿意你委派的工作，是因为他们担心会失败或对自己没有信心，这时，你要帮助他提高自信心，并向他保证会得到你的帮助；如果他认为你应该承担责任而不应该委派时，你要为其解释工作对他们成长的作用，或让他明白，每一个团队成员都要分享一部分工作，只有他的帮助才能使团队完成任务；当他觉得没有获得与其努力相对应的报酬，才不接受任务时，要建立公平的薪酬奖励制度，或从他的发展角度安排工作。

在委派工作的同时，要把选择他完成这项工作的原因讲清楚。不仅要让他感到自己的重要性和所负的责任，还要让他感觉到你对他的信任。同时，还要让他明白，完成工作任务对他今后在组织中的地位会有直接帮助。

3. 充分表示自己对工作的兴趣和对下属的信任

在确定好接受任务的下属后，在委派他时，管理者不妨说："这是一件重要工作，南你来做我才放心"，这样可以对下属起到很大的激励作用。

不过，需要提醒的是，虽说管理者要对承接这项工作的下属有充分的信任，但对委派出去的工作不闻不问，就有可能会前功尽弃。为了保证自己所委派出去的工作能够及时得到实施，管理者可以适时对下属的工作进展情况进行检查。检查不能太频繁，可鼓励下属在有问题时随时来找你，要让下属感觉到你对他的工作很关心，并告诉他，你愿意和他一起讨论工作中遇到的各种问题。

### 4. 分派工作要因人而异

作为将帅，必须做到知人善任，能够根据不同的岗位需要使用各类不同的人才，使人尽其才，各尽所能。只有做到科学性、实用性、前瞻性地运用人才，才能拥有稳定的"后院"，团队也才能朝着健康积极的方向发展，事业才能蒸蒸日上。

世界上没有两片完全相同的树叶，同样世界上也没有两个完全相同的人。由于每个人个性、特长、心理素质、工作经验等不同，能够承担的职责和任务也就有所区别。管理者分派工作的时候，自然应该将这些因素考虑进去。

法国著名企业家皮尔·卡丹曾经说过："用人上一加一不等于二，搞不好会等于零。如果在用人中组合失当，常常会失去整体优势；安排得宜，才成最佳配置。"春秋时期的政治家管仲就是一个管理高手。

春秋时，管仲为了帮助齐桓公成就霸业，向齐桓公推荐了五个人。管仲向桓公禀报说："开垦田地，扩大城域，开辟土地，种植谷物，充分利用地利，当属卫国人宁速，应当让他负责农业生产；迎接宾客，熟悉升降、辞让、进退等各种礼仪，当属隰朋，请让他主管礼宾；早入朝、晚退朝，敢于触怒国君，忠心谏诤，不躲避死亡，不看重富贵，当属东郭牙，请让他当大谏臣；在广阔的原野上作战，战车整齐行进而不错乱，士兵不退却，一击鼓进军，指挥三军，当属王子城，请让他当大司马；断案恰当，不杀无辜的人，不冤屈无罪的人，当属弦章，请让他主管法律。您如果想治南风兵，那么有五个人就足够了；您要想成就一番伟业，那么有

管仲

我在这里。"桓公接受了管仲的意见，让五个人才分别担任了不同的官职。在他们的帮助下，齐桓公成了"春秋五霸"之一。

古往今来的管理实践可以证明，凡是想要有所作为的优秀领导，在对待用才的问题上，不仅任人唯贤，而且还能将其放在合适的位置上，让其尽情发挥才能，最终名利双收。

作为将帅，必须做到知人善任，能够根据不同的岗位需要使用各类不同的人才，使人尽其才，各尽所能。这样的部门才能形成稳定的人才结构，其所领导的事业才能持续而高效地向前推进。

那么，怎么才能实现人尽其才，各尽所能呢？下面的内容就将为你揭晓答案：

1. 大胆采用年轻一代

部门新来了一个大学毕业生，你觉得他没工作经验，也只能做些无关痛痒的打杂工作。如果作为将帅的你是这样想的，那么只能说有失偏颇了。要知道，他既然来到你的部门，就说明有一定的水平和能力，只不过这些能力或许是潜在的，有待工作中慢慢去开发和历练。但是决不能将人家一棍子打死，认为做不了什么重要的事。

真正英明的领导，会大胆地放手让他们去开展工作，并把具有一定难度的工作安排给他们，让他们充分施展自己的才华。不要总顾虑他们出这样或者那样的问题，谁能保证自己在工作中不犯错误不出问题呢？偶尔出现一些问题是很自然的，作为部门领导千万不要一味责怪他们，那样会大大挫伤他们工作的积极性和自信心。相反，领导要尽可能地寻找机会给予鼓励，这样他们就更有信心和激情投入到工作中来，通过实践不断地让自己得到锻炼，慢慢成熟。

2. 将难度大一点的工作安排给有经验的下属

在职场上摸爬滚打的人，大多都有一定的挑战欲望。因为这是展现自己本领，增强自信心的绝好机会。所以，对那些有一定工作经验的下属来讲，总是轻而易举就能完成的或者总是反复做的工作毫无挑战性，他们也就没什么兴趣了。这时候，领导就有必要将一些难度较大的工作安排给他们，最好只分派任务，而不涉及方法和细节。这样一来，他们就会感到身上有压力，就会积极开动脑筋，努力思考钻研，争取把任务完成得漂亮，而一旦获得成功，就会给他们带来更大的喜悦和成就感。

3. 珍惜有抱负的下属

有些下属胸怀抱负，对自己、对团队的未来都有更多的展望和期许。为此，他们

哈佛管理全集

人员管理

的目光也就比一般员工长远，不会只顾及眼前的利益。如果为将帅者本身是目光远大的人，而且对自己的团队发展有一个明确的定位，并且需要助手，那么与那些有抱负的人合作自然是最佳选择。对于管理者来说，这样的人是骁勇善战的将军，也是运筹帷幄的谋士，如果能够充分任用这样的下属，那么无异于为自己的事业锦上添花。

4. 将重任交给勤于思考的下属

勤于思考的下属往往有着缜密的思维，考虑问题细致周到，能够想到可能发生的各种情况和结果。通常来讲，这种人责任感较强，也会自我反省，善于总结各种经验教训，他的工作一般是越做越好。正因为这样，他们可能会在工作中表现出优柔寡断的一面，不过这也是一种负责任的表现。所以，把重要的任务交给这样的下属是大可放心的。

5. 对于气量狭小的下属不要委以重任

团队中不排除会有个别气量狭小的下属，他们见不得同事比自己强，嫉妒心理过重。虽说嫉妒心理是人的一种正常的心理表现，有时候这种嫉妒可以直接转化为前进的动力，但如果嫉妒心太强了，则容易产生怨恨，总觉得他人是自己前进路上的绊脚石，恨不得将其一脚踢开。这样的下属需要谨慎用之，重要的责任更是不要委任。

6. 绝不可以重用偏激的下属

有的人思想过于偏激，考虑问题容易冲动，缺乏理智。如若把大事交给他们来做，做好了纯属瞎猫碰上个死耗子，做不好才属正常。因为这种人总是使事情走向某一个极端，等到受阻或失败，又会走到另一个极端，这样永远也达不到最佳状态。

7. 对轻易许诺而不动脑筋的下属不要太信任

完成某项任务，说到底就是解决某些问题。如果对于事情没有十足的把握，一般来讲，是不可轻易断定或许诺的，因为很多时候，事情的发展充满着诸多变数，往往不以人们的意志为转移，随时都有可能发生各种无法预料的情况。所以，一个负责任的人更不会轻易断定或许诺。如果你手下有个轻易许诺而不善于动脑的下属，那么还需要谨慎用之，他们虽然时常表现得很自信，但到头来完不成任务或者完成得不够好的可能性较大。而且这种人到头来还往往会为自己当初打下的"保票"找出各种理南来推诿塞责。这样的下属又怎能重用呢？

总而言之，部门也是一个小团队，领导是团队领军人物，在工作中需要通盘考虑和驾驭全局，用人务必从工作需要的角度出发，体现科学性、实用性、前瞻性。只有人才济济"后院"安定，事业才会蒸蒸日上。

# 四、将保留人才作为核心战略

## （一）爱他们还是失去他们——留住优秀员工

你的眼睛还在死死盯着财务报表不放吗？也许是时候把注意力从财务报表上适当的挪开了。可以说，财务报表告诉我们的东西永远是滞后的过去时，它只能告诉我们过去发生了什么，而不能告诉我们未来应该向哪里去。这个时候，我们不禁要问道，那决定一个企业未来发展最关键的因素是什么？那么我要告诉你——是人才，或者说，是留住人才。

在人才极度匮乏的今天，很多企业愿意为关键人才提供长期的工作机会，与此同时，他们也希望自己的员工愿意长时间地看待自己的工作。通过长期的调查发现，对自己员工贯彻员工保留政策的公司，在今天会有更多的机会，尤其是在经济危机或金钱奖励下降的困难时期。

打造这种文化的责任感必须来自公司上层，专家普遍认为，一个成功企业的管理人员应该把工作主次和依赖的重点对象搞清楚，并不断地加以鼓励和奖赏，才能留住最需要的顶尖人才。

沙伦·乔丹-埃文斯认为，在留住优秀员工的工作中，高级管理人员和职业经理人应该经常询问他们的骨干员工："我们需要做些什么才能让你们继续留在公司？在职业生涯的下一个阶段，你打算做什么？比如，学习新东西，换头衔的机会等。"并认真倾听他们的需求。同他们交流现在能提供和不能提供的实际情况，给予优秀的员工你确实非常重视他们、依赖他们并且希望对他们有所奖励的感觉，他们感觉到自己的重要性后就会更愿意留下来与你一起工作，即使其他公司正在向他们发出友谊的橄榄枝。

加利福尼亚大学洛杉矶分校安德森商学院人力资源管理高级项目的主管戴维·卢因认为："影响人才保留的另外一个重要因素是'提供最适合员工个人兴趣的工作'，在这个过程中，经理依然扮演着主要的角色。"在非物质这个方面，每个员工的需求差异非常大。比如，确保优秀人才在工作中得到重视，要找出这些员工并予以肯定，为

人员管理

员工提供清晰的职业发展规划。公司应为每个员工进行具体分析，付出努力，从实际行动上满足他们在非金钱方面的兴趣和偏好。

事实上，罗伯特哈夫管理资源公司的执行董事保罗·麦克唐纳也提出过类似的观点，他建议经理们调整自己的工作方法，让自己的下属更多地参与公司事务，借以培养他们对组织的责任感。一个好的经理应该给予下属一种他们被授予了相当的权力的错觉，让他们有足够的空间去依据自己的感觉做出判断，勇敢的进行冒险。这样不仅可以开阔工作思路，更可以激发优秀员工的创造力。他们是有能力为自己的行为做出最佳判断的，但与此同时，必须为他们的决定承担相应的可能发生的责任。在一个企业艰难的时期是需要和员工进行开诚布公的交流，在员工有顾虑、问题、想法时，经理也应及时出现。要给每一个员工足够的重视，因为，没有一个愿意感到自己是被搁在不受重视的角落里被忽视。

比如，咨询公司 QuaerO 是主动解决保留率问题的公司之一，在 QuaerO 公司从成长期向生存期转变的过程中，公司管理层曾做出了一些强硬的决策。但他们的管理层很快意识到，这些决策将会使公司陷入危险之中，至少会影响到公司的某些员工。但 QuaerO 公司很快认识到了问题的严重性，并且迅速采取措施，同员工进行一对一的会谈，做到从上到下信息透明，按照实际公布的净收入，每个季度支付一次奖金等。QuaerO 公司还建立了新的员工沟通渠道，通过问卷调查的方式就员工的看法和优先关心的问题进行了调查。在这次调查中，他们迅速掌握了员工对公司的看法和他们在组织中的角色，也使大部分员工感受到自己的认可程度。

让员工感受到自己在工作中的价值所在，他们就会非常忙碌，想要把自己全部投入到工作中的热情会使他们不再有多余的时间和精力左顾右盼，不会再去接听其他公司的招聘电话或是出入招聘会。

古人"千金买马骨"，今天我们"万金奖骐骥"。在人才极度紧缺的今天，我们不能失去任何一个优秀的员工。一个优秀的企业管理者应该意识到，士气与总体经济状况有着不可分割的重要联系。

普华永道（PwC）公司审计咨询服务部门的全球领导人弗兰克·布朗还认为：无论市场出现有利情况还是不利情况，优秀人才总是能找到机会。是的。所以换一种说法，对于一个企业的领导者而言，想要留住员工，就需要建立一种文化，让员工觉得自己的工作有价值，自己的观点会得到肯定和重视，自己的创新想法会受到欢迎，自己的成绩会得到赞许和奖励。

有针对性、层次性和长期性的留住有专才的员工，是一个企业成功的秘诀所在。

## （二）作为一个优秀的人力资源人员，应该如何面对挑战

世界上最伟大的公司无一不是与资本市场挂钩，或与人力资本挂钩。在现今，越来越多的企业意识到，企业的发展和优秀的人才有着密不可分的联系，它不仅可以是改善人力资本的现状，而且可以增强企业执行战略的能力。所以寻找复合型人才成为人力资源的首要目标，然而，这类人才总是十分有限。

人力资源部门目前的工作方向是改善人力资本的现状，从更广泛的角度看，也就是增强企业执行战略的能力。

新世纪的人力资源：来自专家的观点，海伦·G. 德里南认为：技术进步、全球性竞争、工作外包和优秀人才减少带来的影响，要求组织建立一种新型人力资源领导水平——一种战略性领导水平。那么一个什么样的人力资源部门才可以有实力迎接这样的挑战？又该是一个什么样的人力资源人员才能和首席执行官协调好工作重点呢？人力资源部门能迎接这个挑战吗？如何协调人力资源部门与首席执行官的工作重点呢？

可以说，对于一个优秀的有眼力的人力资源专家来说，拥有好的判断力和独具的慧眼，人才是无处不在的。但是，对于那些忽视技能、经验和技术的人力资源从业人员来说，想要发现人才实在是难上加难，可以勉强完成工作已经是他们的极限，又怎么能够为公司提供适合其发展的人才呢？

这种情况的发生是因为他们缺乏对宏观经济环境和长期问题的理解，而这些问题往往是企业发展目标与人力资源战略相协调的关键步骤。在全球商业环境竞争越来越激烈的今天，能够站在全球的高度，综合性地看待问题，已经变得至关重要。

作为一个从事人力资源工作的人员，我们可能常常会有如下问题：人力资源人员应该拥有怎样的技能水平和经验水平？人力资源人员要面对的主要困难是什么？人力资源领域的未来在哪里？

可以这样说，人们已经意识到人力资源工作的重要所在，他们已经在首席执行官的日程上占据了首要地位。一个优秀的公司是必须需要人力资源部做好提升组织的能力、实现出色的运作的工作，因此，在公司的生存发展中，人力资源变成一个必不可缺的部门。他们会参与企业的战略决策已经成为不争的事实。但问题又出现，人力资

源战略应该由谁来实施？是专业的人力资源人士还是其他的什么人？

其实，对人力资源问题感兴趣的远远不止人力资源部门，它也已经成为 CEO 必备的基本技能之一。在近期的一次人力资源管理协会会议上指出，客户忠诚度和人才竞争已经成为首席执行官面临的两大主要挑战。而对于人力资源部门来说，他们的意义并不在于做了多少事情，而在于它给企业带来什么成果——能够帮助企业创造多少价值，为客户、投资者和员工提供多少增加值。由此可见，CEO 与人力资源部门之间的关系已经不言而喻。

那么作为一个优秀的人力资源人员，我们应该如何面对这样的挑战？如何处理其中的关系？如何面对机会抓住机遇？美国约有 100 万人以人力资源专业人士的身份开展工作。对于那些有远见的人力资源专家来说，机会无处不在。但是，那些忽视技能、经验和技术的人力资源从业人员则只能完成最基本的人力资源战略目标，勉强维持生计。两种情况的产生都是因为对宏观经济环境和长期问题缺乏理解，而对这些问题的理解也是建立与企业目标相协调的人力资源战略所必需的步骤。今天，商业环境中全球性的竞争已经愈演愈烈，服务经济和知识经济在整体经济中所占的比例还在继续增加。因此，站在全球的高度看待问题，已经显得十分重要了。

在最近的一项研究中，人力资源管理协会对某些关键问题进行了归纳：今天，人力资源领域最令人兴奋的工作是什么？什么样的技能水平和经验水平是成功的人力资源专业人士所必备的？在未来的 10 年内，人力资源人员面临的主要职业挑战是什么？人力资源专业是否还会如我们所知的那样继续存在？

劳动力问题已经在首席执行官的日程上占据了首要地位。人力资源管理协会的研究还显示，人们对人力资本的认识已经得到了普遍的提高，在公司的生存轨迹中，人是唯一真正的竞争优势，人力资源部门参与企业的战略决策已经成为不争的事实。问题是这项工作将由谁来完成，人力资源专业人士，还是其他的什么人？谁来实施人力资源战略？

不只是人力资源部门对人力资源问题感兴趣，更确切地说，更多地掌握有关人力资源管理方面的知识，已经成为首席执行官必备的基本技能之一。人力资源管理协会的研究揭示了人力资源领域的紧迫问题：成为战略伙伴，采用新技术，管理人才、识别和发展员工与公司品牌之间的关系，处理兼并、收购和业务重组中的问题，降低成本。

那么，出色的人力资源经理应该具备哪些特征呢？除了其他任务以外，他们应该从企业的商业目标出发，制定自己的日程。他们应与全体员工保持接触，采取以客户为中心，而不是"为客户服务"的思维方式，集中处理几个战略性重点问题。

越来越多的人力资源专家，如布赖恩·贝克尔、马克·休斯利、戴维·乌尔里克、史蒂夫·柯恩和约翰·布德罗都提出要从量和质（行为）两个方面寻找措施和体系，以便更好地协调人力资源战略与商业战略的关系。杰克·菲茨-恩兹博士则提出，以一种"从人力资源出发"的观点来看待人力资源过程并说明人力资本的附加价值。人力资源部应该向员工提供个人与职业发展机会，并提供各种资源以帮助员工达到公司对他们的要求。人力资源部还要充当员工的代言人——在管理层面前他们必须代表员工利益，在管理层讨论中他们必须替员工说话。

因此，人力资源部的新使命要求人力资源从业人员彻底改变自己的思维方式和行为方式。同时，新使命还要求高管人员改变对人力资源部的期望及与人力资源部打交道的方式。他们应当向人力资源部提出更高要求，把人力资源部当作一项业务来投资，并克服对人力资源专员的成见——认为他们只是些没什么本事、只会损害公司价值的辅助性人员。在不久的将来，越来越多的人力资源专家会参与到企业的战略决策制定工作中。

## （三）留住员工——经理人该做什么

面对员工的辞职，大多经理的反应只是无奈地耸耸肩，因为他们认为自己不该对这一行为负责。员工离开公司是因为他们想要寻求更好的发展机会，或者是因为他们不喜欢自己现在的工作，或者是某些私人原因。他们不认为一个员工的离开会对他们造成任何损失。在过去，也许是这样，但如今，员工辞职除了那些陈旧的理由以外，还有许多新的原因。可能是一家猎头公司正在给他伸出橄榄枝，可能是竞争对手正在给他们打电话，也可能是其他非物质因素在诱惑着他们。在人才紧缺的今天，以攻为守才是一个经理人面对人才的正确处理方式。

员工辞职的原因可能各有不同，但情况却是出乎意料的相似——某些经理或老板没有做到他们该做的。英特格雷夫培训系统公司员工保留方面的专家林恩·韦尔和布鲁斯-弗恩表示："我们的研究始终证明了这样一个事实，在影响员工贡献水平和保留率方面，经理们起到了关键性的作用。"经理们需要时刻关注员工的不满和不平现象，观察员工中的哪些人正在产生离开的想法，防止因为一名员工的离开，而出现多米诺骨牌效应。

那么一个称职的经理人应该怎样做，去留住那些对公司有用的优秀员工呢？

给予员工一种良好的工作氛围。一个企业的文化决定了这个企业的工作环境，这对于一个员工来说显得尤为重要。首先，不要允许一个性情古怪的人加入，因为没有人愿意和他们有过多的接触。一个懂得礼貌和尊重的团队，加上经理和员工良好的沟通，可以使每一个员工在一种轻松的氛围下工作。某些时候，公司的经理在周末和员工一起在俱乐部参加聚会，融入员工的生活中，同他们进行尽量多的交流，更可以使员工对工作产生前所未有的热情。

对大多数经理来说，让任何一个人离开都是很困难的一件事。在人才紧缺的当今，失掉一个好的员工是难以比喻的损失。它不仅意味着公司还需要花费大量的时间来培养一个新的人才，而且也意味着公司的社会关系网发生变化。然而，专家也提出，经理人切不可一味保留某人只是为了不让岗位出现空缺。

那么，要想留住好员工，就要让他们感到你信任他们，理解他们，需要他们，愿意和他们并肩作战为公司谋取利益。观察并根据员工的个人兴趣为他们每个人制定自己的工作是一个鼓励员工的好办法，给予他们最低程度的监督，让员工感受到他们享受了公司最大的自由和自治权，给员工创造一个轻松的环境，是非常重要的。事实上，每个人都希望有活动的空间，希望接受挑战和获取信任。有正确的态度，员工们会共同努力并取得成功，经理们也更容易留住人才。

同时，一个好的经理人应该在招聘时精心设计招聘职位，这是提高人才保留率最重要的一点。最成功的职位设计需要在以下四个方面具有吸引力：

（1）薪金。让求职者了解你想花多大成本聘用他。

（2）个人发展。每一个求职者都想了解这份工作对他职业成长和个人发展会有多大影响。因此，一定要创造时机，让他们了解到晋升的机会以及公司提供的培训和发展计划。

（3）工作生活。将公司的工作文化和工作氛围特点，以及周围的环境因素都详尽的介绍给他们，并邀请他们进行参观。他们就可以快速全面的了解公司，跟更多的人接触。

（4）公司的未来。可以说，每一个求职者都想成为赢家。将公司过去的发展经历和对未来的规划都介绍给他们，这一切都会成为吸引求职者的因素。

最后，有目的的找出每个求职者的兴趣点。将他们的前程和公司的发展联系在一起，了解他们的期待，也是吸引求职者的重要所在。这样为每一个应聘者设计出来的职位便可称之为"面面俱到"。

然而，如果此时仍然有些人执意离开，那就是你所无法阻止市场的趋势，因为没有一个经理人可以完全阻碍下属不受充满诱惑的机会和强有力的招聘单位的吸引。但是将"以攻为守"作为你收纳人才的重要举措，你的工作就会越好，那些你希望保留的人才就会流失得越少。

## （四）如何留住核心员工——报酬：不是最重要的因素

随着经济全球化和信息化时代的到来，企业的外部环境正发生着激烈的变化，越来越多的企业注意到，真正的核心竞争力来自人力资源的比较优势。因此，公司断然不会让那些优秀有实力的员工流向就业形势大好的市场。目前众多公司采用高待遇、高福利政策帮助公司提高人才保留率。但是这些行为，究竟哪些政策奏效，哪些没有效果呢？其实"报酬"不是最重要的因素。

通过最大的人力资源顾问公司海氏集团的一项调查，在整个调查涉及的50多个因素中，薪金不是最重要的一个。相当一部分接受调查的人说："我们需要签约金，也需要大幅度的加薪，我们需要公平。公司应该提供一切……但是当环境变好时，人们也愿意为报酬少的公司工作。"此外，还有多项调查表明，造成优秀员工辞职的主要原因并不是报酬。

在美国SAS软件研究所23年的历史上，员工流动率首次奇迹般低于5%，而整个行业的流动率平均值为20%。尽管这家公司支付着高昂的薪金，但从不提供大额奖金和股票选购权。他们人力资源副总裁戴维·拉索认为，如果工作氛围或环境很糟糕，那么报酬阻止员工离开脚步的效果很微小。

由此可以看出，如果将薪金作为留住优秀员工的唯一举措，未免显得过于单薄。因为一个为钱工作的员工，当其他公司提供更好的薪金报酬时，他们就会毫不犹豫地离开你。

那么，如何才可以留住优秀的人才？首先，保证职工的发展是留才的关键。海氏集团总结出保留员工的所有因素中最重要的一个方面，就是给员工提高自我提高的机会。一方面鼓励员工不要过分看重报酬，另一方面为员工提供正规而具有珍贵性的学习机会，使他们在职业通道上顺利发展，这样做的意思是让员工——"忘记你自己，关注整个团队"。

其次，作为一个优秀的经理人，是否可以看到团队里每一个人的潜能也是至关重要的。每一个员工都需要从根本受到关注。特别是对于重要的员工，我们应该单独列出，让那些优秀的员工得到特别对待，因为这些人为公司做出了巨大贡献。这样做可以极为有效地提高公司的"保留率"，那些优秀的员工会因此激发出工作的热情，进而增强他们对企业的认同感和忠诚度。

但是，一些来自低流动率公司的主管人员却认为，优秀员工体系会产生相反的作用。这样做会增加员工的辞职速度，造成企业氛围日益紧张，和其他员工的关系变得冷漠而疏远，也使猎头公司可以有机可乘。因为如果作为一名员工知道自己是十里挑一的人才，他一定会把这个消息告诉猎头公司。所以，美国 SAS 软件研究所的戴维·拉索表示："我们尽量避免划分明星员工和受追捧的人，虽然我们的员工都具有卓越的才能。"这就是那些反对对个人的关注超过团队关注人的理由。

在这种环境中，划分出团队成员无疑会与基本规则产生冲突。迈克·克罗克桑认为：反馈——尤其是针对优秀员工、提高保留率的另外一个重要因素，是来自管理人员对人员的正确指导和即时反馈。在一项调查中表明，那些优秀的员工对听取反馈意见更感兴趣。因为他们对自己职业轨迹的思考很多，想法也很多，他们需要得到公司的反馈意见来感受到来自公司领导人的关心。这也是哈里斯和布兰尼克在他们的研究中总结出的 8 个留住员工的有效措施之一。

而另一项有趣的调查也表示，一个员工离开公司的原因往往是他们想换老板。在凯普纳-特里戈的调查中，16%的受访者认为与老板的冲突是表现优秀员工离开公司三个最常见的理由之一。那么应该如何应对这一问题？在有必要的时候，可以让员工们绕过他们的直接上司解决问题。摩托罗拉和斯蒂尔凯斯公司就是很好的例子，他们允许自己的员工跨过上级，直接反映给高级主管自己的问题。

总之，要留住核心员工，必须抓住员工的内心需求，从物质需求向精神需求发展，在企业内部让员工发财、成才、做事业和形成员工认同的文化，才能从根本上激励和留住核心员工。

# （五）员工乐意为你工作吗

下面的内容将介绍如何让经理提高这四项能力，使他们的员工可以乐意为公司工作。

## 1. 挖掘人才

一个优秀的经理人会即时关注到劳动力增加和下降的变化，他们会通过预测把握住优秀人才，在适当的时候安排适当的人选。让优秀的人才心甘情愿地进入公司是一个经理人应具备的能力，这不仅可以帮助自己的公司提高竞争力，同时还可以有效避免一个团队一起工作时间过长会产生知识僵化的问题。

南希·阿尔里奇斯认为，把最优秀的人才放到合适的位置时，你必须认识到一点，那就是候选人的全部工作经验超过了其他的竞争人选，你不能消极地将选拔和聘用程序中的每项工作都交给公司的人力资源部门。公司必须和人力资源部门进行密切的合作，最终人选有时拥有的能力可能大大超过担任这一职务应该具有的能力和技术。事实上，许多专业的人力资源顾问一直认为，在众多应聘者中发现能力突出且具备良好交往能力的人才，远比重视其以前优秀的工作经验更加重要。特别是不可以在看到应聘者的第一面，就产生他适不适合这个职位的感觉。作为一个人力资源部门的人员，可以为所需的职位配备合适的员工是最重要的能力。当我们发现一些岗位已经有业绩表现出色的员工，可以着重和他们沟通，将他们作为重点的培养对象，并积极发现他们其他方面的能力。

## 2. 建立关系

作为一个经理人，我们应该避免一种"我将你聘用为员工，为什么我们还要为你创造环境适应"的想法。这是一个普遍存在的管理盲点：尽管很多经理已经认识到，自己在员工职业发展的过程中起到了重要的引导作用，特别是在员工进入公司的初期阶段。但是这一点并没有被大多经理们关注。那么，我们该如何提高这方面的能力呢？这里有一个很简单的练习就可以帮助我们完成——让下属在工作中进行评级，这样可以使下属了解到自己的优点和缺点，也使经理人了解下属并制定解决方案。

当然，不同人需求会不一样，不同的管理风格和体系也会得到不同的回应。因此，尽量用他们所希望的方式对待他们，而不要将自己的想法强加在他们身上，保持定期沟通是一个最为行之有效的方法。

了解每一个人的想法，经常和员工讨论他们近期担忧的问题，并提出自己的建议，帮助他们消除不适的感觉。在同下属的定期交谈中，让每个人都有机会说出自己的想法，和他们讨论他们所关心的问题，并规划出某些我们可以帮助解决的问题列入工作议程，下属们会觉得自己受到尊重并对团队产生敬意。

这样你可以尽可能容易地获得员工的信任，使他们在艰难时期可能与你并肩作战，他一定不会让你失望的。

3. 培训技能

即使你一直在一个行业工作，但如果不即时进修，你依然有失去这份高水平的可能。所以，顾问南希·阿尔里奇斯的建议是："让企业维持到今天为止可用的技能比较容易，但他们还需要增加新的技能，应该在自己的团队里进行技能培训。"因此，建立学习体系，为每一个员工确定需要掌握的技能是提高团队水平的良好途径。保证每天学习，甚至在公司建立交流讨论小组，为员工提供方便的学习机会，这样可以让员工的学习时间得到一定保证。当然，另一方面，在努力学习之外，还应该多鼓励员工进行连续教学，这样不仅可以巩固刚刚学习到的知识，还可以提高他们叙述交流的能力，而这正是组织越来越需要的能力。

4. 树立企业品牌

我们应该让企业在自己的员工心中树立尽量优秀的形象和重要的地位。在工作中尽量多的表扬你的每一位员工，让员工们感觉，自己的长期努力是受到公司关注并重视的，这样他们愿意留在公司的可能性会提高5倍。

## （六）不沟则痛，与下属的交流不可少

能否建立一个关系融洽，激情和干劲十足的团队，很大程度上取决于管理者是否善于与下属沟通交流。一个出色的将帅，必是沟通的高手，他们把这看作管理中的一项要素，通过沟通，让自己和下属能够彼此认识、并获得对方的支持和配合，从而更加有效地开展工作。

一听到"沟通"二字，有的领导可能不屑一顾，他们认为对于下属，就是只管分派工作，然后对其完成情况进行验收和评估就行了，还有什么必要进行所谓的"交流"？

这种想法可谓错矣！岂不知，缺少沟通会导致下情得不到上达，上情得不到十分

准确地下传，从而使下属不清楚管理者的意图何在，而管理者也无法熟知下属的真实想法和情绪。这样难免会让员工积怨成恨，影响其工作情绪，对工作进展大为不利。

美国加利福尼亚州某研究机构发现："职场中，来自管理层的信息只有 20%～30% 被下属知道并予以正确理解，而从下到上反馈的信息不超过 10% 被知道和被正确理解。"这是大家的理解能力有问题吗？答案是否定的，问题就出在沟通上。

所以说，对将帅们来讲，与下属经常进行沟通是很有必要的。因为管理者做出一项决策之前，必须先从下属那里得到一定的信息，而信息只能通过与下属沟通交流才能得到。决策做好后，就要进入实施阶段，这也需要与下属沟通，否则，就无法按预期的计划执行。一切有新意的想法，有创造性的方案，有可行性的计划，一旦沟通受阻，就会成为画在纸上的大饼，只能看，不能吃。所以说，无论是出于工作需要，还是为了融洽上下级的人际关系，领导都应该将沟通提上议程，并加以重视。

康骏在一家网络公司做技术部经理，由于几年来积累的工作经验，加上他吃苦耐劳的劲头，让进公司时间不久的他表现得甚为优异，深得部门周总的欣赏。

一次，周总打开邮箱查看邮件，无意中发现，康骏给自己发的邮件几乎都是半夜，甚至还有凌晨两三点钟发的。

周总有点纳闷，于是仔细观察了几天。他发现，康骏总是部门中下班最晚的，上班最早的。每次大家都离开的时候，他还在办公室专心致志地坐着工作。让周总困惑的是，技术部的其他员工却极少加班，即使在项目最紧的时候，他们也会准时下班，很少跟着康骏加班。平时，另外，他也很少见到康骏与下属说话。

周总心里暗自嘀咕：康骏究竟如何与下属沟通工作？带着这份好奇，他想一探究竟，于是开始观察康骏与下属的相处方式。原来，康骏向下属交代工作时，一律是用电子邮件，下属也是以电子邮件的方式，向其汇报工作进度及提出问题，很少找他当面报告或讨论。电子邮件似乎已经成为康骏和下属交流的最佳工具。

一次，周总刚好经过康骏的办公室，听到他在打电话，讨论内容是关于技术部将要开发的一个新软件。他到了员工办公室，刚好技术专员小张也在接电话。候总听了听谈话内容，确定是小张是在和康骏讲电话。

小张放下电话后，周总马上问他："你和康主管的办公室只有一墙之隔，直接走过去谈工作就好了，怎么还用电话谈？"小张苦笑了一下，说道："这已经很不错了，平时康经理都是用邮件跟我们讲工作，刚刚公司的网络出了问题，他才打来电话。"周总疑惑地问道："你们没有试过主动跟他当面谈工作吗？"小张说："当然试过。我旁边的孙姐曾经试着要在康经理的办公室谈，但是他不是以最短的时间结束谈话，就是讨论时眼睛一直盯着电脑屏幕，孙姐不得不赶紧结束谈话。从那以后，我们觉得还是用邮件将工作比较好，免得尴尬。"

周总又与其他员工交流了一下，发现他们很反感康骏的交流方式，而且工作热情也不高。除了不配合康骏加班，他们还只完成康骏交代的工作，其他一概不管，也不会主动提出新计划或问题。

弄清楚了真相后，周总主动找到康骏，问他为何不愿意面对面与下属谈工作。康骏说："我们的工作很忙，而用邮件谈工作可以节省很多时间，效率也比较高。"周总叹了一口气，说道："工作效率固然重要，但良好的沟通会让工作进行顺畅很多。经常和下属面对面地沟通交流，是会花一些时间成本，但是收回的利润会很高。你看看现在下属的表现，个个精神涣散，毫无工作热情，如果你继续用邮件与他们沟通，你恐怕就要当光杆司令了。"康骏若有所思地点点头。

从那以后，康骏一改以往的管理方式，开始与下属沟通交流。时间一长，大家都觉得心情比以前舒畅很多，工作也有干劲了，周总看在眼里，喜在心上。

科技在为我们带来方便的同时，其实也造成了沟通方式的改变。因此，很多人感慨，手写书信变得越发珍贵了，面对面的交流慢慢少了，取而代之的网络连接着的两个冷冰冰的机器。上述案例中，康骏既是高科技的受益者，同时也算是受害者。不过，好在他的上司周总及时发现并指导，使他改变了和下属沟通的方式，促进了工作的开展。

沟通对每一个来讲都很重要，对一个带领士兵打江山的将帅来讲同样如此。可以肯定地说，能否建立一个关系融洽、激情和干劲十足的团队，很大程度上取决于管理者是否善于与下属沟通交流。所以，为将帅者一定要学好沟通这门课程。

当然，作为一项管理技能，沟通并不是与下属说几句话那么简单，而是需要一定技巧，才能实现有效沟通的。一般来说，管理者可以从以下几方面去做：

1. 带着亲和的语气和下属交流

沟通是上下级之间的一种交流，包括情感、思想和观念的交流。领导与下属沟通的目的不在于说服对方，而在于寻找双方都能够接受的交流方式。因此，沟通语气很重要。

在沟通过程中，领导一定要避免用命令式的语气，也要尽量避免"我"这个代名词。为将帅者可以经常用"我们"开头，让下属觉得亲切。

2. 适当把自己放低，别让下属"仰着脸"看你

有的管理者喜欢摆架子，在与下属沟通时，喜欢将自己的位置摆得高高的，给下属创造一种高高在上的感觉。其实，这对于良好沟通的进展十分不利。不难想象，领导和下属之间本身就存在职位上的不平等，如果领导还有意无意地放大这种不平等，导致下属在自己面前唯唯诺诺，有话也不敢说，势必影响沟通的效果。

3. 与下属沟通一定要态度真诚

和下属沟通时，聪明的将帅不会抱着"我是将领你是兵"的心态交流。因为那样会无形中给下属一定的压力，而且也容易引起下属的不满，甚至反感。正确的做法是：带着满腔的诚意，真诚地和下属交流，只有这样才能实现有效沟通。

叶青是个80后女孩，她聪明灵巧，工作能力很强，在总部做了一年的主管助理后，就被公司调到分公司做部门主管。从读书到工作，叶青的人缘一直都很好，她对自己的人际关系也很有自信。但是，自从调到分公司，叶青一下子成了被孤立的对象。

初到分公司的时候，叶青的部门一共有五个员工。虽然下属人数没有在总公司那么多，但是这五个下属个个都是刺头，很难管理。

叶青部门的员工年龄从25岁至42岁不等，年龄最大的是王姐，属于基本不做事的一类。另外三个员工，工作能力很不错，但都抱着"上班是常态，加班是变态"的观念，即便工作紧急，他们也不会加班；另外一位是总经理的亲戚，叶青也不敢得罪他。

眼看任务量要完不成，叶青急得团团转，可大家依然不紧不慢。叶青不得不给部门多加一些硬性指标。这样一来，大家不高兴了，谁也不肯干。

在自己又一次挨过总经理的批评后，看着迟到了20分钟的王姐，叶青忍不住批评道："王姐，你年纪最大，也是公司的老员工，你要给别的员工做好榜样……"没等叶青说完，王姐就打断了她的话："以前的方主管从来没说过这样的话，你会不会当主管啊？没有金刚钻，就别揽瓷器活。"说完，就去楼下吃早餐了。

无奈之下，叶青只好向一位当高管的朋友求助。朋友告诉她："你要都和他们谈心，交流，态度真诚一点，人心都是肉长，他们早晚会被你的真诚打动。"叶青虽然有些怀疑，但还是照做了。一个月后，大家多她的态度果然好了很多。

总而言之，沟通不是职位的交流，而是心与心之间的交流，在这个意义上，领导

和下属是平等的。要想赢得下属的支持和配合，作为领导就要掌握沟通的技巧，放低自己的姿态，带着真诚的态度，用一种朋友间沟通的平等心态去和下属交流。

## （七）学会倾听，你才能知道下属在想什么

对领导而言，倾听下属的想法是非常重要的。管理者可以从培养自身的交际能力、创造交流氛围开始，使下属能在轻松的气氛中畅所欲言。不管是下属的抱怨还是他们提出来的批评和建议，只要管理者能够真心倾听、诚心解决，就能取得成效。

在任何形式的交往中，倾听都是沟通中至为重要的一环。同样，倾听也是一名将帅型人才应该具备的重要素质。

美国一家颇有名气的企业，其管理教育中，有一种很特别的领导能力教育方式。该企业用构成领导的英文单词中的每个字母来体现管理者必须完成的基本任务。这几项内容是：倾听、教育、说明、帮助、讨论、评价以及回答或负责。

不难看出，倾听被列在了第一条。这在某种程度上，说明了管理者的领导艺术是应该由倾听开始。

然而实际上，职场中有不少管理者可以凭借自己良好的口才对着下属滔滔不绝地讲几个小时。但是，他们却不愿意花一分钟时间去听下属说话。这就是典型的"闭塞耳朵"型领导，岂不知这种堵上耳朵的管理方式，会打消下属的工作积极性，甚至为自己的管理工作设置障碍。

魏天豪是一家公司客服部的员工，那天，与朋友吃饭时，他气呼呼地说道："我再也不会给经理提任何建议了，因为他根本不爱听我说话。每次我提出一个有关改善客服部服务的方案时，没等我说几句，他就会不耐烦地打断我说："你只要完成我给你安排的任务就行，关于整改方案，交给我们管理层就行，我们在这方面很有经验，会制定非常好的方案，所以，你不用浪费时间去做这件事情。"朋友不解地问道："是不是你得罪过领导，所以他不爱听你说话？"魏天豪摇摇头，说道："别人跟他说话时，他也是这样的。他要是跟我们说话，就算说上一天，我们也得听着，但要是我们跟他说话，哼，他能认真听上5分钟就不错了，他总觉得自己说的是真理，我们就应该听，而我们说的就是废话，让他听就是浪费时间。唉，摊上这样的领导，我们真是没心思工作，我们部门有好几个同事要辞职，他们都受不了这个'聋子'经理。"

或许你会对案例中魏天豪的遭遇表示同情，也或许你会觉得他是鸡蛋里挑骨头，

不去适应领导反而想让领导配合自己。不管是站在哪个角度，我们都不得不说，魏天豪的经理在沟通方面确实存在一定的问题。他不善于贡献自己的耳朵，倾听下属的所思所想。这样的领导，不招致下属反感才怪呢！

曾任波音公司总裁的菲利普·康迪说：“员工所表达出来的以及我所听到的，远远比我要说的更重要。”从某一方面来讲，管理者听的能力往往比说的能力要重要。

倾听是沟通的一个重要组成部分，它能让管理者与下属保持感情畅通。一位擅长倾听的将帅可以通过倾听，从下属那里及时得到最新的信息、有效的建议、创新的观念，然后将这些进行资源整合，做出正确的决策。

吴建在一家培训机构做了三年的主管后，决定为自己的职场生涯再寻求一丝突破，于是他从当时难以再有提升的公司辞职，然后应聘到一家知名传媒公司做创意经理。

俗话说，隔行如隔山，这个行业对吴建来说，是个全新的领域。刚刚进入一个竞争激烈又完全

菲利普·康迪

陌生的行业中，吴建如何展开新工作？好几个哥们儿都为吴建捏了一把汗。

但吴建很淡定，他说：“虽然传媒是我从没有接触过的领域，但主管岗位的职责大抵相同，我需要做的就是做好人的工作。一个公司就是一个团队，而我这个主管要做的就是集合整个团队的优势，全面调动员工的工作激情。”

通过之前三年积累的工作经验，吴建认为，要做好人的工作，首先就从倾听下属的心声开始。这家传媒公司有400多名员工，有在中国做传媒10年积累的经验。因此，吴建进入公司两天后，就开始找员工谈话，倾听员工们的想法。通过集思广益，吴建对公司有了一个大体的了解，并制定了一份详细的工作计划书。

老板看了之后，连声称赞：“小吴，你这计划书做得很好。当初，人事总监将你招进来的时候，我还有些怀疑，担心你做不好创意经理的工作，没想到，你在这么短的时间内就可以做出这么棒的计划书，真是个人才。”吴建笑笑，说道：“我没有什么过人的才能，只是长了一双会倾听的耳朵罢了。”

看得出，吴建是个聪明的领导，他善于倾听下属的心声，为此赢得了下属的支持，

使工作进展突飞猛进。可以说，作为管理者，能否有效而准确地倾听下属的心声，将直接影响到与下属的关系，以及决策水平和管理效果，甚至对公司的业绩和发展也会有很大影响。

试问，哪个老板，哪家企业不希望有这样的管理者为自己带领团队呢？

当然，虽说倾听看上去是一种最省力、最不费口舌的管理方式，但是，要想将它运用得当也不是一件容易的事情。换句话说，倾听也是大有门道的，如果管理者不懂倾听的技巧，就很可能弄巧成拙，反而阻塞了上下级之间的交流通道。

那么，有没有好办法可以让管理者成为一个"会听"的领导呢？我们总结了以下几点，希望管理者们以及将来某一天会成为管理者的人们参考：

1. 倾听要用"心眼"

从繁体的"聽"字可以看出，倾听不仅要用耳朵，还要用眼睛和心。这也就是说，管理者倾听下属说话时，不仅要注意听说话内容，而且要用心观看下属的动作和表情。在听下属讲话的这段时间里，管理者必须将自己的注意力100%地集中到下属身上，不要心不在焉，眼神游离。

2. 耐着性子倾听

当下属说话时，无论他的表达能力如何，管理者都应该耐心地听他说完。尤其是下属讲想法或意见时，管理者更要耐着性子倾听，给下属提供表达内心情感的机会。

林静是一位资深经理人，在谈到自己如何管理好下属时，她讲了这样一件事："一次，公司有个业绩不太好的业务员找我谈心。我当时正好犯了急性喉炎，嗓子说不出话来。于是，我就非常用心地倾听这个业务员说话。一个多小时过去了，这个下属从青春期时因父母总是吵架而影响了自己的性格，说到上班后很想做出一点成绩，再到最近的业绩不佳，信心大减，总怕别人瞧不起自己。最后，这个下属激动地说：'林总，您能听我唠叨这么多，我真的非常感动，谢谢您，我以后一定好好工作。'"

后来，这个下属果然像换了一个人似的，做事积极，性情也变得很开朗，业绩也开始逐步上升。这件事使林静深深领悟到倾听对管理工作的影响力。此后，她在进行员工管理的时候，都会尽量多地倾听下属的心声，收到了很好的管理效果。

作为管理者，千万不要因为下属说话时间过长，就表现出厌烦的神情。每个下属都希望自己讲的话能受到领导的重视，而领导耐心地听，就是在向他表达这样一个意思："你说的话很重要，我非常愿意倾听。"这样能够维护下属的自尊心，同时，下属也更愿意将自己的真实想法说出来与自己的上司分享。

3. 表现出浓厚的倾听兴趣

有的领导倾听下属讲话时，常常是下属刚说两句话，他就表现出兴趣索然的样子，下属察觉到领导对他的谈话没有兴趣，就会匆匆结束谈话，将自己的真实想法咽回肚里。所以，在倾听下属说话时，管理者应该表现出浓厚的倾听兴趣，尽量注视下属的眼睛，不要做看手表、打哈欠等影响下属情绪的动作。

4. 理解下属的倾诉主题

有的管理者会很认真地倾听下属讲话，但往往听到最后，不知道下属想要表达的中心意思是什么。所以，在倾听时，管理者一定要弄清楚下属的倾诉主题，是对某个方案的建议，对待遇的不满，还是有工作难题？由于每个人的性格不同，不同的下属在倾诉时所采取的方式也不尽相同。比如，性格内向的下属，在表述一些敏感问题时会比较委婉，他们不会直接说出自己的真实想法和意见，往往会运用一些暗示性的词语来表达。所以，一旦遇到暗示性强烈的话，管理者们就要鼓励下属把话说得清楚一些。

5. 不要急着发表意见

在一次倾听结束之前，管理者不要急着发表意见。因为你可能还没有完全明白下属要表达的意思，在这种情况下急着下结论，一方面容易做出片面的决策，另一方面使下属缺乏被尊重的感觉。时间久了，手下将再也没有兴趣向上级反馈真实的信息。

美国知名主持人林克莱特曾采访过一个小朋友，他向小朋友问道："你长大后想要当什么呀？"小朋友睁着一双天真无邪的大眼睛认真地回答："我要当飞机驾驶员！"

林克莱特接着问他："如果很不幸，有一天，正当你驾驶着飞机飞到太平洋上空的时候，飞机出现了故障，所有引擎都熄火了，你会怎么办？"

小朋友低头沉思了一会，说："首先，我会告诉坐在飞机上的乘客都系好安全带，然后我跳伞。"这一回答让在现场的观众笑得东倒西歪时。林克莱特继续注视着孩子，想看看他是不是个自作聪明的家伙。没想到，孩子的眼睛湿润起来，接着两行热泪夺眶而出，林克莱特这才发觉，这个小家伙有着难以形容的悲悯之情。于是他继续问小朋友说："为什么要这么做？"孩子接下来的答案，透露出他真挚的想法，只听他说："我要去拿燃料，我还要回来！"

看完这个故事，让我们问问自己：我真的听懂手下的话了吗？我是不是也习惯性地用自己的权威打断下属的话？如果自己经常犯这样的错误，那么就请尽量改正。即使下属的讲话结束后，管理者发表意见也要谨慎一些。因为对下属而言，领导的观点和意见就代表着公司最高层的想法，所以，将帅们必须对自己所说出的每一句话负责，以免祸从口出。

## （八）了解下属的需求，并不吝伸出援助之手

一个杰出的将帅型人才，除了要有出色的管理能力，也要具备了解下属需求的能力，并根据不同的需求提供帮助，给予相应的激励。这样，就可以更好地赢得人心，产生事半功倍的管理效果。

素有"成人教育之父"之称的卡耐基曾经说过这样一段话：我经常去钓鱼，虽然我喜欢吃香蕉，喜欢吃草莓，但我钓鱼的时候不会把香蕉和草莓放在鱼钩上，因为鱼喜欢吃蚯蚓。从中不难看出，在人际交往中，研究他人的喜好、需求是我们取得良好人际关系的法宝。

西谚里还有这样一句话："一个人的美食可能是另一个人的毒药。"

所以说，每个人的需求都不一样，同一块蛋糕，对喜欢西点的甲来说，是美食，他会非常喜欢；而对正在减肥的乙来说，就是"毒药"，他会避之不及。

简单来说，要想赢得下属的心，管理者要学会"投其所好"。这绝不是让管理者对下属低三下四，而是告诉大家一种管理的方法。不信，你就试试？

有这样一个管理寓言。一个书生走在路上，看到树上有一只乌鸦。乌鸦跟着他飞了一段时间，然后停在他肩上，开口说道："书生，我被施了魔法，请吻我一下，我会变成一个漂亮女子，然后给你一个吻。"书生停下来，将乌鸦放入口袋，然后继续向前走。

乌鸦又说："请吻我一下，我愿意陪你两天，给你做美味的饭菜，缝制衣服，打扫房间，陪你聊天。"书生将乌鸦拿在手中，看了一下，又放回口袋继续走。

过一会儿，乌鸦又说道："这样吧，我愿意陪你一个月，请你吻我一下。"书生又看了看乌鸦，哈哈笑了一声，又放回口袋继续前行。

乌鸦又急又恼地说："你这书生怎么这么贪得无厌？我都让步了，陪你一个月不够吗？你要多久？"书生将乌鸦拿出来，笑着说道："我是一个书生，正在全心准备考试，每天都忙着读书，根本不需要女人陪我。我之所以将你带在身边，是因为你是一只会

说话的鸟，我可以把你卖一个好价钱，我就有进京赶考的盘缠了。"

乌鸦认为，只要有美女陪伴，男人就会立即答应一切要求。但凡事都有例外，这个书生的需求不是美女相陪，而是赶考的盘缠。乌鸦费尽口舌，也没能达到自己的目的。

同样的，身为管理者，如果不能了解下属的需求，就自作聪明地用自己的认知给予下属刺激，非但不能产生预期的效果，反而可能有副作用。

要想更好地调动下属的工作积极性，让自己的管理更有成效，管理者就必须了解下属的行为动机和真正需求。当知道了员工的真实需求，就可以理解他们的行为，然后有的放矢地激发他们的工作热情。"雪中送炭"之所以能让人心存感激，理由很简单，因为送出去的"炭"恰是雪中人急切需要的。假如送去的是"冰块"，非但不会赢得感激，可能会招来唾骂。

那么，管理者该如何做，才能正确了解和把握下属的真正需求呢？

我们知道，一个人希望得到什么，内心有什么需求，他大多会通过言谈举止表现出来，管理者只要仔细留意下属的精神状态和情绪变化，就可以大致了解下属的需求。其次，要进一步了解下属的需求，就要多与下属沟通交流。只有经常与下属互动，真诚地交流，才能与下属建立一条互相信任的沟通渠道，通过这条渠道，管理者就可以准确地掌握下属的需求。

沃尔玛公司的管理者十分关心自己的员工，公司里所有的管理者都用上了印有"我们关心我们的员工"字样的纽扣。他们称员工为"合伙人"，并时常倾听员工的意见。董事长萨姆·沃尔顿曾对管理者说："关键在于深入商店，听一听各个合伙人要讲的是什么。那些最妙的主意都是店员和伙计们想出来的。"

萨姆·沃尔顿对管理者提出这样的要求：管理者必须做到，用诚恳的态度尊敬和亲切对待自己的下属，了解下属的为人、家庭、困难和希望，并且要表现出对他们的关心，只有这样，才能帮助他们成长和发展。萨姆·沃尔顿会经常突然到公司下属的商店，询问基层的员工"你在想些什么"或"你最关心什么"等问题，通过与员工们聊天，了解他们的困难和需要。

美国一家权威报纸曾报道过这样一件事情："几星期前的一个晚上，沃尔顿先生在凌晨两点半结束工作，到一家通宵服务的面包铺买了些点心，回来路过公司的一个发货中心，同一些刚从装卸码头上回来的工人聊了一阵。结果，他发现这儿至少还需要两个沐浴间。没过多久，我们这里就建好了两个沐浴间。"

沃尔顿通过认真观察，经常与员工互动的方式，及时发现了员工的需求，让员工感到心里非常温暖，工作也更加努力，这也是沃尔玛公司可以发展成为世界百强企业的一种重要原因。

此外，我们还会发现职场中存在这样一种现象，有的管理者可以很准确地了解下属的需求，知道下属最希望得到什么，但面对下属渴望的眼神，他们就是不肯伸出援助之手，满足下属的需求。他们总是抱有这样的想法："我是领导，如果下属有什么需求，我就满足他们，就会失去官威，他们会觉得我好欺负，不把我当回事。""我既不是活雷锋，也不是机器猫，凭什么总是帮助他们，满足他们的需求？"这种想法是很狭隘的，为将帅者要得助人处且助人，因为助人就是助己。

我们一起来看一个十分经典的故事：

一个人死后，见到了死神。死神问他："你想去天堂还是地狱？"他想了想，说道："我想分别参观一下，再做决定。"死神答应了他。他们首先去了魔鬼掌管的地狱。

他到达地狱之后，非常吃惊，因为这里没有传说中的火坑、酷刑，所有的人都坐在饭桌旁，桌上摆满了各种美食：肉、水果、蔬菜。但是，他发现那些人都愁眉苦脸、无精打采，而且瘦得皮包骨头，完全没有享受美食的欢乐。他仔细看了一下，发现每个人的左臂都捆着一把叉，右臂捆着一把刀，刀和叉都有很长的把手。所以，即使美食就在他们手边，他们也无法吃到口中，只能挨饿。

随后，死神带他去了天堂，景象完全相同：同样的食物，他们的手臂也绑着把手很长的刀叉。但是，天堂的人们非常开心，他们欢歌笑语，尽情享受美食，个个面色红润。他非常不解："为什么相同的环境，人们的心情却如此不同，地狱中的人面黄肌瘦，神情沮丧，而天堂的人却心情愉悦，身体健康？"死神指了指那些人的手臂，他仔细一看，终于找到了答案：地狱中的每个人都试图自己吃到东西，而在天堂的每一个人都用长长的刀叉喂对面的人，因为互相帮忙，他们都享受了美食。

帮助是相互的，我们帮助了别人，实际上就是帮助了自己。滴水之恩可能换来涌泉相报，举手之劳也许换得感恩戴德，帮助的人越多，得到的就越多。作为领导者，要适时地为下属提供帮助，既可以改善上下级关系，也有助于管理工作。

需要提醒的是，在了解下属的需求，帮助他们解决问题时，领导者还要注意这样一个问题：不要忽视下属的心理需求。按照马斯洛的塔式需求结构理论："人除了生理需求外，更重要的是心理需求。因为生理需求比较容易发现和满足，而心理需求更容易被人们所忽视。"

在众多的需求中，下属是很注重心理需求的满足的，他们渴望被领导尊重、信任、肯定。因此，在满足了下属最基本的物质需求后，为将帅者应该用心了解员工的心理需求，并采取相应的方法，满足下属的这种心理需求。管理者一旦这样做了，就可以让下属知道自己很有价值，于是就会以更加饱满的热情投入到工作中，为团队建设做出更多更大的贡献。

## （九）面对下属抱怨，及时处理很关键

抱怨几乎是每个人都会有的一种宣泄方式。作为下属自然不例外。当下属认为自己受到的待遇不公平时，就会产生抱怨的欲望。领导不必对下属的抱怨产生恐慌心理，抱怨可以帮助下属释放心中的负面情绪，但这不意味着管理者可以忽视这种抱怨，任由抱怨无限扩大。否则，时间一长，抱怨就会像一片乌云，笼罩在公司上空，造成混乱的管理局面。

俗话说："一人难称千人心。"职场中，一个领导即使能将工作做得很好，也不会让所有下属都满意，总会有一些下属心生不悦，他们会抱怨这、埋怨那。当下属的抱怨情绪越来越强烈，开始在背后密谋辞职跳槽，整个团队充满一股火药味，工作氛围越来越淡时，作为公司的管理者，将帅们应该如何应对呢？

有的管理者认为："我根本没有必要，也没有时间去听下属的抱怨。我每天的工作任务堆得像山一样高：制定促销方案；考虑如何以最低的成本做出最好的项目；要在公司规定的时间里完成高销售额；应酬老客户，开发新客户……除此之外，我还要参加没完没了的会议，我哪有闲工夫去听下属的怨言？"不仅如此，他们还认为："公司有专门处理个人问题的人事部、行政部，下属完全可以找他们解决有关工作环境、薪金待遇等各方面的问题。如果心里有消极情绪，还可以找专业的心理医生解决，丝毫没有到我面前怨天尤人的必要。"

殊不知，这些想法是偏激的，也是错误的。倾听下属的抱怨是居于管理位置的每位领导者不可推卸的重要责任。而且，如何处理下属的抱怨，一方面可以检验管理者的处事应变能力，另一方面可以帮助管理者进一步改进工作方法。

既然如此，我们有必要了解一下员工有哪些抱怨情绪，对各自不同的抱怨，将帅

## 1. 求助式抱怨

一个下属除了向领导发出抱怨外，没向其他任何人散播，也没有给团队或者公司造成负面影响，这就说明，他看到了公司在某一方面存在的问题，却又想不出解决方法，所以，他就通过抱怨的方式向领导求助。

面对这样的抱怨，有的领导会认为下属对公司不满，要么将之狠狠地批评一顿，要么置之不理，结果，下属大量辞职，我们只能说这样的管理者很不靠谱的。

正确的做法应该是，管理者不要抱有"下属心胸不够宽阔"，或"他对我有成见"的想法，其实，只要将帅们仔细观察，就发现一个有趣的现象：经常发出求助式抱怨的下属不会轻易辞职。他们只是需要领导的帮助，一旦领导向他们伸出援助之手，他们的抱怨情绪就会得到引导。

## 2. 自卑式抱怨

著名心理专家毕淑敏说过：天下无人不自卑。作为下属，他们也是普通人，所以也就无一例外有时候会产生自卑情绪，这种情绪还会通过抱怨的形式表达给上司听。作为领导要清楚这一点，下属是员工，更是伙伴，他们有时并不自信，他们的抱怨或许只是为了引起上司的关注。应该说，这是一种很微妙的抱怨心理，作为将帅，应当耐心地倾听这种自卑式的抱怨，并给予其适当的鼓励，帮助其建立信心。

## 3. 交际式抱怨

有时候下属们在一起发出抱怨的理由，大多和抱怨交通堵塞一样，他们并不是想改变什么，只是这种宣泄方式可以让他们在工作中找到一个重合点，他们确认彼此有相同的心理体验，就能更融洽地相处。

王勇强刚刚当上客户主管的时候，每当布置了有难度的工作，或者下属的业绩落后时，他总会听到下属们形形色色的抱怨："工作越来越难做了，我真不愿意到公司上班。""王主管总拿小黄做榜样，小黄做这行已经很多年了，有很多优质客户，我们哪能跟他比？"最初，王勇强对这样的抱怨非常反感，他认为，这是员工故意找借口，推卸责任的一种方式。

他或明或暗地告诉下属，要有工作激情，提高积极性，改善工作方法，不要总是怨天尤人。但是抱怨之风不但没有止住，反而愈演愈烈。与此同时，他也发现一个现象，抱怨归抱怨，但下属们丝毫没有耽误工作，还是像以前一样认真努力，并没有摆挑子。

认真分析之后，王勇强认识到，下属们是将抱怨当成一个共同的话题，并无恶意。于是，他决定鼓励下属宣泄这种无伤大雅的交际式抱怨。这样的做法，不仅让下属的消极情绪得到疏导，而且，王勇强还能及时发现并治愈某些抱怨背后的"隐疾"。从那以后，客户部的业绩一路飙升。

4. 不满式抱怨

当下属对某些事情不满时，很容易发出抱怨之声。面对这种不满式的抱怨，管理者首先要弄清下属不满的原因，如果是他觉得自己是"英雄无用武之地"，工作能力出色，却一直得不到提拔，那么，你可以适时提拔他，给他一个合适的职务，让他充分发挥自己的才能，从而平息他的不满。

温霞是一家公司的项目小组长，手下管着四个人。她很有工作能力，每次都能准时完成上司交付的工作。但是，项目主管却不太喜欢她，一看到她就头疼，却拿她没办法，因为温霞的工作表现的确很棒。

为何项目主管不喜欢这么优秀的人才呢？原来，每次项目主管向她布置工作时，温霞总会抱怨："我只是个小组长，每个月的薪水就那么一点，主管为什么老是要给我分配这么多任务？"

项目主管觉得温霞像祥林嫂一样，总是不厌其烦地说这几句话。后来，项目经理听说了这件事情，就派人对温霞的工作进行了详细的考察。得知她是个人才后，经理马上将她提拔为项目经理助理。温霞上任不久，就将业绩不佳、管理混乱的项目部门整顿得井井有条，业绩也逐步上升。而且，对于项目经理交付的任务，她从没有一句怨言。

温霞的抱怨是因为自己不受重用，发牢骚是她向主管发出不满信号，而并非有其不良目的。试想，如果项目经理没有及时发现这个问题，没有提拔温霞，也像项目主管一样，反感她的抱怨，甚至以开除或降级威胁她，那么，公司就会失去一个优秀的人才。

面对下属的不满式抱怨，领导除了提拔他们以外，还可以使用沟通的方法，化解他们心中的不满情绪。

有关专家指出："80%的抱怨是针对小事的抱怨，或者是不合理的抱怨，它来自员工的习惯或敏感。对于这种抱怨，管理者可以通过与抱怨者平等沟通来解决。"管理者要认真听取下属的抱怨和意见，并认真回答下属提出的问题，如果下属有不合理的抱怨，管理者也要态度温和地进行批评，这样，就可以解决 80% 的不满抱怨。

另外 20% 的不满抱怨也可以通过沟通化解，下属往往是不满于公司的管理，或自身的工作出现了问题。管理者要先平复下属的激动心情，阻止抱怨情绪进一步扩大，然后再与下属进行更进一步的交流，方可解决问题。

在化解不满式抱怨的时候，将帅们要注意一个问题：稳住自己的情绪。有的领导脾气急，一听到下属源源不断的不满，就会怒从中生，甚至吹胡子瞪眼，结果，抱怨没有化解，反而激化了矛盾，让下属心生怨恨。所以，将帅们要控制自己的情绪，冷静倾听下属的抱怨，让问题圆满解决。

## （十）深入群众，和员工多一些面对面的交谈

沟通对每一个人来讲都很重要，对一个带领士兵打江山的将帅来讲同样如此。而沟通的方式多种多样，其中最容易拉近领导和下属距离的，莫过于领导能够深入群众，多和员工进行一些面对面的交谈。这样，就会随时随地发现问题，这样解决起问题来就更为有效。

有些人一旦坐上了领导的高脚椅，屁股还没坐热，就恨不得忘记自己的出身。于是乎，不再愿意回到下属们的队伍里，和他们面对面地谈谈工作，聊聊天。这样的领导，自我感觉"范儿"很足，可实际上却会让下属产生领导不够亲民的认识，长此以往，下属有什么想法也不便及时提出来，或者干脆就不想提。

这样下去，领导就难以得到第一线的信息，无论是制度制定，还是工作安排，或者员工管理，都可能更多地根据自己的主观判断来行事，这样显然对工作进展和协调上下级关系极为不利。

所以，要想避免这一点，管理者们还是最好深入到群众中去，多和下属进行一些面对面的交谈。作为将帅要始终记得，面对面交流，就会随时随地发现问题，这样解决起问题来就更为有效。具体来讲，将帅们可以借鉴下面这四种方法：

1. 多一些询问，多一些了解

素有"世界第一 CEO"之称的韦尔奇能说出 1000 名高级管理人员的名字和职务，熟悉公司 3000 名经理的表现，他说："我每天都在努力深入每个员工的内心，让他们感觉到我的存在。即使我出差在很远的地方，我也会花上 16 个小时与我的员工沟通。

我 80% 的工作时间是与不同的人谈话。"应该说，时刻关注员工的内心，及时询问他们的工作状态，是韦尔奇的沟通方法之一。

作为将帅，要知道，即使再出色、再得力的下属也难免会有情绪低潮、提不起劲儿、无法完成领导交代的任务的时候。遇到这种情况怎么办？是按照所谓的制度将其狠狠地批评，扣工资，还是坐下来和他好好谈一谈，看看到底是哪里出了问题。如果是前者，领导直接去问下属"你怎么会做这种事？到底是怎么回事？"这会让下属感到委屈，进而滋生抱怨和不满；相反，如果是后者，领导听下属说出实情，道出心中的不满或者意见，管理者就可以有的放矢，找出解决之道。

楚志刚负责的部门新来一名大学生，名叫严邵雨。让大家感到不解的是，严邵雨脸上一天到晚都不见一丝笑容，也从不和同事们打招呼。为此，同事们暗地里给他起了个外号——"言少语"。大家也都有意疏远他，尽量避免和他有什么交集。

可是严邵雨对此却是满不在乎的样子，依然如故，我行我素。这一切都被科长楚志刚看在眼里。作为一名富有经验的管理者，楚志刚凭直觉认为严邵雨心里肯定有难言之隐。基于此种判断，楚志刚便处处留意观察，并利用一切机会接近他。每天上班时，楚志刚总是热情招呼他，每次下班，也不忘问他一句："怎么样，晚上有什么活动？"

日子一天天过去，楚志刚锲而不舍的行动终于融化了严邵雨，他向楚志刚吐露了自己的苦衷：他刚失恋，痛苦得不能自拔。听完他的倾诉，楚志刚语重心长地开导他说："生活并没有对你不公，关键是你没有战胜自己的不良心态，失恋对你来说固然是个打击，但一切都可以从头开始呀。难道一辈子躺在这个阴影下面不出来吗？你可以不善待你自己，但你应该善待别人，尤其是你的同事，为什么要把你的不快带给别人呢？"经过楚志刚一番耐心而热情的开导，严邵雨终于茅塞顿开，从此解开了缠绕在心头的疙瘩，以崭新的精神面貌投入到工作中，每次见到同事也都热情有嘉了。

俗话说，人心都是肉长的。如果管理者能够以真诚和细致入微的关心、爱护来对待下属，下属自然会被感化，心里的坚冰也便不再坚硬了。面对上司的关爱，他们自然会心情舒畅，工作效率也必然会大大提高。所以，是否要走到下属中间，多观察和询问他们的情况和所遇到的困难，这笔账就需要管理者们好好算算了。

2. 多一些激励，多一些赞扬

年轻的下属通常都有一种敢作敢当的勇气，有"明知山有虎，偏向虎山行"的冒险精神，他们干劲十足，锐不可当，但由于他们阅历少，工作经验缺乏，一旦受到打击，就可能精神颓废，一蹶不振。所以，智慧的将帅要尽可能地让他们燃烧工作的激情，多肯定和表扬他们，这样他们就越干越有信心，越来越有冲劲。

3. 多一些倾听，让下属说出心里话

前面我们已经提到过，倾听着管理工作中的重要性。作为将帅，应该熟知，懂得怎样听下属说话以及怎样让他们开启心扉谈心里话，是管理制胜的不二法门。

由于职位的从属关系，使得一些下属害怕领导发现自己的不足，害怕遭到拒绝。如果下属一直是这样的心态，那么想取得良好的沟通将会比登天还难。要让下属消除自己的顾虑，认真倾听他们的谈话是个不错的妙招。一旦下属发现和你这位领导在一起很安全，而你又打心眼里赞赏他们时，他们便可能向你开启心扉。如果你能做到这一点，无形之中便赢得了下属的心，他会全身心地支持你、服从你。

当然，我们所说的倾听绝对不是要领导贡献出两只耳朵来，然后一言不发就是了，那样的话，下属会马上感觉是对牛弹琴，索然无味。聪明的领导，会引导下属谈话，让他们说出想表露的一些真实的想法。

对于"红顶商人"大家都不陌生，而他制胜的法宝之一就是善于倾听。曾经有人这样描述胡雪岩："其实胡雪岩的手腕也很简单，胡雪岩会说话，更会听话，不管那人是如何言语无味，他都能一本正经，两眼注视，仿佛听得极感兴趣似的。同时，他也真的是在听，紧要关头补充一两语，引申一两义，使得滔滔不绝者有莫逆于心之快，自然觉得投机而成至交。"

由此可见，将帅们想让下属亲近自己，信赖自己，就要认证倾听他们的建议，甚至连下属的牢骚也要微笑着倾听。当然，听完之后，领导还要发表一两句看法，表明对下属的理解和关心。这样，下属们会因为自己得到了管理者的尊重而更加服从指挥，更加拥护管理者的决策，也会继续努力思考，主动为团队献计献策。

4. 拒绝突如其来的要求要婉转不要生硬

有些时候，管理者难免会遇到下属提出的一些突如其来的要求。这些要求合情合理，让人无法拒绝，可是由于形势所迫又不能立马批准，这时候领导万不可生硬拒绝，而应该把"不"说得婉转一些。

一天，作为某服装公司仓库部主管的冯凯就遇到了类似的事。那天下午，冯凯非常忙碌，可一个女职员突然要求请假，因为她家新房子的家具马上送达，自己必须回去验收。

　　面对这样的情况，如果冯凯断然拒绝会伤害到下属的感情；勉强同意又会影响公司的工作。这时，冯凯就拿出了沟通的本事，把不良后果降到最小。他这样对下属说："我知道，你们的新家具如果进不了门，放在外面会让人担心。所以，但凡有可能，我一定让你回家。可现在的问题是，我们的一个大客户待会要来拉一大批货物，这些事情需要你来负责。你是我的得力助手，应该明白我的苦衷吧。你看这样怎样，你现在先给家具公司打个电话，麻烦他们明天再送，那时候我们已经打发了客户，我保证会给你足够的时间来处理家里的事。"

　　女职员听领导这么一说，很痛快地答应了。

　　其实，这样说有三个好处：第一，下属明白了领导没有完全置自己的要求于不顾，确实认真考虑过了；第二，下属知道了领导不批给自己假的原因，公司确实有很重要的事，即使自己去验收家具了，心里也会惦记这边的工作；第三，从领导口里，下属听到"得力助手"几个字，肯定深受鼓舞。即使这个答复下属不能百分之百满意，也不会在心里结下疙瘩，相反会更加专心卖力地投入到工作中来。

# 五、指导员工要有道

## （一）进行有目的的指导

　　如果你认为只要你们双方齐心协力就一定会有更好的表现，你就可以对他进行指导，或者主动要求对他进行指导。通过指导，你可以帮助他人：

　　最大限度地发挥他们的个人优势（比如，提高分析技能）。

　　克服个人心理障碍（比如，解决他们在公共场合说话恐惧的问题）。

　　通过持续学习来发挥他们的最大潜能（比如，学习如何通过网络来进行商业研究）。

　　通过获得某种新技能或能力来提高工作效率（比如，培养更好地沟通技能）。

　　准备承担一些新的工作职责（比如，获得领导技能）。

　　自我管理（比如，想办法提高时间利用的效率）。

明确目标并朝着既定目标前进（比如，学会设定更加现实的目标）。

提高他们的工作满意度和工作积极性。

指导绝不仅仅只对被指导者有好处，它还会通过以一几种方式来支持你的团队以及你所在的公司：

改善管理者和直接下属之间的工作关系。

培养出一些更加高效的团队。

更有效地利用组织资源。

公司大概每季度或每年都要进行一次正式的目标设定和绩效考核，而指导则有所不同。一旦有必要或者时机成熟，就可以进行指导。有时，你会针对一些特殊情况精心安排几次正式的指导面谈，而大多数情况下，你都会通过面对面、打电话，或者发送电子邮件等形式来对你的直接下属和同事进行一些非正式的指导。

## （二）知道何时才是指导的最佳时机?

有时，管理者需要把注意力集中在个体上而非任务上。当你感觉到、看到或者听到你的直接下属：

无法完成他的本职工作时。

有些厌烦了日常工作时。

在团队内部制造摩擦时。

在完成某些任务的过程中总是错误不断时。

你就要开始考虑该如何帮助他。第一步是要了解具体情况、了解这个人以及他有哪些方面的技能，然后你们再共同想办法来使情况有所改善，来提高他的自我形象和个人技能。

### 仔细观察

只有通过仔细观察，你才能给被指导者提出更及时、更有见地、更加切实可行的建议，而且你向别人提建议的能力也会因此而得到提高。你可以从正式的（比如，和被指导者一起打销售电话）和非正式的（比如，在会议期间）两方面来观察一个人的举动。你可以试着通过以下两种方式来判断被指导者的举动有哪些优缺点：

1. 他的举动给他的同事造成了哪些影响?

2. 他的举动会对他实现自己目标的能力造成哪些影响？

在观察的过程中，你一定会对所发生的事情逐渐形成自己的推测，但千万不要过早地做出判断或假设。在观察的过程中要尽量做到客观。

然后再通过进一步观察来验证你的推测。必要时，你可以把问题拿出来和别人一起讨论，看看他们对这个问题有什么看法。最后，务必和被指导者一同来验证一下你的推测，并和他一起分享你所掌握的情况。

### 观察的过程

1. 提前准备一些问题。在观察一个人的举动时，你要能够回答如下问题：

他哪些方面做得好？哪些方面做得不好？你的回答应尽量做到准确，越准确越好。

他的举动会对实现团队目标或个人目标造成什么样的影响？

他的举动会对团队中的其他成员造成什么样的影响？

2. 避免做出草率的判断。在观察的过程中你要尽量做到中立、客观，所以你只需要就事论事，而不要一味地去找寻原因。

建议：指导员工是一个持续的过程，所以千万不要指望仅仅通过一次简单的指导谈话就能使问题得以成功解决。

# （三）如何培养指导技能

优秀的管理者会把指导技能看作是他们必须要掌握的全部技能之一。指导的重点在于为被指导者的发展提供合作和便利条件。要为指导营造一个相对比较舒服的氛围，只有在这样的氛围中双方才可能共同制订出一个行动计划。

若要成为最高效的指导者，你必须掌握以下几种技能：

主动倾听。

提出正确的问题。

让员工从心底里认同你的观点。

从指导者的角度出发提出反馈意见。

从指导者的角度出发接受反馈意见。

达成一致意见。

"之前我一直弄不明白为什么大家不太愿意接受我的意见。直到我开始学习指导员工的真正艺术时，我才非常痛苦地明白为什么大家会对我的好言相劝充耳不闻。因为在指导之前，对于他们在想什么、他们已经做了哪些尝试，以及他们最应该优先处理哪些事情，我几乎没作过任何调查。但凡经过一些调查研究，结果必定会大不相同。而现在的人都倾向于少听一些建议，他们希望某个有爱心的、注意力比较专注的指导者能够利用一些机会来研究一下他们本人的思想，而且这样的机会越多越好。"

——帕蒂·麦克马纳斯

建议：只有定期对员工进行指导才能更好地指导员工。找机会培养你的指导技能。

## 主动倾听

作为指导者，你需要对被指导者的感觉和动机感同身受，而唯有通过主动倾听，你才能真正做到这一点。主动倾听可以使双方沟通得更加顺畅，同时它还可以让别人感到很放松。除此之外，主动倾听还可以帮助双方明确他们刚刚说过的话，避免产生误解。作为主动倾听者，你需要通过下面这些指导原则来给予被指导者以百分之百的关注：

和被指导者保持眼神的交流。

通过微笑来使对方感到放松。

消除任何可能会分散你注意力的隐患。比如，在指导的过程中，不要接电话。如果有必要的话，你可以记一些笔记。

对象坐姿、胳膊的摆放姿势等肢体语言保持高度的敏感。他是紧张还是放松？

先倾听后作评价。

除非你要提出几个问题来明确你对一个问题的理解准确无误，或鼓励对方继续说下去，否则不要打断对方的话。

用你自己的话来重复一下你对对方刚刚说过的话的理解。

直到确认他说完了再对他所说的话做出反应。

## 提出问题

提问是一个很有价值的工具，它可以使你更好地理解对方的意思，明确他或她的观点。你的问题可以是开放式的，也可以是封闭式的，但这两种类型的问题会产生不同的效果。

注意下面提到的这个管理者是如何通过问开放式的问题来了解员工的真实想法、

主动倾听员工所说的话，以及确保彼此之间不存在理解上的偏差。

伊尔卡：冈萨洛，你认为项目进展得如何？

冈萨洛：相当不错！一切都在按预定计划进行。伊尔卡点了点头。

冈萨洛：只是时间有点儿紧，我们几乎没有任何余地。

伊尔卡：因为……

冈萨洛：因为詹娜离开后，她的位置一直空缺，没人来填补。

伊尔卡：因为你失去了一个帮手……

冈萨洛：所以如期交付项目的难度相当大。

伊尔卡：你的意思是说，你们可以如期交付项目，只不过有些难度，还是说你们几乎无法如期交付？

冈萨洛：嗯，我想我们可以如期交付项目，但项目也有可能会延期。

伊尔卡：也就是说，如果要确保如期交付项目……

冈萨洛：我们就得多些人手。

伊尔卡：也许我们可以考虑临时雇些人手。

建议：应该多问一些开放式问题，而大多数管理者都问得太少。

多问开放式问题。开放式问题既可以增强对方的参与意识，又有助于彼此之间的思想交流。开放式问题会让你：

更变通："倘若……会怎么样？"

更容易发现对方的态度或需要："你觉得到现在为止我们进展得如何？"

更容易分清事情的轻重缓急，使你的计划性更强：

"你认为整个项目中涉及哪几方面的重要问题？"

如果你想要更多地了解对方的真实动机和感受，那就请多问开放式问题。通过问开放式的问题，你可以发现被指导者的真情实感。反过来，为了能够让你更好地帮助对方，这种提问方式还可以帮助你形成更成熟、更系统的建议和想法。

慎用封闭式问题。封闭式问题的答案无非就是"是"或者"不是"。你可以用封闭式的问题来：

明确问题的答案："项目在按预定计划进行吗？"

确认对方说过的话："所以，最关键的问题是成本问题？"

## 让员工从心底里认同你的观点

高效的指导者不但懂得如何让被指导者欣然接受他们的想法和建议，而且还知道如何才能让他们及时做出回应，甚至愿意认真考虑这些想法和建议的真正价值。要让员工从心底里认同你的观点，这一点很重要。

主张：①为某种情况而争论。②为某种情况进行辩护。

根据你所看到的情况对当事人的具体问题进行描述。

陈述你对该问题的看法。

明确说出你观点背后所隐藏的真实想法，然后把你的一些经历拿出来与对方共同分享。

鼓励对方说出他的观点。

如果你们双方在沟通的过程中都注意使用询问及辩护策略，那你们之间的合作必定会非常成功。但过分依赖询问会使被指导者有所保留，从而故意隐瞒一些重要情况。相反，如果你过于为自己辩护，那会让对方感到很压抑，从而破坏了融洽的指导气氛。

## 从指导者的角度出发提出反馈意见

意见反馈与价值主张的不同之处就在于，前者是指你对某一具体举动或行为所做出的反应；而后者则是表明你在整个问题中的立场，以及要求对方做出改变的必要性。提出和接受反馈意见在管理领域中是非常重要的一个环节，在指导员工方面，它更是不可或缺的一个组成部分。无论你们是在确定存在的具体问题，还是在共同制订行动计划，抑或是在评价跟进工作，提出和接受反馈意见都会贯穿整个指导过程的始末。

在提出反馈意见时——无论反馈意见是正向的还是负向的——你都要尽量做到以下几点：

要注重具体的行为，而非性格、态度或人品。要客观地描述对方的具体行为，及其对整个项目和/或同事所造成的影响。不要使用武断的语言，因为这样的语言很容易使对方产生戒备心理。比如，不要说："你有点粗鲁，有点飞扬跋扈"，而要说："我注意到，在刚刚开完的三次会议中，每次你都有好几次打断弗雷德的话。"

要具体，不要概括。不要说："你的工作表现确实不错"，而要说："你在报告中所使用的幻灯片有助于使大家更好地理解你的意思。"

要真诚。你提出反馈意见的目的很明确，那就是帮助对方有所提高。

要现实。要把重点放在对方可控的那些因素上。

要在指导的过程中提早且经常性地提出反馈意见。相对于不经常提出反馈意见来说，在事情刚刚发生完就早早地提出反馈意见会收到更好的效果。

"优秀的指导者通常都有他们自己的指导之道。我清楚地记得有一次我及时收到一些敏锐的指导时的情形。不知怎么的，我与他人之间的沟通总是不那么顺畅，这时我的老板给我提出了一些反馈意见。因为她极富同情心，又很有爱心，而且她的表达又很清楚，所以我很容易就明白了她的意思，然后我就一直在不断反思我为什么会变成这样。很快我的沟通风格就发生了改变，也确实达到了我预期的效果。"

——帕蒂·麦克马纳斯

### 从指导者的角度出发接受反馈意见

作为指导者，你称职吗？对于这个问题，你一定要敞开心扉听取别人给你提出的反馈意见，不能抱有任何成见。如果指导者能够主动要求别人给他提出反馈意见，并慎重对待这些意见，那他就一定会知道如何才能更有效地提高他的管理风格，以及如何在团队内部成员之间建立起更大的信任感。为了提高你接受反馈意见的能力：

你要问更具体的问题。比如，"我说过的哪些话让你觉得我对你的建议不感兴趣？"或"我的建议对你具体起到了哪些帮助作用？"

在要求对方进一步说明他的意思时，尽量选择不让他产生戒备心理的方式。不要说"你说我好像对你的想法有敌意，你什么意思？"而要说"你能给我举个例子吗？"

既要愿意听正向的反馈意见，也要愿意听负向的反馈意见。

鼓励对方尽量避免使用充满强烈感情色彩的词。比如，"你总说我很顽固，请你举例说明我曾经做过的哪一件事让你觉得我不够变通？"

卸下戒备心理。如果对方要你解释你的行为是正当的，那你只需解释就是了，然后你再告诉对方你已经对你所收到的全部反馈意见进行了有效的处理。

向那个愿意与你共同分享反馈意见的人——无论是正向的反馈意见，还是负向的反馈意见——表示感谢。

# 六、做好激励分子，而非啦啦队队长

## （一）多维度立体式的激励工作

世界第一CEO杰克·韦尔奇说："我的经营理论是要让每个人都能感觉到自己的贡献，这种贡献看得见，摸得着，还能数得清。"因此，激励的方式应该是立体式的，要照顾到方方面面的员工。

作为全球著名的日化企业，宝洁公司的即时激励措施非常完善。它既有荣誉激励，如邀请员工参加各种决策、荣誉称号评选，书面、口头和大会表扬等，也有提升工资，给予住房、股票等物质激励。

此外，公司还设立了一个25%的员工都可以获得的特殊奖励。在获得该奖励后，员工的上级经理就会根据员工的喜好给予奖励。例如，喜欢看戏的员工会获得戏票；喜欢美食的员工会得到出去大吃一顿、回来报销的奖赏等。这项既充满个性又非常人性化的奖励，使员工直接感受到了公司领导者对自己的贴身关注，拉近了员工和公司的距离。

著名的思科公司也非常重视企业的激励模式。在设置薪酬时，思科会进行全面的市场调查，确定员工的底薪不是业界最低的。这样，既不会造成企业运营成本过高，也不会因低于行业标准而影响员工的积极性。

在思科里，调动员工更大积极性的是它丰富多样的奖金，思科希望员工的收入能够与其业绩挂钩，于是他们以奖金来激励员工。思科的薪酬设置大约分为3部分：销售奖金（销售人员）、公司整体业绩奖金（非销售人员）、期权（全体员工）。

思科还设有名为"CAP"的现金奖励，金额从250~1000美元不等。一个具有杰出贡献的思科员工，可以由提名来争取奖励。一旦确认，这名员工就可以及时拿到这笔现金奖励。另外，每季度的部门最佳员工都会有国内旅游的机会。

激励员工贡献的方式有很多种，管理者可以在每天工作结束前花上一分钟的时间写个便条，对表现好的员工表示称赞；也可以通过走动式管理的方式观察员工，对表现好的员工及时进行鼓励；或者抽空和员工一起吃个午餐、喝杯咖啡。只要管理者多

思科总部

花一些心力，员工就能从中得到莫大的鼓舞和安慰，从而使工作业绩大幅上升。

当员工完成了某项工作时，最需要得到的是上司对其工作的及时肯定。所以，作为领导，不要吝啬你的信任和赞誉，尤其是在公共场合。即时激励会使你的部下点石成金，随时处于亢奋状态，做起事来事半功倍。

## （二）员工小宇宙爆发的通道

创意和革新来自日复一日地努力工作；如果员工对自己从事的工作没有热情的话，创意和革新就绝对不可能出现。员工的热情可以直接作用到工作上，热情越高，工作效率越高，工作结果越理想；反之，则影响工作的顺利完成，甚至影响企业的正常运转。如何提高员工的工作热情，是摆在每个人力资源总监面前的大问题。

我们注意到，当员工在工作时间充满热情时，客户就可以获得好处，原因就在于他们可以与具有高度工作积极性和热情的人进行合作。员工们自身也获得了好处，因为正在进行的工作让他们兴奋不已。

哈佛商学院教授特蕾莎·阿马比尔和作家史蒂文·克雷默经过十几年的努力，深入研究了上万条创意性项目团队成员的工作日志。他在此基础上揭示了其中的奥秘："每天在有意义的工作中取得进展的这种成就感，是激励员工的关键。"因此，领导者如果把管理重点放在工作进展和员工热情管理上，更容易让员工有成就感，提高组织的绩效。

下面几条是笔者在多年的工作中发现的，可以给予、激发或者重新激发员工工作热情的方法。

第一，合理利用激励机制。

纵观弗洛姆的期望理论和波特的综合激励理论，我们不难发现员工工作努力程度的大小，取决于员工对奖酬价值的主观评价，以及对努力与绩效关系、绩效与奖酬关系的感知情况。一个员工的绩效是由许多复杂因素综合作用的结果，但其中激励机制的有效性是最重要的因素。

1. 员工是否相信他们的努力，可以反映到绩效评估中去并为他们带来高报酬。

对于有些员工来说，答案是否定的。原因可能是他们缺少必要的技能，这意味着不管他们多么努力，绩效也不可能很高；或者评估系统的标准是非绩效因素，如忠诚度等，那么他们努力再多也不一定能得到更高的评价。还有一种可能就是员工认为经理不喜欢自己。因此，他觉得不管自己的努力程度如何，在绩效评价上都不会得到高分。这些现象表明，员工激励程度低的一种原因是员工认为自己的努力不会得到回报。

作为一个团队的领导者，很多事情可能是你无能为力的，但你还是可以营造一个相对不错的小环境。比如，员工虽不指望自己的顶头上司对公司的整体奖励制度、文化、岗位设计或管理体制施加重大的影响，但这位顶头上司可以在表彰、认可和任务的选派上，把奖励与员工的表现挂钩。

2. 员工得到的报酬是否是他们希望得到的。

一个员工努力工作，希望得到晋升，结果得到的是加薪；或者一个员工希望能做更有乐趣和挑战性的工作，却只得到了几句表扬的话语。在这两种情况下，员工的激励都只能达到局部最优化。这些例子说明，将报酬个别化以适应不同员工的需要是非常重要的。但是，很多管理者错误地认为，所有的员工有着相同的需求，因而忽视了差异化报酬手段的激励性效果。因此，公司对于不同需求的员工，需要采取个性化的激励手段。

第二，塑造人性的企业文化。

企业文化往往影响到员工对企业的认同和忠诚。一名员工如果不认同、甚至反感其所在企业的文化，那么，他无论如何也不会燃起热情。好的企业文化多种多样，其形式、内涵、表述不一而足，但有一点是共通的，那就是以人为本，把员工当作家人去尊重。

1. 在招聘新员工时，一定要询问他们会对什么产生热情，以及在为公司工作时，怎样才能保持热情。

2. 为热情提供可以扎根和成长的时间。

在工作时间表上，所有的员工每年都被要求参加至少九小时的"创意课程"。这种安排是让员工将时间花费在感兴趣的事情上，让他们保持热情，并且保证创新会源源不断地发生。

3. 向与本职工作无关的热情提供支持。

对于某些员工来说，家庭是热情的来源。因此，你可以让他们选择在家里工作，或者采用弹性工作模式。

4. 放松。

对于员工来说，在工作时间保持对所有事情都一直充满热情，是非常困难的。因此，花费时间去重新调整显得至关重要。在下午，参与自发组织的品尝免费鸡尾酒和特色小吃的聚会，就是不错的休息方式。就像任何其他类型的公司价值观一样，在过节的时候或在赢得一家大客户的情况下，又或者已经到了星期五的时候，也需要时间和精力来保证热情的继续成长。

总之，当我们能保证每一个员工都能将自己的热情释放的时候，他们就像小宇宙爆发一样，将会产生巨大的能量，进而创造出更多的业绩。

## （三）清楚员工期待的认可方式

Globoforce 公司创始人兼首席执行官艾里克·莫斯里说："真正有效的是那些你也许不会考虑的东西，如果是意想不到的小奖励，即便是高收入者也会表示感激。"

在波士顿一家营业收入 8000 万美元、名叫 Globoforce 的咨询公司的专家帮助下，财捷公司发现，认可员工良好业绩表现的标准方法，如只针对高层管理人员的奖金、新职称和高额季度奖等，并不能十分有效地激励一般员工。

财捷公司人力资源部副总裁吉姆·格雷尼尔说，自从他们公司改变了奖励办法，员工对认可他们工作业绩的满意度提高了 4 个百分点。他说，"我还从未见过比这更大的奖金能够产生如此大的反响。"那么，哪种认可方式是员工最期望的呢？

1. 分享财富。

80%～90%的公司员工应该每年得到一些奖励。"许多公司会担心，这样做听起来好像有一种'每个人都是赢家'的感觉。"但这种认可是必要的。

2. 小奖金胜于大奖金。

平均奖金额应该只是 110 美元。再小的奖金额似乎可能没有什么意义，但 Globoforce 公司发现，再大的奖金额也没有对员工起到更好的激励作用。莫斯里说，"亿万富翁也会重视他母亲送的圣诞节毛衫礼物。"

3. 每周而不是每季度奖励。

5%的员工每周应该得到奖励。如果发放频率超过一周，人们会忘记这个奖励计划。"许多员工通常说，他们更情愿的是加薪，而不是一次性的奖励。"持续的小额奖励是不断激励员工的一种方法。这样，他们会为下一次奖励而更努力工作。

4. 非正式认可。

领导者给予员工非正式认可，要选择适当的时机，这很重要。对于员工表现的肯定和赞扬，越及时，越明确，他们就越有动力像以前一样努力工作。

对于员工的认可，必须基于员工的工作表现，这样才能最有效地调动员工的积极性。领导者认可员工，需要采取多种方式，有的放矢，心诚意切。不要反复使用某种奖励方式，否则，效果就会越来越差。

例如：许多公司都在周五的时候为员工准备面包圈，或者在员工生日的时候，送给他们生日贺卡，不知不觉公司就形成了一种企业文化。而这些就变成了员工理应享受的某种权利，从而失去了激励的意义。

5. 经常与手下员工保持联系。

学者格拉曼认为：跟你闲聊，我投入的是最宝贵的资产——时间，这表明我很关心你的工作。

6. 洋溢社区般的气息。

这就说明公司已尽心竭力要建立一种人人欲为之效力的组织结构。背后打报告，窝里斗、士气低落会使最有成功欲的人也变得死气沉沉。

7. 菜单式奖励计划。

林肯公司（Lincoln National）是费城一家金融服务公司。这家公司实行了一种新的长期奖励计划，用以替代过去的员工股票期权计划。这项新的奖励计划是菜单式的，内容包括一系列可变奖金，员工可以从中选择自己希望的奖励形式。

斯坦福大学组织行为学专家哈雅格列耶娃·拉奥（Hayagreeva Rao）认为，虽然这些激励办法也许与人们的直觉相反，但 Globoforce 公司的看法还是有道理的。拉奥教授正在研究激励"果汁"是否就是一种多巴胺的物质，它被出人意料的良好结果所激活。在一项研究中，拉奥的研究小组给三组人出了三道智力测验题。第一小组在解完一道题后，每个成员马上得到 1 美元；第二小组的成员知道在解完每一道题后，会得到 1 美元，但不知道什么时候得到；第三小组只知道小组成员会随机性地被奖励，然而也完成了绝大部分的测试题。"真正打动人的是令人意外的因素，而不是奖励的大小。"拉奥说。

在一定程度上，上面这些方法都是对员工的一种认可，也能起到一定的激励作用，管理者可以因人而异地加以利用。

## （四）以晋升来激励精英人才

人才是企业的资本，如果领导者能够善于利用员工对工作的热情，并且适时给予训练和晋升，那么即使是庸碌之才也有可能被造就成才。在日本，就有很多企业家因为被领导者适时提拔而跃居重要岗位，然后使自己的才华充分施展出来，把企业推向新的高峰。

一般来说，获得晋升的人没有不欣喜若狂的。但有许多人常因难以适应突如其来的擢升，而感受到无法承担的重大压力。所以，管理者也应先了解被晋升者是否有能力突破承受压力的时期。

为了确认被晋升者的心态，某位心理学家制定了一项心理测验。首先，让两个人共同办理一件事情，在事情完成后，给予其中一个大幅度晋升，而仅给另一个少许的报酬。尽管做同样的工作，却故意出现待遇的差别。

在实验的最初阶段，很多人都会猜测得到晋升的人不但自觉"不踏实、有罪恶感"，而且对于管理者会有不良的评价。但是，进一步由测谎器的实验结果发现，得到晋升的人，不仅没有罪恶感，反而有强烈的愿效力于管理者的心态。

总之，人们虽然在心理上对获得晋升有不平衡的感觉，但是，实际上却为自己能受到上司较高的肯定而产生满足感，甚至对管理者抱有良好的评价。因此，管理者适度地给予员工晋升可以得到他们的向心力。也就是说，管理者给员工一个晋升的机会，不仅能够满足对方的自尊心，同时也能获得对方的尊重和爱戴。

所以，管理者应经常提拔人才。得到利益的人由于找到了依靠之处，会肯定自我，就会逐渐发挥潜力，努力效命于知遇者。

世界著名的施乐公司每年都保持很高的销售业绩，除了以质取胜之外，在很大程度依赖于他们给员工注入的最佳动力——晋升。

施乐公司晋升的标准是将员工分为三类：一类是工作模范；另一类是能胜任工作的；还有一类是监督工作的。凡是被提升到公司最高层前50个领导岗位上的人，都必须完全是工作的典范，积极投入到质量管理中去；而要想成为较低层次上的经理的一类员工，则起码必须能胜任工作；至于需要别人督促工作的那一类员工则根本不可能被提升。这样，表现良好的员工就会感到自己能迅速得到提拔，于是他们会以更高的热情投入工作中。

施乐公司的销售人员谢尔比·卡特就是这样一名员工。最初是一名推销人员，工作积极肯干并善于动脑筋。他每天不停地在外面奔波销售，他的妻子总是在他的车里放上一大罐柠檬，这样他可以吃上一整天，而不必吃午饭。

卡特以自己的聪明和勤奋为公司销售了大量的产品，于是他得到了逐步提拔，最终被提升为全国销售经理。事实证明，他的确是个称职的管理者。卡特最喜欢做的事情，就是将镶在饰板上的长猎刀奖给那些真正表现杰出的员工。这些猎刀代表着一种晋升神话，得到它比得到奖金更有意义。得到奖励的员工会把猎刀挂在办公室的墙上，所以在施乐公司的办公室里人们常常会看到这些猎刀。

由于晋升的机会把握在自己的手中，所以施乐的员工充满着热情和干劲。即使在街道上散步，他们也会观察两旁的建筑群，思考如何使每一幢建筑里的住户都成为施乐复印机的用户。

就是这样充满趣味的竞争使每一个员工都竭尽全力为公司去打拼，每一个施乐的员工都深爱着自己的公司。因为公正的晋升制度使他们看到了自己的辛勤劳动和付出是值得的，所以他们认为在这里确实可以实现自己的梦想。

千万不能总让员工原地踏步，特别是对那些能干的员工，应该更信任他们，适时提拔他们。如果对他们总是半信半疑、不放心，他们就会感觉你不信任他们，怀疑他们的能力，那么他们还能尽心竭力地工作吗？

每个人在某个岗位上，都有一个最佳状态时期。有学者提出了人的能力饱和曲线问题，作为管理者，要经常加强"台阶"考察，研究员工在能力饱和曲线上发展到了哪个位置。

一方面，对在现有"台阶"上已经锻炼成熟的员工，管理者要让他们承担难度更大的工作或及时提拔到上级"台阶"上来，为他们提供新的用武之地；对一些特别优秀的员工，要采取"小步快跑"和破格提拔的形式使他们施展才干。

另一方面，经过一段时间的实践后，那些不适应现有"台阶"锻炼的员工要及时调整到下一级"台阶"去"补课"。如果管理者在"台阶"问题上，总是分不清谁优秀谁不称职，不能及时提升那些出色的员工，必然会埋没甚至摧残人才。如果该提升的没有得到提升，不该提升的却提升了，那将为企业带来很大的损失。

对于提拔自己的人，没有谁会不怀感激之心，因此，管理者若是能够将一个出色的员工提拔到重要的岗位上，必然使他的自尊心得到满足并体会到自己的重要性；也必然会对赏识他的主管心存好感，积极配合主管的工作。这样，人力资源管理必然会进行得很顺利。

因此，管理者一定要关心员工的成长，对他们的工作多鼓励、多支持，并及时给予肯定，使能力突出的人到更合适的位置上大胆发挥自己的长处，从而大大提升人才的使用价值。

## （五）奖励优先者，刺激追随者，淘汰平庸者

成绩卓著的企业显然更善于奖励领先者，从而使领先者在团队内部成为大家学习的榜样和目标。"我们喜欢榜样的力量，因此会寻找一些榜样性质的领导者。"GE 亚洲首席教育官说，"他们的特点是：具有远见、鼓舞人的能力。这些才是（领导者）真正需要传承的，就是榜样精神。""榜样精神"是 GE 在继任者身上寻找的核心基因。在此之后，GE 就是想方设法帮助榜样去放大优点，从而引起团队内部其他成员的关注和学习。

GE 释放榜样优点的最主要的方式就是奖励领先者。他们成功地采用了绩效测控的方法，在 GE 的年度考核当中，管理层会针对本年度业绩优秀，以及那些为其他员工做出榜样的员工进行二度考核。他们提出的问题多是针对个人素质提升和自我管理的，其中的三大经典问题几乎囊括了对于一个人才是否优秀、自信的全部定义：你的优势是什么？你的成就是什么？你还有哪些需要改进的地方？而在此之后，对于高层颇为满意的一批人，GE 会毫不吝啬地对他们进行奖励，包括增加薪酬及分配予诱人的股票、期权。

对于优秀的员工而言，他们更看重去克劳顿管理学院进修的机会这个奖励。从这个学院出来，就意味着在公司可能要承担更为重要的职责。美国《财富》周刊评价 GE 的企业大学（克劳顿管理学院）为"美国企业界的哈佛"。每年在克劳顿村培训的高级管理层占 GE 总领导级别人数的 10%，培训是针对管理者之中的高潜质人群所进行的。对于所有的员工而言，通往管理学院的道路只有一条：学习榜样，认真工作，业绩优良，从而实现超越榜样，成为团队内最为优秀的人，以此来敲开管理学院的大门。

与奖励领先者相辅相成的是，针对公司内部的平庸者，管理者一定要采用刺激的手段。因为平庸的员工从来不会有大的危机感。管理者应该想方设法为员工创造"危机"，让他们"动"起来。美国旅行者公司首席执行官罗伯特·薄豪蒙说："我总是相信，如果你的企业没有危机，你要想办法制造一个危机，因为你需要一个激励点来集中每一个员工的注意力。""危机"的出现可以刺激员工尝试运用自己工作的新思路，满足个人抱负。

如果员工的状态始终处在平庸之中，任何事情对他来说都平淡无奇，没有什么问题的，那么他的工作兴趣自然不会高涨，更谈不上什么积极性和创造性了。"危机刺激"犹如一个人在森林中被猛兽追赶，他必须以超出平日百倍的速度向前奔跑。对他来说，后面是死的危险，而前方则是生的机会。"危机"作为一种压力，将促使人们利用他们全部的积极性和创造性解决管理者交给他们的问题。而且，随着其处理复杂事物的能力的提高，给他们更多的自信，鞭策他们不断地发挥积极性做好工作。事实上，人们常在承受着"危机"的巨大压力下获得成功。

公司还有一部分人，他们是公司的累赘，他们用极其低下的工作效率拖住公司发展的步伐。虽然任何比较和排名都是相对的，但是他们的确是团队中最不优秀的一部分人。这时，管理者唯一要做的就是淘汰他们。

末尾淘汰制的理念是哈佛很多管理者比较认可的。管理者在淘汰员工时应注意的问题有：准备充分，有理有据；尽量保留其自尊心；为员工留有余地，不宜全盘否定员工；一次不宜淘汰太多员工；最大可能地保障员工的各项权益。

## （六）激励方式是需要变化的

美国哈佛大学教授威廉·詹姆斯通过研究发现，在缺乏激励的环境里，员工的潜力只发挥了五分之一；而在良好的激励环境中，同样的员工可以发挥出其潜力的五分之四甚至全部。可是很多企业的激励机制都没有成效，这是因为他们没有及时地改变激励的方式。实际上，不同的发展阶段激励方式也有所不同，所以不能墨守成规。

柯达公司是一家在纽约证券交易所挂牌的上市公司，也是世界上最大的影像产品及相关服务的生产和供应商，总部位于美国纽约州罗切斯特市。它的业务遍布150多个国家和地区，全球约有员工8万人。柯达的成功很大一部分来源于它对员工的激励之道。

论绩嘉奖是柯达日常工作中不可分割的一部分。柯达公司的核心价值观的第六条"论绩嘉奖"明确指出：要在各种公开场合、利用各种机会为员工所取得的成绩欢呼鼓舞，向所有为柯达做出贡献的员工、团队等表示祝贺。柯达公司亚太区主席安瑞认为，一个企业要想成功，员工首先要富有激情。当员工对他所从事的事业满怀激情时，就会产生无穷的创造力，而作为管理者，就要为员工创造这样的氛围。

俗话说"水不激不跃，人不激不奋"——为了激励员工获取更大的成功，柯达采取了多种手段来激励自己的员工。

首先，柯达给员工提供最直观的、丰厚的薪资奖励，各种福利、奖励一应俱全，并根据员工的业绩表现，灵活地进行调整。

其次，柯达公司会给员工写感谢信、召开嘉奖会。每当员工取得工作上的成就，做出业绩时，柯达会及时给员工发一封感谢信。柯达也会及时地通过嘉奖会的形式对员工出色的表现予以肯定，激励员工继续取得更大的进步。

再次，当柯达高层领导人来访时，公司会安排业绩突出的员工和公司领导人共进午餐。这不但为员工接触高层领导提供了好机会，更是对出色员工的肯定与激励，使他们在众人羡慕的眼光里更懂得努力工作、积极进取。

最后，对于在柯达重大的工程、项目、事件等方面做出突出贡献的员工，柯达会给予其经济和精神上的特殊嘉奖，让员工倍感自己在公司的重要性。在这些奖赏措施的激励下，每一名柯达员工都干劲十足，柯达公司也在欣欣向荣的稳步发展中前进。

联想集团董事长柳传志在谈到员工激励时说：无论是经理班子成员、中层管理人员，还是流水线上的雇员，我们对每个群体都有不同的期望，他们也各自需要不同的激励方式。经理班子需要主人翁意识，我们给他们分配股份。中层管理人员希望升职，我们给他们确立了很高的标准，并允许他们自己决策、执行。如果他们表现出色，就会得到相应的回报。流水线上的工人需要稳定感，如果他们工作认真勤勉，就可以提前得到制定的奖金。

综上，激励是需要变化的。如果发展阶段不同，那么激励方式也应有所不同，不能墨守成规。

## （七）建立有效的薪酬制度

很长一段时间，员工薪酬和奖金计划被认为是激励员工的最佳途径。在有些地方钱成为一种避免利用其他激励因素的逃避方式。谁都能随口说出"多做点，我会多付你钱"这话。

但是随着社会经济的发展，很多公司都逐渐发现，金钱这种传统的单一激励手段，在实施过程中受到了诸多因素的制约。

人的欲望是无穷的，企业有限的物质资源永远无法满足员工的无限需求。同时，当员工所得到的物质财富达到一定水平时，受"边际效用递减规律"的影响，如果继续增加所分配的物质财富的数量，对员工的激励作用将不再突出。

我经常告诫企业的管理者，公司的薪酬激励计划也可能对员工毫无作用，甚至产生相反的结果。我写过《奖励是罪》一书，在书中，我本人反对一味地利用金钱激励员工。用金钱诱使员工提高业绩，纯属浪费且不利于提高生产率，不能用于致力提供质优产品或服务的企业。

钱最多能避免一些问题的出现，但这并不意味着，我们应该不惜时间和资源为企业买来高质量，或用钱鼓励个人努力工作。但是，金钱往往起不到激励作用，这种观念也存在很深刻的问题。显然，如果把你的工资减半，你肯定怒火万丈。

尽管薪酬激励存在一些弊端，但这并不等于说我们就可以忽视薪酬激励。对下面四种类型的人而言，薪酬激励可能是一种相当不错的选择：

雅皮士：他们的收入尚未能支持他们实现理想的生活方式，希望钱多多益善；

拼命往上者：这些人以前很穷，现在正打算买地产，或第一次拥有余钱，他们感到钱相当具有魅力；

赚钱狂：这些人生活的全部意义就是赚钱；

追求成就者：这些人把成就看得比什么都重要，这种成就包括与自身价值相当的收入。

所以，薪酬设计要以组织战略、组织结构、职位体系为基础，要考虑内部一致性和外部竞争力。从公司战略出发，为公司取得竞争优势提供支持，吸纳、维系和激励优秀员工是现代人力资源管理的战略性任务。具体做法是：

1. 确立与企业发展相适应的薪酬策略

为建立与公司现状相适应并能推动公司持续发展的收入分配机制，体现岗酬结合、技酬结合、劳酬结合，形成责权利相结合、工效紧密挂钩的薪酬分配体系，实现个人利益与企业长远发展的有机统一，最大限度地调动员工积极性，增强企业竞争力，2000年10月，公司对薪酬分配制度改革进行了系统规划，确立了薪酬制度改革的方向、目标和原则。公司薪酬制度改革的目标是以市场、行业差别确定工资差别和标准，并根据企业经济效益，以员工岗位为对象，以点数为标准，按照员工个人的实际能力确定点数，以单位经济效益获取的工资定点值，确定劳动报酬的一种弹性等级薪点工资分配制度，克服现行工资制按固定数额支付工资等不足，使企业的工资分配与市场对企业工资的决定机制相适应。薪酬制度改革遵循四大原则：公平、客观分配的原则；在职业劳动力市场保持优势的原则；依责、依绩分配的原则；有效激励的原则，根据员工业绩评估周期，把员工的薪酬与当前业绩和未来发展紧密联系的原则。

2. 深入开展职务调查和工作分析，优化组织职能

公司成立了以总经理为组长的工作分析领导小组和工作分析小组，开展了高管及一线操作工以外人员248个职位的职务调查和工作写实分析，对职位、部门职能、组织机构进行了重新理顺、全面整合，减少5个岗位，优化职能8项，杜绝了职能交叉、职责不清的现象，加速了信息流传，提高了人力资源利用效率和管理绩效。

3. 科学设定职位要素，合理确定薪酬水平

确定在市场竞争环境中具有高竞争力的、与公司业绩相适应的薪酬水平，以市场变化和公司业绩变化来调整薪酬点值，将员工的短期利益、中期利益与长远利益有效地结合起来。

4. 推行新型薪酬制度，增强企业竞争力

公司确定的新型薪酬制度，充分考虑了企业的发展战略，保证公司战略的实现。新型薪酬制度，以岗位设置为基础，按各类人员对公司经营发展的作用、贡献不同，分层次确定薪酬分配侧重点，加大了核心层、管理层的分配力度，向科研、营销、技术岗位倾斜，合理确定普通层员工的收入水平。高中层实行年薪制，考核年薪、效益年薪与公司年度目标完成情况、工作业绩挂钩，增强了高中层管理人员的风险责任，

提高了企业防御风险能力。一般员工实行等级工资制，划分主管、技术、营销、文秘、生产、工勤六个系列，合理拉开工资差距，结构组成灵活，易于操作，易岗易薪，能升能降，同工同酬，这种科学的阶梯工资形式、弹性工资分配制度，充分体现了员工对公司发展的重要价值和作用。

如何薪酬激励不合理，他就会是把双刃剑，既有其积极的一面，又有消极的一面，作为管理者要尽量发挥其积极的一面，避免其消极的一面，并设法找到激活员工积极性的非物质因素。

## （八）"地位"可有效调动员工热情

无论何时何地，人们都希望有自己的地位。让那些优秀的员工担任重一些的责任，哪怕只是个小主管，他也会觉得已确立了自己的地位，干劲就会十足。

有许多级别较低的员工，虽然他们很优秀，但却很少考虑工作的整体，觉得想休息就不去上班；而一旦职位提升，反而会认为"工作第一"。许多基层员工总是对上司抱有敌对心理；而一旦赋予他某种责任，他反而会改变态度，热心督促属下工作。

当然，有时并没有那么多的职位可供安排，故只有退而求其次，可让他当个指导者，指导后进人员，或者干脆建立责任制度。比如，向来不管家中财务的人，一旦叫他管理财产，他反而会收敛贪玩个性，一改常态，专心负起重任来。人无论是在家中还是组织内，只要在团体中确立了地位，就会觉得责任感加重，有奋发向上的意念。

你也可对工作满一年以上的员工说："你们现在已是企业的中坚分子，工作纯熟，因此我需要你们来指导新员工。要知道，这是一项很重的工作，希望你们好好地干。"这些人一旦担任指导者，清楚了自己的地位，工作起来就格外有热情。

由此看来，让员工确立位置并非一定要赋予某种实实在在的地位。只要在感觉上，让他感到有人依赖他、信任他，使他感觉自己俨然是位经验老到的人，就可以使其自认已确立地位了。也就是说，只要让他专门负责某件事，使其独当一面，就会达到这种效果。

30个不同行业的工会的倡导者、美国劳工协会的缔造者塞缪尔·冈珀斯，他在刚刚开始开展工作时，感觉十分艰难。工人们大部分都是毫无组织的，而当时他既没有钱，又得不到足够的外界帮助。

有一天，他灵机一动想出了一个计划。他自己创造设立了一个"民间委任状"，授予那些愿意组织工会的人。在一年中，以这种方式被委任的人就有80人之多。美国劳工协会会员的数目从此开始激增。

没有人能比拿破仑更清楚"地位"的价值了，也没有人比他更能明了人类对于这种极具诱惑力的东西的渴望是多么迫切。为了使那些拥护他的人都能牢固地团结在他新创的帝位之下，拿破仑对赏赐毫不吝惜，创立并封赐了许多崇高的头衔和荣誉。他创制了一种勋章，并且立刻将1500个以上的十字勋章授予他的臣民；他重新启用了法兰西陆军上将的官衔，将这一高位封赠给了18位将官；同时给优异的士兵授予"大军"的光荣头衔。很多头衔尽管是虚的，但它们仍然具有非常特殊的功效。

地位不仅仅是一份更诱人的薪水和一张更宽阔的办公桌，为了地位，很多人也不会在乎为了工作而长期加班。地位表明的是一种认可，一种身份。身份变迁，直接关系一个人的荣辱兴衰，决定着其积极性的涨落。当一个职业经理人被邀请参加只有经理人才能参加的俱乐部时，他体会到比获得薪水还要开心的感觉；当一个管理者成功地率领团队取得了公司销售竞赛的第一名时，他的奖金不一定比某些金牌销售员高，但他却感受到管理者的荣耀。

正如我刚刚提到的，地位当然不仅仅是职位，地位应该是一种认可，是一种荣誉和一种尊敬，是一种满足与责任。

事实证明，象征地位的头衔即使没有实在的权力，也能鼓励人们更加努力地工作，也能赢得人们的忠心和热诚。

给个头衔，给个位置，对人的影响是非常大的。这个小小的"授权"技巧，能给你的工作带来很大的动力，其作用是不可小视的。

## （九）以工作业绩为提拔员工的标准

恰当、有效的激励机制，是提高员工积极性、促进企业工作效率提高的手段之一。给员工以晋升的机会，就是其中一个不可或缺的激励因素。它带给员工的不仅仅是一份更得体的薪水和一张更宽阔的办公桌。它同时还表明了一种认可、一种身份、一种荣誉和尊敬，它为员工带来的是满足与责任。因此，提升在任何时候都具有强大的激励力和凝聚力。它使人自信，主动追求卓越；使人充分发挥潜在的能力，处于持续不断的发展过程中。

但若按资历提拔不但不能鼓励员工争创佳绩，反而会养成他们坐等观望的态度。

这会降低晋升的激励作用，甚至产生负面效应，打击员工的工作士气。最好的方法是"通过衡量员工的业绩去任用"。事实表明，用员工的个人成就决定员工的提拔升迁，将会更有效地激励员工，培养员工向优秀员工看齐的企业精神。

"业绩决定晋升"，固然会给员工带来一定的工作压力，但重要的是它把握在员工的手中。拥有了晋升主动权的员工可以直观地看到自己努力与进步的轨道，让他们深切感受到赢得胜利的激动。这一切均可产生强大的激励力，促使员工更加努力地工作，使劳动生产率达到最大化。

在美国施乐公司，为了促使员工努力工作，管理者在"提升员工"上狠下功夫。他们首先根据员工为公司创造利润的多少，将员工分为三类：工作模范、能胜任工作和需要督促工作的员工。员工要想被提升到公司最高层的领导岗位上，首先必须让自己的业绩达到工作模范的标准。而要想成为较低层次上的管理者，最起码要达到能胜任工作的底线。至于需要别人督促工作的那一类员工，则根本得不到提升的机会。施乐公司通过这种机制让每个员工明白："只要你能不断地创造更好的业绩，永远将有更高的职位等着你。反之亦然。"

比尔·卡特就是"业绩决定晋升"的受益者。初进施乐公司时，他只是一名普通的推销人员，但他工作积极勤奋并善于思考。为了推销更多的产品，他让妻子在他的车里放上一大罐柠檬汁和一些面包，这样他可以一天不停地在外面奔跑销售，而不必回家吃饭。卡特有自己的推销策略。他认为，裤子右口袋处常有磨损的推销人员绝不可能取得成功。因为这说明他在同客户握手之前，总要在裤子上将手中的汗擦掉，这是缺乏自信的表现。而推销人员要想成功必须具备自信。

卡特靠自己超人的智慧和吃苦耐劳的精神，为公司销售了大量的产品，销售业绩一度高居公司榜首。为了鼓励卡特再接再厉，获得更好的成绩，公司将他提拔为销售部经理。迅速地提升，使卡特对工作充满了更大的热情和干劲。即使在街道上散步，他也会观察两旁的建筑群，思考如何使每一幢建筑里的公司，都成为施乐复印机的用户。于是他一再被提拔，最终被提升为负责全国销售业务的经理。事实证明，"以业绩决定晋升"，是留住优秀员工，让人才为公司效力的最大原动力。

因为人才在工作中不只满足于工作本身，更强调自我价值的实现。这个道理虽然简单明了，可是许多管理者往往做不到。重要的是他们常跟着感觉走，被表面的现象所蒙蔽，以致失去了判断力。在很多时候，他们提升一个人，是因为这个人与自己投脾气。

若管理者是快刀斩乱麻的人，他就愿意提升那些干脆利落的员工；若管理者是个十分稳当、凡事慢三拍的人，就乐意提升性格优柔寡断、小心谨慎的员工；管理者若爱出风头、讲排场，就不喜欢那些踏实做事的人；这些都是晋升的误区。另外，在现实工作中常存在着这样一种现象：管理者在刚开始的时候，会给予他喜欢的人才一定的发展空间。

一段时间过后，被雇用的人才掌握了大量的工作经验，轻而易举地就能把工作做好。这时，他的工作能力与现有的位置已极不相称，晋升是解决这个问题的有效手段，通过晋升可以把人才的创造力长久地保持。可惜的是，很多管理者常常忽视了这一现象的存在。结果人才因能力被束缚而备受压抑，工作热情逐渐降低，失去了原有的生气和活力。

弗兰克是一家跨国集团的副总裁。在一次到加州分公司视察时，弗兰克发现那里的销售经理科尔曼是个难得的人才，立即将他调到总部，担任总部销售科经理助理。弗兰克知道，以科尔曼的才华来讲，这个位置有点大材小用。他打算让科尔曼先熟悉一下总部的销售工作，然后再另行安排工作。没想到一个月后，弗兰克被调任到某亚洲大国的分部，全权负责那里的工作。弗兰克在那里一干就是五年。五年后，弗兰克再次回到总部。他记起自己一度赏识的科尔曼，心想："他现在应该成为某分公司的负责人了吧？"

但一切出乎预料，站在弗兰克面前的科尔曼，已不再是充满激情和活力的年轻人，他变得愤世嫉俗，固执，目中空洞无物。弗兰克难过极了，怎么会这样呢？原来，科尔曼到总部后，很快就展示出他过人的才华，把经理助理的工作干得近乎完美，后来甚至全盘接管了经理的工作，他的上级深感离不开他，丝毫没有让他调走的想法。科尔曼只好停留在经理助理的位置上，多次晋升的机会与他擦肩而过。最初科尔曼没有什么想法，但随着时间的推移，科尔曼对前途失去了信心，对工作也不再认真对待。

从某种程度上讲，如果企业不能为员工提供足够的升迁机会，多半是因为企业整体或某些部门停滞不前的缘故。这时企业必须下定决心采取行动，设计一定的级别和头衔并创造出足够的层次，或者采用"优胜劣汰"等方法腾出位子，以便能让有能力的员工一次又一次地提升。

微软内部晋升的竞争激烈而迅速，每隔几个月就重新组合一次，不断重组的结果就是微软始终存在晋升机会。因为在重组中，绩效不突出的人被调离，留出空缺。只不过晋升的机会并非给予等它多年的人，而是给予业绩最高的人。

业绩管理是管理者必备的管理能力，业绩考核有助于管理者进行系统性的思考，如工作职责、工作目标、如何评价、如何激励员工发展等一系列内容。管理者做业绩考核时，一定要从全面出发，做到公平、公正。

## （十）着眼于结果，树立绩效意识

现代企业着眼于结果，实现结果管理，是评价员工创造价值和提升员工个人技能的有效手段。企业通过一系列的评价指标，对员工的行为和行动做出公正、合理并且令人信服的评价，从而依据评价结果做出晋升、降职、调动、开展培训和调换工作或辞退等等决定。

工作结果考核不仅可以对员工的当前表现做出评价，而且还能影响员工以后的行动，使之树立绩效观念，总结经验教训，进一步改进工作方法，提高工作效率。

在向结果型企业转变的过程中，企业要想树立员工的绩效意识，提高员工的执行力，就需要在管理中以员工的执行结果为重点，运用考核的办法使员工改变低功效甚至于无功效的工作方式，踏踏实实地提高每一环节的工作效率。

在上世纪90年代，IBM的管理已经到了名存实亡的地步，管理者们只在形式上用几项无关紧要的指标对员工的行为进行评价，然后就做出了奖惩决定。没有一个员工思考如何提高自己的工作绩效，相反他们都在盯着那些干得更少而工资和福利并没有太大变化的同事，并毫不掩饰地向领导者表示不满。

当时IBM的薪酬制度存在着严重的缺陷和不足，各级员工的待遇主要由薪水组成，此外还有很少量的奖金、股票期权和部门绩效工资，工资待遇级别很小而且过于强调福利，这就使得员工业绩的好坏无法体现在薪资水平上。

面对这种情况，新一届管理层首先对薪酬制度进行了改革。变固定工资为与业绩挂钩的浮动工资，另外加大股票期权和奖金在员工总收入中的比重，对那些认真完成工作、积极改进绩效的员工给予奖励。他还废除了福利制度，不认真完成工作、绩效差的人只能得到保底工资，而不再像以前那样尽管没有完成工作，但照样拿到丰厚的薪水。

通过此举，公司打破长久以来的"大锅饭"作风，在绩效考核中加入了工作成果的内容，并把员工的工作成果作为薪酬水平的衡量依据。

为了使新的薪酬制度发挥更大的效果，新的领导层进一步调整了已经严重脱离现实的绩效考核制度。为员工设计了切合实际的绩效目标以及更加科学合理的评价标准，使员工形成了一种只有切实地做好工作才有可能获得升迁机会的思想。

这样，IBM 公司成功地改变了员工的行为方式，使他们更加注重业绩和结果了。员工的这种行为方式的改变，极大地促进了 IBM 公司业务的发展。

企业管理者不仅要在绩效考核中加入执行结果的内容，还要在整个结果管理的过程中注意执行力的提升。只有在结果管理实施的过程中倡导执行结果，企业才能更快更好地改变员工的行为方式，使之改进工作业绩，提高绩效意识。

企业的管理者在整个结果管理的流程中，都必须深入到具体问题中去，真正指导员工改善业绩水平。只有管理者以身作则、注重实际，员工才会改变行为、注重执行，也只有管理者不断地与员工进行充分的沟通，企业的绩效管理水平才会得以提高。

大众汽车公司一直被认为是最为科学和理性的公司，而最能体现其理性特点的莫过于其结果管理。在大众汽车公司，结果管理工作被当作一个系统工程。主管和员工共同讨论和制定绩效目标，并且这个结果目标必须是具体的、可执行的、有明确时间表。只有员工能够准确地描述自己的具体工作是什么、这些工作的具体标准是什么、为什么要做这些工作以及这些工作的时间期限等等，绩效计划的工作才能告一段落。

大众的绩效考核十分注意对员工的执行结果进行考核。大众汽车在考核中引入了六西格玛概念，用它来解决管理人员、公关人员的考核不易量化的难题，而员工也可根据这些行为准则评价自己的上司。对于具体执行工作，能量化的尽可能用严格的标准量化，如公关人员的工作量化可以用接了多少个电话、回了多少电话、用多少时间来回答、安排了多少采访等进行。通过对这些十分具体的工作的考查，不仅公关人员、管理人员更加务实和注重结果了，其他的员工也深受结果文化的感染，积极改变自己的行为方式。

除了对工作业绩进行考核以外，大众汽车公司还对员工的价值观等方面进行考核。每一个进入大众汽车公司的员工都要经过一系列的价值观培训，使员工理解和强化公司的价值观。考核不是让员工背诵价值观，而是考查员工是否在平时的工作和生活中用实际行动和工作的结果来说明价值观。

通过大众汽车的结果管理，我们不难看出公司对于员工是否用实际行动执行计划、实践战略和价值观的重视，以及对各级管理人员在执行和关注具体结果方面的高要求。

无数的事实已经证明，企业要想建立起以结果为导向的执行文化，提高整个企业的实力，必须在管理中加入结果绩效的内容，并把这一内容作为考核的核心，牢固树立员工的绩效意识。此外，还要求各级管理者在结果管理的全过程中起到榜样作用，才能使企业更好地实现员工行为方式的改变。

有效的业绩考核制度，能将员工个人工作表现的状况和企业的目标紧密地结合起来。

# （十一）让员工拥有弹性工作计划

随着信息技术的迅猛发展和办公手段的日益完善，固定的工作场所和工作时间已经没有多大的实际意义。固定的工作程序和规则只会限制员工创造力的发挥，不利于员工更好地成长。鉴于此，管理者进行工作设计时，应力争体现员工的个人意愿和特征，避免僵硬的工作模式，让员工拥有弹性的工作计划。弹性工作计划包括弹性工作时间计划、弹性工作地点、工作分担计划、弹性的工作实施。具体地讲，也就是在完成规定的工作任务，或者固定的工作时间的前提下，员工可以自行采取可伸缩的工作时间，安排工作实施计划，以及灵活多变的工作地点，为员工营造一个自由发挥的创造性的工作环境。弹性工作计划使员工能更有效地安排工作与闲暇，达到时间和精力的合理配置，有利于员工更好地完成工作任务。

1911 年，IBM 在美国成立。经历了近百年的风风雨雨，今天的 IBM 已经成为计算机市场上的"大哥大"，它垄断了全世界所有发达国家的大型计算机市场，领导着计算机行业的发展潮流。IBM 的管理者认为，IBM 的成功凝结着千千万万员工的辛劳和智慧。在他们眼里，每个员工都有着无穷的潜力。只要给他们能充分发挥聪明才智的空间，他们就能创造奇迹。每个人都有施展才华的欲望。

在实际工作中，有上进心的员工希望看到通过自己的工作设计完成工作，使公司得以健康发展，而不是在管理者指导下完成任务。后者容易使人把"完成工作"归功于管理者指导有方，前者却能充分展示员工的实际实力，满足员工的成就感，使员工深刻体会到价值。用一位成功企业家的话来讲，即"是骏马，给你草原尽情奔驰，是雄鹰，给你蓝天展翅飞翔。"为了激发起员工的主观能动性，IBM 公司采取了独特的激励方式，给予员工极大的工作自主权，使他们可以像公司管理者那样，自己确定自己的工作任务。

从1936年开始，IBM公司便取消了传统定额和奖金，取消了计件工资，代之以正式薪金。在决定正式薪金时，公司并不规定某个工人一个月或一年的产量应是多少，而是由工人自行确定一个月或一年的产量，并以此产量来决定其月薪或年薪。让员工自主安排产量，不但增加了员工对自身工作情况和能力的了解，还使员工摆脱了固定产量的束缚，有效地调动了所有员工的积极性、创造性，提高了生产率。更为重要的是，员工们都自觉地学习技术，提高能力，进而使IBM公司的劳动生产率和利润不断上升。

让员工拥有弹性的工作计划，对于高科技型员工来说尤为重要。它可以最大限度地引爆他们的知识能量，让企业在人才竞争上赢得优势。相对于一般的员工，高科技型员工更多地从事思维性工作，具有特殊的技能，掌握着作为第一生产力的科学知识。这类员工对工作的自主性要求相对也比较高，他们不喜欢刻板的工作方式，不愿意受制于人，更无法忍受上司的监控和指挥。

因此，对于高科技型员工，管理者更应以弹性的工作计划来满足其需要。在实际管理过程中，管理者只需对高科技员工知识需要的投入和产出进行控制，工作过程、标准、方法、进度由他们自己安排，实行自我管理、自我监督。不要让他们受时间和空间的限制，更不要用刻板的方式来约束他们。过多的监督、控制和约束，只会扼杀高科技型员工的创造天性，束缚他们的个陛张扬，不利于能力的正常发挥。

据报道，美国不少高科技企业为了激发员工的工作热情，留住来之不易的尖子人才，纷纷为员工打造弹性工作的平台。才华横溢的乔治，在美国硅谷的一家网络终端公司供职。在那里，他有个好听的绰号——"快乐工程师"。3年前，乔治于斯坦福大学毕业。他非常渴望得到一份既能赚钱，又不耽误白天打高尔夫球的工作。乔治是个超级高尔夫球迷，到网络公司应聘时，乔治明确地将这一就业愿望表白出来。该网络终端公司了解到这一切后，当即满足了他的要求，乔治兴奋极了。到该公司就职后，乔治每天早晨10点左右起床，11点开始跑步，午饭后稍事休息便出去打高尔夫球，直到深夜他才真正地开始工作，但工作效率和质量都非常高。现在，出色的工作业绩已使乔治身价倍增，许多世界知名公司纷纷向他发出了"邀请函"。但乔治毫不心动。他说："原因嘛很简单，在这里我有独立工作的自由，以及更具张力的工作安排。而我需要它们，喜欢它们，是'自由'给了我无穷的创造力。"

"管理中没有激励是万万不可的，但同样不存在万能的激励措施。"作为一名现代管理者，永远不要企图仅通过"弹性工作计划"这一激励措施，达到激励员工的目的，更不能企图用一个"弹性工作计划"去激励所有的员工。

在企业中，员工的能力良莠不齐，这是不容回避的事实。因此，制定弹性的工作计划不可等同划一，应因人而异。在具体操作过程中，管理者首先应从宏观上设计出合理、公正的组织激励方案，然后，再从微观上针对不同员工的特点和真实情况，灵活而综合地制定出"弹性工作计划"。这样，才能有针对性地激励员工，最大限度地激发每个员工的潜能。

"弹性工作计划"可以降低因工作时间过长而带来的感官疲劳，并且提高工作中的民主性，弹性工作时间计划的实行，使员工乐于在工作中接受更大的压力，使管理变得更加和谐，减少了与上级领导之间的隔阂。

## （十二）奖励失败，不只是奖励成功

人们犯错误的时候最不愿看到的就是惩罚。这一点我们每个人都有体会，若是因为失败而受到处罚，大家就不敢轻举妄动了。因此，我们要学会采取"奖励失败，不只是奖励成功"的措施。因为人人战战兢兢、提心吊胆地过日子的企业，它注定活不长。员工犯了错即使是大错，也不要就随随便便地把人炒了，否则，企业很危险。

为了鼓励员工具备承担风险的勇气，不妨推出"奖励失败，不只奖励成功"的措施。让职员明白，只要你的理由、方法都是正确的，那么，即使结果失败，也值得鼓励。

花旗集团（Citi Corp）的前总裁瑞斯顿（Walter Wriston）也曾说过，"不能从失败中吸取教训，则是罪过。"管理者们可以通过鼓励甚至奖励失败，着手培养敢于冒险、充满自信的工作团队。鼓励别人勇于冒险的一个方式是以自身的失败作为例子，公开坦诚地谈论自身的错误与挫折，从中得来的经验教训，让员工知道当你害怕、对结果没有把握时敢于冒险。

一家保险公司的总经理担心销售人员们太害怕失败，甚至面对精确估计的风险也犹豫不决，于是在一次销售会议上她采取了行动。她在桌子上放下了两张 100 美元的钞票，讲了她最近的一次失败及从中获取的教训。然后说，只要与会的其他人谈到自己遭遇的更大的失败，便可赢得这 200 美元。当无人开口时，她抓起钞票说她会在每月召开的销售会议上重复这一要求。从第二个月开始，这个经理就再也留不住这200美元了。而当员工们开始勇于讨论失败时，销售部门也随之越来越成功，一年之内赢利便增长了三倍。

微软公司的副总裁强·提凡流传于公司内部的名言："如果解雇犯了错误的人，也就等于否定了这个教训的价值。"微软公司愿意聘用那些曾经犯过错误而又能吸取经验教训的人。微软的执行副总裁迈克尔·迈普斯说："我们寻找那些能够从错误中学会某些东西、主动适应的人。在录用过程中，我们总是问应聘者：你遇到的最大失败是什么？你从中学到了什么？"

格里格·曼蒂与别人一起在1982年共同创立了爱林特计算机系统公司，10年后，公司由于入不敷出而倒闭。而微软在1992年12月聘用了曼蒂，任命他为部门主管，负责筹划如何把新技术用来制造消费产品。微软从曼蒂身上发现的不仅是他的技术和管理经验，更重要的是，曼蒂看起来是一个敢用远见打赌的人——即使这种远见付诸东流。微软的人会告诉你：用远见打赌是公司存在的全部。许多远见最终以失败告终，但这并不重要，重要的是他们曾尝试过。

在寻求有远见的冒险者时，微软喜欢那些成功地处理过失败和错误的人。一位高层管理人员说："公司接受了很多内部的失败。你不能让员工觉得如果做不成，他们就可能被解雇——如果那样，没有人愿意承担这些工作。"在微软公司，最好是去尝试机会，即使失败，也比不尝试任何机会好得多。

提拔曾犯错误的员工是微软的优良传统。副总裁鲁兹·席格门有一次兴高采烈地对其下属讲述自己的职业生涯："我起初负责的是区域网络系统的行销工作，但是一败涂地。接着公司派我负责视窗系统中的Workgroups的行销工作，起初很不稳定，但逐渐有了起色，于是我被派任比尔的助理。在提出对线上商业服务的建议后，他让我负责开发这个领域，结果是在不稳定中获得成功，因此我获得了今天的副总裁的职位。很难想象如果我开始就一帆风顺，今天又会是怎样的局面。"

1998年，微软的Excel软件上市后被发现有重大瑕疵。

当时的产品经理硬着头皮去见比尔·盖茨详述此事，建议将上市产品全数收回。比尔告诉他："今天你让公司损失了2500万，我只希望明天你表现得好一点。"时至今日，这位产品经理——杰夫·雷克斯已经成为微软内部顶尖的主管之一了。

由于待开发的领域太多，所以"容许失败"早已成为微软工作程序的一部分了。

只要是在合理的范围内，微软人往往不需要为犯错而受到惩罚，因此不会因为畏惧而怯于挑战新事物。就员工而言，不但可以激发其想象空间，更不会轻易就放弃任何一个含有进步因素的机会。对公司来说，容许失败正是进步的契机。

"勇于尝试必有所得"，这项原则在微软轻松的工作气氛中获得了真正的实践。

"错误"这个词按照常理是不受欢迎的字眼，没有几个人会喜欢它，但我们必须对它采取拥抱的姿态。很多时候，创造的企业就是人的企业：我们造就了不起的人，然后，由他们

杰夫·雷克斯

造就了不起的产品和服务。我们怎样造就那些了不起的人的呢？其中一个重要的机制就是允许失败，使他麾下那些本意善良的敬业的人在遭受挫败时学会与错误共舞。

自信是企业业绩成长的动力，但失败却是大多数企业中的员工难以启齿的话题。当人们在尝试中遭遇失误或失败时，自我怀疑可能会压倒一切，这是人性的弱点。恐惧会阻止人们前进的步伐，但"失败并不是罪过。"

# 七、高效管人实现内部"和谐"

## （一）运用恰当的方法，协调好你的团队

在工作中，团队内部或者与其他部门之间出现矛盾在所难免，但如果没有得到及时而合理的解决，就会影响员工的工作情绪，降低工作效率。作为将帅，你有责任协调下属之间以及团队成员和其他部门之间的关系，化解彼此之间的矛盾，促进团队及企业良好的发展。

很多招聘启事上都会注明"要求具备很强的团队协调能力"。即使是招聘一个普通的员工，这一点也不可或缺，而作为管理者，团队协调能力就更需重视了。

但现实中我们发现，并不是所有的管理者都懂得怎样来协调自己的团队，不少将帅会冲着员工们喊出响亮的口号："我们一定要加强团队合作，要讲奉献，要上下拧成一股绳，我们的工作则无往而不胜！"

这样的口号在一定程度上会唤起下属的士气，但往往三分钟热度过后，口号的效力就减弱甚至消失了。这也是令很多将帅颇为头痛的一个问题。为此，大家琢磨着，能否有一套可行的方法，能够更有力、更长久地促进团队协调发展呢？

在回答这个问题之前，我们先来指出管理者需要面对的一些关系和问题。作为管理者，常要处理好方方面面的关系，如凝聚班子成员的团结关系、加强沟通管理者与员工关系、原则面前的亲属关系、相互交流的友邻关系等。

面对如此之多的关系，就需要将帅们多动一番脑筋，多想一些思路了。它不仅需要良好的政治素质、品格素质、知识素质和能力素质，而且还要讲究具体的方式方法。在此，我们就来看一看有哪些方式和方法值得我们借鉴和学习：

1. 要确立清晰的思路

将帅首先是个指挥官，需要组织协调团队中的每一件事情。而要把这些做好，就要根据其内容和具体要求，把握住基本点，制定周密细致的组织协调计划，确立清晰的思路，并把协调过程中可能遇到的问题和对策考虑周全。要实现这一点，可以从下面四点进行着手：

首先，坚持实事求是、求真务实的原则。作为将帅，只有坚持这一项原则，才能真正体现其扎实的工作作风，同时促进各方面的积极配合，形成科学合理的协调思路。

其次，要善于并敢于开拓新思路，新观念。只有在团队工作中，具备新的思路，新的思想，才能使下属乃至整个团队在发展的同时，不断创新。这就要求管理者不能自以为工作经验丰富，就单纯地凭老经验办事；更不能因为自己是带兵打仗的头儿，就主观武断，听不进下属们的不同意见。

再者，管理者要有明确的观点。如果在做一件事情之前，没有明确观点，就会抓不住主要矛盾，也就无法准确把握各方的实际情况和实际需要。只有观点明确，才能针对团队成员各自从事工作的不同、所处环境的不同以及存在的问题和矛盾，进行认真细致的研究。

最后，必须做到心中有数。如果一个领导脑袋里一锅粥，那么他所带领的团队也必然是盲目被动地工作，结果可想而知。要做到心中有数，就需要管理者能够全方位、多角度地观察问题，承认个体之间的差异，照顾下属们的个性，来进行具体情况具体分析。当心中有了底，整个团队工作才会有条不紊，忙而不乱，呈现为将帅者最希望看到的景象。

2. 要投入真挚的感情

人都是有感情的动物，情感是人对客观事物的一种态度。带兵打仗，只凭声嘶力竭的吆喝显然不行，如果管理者能将个人的真挚感情渗透进去，自然会给下属们树立榜样，并能让他们感觉到春意融融，即使难以攻克的问题也会全力以赴争取胜利。

要做到这一点，就需要将帅们把握好以下几个方面：讲起话来不能轻描淡写，让听的人无动于衷；任何一次交流都不能敷衍了事，使听者不为所动；在沟通过程中，不能态度蛮横，使听者产生反感情绪。正如唐代诗人白居易所说："感人心者，莫先乎情。"管理工作如果做到以情感人的程度，那么便算得上是一篇上乘之作了。

3. 要具有宽广的胸怀

这一点在前面的章节中有较为详尽的描述，在此只做简略阐释。

不可否认，每个将帅都会遇到不被人理解，听到这样或者那样的议论的时候。遇到这样的问题怎么办？首先，千万不要着急上火，而要沉着冷静地面对别人，认真听取对方的意见。如果对方意见正确或者有正确的部分，就要及时采纳，这样才会使自己的组织协调计划更加完善；倘若下属的意见不正确，管理者也要保持正确的态度，有理、有据、有节地进行批驳。除此之外，还要让自己做到心地坦诚，祛除私心杂念，坦诚地对待下属，进而与之达成一致意见，保证公开、公平、公正地处理好各种矛盾。

总之"海纳百川，有容乃大"。为将帅者必须具备宽广的气度和胸怀，否则将难以使工作进展和团队建设达到预期效果。

4. 要把握好原则界限

如果把问题比作"心锁"，那么原则就是开启它的"金钥匙"。只有原则把握得好，各种矛盾和问题才会迎刃而解。否则，不但旧的矛盾和问题解决不了，反而会增加新的矛盾和问题。因此，这就要求管理者要立足于下属的实际情况，把握好原则界限，把工作做扎实。

怎么做到这一点呢？无外乎以下几个方面：把握正确方向，不偏离原则规定，要在制度规定的范围之内解决问题，一切从实际出发，坚持以事实为根据。只有做到这几点，才能使整个团队弥漫着互相信任、理解和支持的气氛。

5. 要讲究语言的艺术

说话永远是一门艺术，职场中就更是如此。俗话说："良言一句三冬暖，恶语伤人六月寒"。所以，管理者一定要讲究语言艺术。艺术，就是说话讲技巧，讲分寸，让人听着顺心入耳，容易接受。这就要求将帅们在协调团队工作中，出语一定要谨慎，不能伤下属的感情。此外，还可以尽可能地让语言更生动、更幽默、更富有趣味性和感染力，这样下属们自然会在欢乐的气氛中与领导达成共识。既如此，何乐而不为呢？

# （二）始终把"和谐"看作团队的主旋律

真正的成功来自和谐的团队，只有团队中的各个成员团结起来，心往一处想，劲儿往一处使，才能产生巨大的力量和智慧，最终走向胜利。作为带头人，作为指挥者，将帅们有必要让团队中的每个成员充分认识到：离开了团队，自己将一事无成；有了团队合作，他可以同别人共同创造奇迹。

一条河流的水再清澈、深广，如果不能汇入大海，终会有干涸的一天；一个人的力量再强大，如果只是单枪匹马，也将以成就理想的事业。真正的成功来自和谐的团队，只有团队中的各个成员团结起来，心往一处想，劲儿往一处使，才能产生巨大的力量和智慧，最终走向胜利。

身为团队头领的将帅，则是这舰"和谐"战舰的舵手，把握着整个团队前进的方向；同时，作为带头人，作为指挥者，将帅们有必要让团队中的每个成员充分认识到：离开了团队，自己将一事无成；有了团队合作，他可以同别人共同创造奇迹。说到底，只有和谐的团队才会拧成一股很大的力量，才会推动团队的建设和发展，才会创造出最大的利益。

本书中，我们曾不止一次提到闻名于世的松下公司。在谈到本节主题的时候，我们依然要以松下公司为例。

松下就是一个讲求和谐团队的公司。

一直以来，松下在员工的任用方面十分严格，其中必不可少的一点就是一定要具备和谐精神，能够将自己融入团队，和团队协同作战。因为松下认为，将众多高智商的人才聚拢到一起，不见得就一定能使工作顺利开展，而只有分工合作、精于搭配、齐心协力，才能产生辉煌的战绩。

因此，在用人方面，松下公司注重员工之间的相互配合，公司管理层认为，只有这样才能发挥每个人的聪明才智。可是，进一步分析之后，每个人都有长处和短处，所以要取长补短，就要在分工合作时，考虑个人的优缺点，切磋鼓励，同心协力地谋求工作的良好进展。

毋庸置疑，人事协调说起来容易，但做起来难。针对这一点，松下认为不一定每个职位都要选择精明能干的人来担任。在他们看来，如果把几个一流的人才集中到一起，那么每个人都有会觉得自己的主张好，想法对，这样就会有多种意见，计划必将无法推动，行动自然也就会迟缓，势必严重影响到整体的工作。不过，如果几个人里头有一个特别优秀的，其他的人才识平凡，那么这些人就会心悦诚服地遵从那一位有才智的管理者，事情也就能够顺利进行了。

所以，从一开始的招聘起，松下就不但要看应聘者的才能有多优秀，更看重其是否有良好的团队合作精神。也正是因此，使松下公司取得了如今令人称赞的巨大成就。

松下之所以在这些方面做出努力，因为公司知道，要构建和谐团队，提高效率，并不是一个团队的事，团队是由一个一个的人组成，要提高整个团队的合作精神，就要从让员工个人有和谐精神做起。

要实现这一点，自然离不开团队领导的思考和行动。具体来讲，将帅们应主要从以下几个方面着手，打造一个和谐共融的团队：

1. 坚持以人为本

以人为本是和谐的核心内容，换言之，以人为本，指的绝非满足某个人的私欲，也不是允许个人行为可以对整体的团队形象造成任何破坏，更不是放任个人利益集团对整体团队利益进行损害。也就是说，以人为本的管理工作，要以团队成员的"合理需要"为出发点，以团队中多数成员的利益为重心，从每个成员的"合理需要"出发，最终落脚于人的"合理需要"和团队利益。

作为将帅，能够关心下属、爱护下属、尊重下属是以人为本的有力体现。在面临工作中的分歧时，能够换位思考是关心；当发现下属的某些不足之处时给予。真诚的诚心帮助是爱护；对待工作成绩时，能够公正地评价则是尊重。

只有在这样的氛围中，每个员工的进取精神才会被最大化地激发出来，进而各尽所能，各展所长。

2. 和谐离不开发展

和谐最根本的目的还是发展，如果一个团队中各个成员之间彼此猜忌，貌合神离，必定会阻碍事业的发展，也谈不上和谐。如果一个团队只图谋发展，而忽略了和谐的重要性，那么发展就只能是暂时的，不会长久下去。而只有不断地发展，才能促进和谐，只有形成和谐，才能带动发展。

不仅如此，和谐团队的构建还是一个不断化解矛盾的过程。因为和谐不是天生的，它是在个性差异、价值观不同、能力有别的众多人的基础上，慢慢建立起来的。在这种相互了解和彼此包容的基础上，合作中的分歧不会演变为矛盾，团队成员之间会以宽容、体谅来弥补双方的不足，和谐也因此而生了。

所以，为将帅者一定要树立榜样，同时注重培养下属这种相互了解和包容的精神，让团队中的每个成员都懂得换位思考，体谅对方。若如此，每个团队成员就会充分意识到集体力量的强大，也会看到自己在团队中的重要作用。当你的团队成员都形成了这样一个好的心态和精神，就不愁建设不出和谐的团队来了。

## （三）一视同仁，尽量做到一碗水端平

当下，人们对于公平公正的要求越来越高，享受公正的待遇已经成为员工奋力追求并尽心维护的权利。这就要求将帅们要怀有一颗平等之心，做到一碗水端平。这样，员工才会尊重和信任你，才会更积极地投入到工作中，为团队持续向前发展尽心尽力。

曾看到过这样一幅漫画：一位领导模样的人站在一个并不平稳的木板上，手里端着一碗水，碗的前面写着"管理"二字。

漫画虽然简单，但却向我们展示了一种管理的智慧，即要一碗水端平。如果管理者做不到这一点，将重心倒向某一端，那么碗中的水就会不断地流失，最后空空如也。这碗中的水就好比团队中的成员，管理者如果不能一视同仁，不公正、不平等，就不能服众，下属的工作积极性和主动性也会逐渐减弱，导致整个团队人心涣散，工作进展不力。

在现实生活中，做不到一碗水端不平的管理者并不鲜见。在他们心里，下属是有高低优劣之分的，于是他们把下属划分为"上下级"：那些他们心中的所谓"上级"员工，他们对其非常信任，视其为心腹，而对"下级"员工则冷眼相待，处处防范；经常给上级员工特殊照顾，有求必应，而对下级员工则不冷不热、不闻不问，甚至故意找茬。

另外，还有一种端不平一碗水的将帅，他们管理不公平的表现就是男女有别，即

对男女下属的管理不一致。他们觉得女性的事业心小，只希望工作舒适稳定。于是，他们很少关心女员工的职业发展需求，也极少给她们锻炼机会，升职加薪更是无从谈起。而对男员工则截然不同，他们会将有挑战性、锻炼性的机会留给男员工，以便让其快速成长，成为公司的中流砥柱。

如果管理者不能一碗水端平，就会打击下属的工作积极性，继而产生内耗，造成员工之间的不团结，最终影响公司的发展。

小贾在一家汽车4S店做销售员，由于工作能力很强，使他每个月的业绩都比别人高出很多，销售经理非常欣赏他，对他另眼相待。但凡有什么好事，经理都会算上他一份，他偶尔犯点错误，经理也睁一只眼闭一只眼。

经理的本意是鼓励大家向他学习，以提升部门的整体业绩。但事与愿违，其他业务员觉得经理偏心眼，眼中只有小贾一个人，他们越来越消极，一点工作激情都没有。而能干的小贾也恃宠放旷，仗着经理的偏爱，经常迟到早退，还时常炫耀经理与他的特殊关系。时间一长，销售部的业绩一落千丈。

显然，小贾的经理犯了一碗水端不平的大忌。这样做看似"合情"，但由于不"合理"而难免触犯众怒。要知道，团队不是凭一两个人就能建设好的，如果没有其他人的共同努力，最终必然会导致人心涣散，分崩离析。

美国NBA的一位教练训练运动员时，都会说这样一句话："我不能要求大家千人一面，但我们要遵循同样的准则。"一碗水端平，是将帅们处理与下属关系的重要管理原则，也是赢得下属信任的有效途径。当下属发现自己的领导平等地对待每一位下属时，他的心情就会非常舒畅，会斗志昂扬地投入到工作中来。

在这一点上，以生产手机享誉全球的摩托罗拉公司就做得不错，其管理者非常了解平等对于员工的意义，他们的最大管理特点就是创造一种公正的竞争氛围，让员工放手去干。如果员工之间出现矛盾，他们也会本着公平的原则处理问题，圆满地化解争端。

在创业初期，摩托罗拉公司实际上是网罗了一些爱好无线电的人聚集在一起研究电子产品，所以公司并不太正规，员工们连正式的岗位都没有。这时，一个叫利尔的工程师加入了公司，他在大学学过无线电工程，是一个难得的人才，这让那些老员工感到了一种威胁，他们时不时地找利尔麻烦，故意出各种难题为难他。更过分的是，当摩托罗拉的创始人保罗·高尔文外出谈生意时，一个员工找了个蹩脚的借口，将利尔辞退了。

当高尔文回来得知此事之后，便将那个员工狠狠地批评了一顿，然后又马上找到利尔，重新高薪聘请他。高尔文对大家说："无论是利尔这样的高端专业人才，还是你们这样的业余爱好者，我都会一视同仁，不会因为学历或其他原因而偏向任何一个人。"老员工听后，都为自己先前的行为感到羞愧。从那以后，他们和利尔通力合作，为公司做出了巨大的贡献。

公司逐渐发展起来以后，一些个性鲜明的人纷纷进入摩托罗拉工作。不同性格的人在一起，争执是不可避免的，他们不时因为工作上的分歧发生争吵，各不相让。后来高尔文以他公平处理问题的方法，化解了他们的矛盾，使他们在面对各种工作时，能够和平地解决问题，然后团结一致地完成工作。

虽然看上去将"一碗水端平"很容易，但实际做起来，却并非那么简单。因此，我们建议将帅们，可以从下面两点着手，尽量让自己做到一视同仁：

1. 不要心存偏见，也不要对人另眼相待

从本质上说，这两个问题是相互依存的，凡是对一些下属有偏见的将帅，对另一些下属必然会另眼相待。而这两点，都是有弊无利的。

如果将帅对出色的下属另眼相待，对平庸的下属心存偏见，就会造成不良结果：被另眼相待的下属和被偏见的下属之间有了差距和隔阂，后者非但不会向前者学习，反而会因为嫉妒、憎恨、不满而消极颓废。后者会产生这样的想法："既然领导这么偏向他，觉得他了不起，那就让他去做所有的工作，我们才不白费工夫呢！"

对于表现出色的下属，为将帅者理应表扬。但是，该表扬的时候表扬，该奖励的时候奖励，平时还是应该与其他员工一视同仁的。也就是说，他因为工作出色而得到了他应该得到的东西，其他方面还是同别人一样。别人如果像他一样优秀，也可以赢得同样的表扬和奖励。这样的管理方式强调的是工作能力，凸显的是平等。

2. 摒弃私心，不偏袒亲人朋友

有的将帅，虽已登上了管理者之位，但其心胸却还没有达到相应的高度，有着较重的私心。有时候会为了维护、巩固自身地位，或为了帮助自己的亲人朋友，他们便费尽心机地将他们弄到自己手下来，甚至让其在自己的部门担任重要职务。这种自私的做法在短期内或许有点效力，但从长远的角度看，是一种极其愚蠢的做法。真正智慧的将帅并不是任人唯亲，而是唯才是用，他们从不借助自己的权力为亲人朋友谋取好位置，而是让他们接受锻炼，凭借自己的能力，去争取自己想要的职位。

## （四）冷处理下属间的矛盾

相处和共事的过程中难免发生矛盾，如果矛盾得不到及时化解，久而久之，就有可能发生冲突，影响到正常的工作。精明的将帅大多会采取冷处理的手段，由此达到"以静制动"的效果。冷处理并非是不处理，而是根据情况而变，选择时机而动，恰到好处而止。

有句俗话："林子大了，什么鸟都有。"话虽然糙了点，但道理却是不容置疑的。一个团队中，成员们个性不尽相同，有爽快利落的，有斤斤计较的；有含蓄内敛的，有开朗大方的，可以说，性格多种多样，个性迥异。

因此，在相处和共事的过程中难免发生矛盾，如果矛盾得不到及时化解，久而久之，就有可能发生冲突，影响到正常的工作。想要成为一个合格的将帅型人才，就要在处理这些难题上下点功夫了。

职场专家建议，在时机上不成熟，或者不宜主动处理的情况下，精明的将帅大多会采取冷处理的手段，由此达到"以静制动"的效果。冷处理并非是不处理，而是根据情况而变，选择时机而动，恰到好处而止。

我们来看一个案例：

陈诚在一家地产公司担任设计部经理。一次，他的两位下属因方案冲突而产生了矛盾，"官司"打到了经理办公室。陈诚没有急着听他们各自的"道理"，而是请他们坐下，亲自给他们倒了茶，请他们喝完茶先回去，然后分别接见。

随后，按照陈诚说的，两个人先后单独来到经理办公室，结果自然是"公说公有理，婆说婆有理"，两人的方案虽说不同，但各有各的道理。不过陈诚已经把事情的原委弄得很清楚了。陈诚没有说谁是谁非，只是温和地对他们说："事情我已经清楚了，你们完全没有必要吵得这么凶嘛，你们因为设计方案吵了起来，但是出发点是一样的，都是为公司的利益着想，所以不存在根本的冲突。回去以后再好好想一想，互相取长补短，争取合作出一个更好的方案！"

经理这样一说，两个设计师也只好点点头，顺着台阶下了。经过几天的冷静思考之后，两位设计师都有所收敛，互相给对方道了歉，开始一起研究新方案，最终他们想出了两全其美的解决办法。彼此的过节更是烟消云散。

可见，故事中的经理陈诚此法甚妙，在下属争得热火朝天的时候，自己不去评判谁对谁错，而是先让他们缓一缓，"冷却"一下，这样自己就会搞清楚真实的情况，这时候再提一些有利于双方合作的建议，下属自然乐于接受了，而对工作本身也会更为有利。

当然，冷处理下属矛盾的方法有很多，将帅们完全可以从实际出发，根据具体情况具体分析，有针对性地、随机性地使用。

## （五）营造良好氛围，打造活力团队

如果下属能从领导这里感受到认同感，体会到成就感，获得满意的物质报酬，并且拥有强烈的安全感，那么他们就会有强烈的工作动力。所以，作为团队带头人，将帅们只有为团队营造上下一心、积极进取的良好氛围，才能带领团队一步一步走向理想的巅峰。

通常来讲，在自己的岗位上常感到不快乐的人，工作中也难以有好的表现，常出现诸如态度不够积极、工作拖拖拉拉，甚至弃工作而逃的情况。不用问，哪个领导也不愿意自己有这样的下属，别说三个五个，即便有一个也够自己头痛的。

可是，话说回来，但凡走上工作岗位，绝大多数人还是一心向好的，希望通过工作实现自己的职业理想，最少也希望获得一定的报酬，满足自己的生活需要。而那又为什么会出现我们上面所述的这样的员工呢？究其根源，很大程度上和工作氛围有关。而工作氛围的建立，离不开团队头领——将帅们的管理方法和管理技巧。

有着"日本福特"之称的本田宗一郎出身农民，如今，他却拥有号称"日本第三"的汽车公司。为什么本田会取得如此之大的成就呢？上下一心，同甘共苦的团队氛围——这就是本田宗一郎成功的秘诀。

同其他汽车工厂一样，本田公司的工厂也是全自动化生产，在设备和生产方式上，并没有什么过人之处，但是本田的整个团队却始终士气旺盛。

本田的每一个员工，都有高度的责任感，而且个个勤奋好学。在这种负责任的心态和不断努力作用下，本田的产品得以不断改进。因此有人士评论，能让每一个员工都能发挥最大积极性，这就是本田的最大资产。

作为本田公司的统帅——本田宗一郎坚持"公司由全体人员共同经营"的原则，这其中当然包括所有装配线上的员工在内。本田说："人不是机器，要是一个企业把人和自动化机器置于同等的地位，那么这个企业是不会维持长久的。"

本着这样的理念，本田宗一郎一直不给自己搞特殊化，在工厂里吃的、穿的都和员工们一样，作风也平易近人，为此，员工们都亲切地称呼他"老爹"。

看了这个案例，或许有人会觉得这样的统帅太会"演戏"，可是不要忘了，只有将感情融入角色的"演员"才能真正地把戏演好。从这一点上讲，本田宗一郎是不是确实胜人一筹呢？

其实，作为团队带头人，将帅们只有像本田宗一郎这样，为团队营造上下一心、积极进取的良好氛围，才能带领团队一步一步走向理想的巅峰。

如果下属能从领导这里感受到认同感，体会到成就感，获得满意的物质报酬，并且拥有强烈的安全感，那么他们就会有强烈的工作动力。

看到这里，或许你会说，这也正是我期待的局面呀！如果是这样，那么就请继续往下看，一些具体的做法将呈现在你的面前，使你成为一个为团队营造良好氛围、能够打造出一支活力团队的英武将帅！

1. 让下属做他喜欢的工作

为将帅者需要记住这一点，下属和你一样，在他们最喜欢自己的工作上，才更能创造效率。所以，对于下属负责的各项内容，要定期审查每个员工的各项内容，让层次不同的各级下属自己来做决策，以赋予他们责任。如果效果良好，可以大胆扩大他们的职权。但是需要提醒的是，对所有分配出去的工作，你必须要求他能承担起工作的责任。

2. 尽可能提供最适宜的工作环境

当我们去某个美丽的旅游景点时，往往会情不自禁地感慨，真是让人心旷神怡！同样，下属若能在较好的工作环境中工作，也会心情舒畅。所以，在自己的权力范围内，管理者有必要舍得投资，为下属提供最先进的现代化设备，为他们提供完善的人文环境和方便的交通设施，等等。

3. 目标管理

这一点在前面的章节中有比较详细的论述，在此简略提一下。作为将帅，应制定一个能够测量的标准，给你的下属一个明确的目标，比如，楼盘销售经理要告诉你的下属："秋季你这个小组每个月的销售目标是 20 栋楼房，"而不要模糊地说："伙伴们，拿出你们的热情，让我们在秋季创造辉煌的战绩吧！"

4. 对每个下属所做的贡献要做好评量

有的管理者认为这一点难以实现，因为有的下属的工作内容无法评量。其实不然，你可以查阅一下他们的工作表，或者设想一下如果没有他，你会怎么需要他。

我们建议，管理者可以利用数据帮助下属评定他们自己的工作表现。比如，让你的下属知道，他每天制造了多少部机器的发动机，或者他每天为多少个客户理发了。不仅如此，做出数据来之后，还要公开在整个部门里。这样对下属本身是一种激励，对其他的下属同样也是一个激励。

5. 永远不要承诺你做不到的事

一个管理者，如果对下属提出来的奖励最终都无法实行，那么比当初没提出奖励还要糟糕，这对下属而言是不公平的。所以，任何一个管理者，不要让你的团队南于你的承诺一趟巴黎之旅而工作至深夜，不要让你的下属由于你的"6 位数奖金"而加班加点，除非你已经事先得到老板的同意。

6. 千万不要让你的下属感到自己不中用

如果面对的是一个动不动就发脾气的领导，下属自然会心惊胆战，做起事来畏首畏尾，而且还容易犯错。当然，随着时代的进步，凶悍的管理作风由于容易造成很大伤害，已经日渐淘汰了。此外，管理者还要认识到安全感对于下属的重要性。这里所说的安全感，并不意味着你要提供一张长期饭票的保证，没有任何公司能测知遥远的未来，不过也绝对不要伤害你的下属。如果发生了坏情况，要及时把这些消息告诉下属，并指导他们寻找应变的方法以化解情势，然后趁机训练并加以鞭策。

7. 不要把下属看作你的"私有资产"

有的将帅很喜欢摆谱，觉得自己高高在上，下属的命运掌握在自己的手里，自己就有权力对他们吆来喝去。岂不知这样做，只会引起员工的不满，到头来纷纷离去，领导就不好收场了。所以，千万不要把下属看作自己的"私有资产"，除非迫不得已，否则不要强迫他们下班后还要留下来加班，或要求他们周末必须来加班。要知道，每个人除了工作，还都有各自的生活。与其把下属拴在电脑前，不如想办法培养他们更高的能力和更高的工作效率，那么加班自然会变少，甚至没有。

## （六）无论奖惩都要有理有据

奖赏是正面强化手段，即对某种行为给予肯定，使之得到巩固和保持；而惩罚则是反面进行强化，即对某种行为给予否定，使之逐渐减退，这两种方法，都是管理者管理员工时不可或缺的手段，二者相辅相成、相得益彰。

但在具体运用时，领导者必须掌握两者的不同特点，适当加以运用。一般来说，正面强化立足于正向引导，使人自觉地去行动，优越性更多些，应该多用。而反面强化，由于是通过威胁恐吓的方式进行的，容易造成对立情绪，要慎用，可将其作为一种补充手段，但是这种手段也不能被剥离出去。

强化激励，可以获得领导者所希望的行为。但并非任何一种强化激励都能收到理想效果，从时间上来说，如果一种行为和对这种行为的激励之间间隔时间过长，就不能收到好的激励作用，因此要做到"赏不过时"。

但是对于违反规章制度的行为进行惩罚，也是非常必要的。必须照章办事，该罚的一定要罚，该罚多少就罚多少，来不得半点仁慈和宽厚。这是树立领导者权威的必要手段，西方管理学家将这种惩罚原则称为"热炉法则"，十分形象地揭示出了其内涵。

"热炉法则"认为，当下属在工作中违反了规章制度，就像用手去碰触一个烧红的火炉一样，一定要让他受到"烫"的处罚。这种处罚的特点在于：

（1）即时性。人一碰到火炉时，立即就会被烫。

（2）预先示警性。火炉是烧红了摆在那里的，人碰触就会被烫。

（3）适用于任何人。火炉对人不分贵贱亲疏，一律平等。

（4）彻底贯彻性。火炉对人绝对"说到做到"，绝不是儿戏、吓唬人的。

领导者必须具备软硬两手准备，并且实施起来坚决果断。奖赏人是件好事，惩罚虽然会使人痛苦一时，但绝对有必要。这样才显得赏罚分明，显示出公平性，体现功有奖、过则罚的刚性制度。如果领导者在执行赏罚之时优柔寡断、瞻前顾后，就会失去奖惩应有的效力。

需要注意的是，无论奖惩领导者都要做到有理有据，让人心服口服。

摩托罗拉每年的年终评估及业务总结会一般都是在次年1月份进行。公司对员工个人的评估是每季度一次，对部门的评估是一年一次，并在年底召开业务总结会。公司根据一年来对员工个人和部门的评估报告，决定员工个人来年的薪水涨幅，并决定哪些员工获得了晋升机会。每年的2、3月份，摩托罗拉都会挑选一批优秀员工到总部去考核学习，到5、6月份会确定公司的管理职位人选。

摩托罗拉员工评估的成绩报告表很规范，是参照美国国家质量标准制定的。摩托罗拉员工每年制定的工作目标包括两个方面：一个是宏观层面，包括战略方向、战略规划和优先实施的目标；另一个是业绩，它可能会包括员工在财政、客户关系、员工关系和合作伙伴之间的一些作为。摩托罗拉员工的薪酬和晋升都与评估紧密挂钩。虽然摩托罗拉对员工评估的目的，绝不仅仅是为员工薪酬调整和晋升提供依据，但是在摩托罗拉根据评估报告进行员工薪酬调整和晋升的过程中，评估报告已经扮演了表现摩托罗拉赏罚分明的一个最为重要的工具。

综上，作为企业的管理者在管理过程中，目标一定要清晰，奖惩一定要有理有据，并且做到公正、公平。

## （七）解决纠纷，终有时日

矛盾是因为人们的需要没有得到满足才产生的，如果刻意回避矛盾，要想达到目标就会难上加难。矛盾是不会消失的，它会等待时机，准备东山再起。

哥伦比亚大学合作和解决争端国际训练中心主任埃伦·雷德说："出现矛盾时，因为要处理人与人之间的关系，不可能把精力全都集中到业务上。但矛盾处理好了，员工就可以无忧无虑地一心搞业务。"

经理常常要做的一件事就是谈判解决纠纷。在扁平化组织里，"经理要经常和同事们商讨权利和资源问题。"哈佛商学院管理教授迈克尔·惠勒说。惠勒是谈判解决争端项目的两主任之一，该项目是一个由哈佛大学、麻省理工学院和达夫斯大学三家合作的研究计划。

1. 解决下属矛盾要害在哪儿

作为经理，要想解决好矛盾，需要把握三点：一是自己不偏不倚；二是要了解矛盾；三是不要套经验，要一事一断。

经理要调查了解矛盾。处理好矛盾的前提是把握和了解矛盾，如果做不到把握和了解矛盾，凭自己的想当然，感情用事，最终的结果是害人害己。这一点是人们常犯的错误：遇到部属之间的矛盾，不做调查了解，凭自己的感觉和情感，就判断谁是谁非。

要知道：自己认为的好员工也有犯错误的时候，表现一贯不好的员工也有在理的时候。所以解决部属矛盾要调查了解清楚部属之间矛盾产生的原因，矛盾发生的过程，矛盾发展的程度，矛盾波及的范围，矛盾的性质等等。只有在了解矛盾的方方面面后，解决问题才能把握全局，抓住关键，有的放矢。不然，要么解决得不彻底不到位，要么解决得根本不对，从而有可能导致其他更多的矛盾。

解决矛盾要一事一断。根据矛盾产生的原因、过程、程度、范围、性质，以及对组织的影响程度等，主管再做出判断，哪些矛盾先解决，哪些矛盾后解决，哪些矛盾可以单刀直入去解决，哪些矛盾可以曲线解决，哪些矛盾可以让下属来解决，哪些矛盾暂时不解决，让其随时间的推移自行来解决，哪些矛盾可以借助外部的力量来解决。

总之，解决矛盾要因时因地因人因事而异，要一事一断，千万不要拖延，拖延是很容易出错的。因为每个人都是有其鲜明个性的，而每个人又都是时刻变化的，部属之间的矛盾当然也是随时随地变化的。

2. 如何避免下属矛盾爆发

作为企业组织负责人应对每一名部属的禀性、气度、特点、优缺点都了如指掌，在日常的经营管理工作中巧妙安排，尽量做到相互之间的互补和融合。如：两个人性格不合，应尽量减少两人工作的交叉重复；两个人工作习惯的悖逆，很容易产生矛盾，应尽量少安排两人共同做事；如果两个人心眼儿都很小，就应避免两人利益的捆绑或让两人来自行分割利益。如果实在人手不够，不得不把容易产生矛盾的部属交叉安排或利益捆绑和分割时，既要事先预防，又要事中控制。

3. 如何解决纠纷

一定要了解争执双方真实的要求是什么，真正想得到的又是什么。

（1）了解双方

经理应采取中立立场，采取"开诚布公"和"通报情况"的做法，力劝各方一吐为快。然后说些诸如"我知道你我都很关心某某，而我也注意到某某对你也十分重要，我想把情况了解得更多些"这一类的话，让另一方说出他的希望和要求。要养成一种习惯，允许任何一方提出他们的立场和要求。

（2）求同存异

首先要让人相信，你是能和对手坐下来谈判的"那种人"。这样就有可能达成协议。如果不谈共同点，回避共同点，你们之间的裂痕就会越来越大。取他人之长补自己之短。

（3）解决纠纷，终有时日

无论采用哪种方法，是钝刀割肉，还是快刀斩乱麻，涉及的范围和效果都要看你是否有足够多的选择。

在扁平化的组织里，由于权力的分散和资源的竞争，经理的工作变得十分复杂。但是，不管怎样变化，最后的赢家仍然属于那些想自己所为、想他人如何作为的人，同时他们会考虑他人为何如此作为。

# （八）算一算感情投资，再离开战场

一位研究人与人纠纷的专家丹尼尔·J. 卡纳瑞说过这样的话：争端对于人际关系和自尊心的破坏要比争端本身严重得多。他和威廉·R. 柯帕赫合写了一本书，书名叫《解决纠纷的本领》，他的观点是：人们往往忘记人与人之间的互动牵涉到和别人搞好关系，也牵涉到掌控自己个性的问题（如自我形象：自己有才干吗？讨人喜欢吗？是威风凛凛还是微不足道？），对某个问题产生分歧，实际上不单单是某些人想建立支配地位。

所以，当你卷入一般纠纷时不妨想一想，有没有必要继续争下去，这里有一些建议供你考虑。

1. 算一算感情投资

先问自己一个问题：如果你赢了这场争吵，对公司、对个人究竟有多大好处。加拉格尔·哈特利和沃伦·H. 施米特合著了一本叫《对，就永远都对吗？》的书。哈特利说："我们争来争去，争得晕头转向，根本没有考虑即使争赢了要付出多大代价。这种代价包括失去对别人的信任，产生报复心态和自以为是的心理。"让一个小小的分歧搞得同事彼此疏远，甚至闹得部门四分五裂实在不值得。

以大局为重，多补台少拆台，不要为自身小利而害集体大利。

2. 求大同存小异

由于经历、立场等方面的差异，人对同一个问题，往往会产生不同的看法，引起一些争论，一不小心就容易伤和气。

因此，有意见分歧时，一是不要过分争论。客观上，人接受新观点需要一个过程，主观上往往还伴有"好面子""好争强夺胜"心理，彼此之间谁也难服谁，此时如果过分争论，就容易激化矛盾而影响团结。

3. 规范用语

有些语言能将意见分歧激化成纠纷，还有一些语言会产生口角，或变成各唱各调的讨论会。按照《对，就永远都对吗?》的作者之一加拉格尔·哈特利的说法，以下这些语言会使纠纷升级：

"你怎么能建议……"

"谁都看得出……"

"注意点。"

为了更好地交流，请考虑使用下面的语言：

"让我想一想，我是否了解了你的观点……"

"我们是殊途同归，如果我们……也许会……"

"你说的话我都听见了，我想知道有没有听错。"

4. 对待功利，保持平常心

许多人平时一团和气，然而遇到利益之争，就当"利"不让。或在背后互相谗言，或嫉妒心发作，说风凉话。这样既不光明正大，又与人不利，因此对待升迁、功利要时刻保持一颗平常心。

与人为善、将心比心在人际关系中，适用"作用力与反作用力"原理，即你怎样对待别人，别人就怎样对待你。假如我们本着与人为善、将心比心的原则，以诚恳、友善的态度去对待同事，给同事施加"正作用力"，同事当然也会投桃报李，给予你真诚的回报的。一个单位的同事，低头不见抬头见，谁又会选择一条以怨报德的道路呢?

5. 记住覆水难收!

要避免一时的误会。小小的误解也会造成永久的怨恨，所以，不要匆忙发表你的看法。你说话时，如果对方插话，你一定要平心静气，因为你们之间已经心存芥蒂。要鼓足勇气向你的同行吐露心声，无论出于何种动机，告诉他你是怎么看待他的。

6. 达成协议

如果讨论的是双方感兴趣的事情，而不是辩论各自的立场，那么，应当拿出一份解决分歧的公正的方案。尤其重要的是，达成的协议应当具有前瞻性，也就是它不仅解决现在的矛盾，还能解决未来的分歧。

## （九）"个性化的商务关系"会带来问题吗

什么是"商务人性化"?你能为你的生意争取的最好的东西，无关新技术、强大的投资，甚至是先发优势。

"个性化的商务关系"会惹麻烦吗？

当然！当将商务人性化的时候，你把注意点放在做生意的对象身上。你教他的方法越多，这些方法越能和其他事务联系起来，你也就越有可能开展好自己的业务，搞好彼此间的合作。

而个性化的商务关系和商务人性化恰恰相反，它是把注意点放在自己的需要上的。你这样做时总觉得自己被一种徒劳感所困扰，也就是得不偿失。而且，从感情方面看，你和企业之间算得上是若即若离。所以，我们还是强调商务人性化。

作为全球化经济背景下的商务无国界、无距离手段，网络所引发的电子商务浪潮是传统企业与新兴产业都不可错过的机遇和选择。然而，当我们追逐网络所创造出的神话时，我们必须同时坚持建立企业与客户之间的人性化的关系。

让我们来学习传统零售上沃尔玛开通网络销售的成功案例。沃尔玛的成功，成功结合了两个最大力量——科技和人性化的服务，就像两条腿，没有传统的以人为本的服务理念，光靠科技是走不远的。

下面以史考特证券公司为例，探讨一下如何壮大新兴网络公司的生命力。史考特证券成立于 1980 年，当时只是一个小型证券商，经过 10 年的发展，分行数目增加 14 家。1994~1995 年被评为发展最快的 500 家私人美国公司之一，分行的数目增加到 57 家。1996 年，网络浪潮风起云涌时，史考特证券把握时机，开始向客户提供网络服务。但公司并没有因为网络的优势而忽视人性化服务。

截至 2005 年 3 月，公司在美国各地拥有 228 家。为什么作为一家网络证券商，史考特如此注重开设本地分行呢？因为他们相信，失去了与客户人性化的接触和服务，再卓越的技术都不足以令客户满意。事实证明，公司的策略是正确的。

应该说人性化的服务与先进技术的完整的结合，最好的服务来自人。

将焦点放在客户数目和营运额上是缺乏远见的，史考特案例让我们知道长远的发展需要人性化的服务。新型网络事业在网络技术使用上较传统产业占有优势，但这不能取代传统产业。电子商务是一个跨时代新的发展，是不可避免的趋势。但高科技如何进步，人性化的服务依旧是决定企业成功与否的关键。

当你亲自花时间与每一个人沟通，用最直接的方法来发展你们的长期商务关系时，商务工作会变得更加惬意，也获得更多的利润。

为什么存在这种必要？

除非你有独特的技术，以及一支不遗余力漫游世界推销商品的超级团队，你现在的商业模式迟早要被淘汰。而在这个飞速发展的时代，越早改变越好。这也是当今企业在经济形势下面临的最大挑战。

系统地运用好你的客户关系，建立起个人品牌，开始你的资产积累……前提是不损害客户的利益。

人性化管理可不是一蹴而就的。让我们开始吧。

在这里要讲述的若干原则最早应用于20世纪80年代TheRitz-Carlton的客户服务改造。基于它的巨大影响，类似Lexus等品牌都沿用了这些原则。这些原则都很简单实用，理所当然地，他们也会为你服务。

建立一个基础的人性化管理系统。

TheRitz-Carlton建立客服系统初期，工作人员被要求把客户的喜好和关注点记录在案。目的就是无论何时，当客户踏入世界上任何一家Ritz酒店时，酒店都能提前准备好客户所偏好的一切。

要注意什么样子的喜好呢？当然是所有的一切（喜好）。有的客户可能只需要你提供一个低过敏性枕头以及10盒面纸。而另一个，因为正在戒酒所以需要你在他入住以前掏空迷你吧台——而不是听到一个尴尬的提醒，这个特殊要求的满足建立在工作人员对入住的客户的重视的基础上。

保持简洁，有选择性地收集信息，给你的一线员工一些权力。

这至关重要，也并不复杂。简洁直接是你人性化管理系统得以发展的必要前提。

不论是什么行业，你都要持续收集人性化管理系统的数据：随着合作时间的延长，客户们的满意度有什么样的变化。

如何进行跟踪，这将取决于时间在你的生意里所扮演的角色——你的产品和服务交付使用所需的时间，以及客户（可接受的）等待时间。

怎样才能在商务关系中建立真正的友谊？

首先，要做到心中有数，当有人与你发生经济交往时（无论是直接还是间接），就出现了商务关系。为了确保业务第一，对自己扮演什么角色要准确定位，必须严格区分相互尊重工作中的友谊和相互尊重一般性的友谊。

其次，注意事态变化，例如，对方突然宣布退出，不愿多和你接触，显得咄咄逼人，要求让第三方加入。一旦发现这些情况，你有责任安排一次谈话，讨论各自的角色、地位，以及对业绩的预测。

# （十）对员工意见的三大误区

很多管理者对于员工的反馈有着误区：

误区一：我说事实就是事实，我的任务是让员工明白这一点。

精明的主管不会干这样的傻事，他们心里明白自己的看法也不总是百分之百的正确，他们更关心的是把事情办得稳妥一点。所以，他们办事的原则是多听别人的意见。

误区二：员工发牢骚怎么行，要不惜代价予以阻止。

据我们了解，每一次阻止或扼杀牢骚的行动都会遭到抵制和反抗。你越是阻止，反抗得就越厉害，直到你决定重新考虑反馈意见。所以，对员工关心的问题不要置之不理，更不要加以压制。你可以问问员工遇到了什么麻烦，还可以献计献策，一起讨论如何对付这些麻烦。

许多人爱发牢骚，在公司里也是，甚至连老板也会发几句牢骚，虽然发牢骚于事无补，但也是一种情感宣泄和减轻压力的一种方式。

员工发牢骚可以分为以下几种情形：

（1）公司没有正规的意见和建议反馈途径。

（2）公司对事情或问题的处置不当。

（3）公司在经营管理中侵害员工利益或没有考虑员工利益。

（4）公司在发布涉及员工利益的政策时，没有员工的参与。

第一种情形分析：公司没有正规的意见和建议反馈途径。

许多公司没有建立正规的意见和建议反馈奖励机制，或者就是建立了也形同虚设。要么是老板没有意识到这一点，要么是老板不重视员工的集体智慧。

其实一个老板再强，也没有精力管好所有的事，总有可以改进的地方，甚至有更好的办法。没有正规的员工反馈机制，员工的意见和建议，就会要么压在肚子里，要么就会一个群体一个群体的传播，爆发是迟早的事。

只有向员工收集意见和建议，随时敞开老板办公室的大门，真正的欢迎任何人提任何意见和建议。对于认真给予意见和建议的员工，给予奖励，形成正向激励。鼓励员工思考和发现问题，并鼓励员工在提意见和建议时一并给出问题的分析和解决方案。

第二种情形分析：公司对事情或问题的处置不当。

问题或事件处置不当，当然会引起员工不满。把一个公司比作一台机器，员工就是这台机器上的部件，有齿轮，有传感器，有润滑油，有螺丝钉……就是一个螺丝钉，如果松动也会让一台运转良好的机器散架。

第三种情形分析：公司在经营管理中侵害员工利益或忽视员工利益。

比如加班从来就不给加班工资等等，有些是违法的，一定要改正；有些不违法，但不合常理，要改成合情合理；有些是公司条件不具备，应积极创造条件，如果一时半会具备不了，应向员工说明情况，积极取得员工的支持。如果说一个人态度决定一切，一个公司也是，包括成败。

第四种情形分析：公司在发布涉及员工利益的政策时，没有员工的参与。

一个公司在制定制度和政策时，一点都不问员工，就好像说你是我花钱雇来，我不必问你。其实如果员工的积极参与，能够制定出更好的政策制度，也能充分调动员工积极性，团结和笼络员工，如果员工消极做事，把怨气发在客户身上，公司得不偿失。其实许多公司经常做些因小失大的事情。

误区三：犯错误就是犯罪。要么隐瞒罪行，要么惩罚，或者两者兼用。

只要越过这三个误区，用不了多久你和被提意见的人就不会再你争我斗。为了一个共同的目标，你们会携手协作。说到底反馈的目的就是为了不断改进工作。如果说你们的最终目标是进军奥运会，那么现在你们应当先参加世锦赛。

# （十一）消极因素"药到病除法"

随着信息技术的发展，企业所面临的环境发生着急剧的变化，任何以市场为导向的企业都必须不失时机地推动企业的技术变革、组织变革和人员变革，以适应不断变化着的内外环境。然而变革就意味着破坏，意味着打破传统。变革的这一特性，使得变革具有不同程度的风险性。组织内员工对变革的接受与否，组织变革的方向是否适应不断变化的外部环境，都直接影响着企业变革的成败。正是由于组织变革所具有的破坏性和风险性，才使得组织变革会招致来自组织内外各个方面的阻力。

## 组织变革阻力产生的原因

1. 企业员工在个人利益和整体利益上难以取舍。

一般而言，企业变革的目标就是要追求企业整体利益的最大化，这与组织内各个利益主体的根本利益是一致的，但是，组织利益最大化实现需要利益主体的有效组合，这样就必然会对组织内的各个主体的权利和利益进行重新分配。由此，一些群体和个人的既得利益就会有所损失。这就要求企业的员工要有一种舍小家、顾大家的全局意识，从组织的整体利益和全局利益去看待变革的意义。然而，在现实社会中，一些领导和员工只顾自己的个人利益和短期利益，盲目的抵制变革使得企业的变革难以有效的实施。

2. 员工不明变革的意义，对变革的发动者缺乏信心。

在组织变革的过程中，一些员工对企业变革的紧迫性认识不足，认为变革没有必要，企业推动变革是多此之举，并且会对自己的利益造成损害。更有甚者，为了维护个人利益，常常捏造事实，散布谣言。

还有一些员工认为变革很有必要，但对变革发动者发动变革的动机和实施变革的能力产生怀疑，他们中有的认为变革是发动者为了私利的获得而进行的伎俩，有的认为发动者的知识和能力不足以实现既定的目标。

因改革产生的消极因素怎么消除？

《克服工作环境中的消极因素》一书的作者加里·托普奇克说："人们是接受还是反对改革，问题通常不在于改革本身，而在于公司如何处理。"因此，应该怎么做呢？

（1）交换看法

在最近的一次调查中，39%的被调查者说，公司管理层在做出影响员工权益的决定时，从不透露这样做的真正原因。如果让员工参与决策，帮助他们了解改革的必要性，他们一定举双手赞成。

（2）急员工之所急

无助会产生失望，不要让这样的连锁反应继续下去。了解一下，员工还需要学习哪些业务和技能才能完成新的任务。帮助他们补上欠缺的东西，越快越好。

改革时期常常会产生不确定因素，一定要让员工相信你对他们有信心，他们一定有能力扩展自己的业务范围。不过，你要做好给予支持和鼓励的准备。在组织变革的过程中适当运用激励手段，将达到意想不到的效果。一方面，企业可以在变革实施的过程中，提高员工的工资和福利待遇，使员工感受到变革的好处和希望。另一方面，企业可以对一些员工予以重用，以稳住关键员工，消除他们的顾虑，使他们安心地为企业工作。

企业的人力资源要为组织变革服务。员工的个性与其对待变革的态度有着密切的关系，因此，企业在招聘的过程中，就应该引入心理测评，通过测评招聘一些有较强适应能力，敢于接受挑战的员工。其次在组织变革的过程中，企业要加强对员工的培训，提高员工的知识水平和技能水平，使得企业的人力资源素质和企业变革同步推进。再次，在企业的日常经营过程中，企业应该树立一种团体主义的文化，培养员工对组织的归属感形成一种愿意与企业同甘共苦的企业文化。

（3）引入变革代言人

变革代言人即通常所谓的咨询顾问。由以上分析我们已经知道，在变革的过程中，一些员工认为变革的动机带有主观性质，他们认为变革是为了当局者能更好地谋取私利。还有一些员工对变革发动者的能力有限，不能有效地实施变革。而引入变革代言人就能很好地解决上述问题。一方面，咨询顾问通常都是由一些外部专家所组成，他们的知识和能力不容置疑。另一方面，由于变革代言人来自第三方，通常能较为客观的认识企业所面临的问题，较为正确地找到解决的办法。

不必独自清除消极因素，培植企业的精神领袖。

在企业变革的过程中，如果企业有一位强力型的领导者，相对而言，变革的阻力就会很小。由于企业的精神领袖通常具有卓越的人格魅力和非常优秀的工作业绩。因此由他们发动变革，变革的阻力就很微小。当然，客观而论，在企业中培植精神领袖并不一定是一件好事，但在组织变革的过程中确实能起到立竿见影的效果。

（4）"药到病除法"

我们推荐的"药到病除法"能够将可以采用的各种方法综合起来进行力量平衡，把麻烦行为造成的影响减到最低。

（5）只对付有证可查的麻烦行为

说得具体点是指：开会迟到，乱批评同事，散布谣言（做好提供实例的准备）。但是，托普奇克认为，如果有些做法对道德规范、生产力和其他业务项目无明显影响时，那只好听之任之。或许他们的行为可能是不同思想类型的反映。

（6）处理问题有学问

工作环境中的消极因素的产生可能有各种不同的原因，如家庭纠纷、缺少称心的工作机会。对付这些情况，一定要注意引导，不要开口就训人。提问时要摆正自己的位置，避免下指示，要让听者觉得他是从过去的事件中吸取教训的。

尤其重要的是，不要寄予过高的希望。要全部清除工作环境中的消极因素是不现实的。也不要自欺欺人，以为消极因素会自动消失。克服消极行为是一项长期的斗争。但是，当你把它看作是"成长、解决问题和变革"的机会时，你的承受能力就会得到锻炼和提高。

## （十二）进行惩戒性谈话时

当"问题员工"的问题已经暴露，当我们要对他们进行惩戒性谈话时，注意我们是指导，不是批评。

1. 用"问题员工"之长，容"问题员工"之短

"问题员工"可能是企业中能力颇高的员工，也有可能是有着个性思维、创新力强的员工。因此，我们要正确面对"问题员工"的表象。挖掘他的优势和强项，用其所长，对在工作中有求上进、出业绩、敢突破的情形，给予恰当奖励。同时，要包容"问题员工"的缺点，私下进行真诚规劝和忠告；督促、鞭策他不断改正，要给"问题员工"以机会，而不是一棒打死。

2. 以企业文化化育"问题员工"

对企业文化要进行精准定位，对员工进行精心文化培育，准确无误地进行把握。公司弘扬什么、反对什么，提倡什么、制止什么，并拿这些标准要求管理者自己。企业要通过不断地企业文化宣传、企业文化活动来培育员工的团队意识、敬业行为和责任心，在潜移默化中改变"问题员工"的行为方式；通过定期的员工品绩考评，来改变"问题员工"的工作态度和不当行为。注重对"问题员工"进行多频率、高效率的正面教育、赏识教育，来化育"问题员工"。

3. 围绕"问题型员工"，找针对性管理方法

作为一名优秀管理者，应是一个能够及时化解团队内部矛盾，围绕"问题"寻找方法的人，不仅能够坚持原则，更能突现灵活性和管理创新能力。

"问题员工"的形成原因一般不外乎两个方面，一是自身原因造成的"问题"，二是外部环境改变造成的"问题"。有些员工因为自身的素质局限而使自己的心理、行为出现"异变"而产生的"问题"。对这类员工要多给予关心、培训、帮助和支持，鼓励他努力上进，不断表扬和激励是必需的。另一部分员工是由于外在环境改变而导致

一些员工"蜕变"而成为"问题员工"。比如上司调走、工作业绩下降、家庭变故、失恋等。因此，要根据其情况，采取正确的解决办法，或正面鼓励或私下沟通或帮助渡过难关等方法，使"问题员工"感激你、信服你进而尊崇你。

在进行惩戒性谈话时，要全力指导员工把业务搞上去。可以通过重温要达到的业务指标：让他明白规规矩矩办事的道理。个人问题咨询完全是另外一回事，应当找专业人员帮忙。

如果问题仍未解决：

（1）口头提醒

找该员工谈话，提醒她所写的改正错误的保证。谈及她没有按自己的承诺和公司的业务要求办事时，一定要具体明确。必须讲清楚，这是正式惩罚过程的第一步，还要说明让她以后要采取的行动。不要忘记做谈话笔录，尽管这只是属于口头通知的性质。着手准备书面提醒和后果负责。

（2）"积极惩罚"，又叫"没有处罚的惩戒"

其核心部分是让员工自己做出选择。这个选择就是经过仔细考虑公司的业务要求后，要么保证在一天内达到要求，要么离开公司。

不处理那些有问题的员工可能代价高昂，甚至可能从多方面伤害你的公司：

如果解雇了这些绩效不佳的员工，你可能会找到一名明星员工。项目周期、成本超支、客户满意度下降。对企业内士气和绩效的传染效应。如果"问题员工"是一名经理的话，那么很有可能在整个公司里引发连锁反应。

传统的智慧认为有攻击性的解雇政策对于员工是一种伤害，其实不然。那些无法达到绩效要求的人应该更高兴去做点别的什么事，他们也许会更有效率。一些曾经被解雇的人事后反而感谢公司，表示他们需要这样被"踢"一下，刺激他们前进。我们并没有开玩笑。

## （十三）化解业务评估时的焦虑

通过掌控微妙的平衡行为，让有意义的评估活动准确无误地纳入这样一个轨道：评估要推动真正的改革。记住这句话：喜剧、歌剧和棒球获得成功的指导原则同样适用于公正和有效的业务评估。确实是这样，员工对业务评估的抗拒不是不可改变的——身为主管的你是否用对了方法去解决问题？俗话说得好，一切尽需交流。

1. 化解员工对业务评估的抗拒心理

提示：主管不应将员工的抗拒视为阻碍。

面对员工的抗拒，主管不应该不断地向员工强调改变的必要性，而是要正视员工的反应，去了解背后的原因，化解员工的抗拒心理。

"主管不应将员工的抗拒视为阻碍，而应该当成机会。"哈佛商学院教授达德·吉克说。

员工抗拒，表明你有些地方可能没有做好，例如没有说清楚，让员工产生疑虑，或是没有提供足够的协助，让员工不知该如何是好。

2. 界定彼此的权利义务

提示：员工不是反对业务评估，而是在意对他个人造成的影响。

员工不是不愿意评估，而是更在乎他自己会受到什么样的影响。正如瑞士洛桑管理学院教授保罗·史翠贝尔说的，组织与个人之间本就存在有既定的"个人契约"来界定彼此的权利义务。但改变有可能破坏了原先的承诺。也许只是稍微调整员工的工作内容，但对于员工来说，他势必会想到自己的权益是否受到了影响。他是否比过去要多做许多却没有得到相应的报酬，或是他必须承担更多的责任，但是权限并没有相对增加。

到底是什么原因让员工面对评估时心生抗拒？根据《为何你不接受我的想法》一书的作者瑞克·莫瑞尔的研究，员工的抗拒心理可以分成四个不同的层次。

层次一，信息不明确。对于评估，员工往往只是被告知评估的结果，却不知道评估的过程。

层次二，情况不了解。员工对于该如何改变完全不了解。许多时候，主管只是看到了问题，觉得有改变的必要，却没有想到该如何做。当然，你可以和员工充分沟通后，再决定确切的做法。但是，如果你心中没有明确的想法，又如何与下属讨论？

层次三，心态不安。"对于许多人来说，面对评估最常见的负面情绪反应就是失去掌控的不安。"达德·吉克说，"那些结果是他无法确实掌控的，心里难免有些不安或是焦虑。"

经过评估，你让员工转调职务或是部门时，也许是希望他能得到全面的历练。但对员工来说，必须重新学起，而且也不知道自己未来会做得如何。身为主管，如果没有考量到员工心里的担忧，很可能让自己的美意成了员工眼中不合理的要求。

层次四，心里不信任。因为过去太多不好的经验，让员工不相信评估会带来任何好的结果；或是觉得评估只是为了组织的利益，对于员工没有任何好处。当你明白了员工不信任的理由，其实也是提醒自己，在过程中应避免发生类似的情形。

3. 化解对业务评估抗拒的公平需求

提示：不是要安抚情绪，而是要化解疑虑。

在面对员工的抗拒时，不要想着采取安抚的态度，这样根本误解了问题的本质。事实上，员工需要的不是安抚，而是化解心中的疑虑。

主管与员工之间时常处于信息不对称的状况，许多的信息或是事实只有主管知道，员工却是一无所知。这会让员工觉得不公平，更会对改变本身产生怀疑。

根据心理学家多年的研究，相对于结果本身，人们更在乎结果产生的过程。这源自人性的基本需求，人们总希望被视为独立的个体对待，希望别人能尊重他们的想法和感受。因此，过程的公平与否非常重要。

根据欧洲管理学院教授金诚多年的研究结果，要达到过程的公平，必须做到两点：一是向员工解释清楚。正如先前所说，员工必须知道"为什么"，为什么需要评估？也许你真的说明了原因，但你是否真正做到了信息透明？如果员工无法得知信息，又如何要求他去接受改变？二是听员工的声音。

在评估的过程中，你是否有让员工表达自己意见的机会？许多时候主管认为有必要做的事情，员工并不这么认为；主管认为评估会带来好的结果，员工却认为评估只会带来负面的结果。角色不同，会产生不同的认知。

不论最后的结果是采用你的想法、员工的想法，或是重新找到新的做法，这并不是最重要的，关键在于员工的意见被听到、被讨论过。金诚教授特别提醒说："公平的过程不是要取得共识，或是为了满足每个人的需求而做出妥协。"公平的过程讲求的是每一种意见都有表达的机会。

"人们必须知道改变的具体目标，而不是遥不可及的空泛概念。"通用汽车公关部副总裁盖瑞·葛雷特斯说。

哈佛商学院教授霍华德·斯蒂文说："如果员工不了解游戏规则，就不会有任何实际行动。"在管理上，可预测性是非常重要的因素，特别是面对任何改变，应该尽量降低过程中的不确定性，才能增加员工对于改变的接受度。

不要忘记，你写评语的目的是为了提高员工的业务水平，而不是惩罚人或者写几句空洞的赞美词。诚实加上一点机灵，可以减少评估过程中的焦虑情绪，使参加这项工作的人觉得受益匪浅。

# 八、管理有道方能树立威信

一个好的领导必然是一个深得下属尊敬和钦佩的领导。而要想让下属发自内心地尊敬和敬佩，那么首要的前提就是领导要尊重下属，不在下属面前摆"官"架子，时时刻刻让下属感到自己是受尊重的。这样的领导在下属眼里必是充满人性关怀和人格魅力的。

## （一）提升自己的人格魅力

身为领导，是有着诸多追随者的人。有魅力的人才有追随者，有追随者的人才能成为杰出的将帅。一个有人格魅力的将帅，能够在运用权力时，让自己产生亲和力、凝聚力和感召力，使下属心甘情愿地努力奋斗，为实现既定目标而兢兢业业。

魅力，是现在人们评价一个人是否值得欣赏和喜欢常用的词。通俗且形象地说，魅力就是一种美。这种美涵盖内外两个方面，外在来看，衣着打扮，言行举止可给人以一种外在的美感；内在则是个性品质优良，让人情不自禁地希望与之靠近。如果一个人只是外表光鲜亮丽，那么就好比纸糊的灯笼，中看不中用，仅能光耀一时，但难以持久。

所以，要想成为一个有魅力的将帅型人才，既要考虑外在美，更要注重内在美。而实际上，魅力从其本质上讲，就是一种有内涵的美丽。如果说外在美就像一朵花，需要认真地看，那么，内在美就会像一杯茶，需要仔细地品才行。

身为领导，是有着诸多追随者的人，所谓领导力也就是指获得追随者的能力。简言之就是，有魅力的人才有追随者，有追随者的人才能成为杰出的将帅。

作为迪斯尼公司的创建者，沃尔特·迪斯尼无疑是杰出的，他是迪斯尼的精神领袖。

沃尔特是一个有着非凡想象力的人，也是个敢于承担风险的人，而且他更有能力让自己的下属最大限度地挖掘他们的潜力。

同时，沃尔特还是一个毫无老板架子，十分平易近人的人。他告诉员工们，不必称呼自己老板，直接叫他"沃尔特"就行。对于员工的工作时间，他也不会硬性规定，允许他们灵活掌握，并且会尽己所能地为员工提供好的设备和材料，为他们营造一个获得支持和鼓励，但又毫不松懈的创作环境。

在管理过程中，沃尔特显现了天才团队中管理者的一项特质：他不会在下属们正解决困难和问题的时候进去参与，而是当他们已经解决了大部分问题时才介入，来肯定他们的工作，或者给他们提出要求，让他们把工作做得完美。

无疑，沃尔特的做法是明智的，他用这种"松紧"适度的管理方式，让下属们产生了自主感，于是他们的潜力也得以最充分的发挥。

在一本关于迪斯尼公司的小传中，有位动画家这样提道：你可以忙碌一整天，当工作结束，你审视自己的成果时，结果把它们扔到了垃圾桶。你不会有一丝遗憾和不安，也不会有人来责怪你工作没成效。如果没有如此反复和不断否定自己的工作过程，反而会有人奇怪。迪斯尼所创造出来的艺术形象，都是在这种反复和否定中产生的。

从最后这段话中，我们就可以读出迪斯尼发展壮大、深受人们喜爱的一大因素，那就是管理者给员工们创造了利于他们创作的良好环境。而这种环境的创设均是建立在沃尔特强大的个人魅力基础之上的。换句话说，正是南于沃尔特超强的人格魅力，才使迪斯尼创造出了一个个非凡的艺术形象，让它得到了全世界人们的接受和喜爱。

或许你会觉得，人格魅力这个东西有点"玄乎"，不像一件物品那样看得到，摸得着，想让自己成为一个有人格魅力的管理者有点无从下手。

别急，我们今天就告诉你方法，让你向一个具备人格魅力的将帅型人才进军：

1. 勾画理想，让团队成员有"奔头"

领导魅力和一般人际交往中所体现的个人魅力有所不同，因为这种魅力或吸引力是由管理者发出的。通过这种魅力，管理者把大家吸引到自己的战略与计划、理想与目标中来。而人们之所以能全力奉献，并不因为他是管理者，而是因为他勾画的这一理想本身具有吸引力。单凭人际关系，或者单凭管理者本身的权力和地位，是不能做到这一点的。

2. 对下属的需求要摸清，了解他们最关心的是什么

作为下属，大多需要对团队产生归属感和成就感。而这些又都是需要通过工作才能实现的。所以，管理者应为员工提供职业安全感和工作满意感，以及提供一种符合

他们个人专长和人生目标的发展前景，使他们对团队、对企业产生认同，感到作为群体的一分子是有意义的。

3. 要做一个民主、开放的管理者

对员工来讲，企业是他们的生计、前途和希望所在，任何影响公司发展的问题，也势必会影响到每个员工。因此，在对团队制定决策时，管理者有必要听取下属的意见，给他们提供参与决策的机会。这既是表示对员工的尊重，也是在寻求员工的支持。总之，要尽可能地让员工多知道公司内外都在发生些什么。美国太平洋贝尔电话公司总裁奎格利就认为："最好让所有员工都知道公司的重大决策，千万不要把他们蒙在鼓里。

4. 应注意交际与沟通的艺术

职场上，说话永远是重要的一环。即使领导对下属也不例外。本书第二部分中，会有专门的章节来论述这一问题，在此就不多提了。只是提醒大家要注意：你说话的态度、身体语言、周围的气氛、自信的神采以及言语中的情感常常比谈话内容还要重要。

总的来说，一个被下属们称为好领导的将帅，必定是一个有着超强人格魅力的人。应该说，为将帅者的人格魅力影响着其执政的能力。一个有人格魅力的领导，能够在运用权力时，让自己产生亲和力、凝聚力和感召力，使被领导者心甘情愿地努力奋斗，为实现既定目标而兢兢业业。

## （二）人性化管理，从尊重开始

作为将帅，有没有影响力，能不能管好下属，做好工作，在很大程度上不是看他手中的权力有多大，他的能力有多出色，而是看他能否给下属应有的尊重。如果一个领导不拿下属当回事儿，那么，他就很难玩转自己的工作。相反，尊重下属，以人为本的将帅型人才，会激发下属的一腔热情，可以更好地投入工作中。

某网站曾经爆出过这样一则消息：一家生产型企业明确规定，凡是不尊重员工、同事者一律不予提拔。这家企业曾经在进行中层领导调整中，本来将原三名车间主任定为提拔对象，但是通过征求员工意见获知，他们三人在日常管理中，经常有对下属态度蛮横、作风武断等表现。因此，企业高层领导认为他们三人不尊重员工，不具备升任中层领导的资格，于是对那三名车间主任的提拔。

不能不说，这家企业的管理颇具人性化。

职场专家认为，作为团队带头人，要想赢得下属们的心，让管理工作能够顺利进行，最好的方法就是实行人性化管理。正如比尔·盖茨所说："企业要走向以人为本的管理，第一步是学会尊重员工。"

我们知道，每一家企业，在聘用员工的时候都是经过辛辛苦苦筛选出来的。如果上到老板，下到团队管理者不能平等尊重、真心善待他们，已经录用的人才就会逐渐流失，企业就会有巨大的资源浪费。但事实上，能够有此认识的管理者并不是太多，有的管理者认为："我给他们工作的机会，也给了相应的工资，我就可以随意对待他们，随心处置。"岂不知，这是一种狭隘的想法，因为在同一领域中，相似的企业就有十几家，甚至上百家，而人才是各个企业最关键的核心力。如果你流失了一个人才，那么很可能就等于为竞争对手送去一个人才。

另外，管理者还要意识到，任何人都有被尊重的需要，下属当然也不例外。而且他们一旦受到尊重，往往会产生比金钱激励大得多的工作热情。日本松下创始人松下幸之助就经常对员工说："我做不到，但我知道你们能做到。"他要求管理者必须经常做"端菜"的工作，尊重员工，对员工心存感激之情。这是何等智慧的领导！

所以说，要想成为一名合格的将帅型人才，就必须尊重周围的人，尊重每一个同事和下属，就像尊重自己一样。管理者要树立"领导员工等于爱员工"的观念。受到尊重后，每个人都会有感觉，他们会将之反馈给管理者和公司。而这个反馈对于管理者和公司来说，有巨大的作用。

土光敏夫作为日本企业界的权威人士，曾经为日本经济振兴做出了巨大贡献，尤其到了晚年时期，土光敏夫更是业绩斐然，而这一切都得益于他尊重员工的管理作风。

土光敏夫在68岁时担任东芝社长，可是他不辞辛苦，遍访东芝各地工厂和营业所，同许许多多的员工沟通交流。

一次，他到了川崎的东芝分厂，工厂的职工纷纷感叹："历任社长从未来过，如今土光社长您亲自莅临，我们的干劲大增。"他还将总部的办公室完全开放，欢迎员工们前来讨论问题。刚开始时，前去交流的员工们很少，但他不急不躁、耐心等待，半年之后。他的办公室就变得门庭若市。

土光敏夫提出："管理者的责任是为员工提供一种良好的工作环境，让每个人发挥所长。如果员工认为自己在哪里最能发挥所长，可以自动申报；同时，公司某个部门需要某一类人才时，先行在公司内部员工中招募，以鼓励员工在公司内作充分流动。"正是土光敏夫这种尊重员工的管理方法，使得员工们个个干劲十足，公司的业务也呈上升趋势，成了全球知名企业。

看完这个案例，让我们不得不对土光敏夫产生敬佩之情，一个大型企业的老板，居然能对下属如此尊重，员工不努力才怪，企业不发展也说不通！

说到底，人都是有感情需要的，作为下属，他们非常希望从领导那里

土光敏夫

得到尊重和关爱，这种需要得到满足之后，他们就会以更大的热情和努力投入到工作之中。那么，要想成为一名合格的将帅型人才，该如何做，才能实现人性化管理，让员工感到尊重呢？一般来说，可以从以下几方面去做：

1. 尊重下属的工作

尊重下属，不仅要尊重他这个人，也要尊重他的工作。每个员工的工作都是公司发展不可缺少的一个环节，即便他的工作只是端茶倒水，擦桌子扫地，管理者也要给予足够的尊重，不可轻视。

2. 给下属足够的空间

给予下属足够的空间，也是对他们的一种尊重。工作中，管理者要做的不是时刻将目光锁定在下属身上，而是指导和帮助他们学会时间管理，让他们利用好自己的时间，做好自己职责范围内的工作规划和计划。这样，他们的工作就会更有效率，更有成绩。

3. 维护下属的自尊心

在一次关于罢免计算机部门经理助理的问题上，通用电气公司的管理者陷入了两难的境地。

这位经理助理是电气方面的行家，但是，他非常不胜任经理助理这个职位。如果

公司下令解除他的职务，对公司来说，不但是个不小的损失，而且还会在公司内部引起各种难以想象的舆论。

最终，公司管理者以表彰他在电气方面的卓越贡献为名，为他新添了电气顾问工程师的头衔。他在高兴之余，主动提出不担当经理助理一职，管理者的难题得到了圆满的解决。

可见，保护员工的自尊心是非常重要的，是尊重员工的一种表现。作为将帅，处事要冷静，不要无情地剥掉下属的面子，以免伤害其自尊心，激发其逆反心理。

4. 尽量不辞退下属

尽量不辞退下属，有利于培养他们的归属感。他们会觉得，领导非常尊重自己，不会随意舍弃自己。惠普公司在这方面就做得很好，他们的员工一经聘任，就很少被辞退。

在第二次世界大战中，惠普公司要签订一项利润丰厚的军事订货合同。但是，如果接受这项合同，公司的人手还差很多，就需要再雇用十几名员工。当时，公司创始人休利特问人事部长："完成这项合同之后，这些新雇用的人能安排别的合适的工作吗？"人事部长回答说："只能辞退他们，因为已经没有什么可安排的合适工作了。"休利特想了想，说道："既然这样，我们就不要签这份订货合同了！"

5. 尊重辞职、离职的下属

现代社会，按说离职、辞职是职场上的常事，没什么大不了的。一个真正有风度的领导，在遇到部门员工辞职的情况时，也要对他们继续保持尊重和关心。这样，不仅可以体现管理者的亲和力，而且能对在职的下属产生示范效应：一个管理者对辞职和离职的下属都这么关心，现有下属就会坚信自己也可以得到足够的尊重，工作积极性也会因此提高不少。

# （三）下属犯错，温和处理是妙法

每一个员工，都难免会犯错。作为领导，是厉声指责好呢，还是温和相告好？毋庸置疑，没有人喜欢做事没有选择余地，更不喜欢接受来自他人的强硬的命令。所以，即使是面对员工犯错，领导也要尽可能保持风度。这样不但会让下属更诚恳地承认错误，而且会体现出管理者的修养和智慧。既如此，何乐而不为呢？

任何一个企业里，领导和下属之间都难免会产生磕碰、摩擦和误会。碍于上下级关系，下属自然不能当面和领导发生冲突，可长期闷在心里，难免会产生一种想找人谈谈的"倾诉欲望"。但很不幸，连个合适的倾诉对象也找不到，那就继续闷在心里。可是这样下去，很容易会使小过结变成大问题，甚至引起一些事端。

其实，下属会对领导甚至企业产生一些不满情绪是很正常的。一方面是因为领导是管理者，面对的是众多的下属、客户，需要面对非常复杂的社会和上级机关的众多部门，接触面和联系面较为广泛，工作更是千头万绪，难免产生浮动焦躁情绪，这样一来，工作中可能就会出现偏差；另一方面，员工肩负着繁重的工作任务，信息输入量相对单一，大多只和自己的业务方面接触较多，考虑问题不自觉地就会从自己的角度出发，也就难免出现偏颇。

但是，好的领导和好的老板应善于发现下属的不满。比如，当有下属表情严肃不爱理人时；当有下属工作消极背后嘀咕时；当有下属越过你向上级反映问题时；当有下属直接找你理论时。些时，你应该善于自我反省，发现自己的不足。

很多年前，美国某石油公司的一位高级主管做出了一个错误决策，一下子使该公司损失超过 200 万美元。当时这家公司的老总正是大名鼎鼎的洛克菲勒。造成损失之后，这项工作的主管人员唯恐洛克菲勒先生将怒气发泄到自己头上，就设法避开他。

一天，这家公司的合伙人爱德华·贝德福德走进洛克菲勒的办公室，发现这位石油帝国老板正伏在桌子上在一张纸上写着什么。

"是你呀，贝德福德先生，请坐。"洛克菲勒让贝德福德，平静地说道，"贝德福德先生，我想你已经知道我们的损失了。对于这件事，我考虑了很多，但在叫那个人来讨论这件事之前，我做了一些笔记。"

原来，那张纸上罗列着某先生一长串的优点，其中提到他曾三次帮助公司做出正确的决定，为公司赢得的利润比这次的损失要多得多。

之后，贝德福德感慨道："我永远忘不了洛克菲勒面处理这件事情的态度。以后这些年，每当我克制不住自己，想要对某人发火时，就强迫自己坐下来，拿出纸和笔，写出某人的好处。每当我完成这个清单时，自己的火气也就消了，就能理智地看待问题了。后来这种做法成了我工作中的习惯，好多次它都制止了我的怒火，如果我不顾后果地去发火，那会使我要付出惨重代价。"

由此看来，当工作中发现别人有什么疏漏时，尽量要用温和的态度进行对待。这不仅是一种风范之举，更是避免和对方产生不快，从而对工作形成不利影响的良好策略。

一个真正有涵养的人，绝对不会像歇斯底里的疯子一般随意发泄情绪，他会冷静地应对棘手难题，会给自己一个底线。一个人若是把自以为是、狂傲自大作为常态，那么这个人便只会面临无穷尽的失败。

总之，一个好的管理者需要和下属经常沟通，这样才能了解下属的需求，化解下属的不满，从而为团队建立良好的工作氛围。

还有一点，就是当我们将冲动的情绪控制住之后，也要冷静下来重新思考，尽量把自己的心结打开。可以问问自己：当时为什么会有冲动的情绪？为什么自己不能从一开始就看开点？为什么不能很好地控制情绪？当仔细考虑过这些问题，并得到答案后，我们便会从源头上遏制愤怒。

一位深谙职场心理学的专家这样表示：上级同下级说话时，不宜做否定的表态，比如，下面这样的话，就最好被将帅们列入"禁言"范畴："你们这是怎么搞的？""有你们这样做工作的吗？"

如果需要自己发表评论，也要善于掌握分寸。因为你的点头、摇头等轻微的动作，在下属那里都会被认为是"指示"而毫不犹豫地去贯彻执行。所以，轻易地表态或过于绝对地评价都容易失误。比如，你的下级向你汇报改革试验的情况，你最好的回复是只宜提一些问题，或做一些一般性的鼓励，比如说："你的试验很好，可以再请几个人发表一下意见。""等有结果后，希望能及时告诉我。"

类似这样的评论巧妙地避开了具体的问题，为自己为对方都留有余地。

还有一种情况，就是当你认为下属的汇报中有什么不妥的话，你的表达更要谨慎，尽量采用劝告或建议性的措辞，比如，"你再考虑考虑，是不是还会有其他的办法，比如……""这是我个人的意见，你们可以作为参考。""我手上有一部分材料，你们可以看看，或许会有所启发。"这样的话，下属不会明显感觉到领导的不满，而是会对其产生一种启发作用，也就更容易接受。

由此看来，作为领导，当发现下属有什么疏漏时，尽量要用温和的态度进行对待。这不仅是一个领导的风范所在，更是避免和下属产生不快，从而对工作形成不利影响的良好策略。

## （四）宽容大度，让下属保住面子

每个人都希望得到别人的尊重，都希望别人能多给自己面子，下属也不例外，他们也会非常在意自己的面子，也会渴望得到荣誉。作为领导应当善于包容他们的过失，懂得为下属留面子。你懂得给下属留面子，下属就会为之所动，就会有所回报。

生活中，我们常常会听到"给我一个面子""看在我的面子上"等诸如此类的话，在某种程度上，对于人们来说，面子胜过一切。我们所付出的一切努力可以说都是为了争面子，得荣誉。你若不给别人留面子，别人也就不会顾及你的面子。

《左传》中记载了这样一则故事：

一天，郑国的大夫子公与子家一同上早朝时，子公的食指突然无缘无故地颤动起来。子公对子家说："以前我的食指颤动的时候，预示着有异味可尝，看来今天又有好吃的了。"

二人入朝后，果然看到郑灵公煮龟犒劳大臣，于是相视大笑。

郑灵公见状，问为何而笑，子家便把子公的话告诉了郑灵公。

龟汤煮好后，郑灵公故意想让子公在大家面前难堪，他便给每人都分了一份龟汤，却偏偏不给子公。

如此大丢面子，子公感到非常生气，于是他不顾一切地从鼎中捞起一块龟肉，边吃边走出去了。

郑灵公见状大怒，想杀子公但又忍住了。

可郑灵公万万没想到，不久之后，自己却死在了子公的手下。

俗语说："树有皮，人有脸。"学会为别人留面子、保护别人的面子，是人际交往中的一条重要原则。可以说，你每给别人留一个面子，就可能为自己多交一个朋友；你每损害一个人的面子，就可能为自己增加一个敌人。

每个人都希望得到别人的尊重，都希望别人能多给自己面子，下属也不例外，他们也会非常在意自己的面子，也会渴望得到荣誉。作为将帅，更要知道面子的重要性。如果你一时激动，控制不了自己的情绪和脾气，不分场合地任自己发泄情绪，对下属怒喝或破口大骂，那么，你的气是出了，心里痛快了，但你的下属却会因此感到没面子，会对你怀恨在心，你也就失去了下属对你的尊重，甚至威信尽失。你建立的是威而不是信，表面上下属会听你的，但背地里可能是另一番景象，这样的管理是失败的。

曾有一个下属这样说："老板少给我钱可以，但不能不给我面子。我能接受上司的批评，前提是上司一定要给我面子，不能在大庭广众之下或众目睽睽之下骂我、批评我，那样是很丢面子的事。"每个人都有自尊心，即使下属犯了错误，也不能随心所欲地数落他们。要知道，从人格上来说，每个人都是平等的，你若不能顾及下属的自尊，把他们逼急了，他们不仅会反过来刺伤你的自尊，还会对你产生排斥心理，不再听从你的命令和指挥，甚至影响到整个团队的合作。

人非圣贤，孰能无过？下属出现失误或错误是不可避免的，作为领导应当善于包容他们的过失，懂得为下属留面子。你懂得给下属留面子，下属就会为之所动，就会有所回报。

《说苑》中有这样一个故事：

一日夜晚，楚庄王设宴犒劳群臣，并请后宫美人出来劝酒。在众人酒酣耳热之际，一阵风将烛灯吹灭了，有人便趁机拉美人的衣服，美人迅速将那人的帽缨扯掉，并央求楚庄王赶快点灯。

楚庄王却说："今日大家与我饮酒，把帽缨脱掉才痛快。"

于是，当大家都把帽缨拿下来后，楚庄王才又重燃烛灯，最后众人尽欢而散。

后来，楚国与晋国开战，有一名楚将奋勇杀敌，为楚国立了大功。楚庄王问他姓名，他说："我就是那晚被美人扯掉帽缨的人。"

管理者懂得给犯错误的下属留面子，换回的可能是下属的拼死相报。相反，如果管理者将下属的过失剖露在大家面前，让下属颜面尽失，除了会使气氛变得非常尴尬，除了损失一名成员之外，起不到任何别的作用。

需要注意的是，这里所说的留面子并不是不讲原则地纵容。这里说的留点面子，而是指对有过失的下属点到为止，促其自省，给其改过的机会。

此外，当下属做出成绩时，管理者更要舍得给下属面子。这对下属来说是一种鼓励，能够使其更加努力地工作。

《三国志》中记载：

鲁肃为孙权取得了赤壁之战的胜利，归来后，孙权召集群臣，为鲁肃举行了盛大的欢迎仪式，并亲自下马迎接鲁肃。

孙权问鲁肃："我这样恭敬地对待你，给足你的面子了吧？"

鲁肃回答："不！"

在场的众人都感到十分惊愕，鲁肃却正色道："我希望主公统一天下，然后再拜我当官，这才是给足了我面子呀！"

孙权听后拊掌大笑道："因我给足了你的面子，你这是攒足了劲儿要回馈给我一个君临天下的大面子啊！"

一个好将帅不仅懂得给下属留面子，还会保护下属的尊严使其不受伤害，会在日常工作中顾全下属的面子。

此外，当你与下属的意见发生冲突时，为了劝服下属，最好采取单独面谈的交流方式，并可以这样说："我完全理解你的想法，因为一开始我也是这样想的，那时候我还不了解事情的具体情况，但后来当我了解到全部情况后，我就知道你我都错了。"

这样说不仅不会伤害到下属的自尊，还能使其体面地收回先前的立场，并信服你说的话，甚至对你心存感激。

## （五）不摆架子，树立自己的"亲民"形象

每一个管理者都常会不经意地感受到一种"高处不胜寒"的孤独，这种孤独感，固然可以显出你的高贵和不可侵犯，但是对于一个团队来说却是非常有害的。管理者要想做好管理，与下属像朋友一样交流，必须放下你管理者的架子，给他们勇气，让他们愿意主动地接近你。

"哎呀！真受不了我们经理，一个芝麻粒大点的官，架子倒摆得不小。切，他越是这个德性，我们就越懒得理他，越想和他对着干。"

"我们单位的领导讲起话来怎么那个样子，拿腔拿调的，真让人受不了。"

"我们部门的主管讲起话来老是装腔作势的，不把人放在眼里。自己都没多大本事，凭什么瞧不起人啊？"

……

相信在现实生活中，我们经常会听到类似上面这样的议论。之所以会出现这么多目中无人、爱摆架子的领导，是因为在很多人的内心深处，仍旧存在极其强烈的"官本位"思想，有这种思想的人都坚守"官大一级压死人"的信条，认为自己的职位比别人高，就可以肆无忌惮地管别人，自己说什么别人就得听什么，就可以目空一切，在别人面前摆架子。

殊不知，作为一位领导，过分以自我为中心、无视他人的存在、严重脱离下属，

是不可能在现代职场中站稳脚跟的。而一位受下属拥戴的领导，其品格往往能赢得下属发自内心的赞赏，他所管理的团队也会有较强的向心力和凝聚力。

如果朋友们想在大浪淘沙的职场成为"香饽饽"，当一名受下属拥戴的领导，就需要在成功塑造自我品格的同时，做到面对下属，不摆架子，树立自己的"亲民"形象。

张雅勤因为工作业绩突出被晋升为分公司总经理，在上任时的欢迎酒会上，张雅勤既不喝酒又不善辞令，与下属们几乎没有什么交流。

因此，下属们都认为这位新领导高傲不易相处，爱摆官架子。想到这里，大家心里不免打敲起鼓来，觉得以后的日子会很不好过。

张雅勤正式上任后，下属们都对他敬而远之，在工作上也不是很配合这位新领导，这直接导致张雅勤的工作陷入了孤立被动的境地。

元旦时，公司举办了一场元旦晚会。在晚会上，张雅勤出乎意料地献唱了一首歌，赢得了满堂喝彩，张雅勤这一举动迅速拉近了与下属们的距离。不仅如此，张雅勤还主动与下属们讨论回家过年的事情。

在热烈的讨论中，有一位下属突然对张雅勤说："张总，平常看你总板着个脸，一副不苟言笑的样子，还以为你是一个爱摆官架子的人呢，现在才发现，原来你挺温和挺平易近人的嘛。"

张雅勤听了下属的话后，这才恍然大悟，意识到自己这几个月来工作进展之所以如此艰难的原因所在。

从那以后，张雅勤在工作中非常注意自己的言行举止。与下属见面也不再面无表情，而是微笑着主动与他们打招呼。慢慢地，下属们都看到了这位新领导温和体贴的一面，其往日的官架子也已荡然无存。因此，下属们与张雅勤的交流也随之多了起来，工作上也开始积极配合他，张雅勤的工作开展起来也越来越顺利。

此后不久，张雅勤又组织成立了一个业余文化活动中心，经常召集下属们一起打球、唱歌、做娱乐活动等等。这为张雅勤赢得了更多的"民心"，下属们都乐于和他亲近，有事都喜欢跟他谈谈。至此，张雅勤完成了从过去"高高在上"的形象到后来亲民形象的华丽转身。

在张雅勤的管理领导下，分公司的业绩蒸蒸日上，因此，张雅勤也被提拔为总公司的总监。升为总监后，张雅勤继续贯彻自己的"亲民政策"。

在年底的酒会上，为了让大家释放压力，玩得更尽兴，主持人临时想出了一个恶作剧环节，就是在某个员工不防备的情况下将其抛到游泳池中去。

董事长同意主持人的提议，并征询张雅勤的意见。张雅勤听后，并没有立即做出回应，而是转过身对员工说："主持人太坏了，竟然让我这个名副其实的旱鸭子下游泳池游泳，真是……"话还没完，张雅勤就假装脚下一滑跌进了游泳池。引来在场的员工哈哈大笑。

事后，董事长问起张雅勤："你完全可以找一个下属去表演，为什么非得自己这样做呢？"张雅勤笑着回答道："如果捉弄下属，而自己却高高在上，摆出一副官架子，那会让下属很不是滋味，也会让自己失去民心。"张雅勤的话让董事长大有感触，也明白了体恤下属的重要性。

从张雅勤的经历中，我们不难看出，在职场中，那些高高在上、爱摆官架子的领导往往得不到下属的尊敬和拥戴，相反，那些面对下属温和、不摆架子的领导，却往往能得到下属的拥护和支持。

的确，一位优秀的领导，绝对不是靠着自己的高职位来压人，更不是依仗手握的权力来管人，而是凭借自身所拥有的魅力去吸引下属，让下属主动向自己靠过来，发自内心地服从自己的管理领导。

这里所说的魅力，是一位出色的将帅所必须具备的独特的个人魅力（温和不摆架子仅仅只是其中一方面），缺少这一点，便很难让自己的下属心服口服。

因此，想要成为一位有口皆碑的好领导，就应该首先提高自身素质，为自己的下属创造一个良好的工作环境，这样才能吸引有所作为的下属跟随自己共同奋斗。

那么，要想成为一名出色的将帅型人才，应该如何来提高自身的魅力呢？

1. 有全局观，能从大局的出发

作为领导，如果在工作中总是只考虑自己的利益，鼠目寸光，那就不可能得到团体的认可，更不可能在下属心目中树立权威。

所以，要想成为一名出色的人人爱戴的领导，就要着眼于大局的利益，学会设身处地地为下属着想，这样才能得到下属的信任和认可。

2. 努力学习，提升自身的能力

职场中，流行这样一句话："一只绵羊带领一群狮子，敌不过一头狮子带领的一群绵羊。"从这句话中，我们可以看出，一个管理者对于一个团队组织的影响是非常重要的。如果仅仅只是温和不摆架子，却没有实际的能力，那也不可能赢得下属的信服，更不可能在下属心目中树立权威。

有句俗话也说："打铁还需自身硬。"领导的自身素质直接影响下属的积极性，影响公司的发展。所以，身为领导的朋友们必须重视提高自身的素质，努力提高自己的专业知识，打造自身的实力，只有这样才能赢得下属的信服，取得下属的信任和拥戴。

3. 拥有一颗大度包容的心

任何一位领导，都要面对一个能否容人的问题。在实际工作中，领导们应该在用人方面更有雅量，因为用人的时候，不是看谁跟你有过节，谁跟你关系最好，而是看谁最有能力，谁是你最需要的人才。

总而言之，身为将帅，不能在考虑问题时把自己的身份摆进去。如果根据自己的职务来看问题，就会少了客观性，多了盲目性。这样考虑问题就不周全，处理问题就会产生误差，脱离实际，造成损失。所以，作为一名现代领导，还是少摆架子为好。

## （六）换位思考，让下属感受你的"同理心"

换位思考是为将帅者和下属之间的一种无形的黏合剂，通过换位思考，领导可以充分了解下属的价值观、人生观，以及思考问题的方式，从而消除彼此间的隔阂，达成共识，降低和消除组织内耗，有利于工作的顺利开展。

在人际交往中，"同理心"扮演着相当重要的角色。其意思是指，能设身处地地理解他人的情绪，感同身受地明白及体会身边人的处境及感受，并可适切地回应其需要。

也许你会觉得，作为管理者对下属报以"同理心"的话，岂不是太掉价了受这种意识左右，很多管理者总是习惯站在自己的角度看问题，用自己的固有思维去判断下属工作中的是非对错。

不可否认，在团队中，领导和下属所处的位置不同，必然会导致双方在观念、做法上出现分歧。聪明的领导，可以提升员工的工作积极性，推动企业快速发展。反之，则会引起员工的厌恶，甚至憎恨。一个公司犹如一艘大船，要想乘风破浪，就要依靠全体人员的努力，稍有不和谐，就可能导致沉船。所以，作为"一船之长"，要学会换位思考，将心比心，这样，才能减少矛盾的发生，让企业内部其乐融融。

葛鑫是一家酒店的大堂主管。一次，他看见一名员工没有在大厅服务，而是在办公室休息。他有点不高兴，本打算上前批评一下。但他转念一想："她可能是太累了，我当初做员工的时候也想偷会懒，休息一下。"想到这里，葛鑫就走到大厅，替那位员工为客户服务。葛鑫正在忙活时，别的员工告诉他，那位员工已经发烧好几天了，可她说最近酒店忙，怕人手不够，就坚持带病上班，刚才实在挺不住了，才进办公室休息一会儿。葛鑫了解这一情况后，暗自庆幸刚才没有贸然批评她，随后，他去了办公室，让她赶紧回家休息，养好身体再上班。她非常感动，再三感谢了葛鑫，才离开酒店。

看得出，葛鑫是个体恤下属的主管，遇到问题不是去指责员工，而是同情、关怀下属，能从细微处体察到下属的需求。

而职场中，像葛鑫这样的管理者并不是太多，他们在工作过程中，总是摆出高高在上的"官架子"，对下属采取"我说你听""让你干啥你就干啥"等简单粗暴的沟通方式。殊不知，这样只会越沟越痛。所以说，为将帅者一定要摆正位置，学会换位思考，就像故事中的葛鑫一样，将心比心，避免一场误会，赢得了下属的感激。

在《列子》中有这样一则故事：

一个人养了一只小狗，这只小狗很通人性，深得主人的喜爱。

有一天，狗的主人穿了件白色外套出门去会见朋友。可是不巧，回来的路上下起雨来。于是他疾步快行，想早一点赶回家去。因为走得太快，他身上溅起很多泥点子。

这人是个特别爱干净的人，怕把外套也给染脏了，就脱了下来，心想：我里面穿的黑色衣服，即便是脏了，也不至于太明显。

到了家门口，他刚要进去，狗一下子一直堵在门口冲他"汪汪汪"地叫着，说什么也不肯让他进门。

他觉得很奇怪，同时也很生气，就冲着狗吼道："你这坏家伙，连主人都不认识了吗？"说着，便要起门边的树枝打狗。

这个时候，邻居走过来急忙制止住了他，说道："不要打他，这怨不得狗的。"

这人不解地问道，"我和它朝夕相处，对它那么好，它居然不让我进家门，我为啥不该打它？"

邻居说，"早上，你出门时我看到你穿的是白色衣服，而你现在穿的是黑色衣服啊。"

"那又怎样？"

"你要是回来看见家里的黑狗变成白的了，你也会认为它是别人家里的，然后把它赶出去。"邻居说道。

这个人将白色外套披在身上，果然，狗立刻安静下来，并摇着尾巴跑过来在他身上蹭来蹭去。

这个故事告诉我们，人与人之间的误会时有发生。如果不能换位思考，就很容易导致沟通失衡，使误会演变成矛盾。久而久之，有了成见，再解扣儿就难了。所以，作为领导，要想避免不必要的是非之争，就要学会站在下属的立场上看问题，这样下属就能感受到你的"同理心"，也就更愿意服从你的领导。

其实，管理者的思维难免受到主观认识等诸多条件的限制，如果不能拆掉这些条条框框搭成的围墙，就很难有正确的认识。为将帅者若能用换位思考的方式与下属打交道，就可以在一定范围和条件下冲破这道围墙，即跳出原有的思维模式，站到另一个角度和立场上去认识、思考和分析问题，从而转变原有的错误认识。

陈锦屏是一家公司的项目主管，她工作能力很强，人际关系也很好，下属们都喜欢和她谈心。其他部门的主管都很羡慕她："陈主管，你可真行，下属都爱和你聊天。我们的下属，看见我们就跟耗子见了猫似的，赶紧躲得远远的。你给他们吃了什么迷魂药了，让他们那么喜欢你？"陈锦屏笑了笑，说道："我的迷魂药就是心药？""心药？"大家很迷惑。陈锦屏说道："就是将心比心。"接着，陈锦屏讲了一件事情。

那是陈锦屏刚刚毕业的时候，她进入一家公司做设计工作。刚开始，主管就安排她拿着自己设计图纸去见客户。她所拜访的几个客户都是业内的高级设计师，虽然这些客户从来没有拒绝见她，但也从来没有认可她设计的这些图纸。经过多次的失败后，陈锦屏觉得一定是自己的方法有问题，所以，她决定利用每天睡前的一个小时去学习一些与人交际的知识。后来，她从一本书中发现了这样一句话："换位思考，将心比心，可以快速解决难题。"她如梦初醒。

第二天，她就带着新设计图再次拜访那些客户，这些图纸都是没有完全完工的，她对那些设计师说："我想请您指点我一下，这里有几张尚未设计完成的图样，请您告诉我，如何把它们完成，才能符合您的要求？"这些设计师一言不发地看了一下图纸，然后提出了几点建议。陈锦屏认真地记下了他们的话，然后把图纸带回公司，按照设计师的建议认真完成，最终让他们很满意。

陈锦屏说道："我原来一直想要让他们买我画出来的图纸，这是不对的。后来他们提供建议，他们就成了设计人，结果就都分别认可了这些草图。这就是换位思考、将心比心的力量，现在，部门无论遇到什么问题，我都会先站在员工的角度考虑问题，然后再下结论。员工觉得我很理解他们，不是一个独断专行的冷血主管，自然就愿意和我亲近。"其他同事听后，若有所思地点点头。

从和客户打交道的过程中，陈锦屏谙熟了将心比心在与员工相处中的重要性和必要性。这让她成了一个深得下属们喜欢的领导。

实际上，这种将心比心、换位思考是融洽上下级关系的最佳润滑剂，管理者经常换位思考，可以增强团队的凝聚力。但有一点需要注意：要注意一点：换位思考只宜律己，不宜律人。职场专家指出："换位思考在使用中具有方向性，作为管理者，只能要求自己换位思考，为下属着想，而不能要求下级对领导换位思考。"如果管理者总是要求下属换位思考，久而久之，下属就会产生抵触心理。反之，管理者经常对下属进行换位思考，有利于理解下属的想法，采纳下属的建议，减少做出错误决策的概率，优化管理水平。

## （七）划清界限，和下属保持"黄金距离"

距离可以保障个人"私权"，让我们保持精神的独立，同时，它也可以让我们的工作空间变得宽广自由，工作氛围变得轻松融洽。尊重距离即尊重个人，上司与下属保持适度的距离，是和谐相处的稳固基石。

一般来说，距离可以分为三个层次：表示关系亲密的近距离，正常社交关系的中距离，以及有一定分寸感的远距离。圣人孔子说过："远之则怨，近之则不逊。"职场中，为将帅者能否掌握好自己与下属的距离，并不是一件简单的事情，而是一门管理艺术。

我们一起来看一个和管理有关的寓言故事：

在一个寒冷的冬日夜里，有两只冻得瑟瑟发抖的刺猬想通过相拥来取暖。但非常无奈的是，彼此身上都有刺，它们靠得太近了，就会刺痛对方，甚至流血；离得太远了，又得不到温暖，只好又凑到一起。经过几次折腾后，两只刺猬终于找到一个适度的距离，既可以相互取暖，又不会刺到对方，于是，它们舒服地睡着了。

这就是著名的刺猬效应。在工作中，能否妥善处理自己与下属的距离问题，真正体会到"距离产生美"的感觉，也是衡量一个管理者管理水平强弱的准绳。

某网站曾进行过一次主题为"你和下属的距离有多远"的调查活动。活动中，一些管理者纷纷诉说了自己的管理苦恼。

一位名为"我为你狂"的网友说:"我毕业后进入一家公司上班,因为表现好,一年后被提升为部门副经理。当时,部门中只有一个下属和我同岁,剩下的年纪都比我大,有些还是企业的老员工,毫不夸张地说,年龄大到该让我叫"阿姨"的辈分了。有这样的一群下属,让我感到非常头疼。我刚开始做管理工作,为了能有一个好的开始,我就采取了打成一片的管理方式和他们沟通,结果什么效果也没有,管理得一塌糊涂。后来,我越做越感到心力交瘁,半年后,我就主动辞职了。"

与他有相似遭遇的还有一位叫"梅花香"的部门领导:"前段时间,我刚刚被升任为公司培训部的经理,昔日朝夕相处的同事们一下子变成了我的下属。我不想让他们说我升了官就摆架子,所以还是和他们聊天、开玩笑。时间一长,我发现我丝毫不能发挥经理应有的职权,我给他们布置的工作,他们很少及时完成,还经常违反公司的管理制度,我明里暗里地提醒过他们很多次,但他们把我的话当成了耳边风。不仅如此,无论在什么场合,他们从来都是直呼我的名字,让我很没面子。前几天,我的顶头上司找我谈话,说我的管理有漏洞,如果再不修补,那么,我就要将职位让给有管理能力的人。"

很多将帅认为,自己和下属同属一个部门,距离近一点有助于和谐彼此关系,可以更好地开展管理工作。亲近下属本身并没与错,但一定要把握距离,没有距离就没有空间感,就很难产生权威。更严重的情况是,如果管理者与异性下属走得过近,就会谣言四起,可能最终连自己辛苦得来的领导位置都会丢掉。

陈金涛是销售部经理,最近,他的部门来了一个刚毕业没多久的员工叶蓝。叶蓝很有年轻人的热情和干劲,颇有销售天赋的她将工作做得有声有色,陈金涛非常喜欢这个能干的下属,总是夸她是个销售人才。听了上司的表扬,叶蓝更有干劲了,业绩扶摇直上。她从心底感谢陈金涛的支持和鼓励,把他当成哥哥一样尊敬。

上司欣赏、鼓励下属本是一件很平常的事情,但在其他同事眼里,却完全不是这么回事。他们认为,男上司如此关照女属下,走得这么近,关系绝对不简单。陈金涛也听说了一些风言风语,但他觉得身正不怕影子斜,自己做好本职工作就好,其他事情就交给时间来证明。然而,他忘了人言可畏,谣言的力量是很强大的。

一次,叶蓝与客户签合同时,漏掉一项很重要的条款,客户很不满意,就终止了合作,公司由此损失了一大笔钱。为了惩罚叶蓝的疏忽,公司扣了她一个月的奖金。发工资那天,同事们相约下班后一起出去娱乐一下,但叶蓝一点也开心不起来。

陈金涛看见叶蓝满脸愁云，就请她去吃西餐。席间，陈金涛向她传授了一些销售秘籍，叶蓝觉得"听君一席话，胜读十年书"，对以后的工作充满了信心。从饭店出来后，天已经有点黑了，他们突然发现，街对面站着刚刚聚完餐的同事们，正满脸狐疑地看着他俩，还不时地窃窃私语，场面非常尴尬。

几分钟后，陈金涛驾车离去，叶蓝也赶紧打了一辆出租车。第二天公司就谣言四起：陈金涛和叶蓝搞地下情。一时间，公司上下人尽皆知，更有好事者，还告诉了陈金涛的妻子，一场家庭大战随之爆发。公司的高层领导也开始找陈金涛谈话，有的董事甚至认为他是"以权谋私"。这起"地下情"绯闻成了同事们茶余饭后的谈资，就连刚入职的新员工也能在第一时间知道这则"娱乐大事件"。几天后，陈金涛向公司提出辞职，离开了他服务了4年的公司。没多久，叶蓝也因受不了流言蜚语，无奈地离开了公司。

作为将帅，如果不能很好地丈量自己与下属之间的距离，就可能让自己处于危险的境地之中，甚至危及事业发展。故事中的陈金涛和叶蓝就足以为我们敲响警钟。

一位曾为多家企业当过咨询顾问的管理学博士说："我经常受邀到企业与公司演讲，也看到一些管理者跟下属保持适当的距离，我觉得这是正确的做法。"他表示，如果与下属关系太密切，甚至跟下属打成一片，办起正事来可能有困难。要避免这一点，管理者就要少和下属谈私事，以保持距离。

他举了一个例子：一个下属找领导谈私事，说自己早上要孩子上学，不能准时上班。这个下属要表达的意思就是："希望你通融一下，让我可以晚点上班。"试想，如果每个人都有这样的要求，那么，公司就无法正常运作了。

同时，他也表示："不谈私事不代表摆架子。私事即是家里发生的事都可以谈，这样上司和下属的关系，慢慢转变为朋友，但如果下属把关系混淆，上司处理起公事就会面对难处。这就像在军队一样，如果军官和下属没有距离，那么怎么发号施令，训练时也会有问题。"

职场中，上司与下属的距离太近，关系太密切，弊多于利。所以，将帅们有必要刻意与下属拉开一定距离。

事实上，上司与下属交往，保持距离才有美感。与下属相处时，上司需要在远近距离之间找到"黄金分割点"。距离太远时，将帅要自省，是否能看见自己和下属的交集；距离太近时，将帅要警觉，看看自己是否踩到了上下级之间的那条线。这样，你就可以与下属保持安全的距离，美感也会随之产生。

## （八）管理制度严格执行，有规有矩才成方圆

任何一家企业或者团队，制度的制定和执行是基于员工的整体利益和管理的规范化，可以说，制度面前，人人平等。最初，制度是为了规范和约束员工的行为，时间一长，就会变成员工的习惯和自觉行动。

俗话说："无规矩不成方圆。"规矩是我们在社会中生存与活动的准绳，我们总是要在规与矩组成的范围中活动。只有遵守规矩，我们才能有更好的发展，社会才会不断进步。职场中的管理工作同样离不开规矩，同时也离不开管理者的有效执行。

剑桥大学曾有一位著名的校长，非常善于管理，培养出了很多出色的学生。有人问他："您为何能把学校经营得这样好？有什么秘诀吗？"这位校长笑了笑，说道："因为我总是用'一条鞭子'惩治那些不听话、不上进的学生，并且奖罚严明。如果给我一把手枪，我能把学校管理得更好，培养出更多优秀的学生。"

案例中这位校长所说的"一条鞭子"就是能够严格合理的学校制度。其实，学校也好，公司也罢，从管理的角度讲，身居要职的管理者都需要这样"一条鞭子"，用以"鞭笞"手下人。

毋庸置疑，规章制度是实现管理的重要方式之一。通过完善的制度体系，包括职位说明、工作职责、考核、升职、晋升、奖金、罚金等各项制度，可以为管理者提供更好的管理标准。

著名企业家冯仑认为，制度无非就是根据大量经常发生的事情统合起来，采取一个标准化的行为模式，用此来训练员工，最后让他们对制度负责，不再对个人负责。在具体实践过程中，建立制度不难，但是，坚持执行制度却很难，而使制度强化为制度文明更是难上加难。

要想让制度发挥它应有的效力，管理者就要有很强的制度执行力。但是，很多管理者只能做到有法可依，却无法做到违法必究、执法必严，以致员工工作散漫，迟到早退，毫无纪律性可言。那么，将帅们应该如何做，才能严格执行管理制度，打造一支铁军部队呢？

1. 执行制度要公平

在团队及企业的规章制度面前，人人平等，谁都没有特权。引用一句古语，就是

"王子犯法，与庶民同罪"。但是，有的管理者在执行制度时却看人下菜碟。对于一些业绩出色、工作能力优秀的员工，即便他们违反了制度，管理者也会睁一只眼闭一只眼。但是，当一些能力平庸、不招领导喜欢的员工触犯了管理条例时，领导就严格执行制度，甚至会加倍惩罚。这种不公平的执行方法最终只会引起民愤，削弱公司的凝聚力。所以，为将帅者要将制度的天平摆正，无论是谁，一旦违反制度，就依法办事，严惩不贷。

### 2. 特殊情况不"特殊"

有些管理者不知道是出于心软，还是退缩，在处理问题时，常常会允许特殊情况的发生，举个例子：某员工上班途中被楼上的一盆水浇湿了衣服，只好回家换衣服，结果迟到了。领导考虑到其情况特殊，就没有执行迟到扣 20 元的制度。

可能在这位员工看来，领导对他网开一面，很是感激。可是作为管理者要知道，这种对人不对事的处理方法，其实是在纵容那些制度观念差的员工，是在鼓励他们去为自己破坏制度找理由，找借口。久而久之，制度观念莠的员工会成为"借口制造王"，明目张胆地不遵守制度却不受惩罚，而那些制度观念强的员工会因此而心里不平衡，也纷纷加入前者的行列，公司的制度形同虚设。

有一家服装公司的销售主管为了提高部门业绩，制定了一个对销售人员业绩考核的制度：当月能完成任务且排名前 3 名的销售人员，给予他们 3000 元的奖励；不能完成销售任务且排名在倒数前 3 名的销售人员，给予通报批评并处罚 3000 元。但这个制度最终的执行结果是：奖金到位了，罚金却一分没有收到。

当然，销售主管并不是没有提过，而是月底他提出向未完成任务的销售人员收取罚金时，三个人各有借口：甲说："我的客户这个月做胃切除手术，现在还在住院，没时间办货款。"乙说："我媳妇这个月生孩子，我忙前忙后地累了半个多月，现在还要帮忙伺候月子，要完成那么多销售额，实在太困难了！"丙说："我才来公司三个多月，手上积攒的那些客户都在上个月大促销中用完了，一个月的时间，我很难找到能帮我完成销售额的客户。"

听完这些理由，销售主管觉得他们的情况都很特殊，就免除了他们的罚金。有了第一次特例，以后每个月的销售制度刚出台，能力差的员工不想着怎样努力完成销售额，而是现在第一时间找好不能完成任务的理由，他们觉得，反正主管会赦免有特殊情况的员工，何必那么辛苦地去跑业务？

从管理的角度来看，规章制度是对全体员工负责，是面上的制度，而不是点上的制度，如果考虑到所有点上的问题，那么，这样的规章制度等于摆设。所以，一个合格的将帅，应该对全员负责，而不是对个人负责，不能因为特殊情况而将管理制度推翻。

身为将帅，在严格执行管理制度的同时，也要时刻审视制度。当某些消极的制度阻碍了公司或部门的发展时，改善制度就成为一件必然的事情。制度是为了实现好的管理；在一定条件下修改制度，则是为了增强管理效力。

# 九、制度是约束，更是保护

## （一）始终把制度的建立和完善放在首位

制度的建立与完善是指引一个团队成长发展的加速器，也是协助管理者有效管理的重要手段。对于管理下属而言，哪怕是一个有缺陷的制度，也比没有制度好得多。管理者用制度说话永远比依靠个人发号施令更有力度，也更有效率。

纵观古今中外，每个时代制度的内容和角度虽有所不同，但"制度"的出发点是一致的，都是管理者为了约束下属而使其服从自己领导的一种方式。下面这件事足以说明制度的重要性。

18 世纪末，英国人来到澳洲，随即宣布澳洲为英国的领地。但是，怎么开发这块辽阔的大陆呢？当时的英国，没有人愿意到荒凉的澳洲去。英国政府想了一个绝妙的办法：把犯人统统发配到澳洲去，而一些私人船主承包了运送犯人的工作。

最初，政府以上船的人数支付船主费用。船主为了牟取暴利，尽可能多地往船上装人，就把生活标准降到最低，所以犯人的死亡率很高。英国政府因此遭受了巨大的经济和人力资源损失。英国政府想了很多办法都没有解决这个问题。后来有位议员发现这是制度的原因。那些私人船主利用了制度的漏洞，因为制度的缺陷在于政府付给船主的报酬是以上船人数来计算的！

假如政府以到澳洲上岸的人数来计算报酬呢？于是政府采纳了他的建议——不论你在英国装多少人上船，到澳洲上岸时再清点人数支付报酬。一段时间以后，英国政府又做了一个调查，发现犯人的死亡率大大降低了。有些运送几百人的船，经过几个月的航行竟然没有一个人死亡。犯人还是同样的犯人，船主还是那些船主，制度的改变解决了所有的问题。这就是制度的力量。

在现代社会的企业管理中，制度的重要性更是不言而喻。企业是关于人的组织，而人复杂多样的价值取向和行为特质，要求企业必须营造出有利于共同理念和精神价值观形成的制度和文件环境，并约束、规范、整合人的行为，使其达成目的的一致性，最终有助于企业共同利益的实现。从根本上讲，经济学关于人性懒惰自私的假设，在商品经济社会里还是放之四海而皆准的。因此，在任何单位里，都需要规章制度。一套好的规章制度，甚至要比多用几个管理人员还有效。

无论制定什么样的规章制度，管理者事前都要详细地了解实际情况，整理分析各类问题，再制定规则，这样才有意义。若徒有冠冕堂皇的条文，而与现实情形背道而驰，则制度无异于一纸空文。

因此，作为一个管理者，必须时刻注意本单位的规则，发现不切实际或不合情理的要及时纠正，不断改革，这一点很重要。可以说，一套好的规章制度，必然是不断发展不断改革着的。这样的规则是活的规则，只有活的规则才有意义。

需要提醒管理者的是，一套规章制度必须与时俱进，必须适应时代的变化，才能发挥管理好人的作用。

## （二）管理者就能破坏规则吗

一次，CNN 一个著名主持人邀请美国前总统克林顿的夫人希拉里到哈佛大学一个讲演厅进行独家采访。约定的时间到了，希拉里却没有来，女主持人用手机与总部联系。这时，看门人走过来温和地劝她到外面去用手机，因为厅壁上贴有告示：本厅禁用手机。

不一会儿，希拉里翩然而至，两人携手在厅内坐定，女主持人似乎忘了看门人的告诫，又拿起了手机。看门人再度走过来，态度虽不失礼貌，却严肃了许多："请你离开这里，女士，按规定这里不许使用手机。"

女主持人却很不知趣，反而拉起希拉里的手，对看门人说："你知道她是谁吗?"看门人当然知道她是美国第一夫人，但仍回答说："我不在乎。"女主持人还想再说，倒是希拉里赶忙说对不起，并拉着女主持人的手走出了大厅。

在我们的意识里，像希拉里这种地位崇高的人物，完全有权骄横跋扈、对人颐指气使，也有资格掸掉任何对自己的"无礼"，就像掸掉衣服上的灰尘那么简单。然而这则看门人的故事，修正了我们关于"权贵"的特权意识，也修正了我们自己的特权意识。在现代社会里最值得尊重的并不是高贵的地位，而是公认的法则。

制度面前人人平等，任何人都得受制于制度，不得凌驾于制度之上，更不能凭自己的意愿胡作非为。如果存在着凌驾于制度之上的特

希拉里

殊人物，那是对制度的践踏，他们会使制度形同一纸空文：写在纸上，说在嘴里，贴在墙上，却无法落实在行动上。管理者要想实现卓有成效的管理，就必须做到以身作则，因为以身作则最具有说服力。

在企业不断加强制度建设的今天，一项好的制度能不能靠得住，关键要看管理者是否身体力行，是否用手中的权力去保护制度而不是超越制度。如果权力大于制度，那么，再多的制度也不过只是制度，要想用这样的制度管理好下属是不可能的。

权力是在管理者影响下的一个辅助工具。使用权力的目的不是专制，也不是制造紧张气氛，而是要使团队的业绩达到预期的效果。随着时代的进步，高压式的管理方式已经渐渐被淘汰，下属不再是企业管理者用来赚钱的工具。现代管理者应当在管理中多加入一些人性化的东西。

要想管理好下属，就要有一个好的制度，这是毫无疑问的道理。制定制度并不难，关键在于执行。联想集团的老总柳传志、杨元庆迟到了也要罚站，因为这是公司的制度，任何人都没有例外。管理者决不能因为手中有权就轻视自己制定的制度，或利用权力更改制度、超越制度。

管理的有效性来自制度，制度与规则能使管理更加有效，但它们必须得到管理者坚决执行的保障。而管理是否有效，其实关键就在高层。管理者既是规则的制定者，也最有机会扮演规则破坏者的角色。事实上，几乎所有的规则都是被管理者首先破坏的。所以，制度的设计与遵守是促使管理有效的根本前提，管理者本身不能破坏规则。

古人说"天子犯法与庶民同罪"，就是这个道理。

## （三）完善显规则是抑制潜规则的途径

"潜规则"这个词，指的是明文规定的背后往往隐藏着一套不明说的规矩，一种可以称为内部章程的东西。现实中，支配企业运行的经常是这套规矩，而不是正式制度。然而这种在实际上得到遵从的规矩，恰恰背离了正义观念或正式制度的规定，侵犯了主流意识形态或正式制度所代表的利益，因此不得不以隐蔽的形式存在。

西方管理理念中，企业潜规则属于组织行为学的范畴。管理学大师赖特指出，规则是在组织中有一种被两个或两个以上的人共同认可的态度、观念、感受、行为，用来指引他们的日常工作，规则可以是正式的，也可以是非正式的。相对于公司的愿景使命、发展策略、企业文化、规章制度等显规则，潜规则属于"非正式"的规则。它的形成原因有四个因素：企业中重复多次很难改变；企业过去情况的延续；企业发生重要事件形成的潜规则；企业高层领导非正式设定的潜规则。

显规则的不完善，使潜规则的存在变得合理。任何一个企业的显规则都不可能完全正确和完善，当显规则不能发挥有效作用的时候，潜规则就会凸现，起到实际的调节作用；而企业发展是一个动态的过程，不可能用一种规则去应付，纵使是显规则，也是在变化之中的。可以说，规则总是落后于企业的发展，在新的规则还没有建立的时候，潜规则就闪亮登场了。

人性中无法克服的弱点及人性的复杂，也决定了潜规则存在的必然。之所以存在潜规则，是因为人性不能用所有的规则全部设定出来，对不同的人性要实行不同的管理方法。领导力能起到潜移默化的作用，不可能有一种规则去应付它，"无论最高决策者还是普通员工，都在遵循着自己行为规则中不言自明的信念，他们的行为都离不开人性与利益这两把标尺"。

这就造成了许多人喜欢按"潜规则"办事，例如有的人常常不是去规范自己的行为，而是习惯去找关系"通融"，借权力"放行"。而一个执掌规则的人，只有学会网开一面、下不为例，才被认为"会处事""会做人"。而真正讲原则、守规矩的人，却被讥为死板、迂腐，不懂变通。于是，在有些人看来，规则可以灵活掌握，法律富有弹性，秩序可以随意调整。

这和很多企业一样，由于制度、管理安排不合理等方面的原因，造成某项工作出现真空现象，好像两个部门都管，其实谁都不管，出现问题又纠缠不休，互相扯皮，推诿责任，反而使原来的有序变得无序，造成了极大浪费。一般来说，这种现象主要有以下几种情况：

1. 有章不循造成的无序。

无章无序就是随心所欲，把公司的规章制度当成约束他人的守则，没有自律意识，不以身作则，不按制度进行管理考核。这样不仅影响了其他员工的积极性和创造性，也降低了整体的工作效率和质量。

2. 业务流程的无序。

这种情况通常是以本部门为中心，而较少以工作为中心，不是部门支持流程，而是要求流程围绕部门转。从而导致流程混乱，使工作无法顺利完成。

3. 协调不力造成的无序。

职责不清，处于部门间的断层。部门之间的工作缺乏协作精神和交流意识，彼此都在观望，认为应该由对方部门来负责，结果工作没人管，原来的小问题也被拖成了大问题。

4. 业务能力低下造成的无序。

比如，公司出现部门和人员变更时，因工作交接不力，协作不到位，或因能力不够而导致工作混乱无序，人为地增加了从"无序"恢复到"有序"的时间。

因此，一个有效的管理者应该分析造成无序的原因，努力抓住主要矛盾，建立完善的管理制度，并且很好地执行，使无序变为相对有序，从而整合资源，发挥出最大的效率。

没有规矩，不成方圆。法律和规则是社会运行的基石，也是企业盈利的根本。规章制度松懈，执行力度不够，是一个问题的两个方面。这都直接破坏了企业的正常运行，助长了员工偷工减料、懒散松懈的工作作风。

每一个企业的管理者，尤其是一线的执行者，都应该着力培养自己的规则意识和法制意识。须知，良好的规章制度和执行到底的作风是企业发展和盈利的基本保证。

## （四）"情感关注"对违规员工也不例外

制度是刚性的，要想使制度易于被员工接受，就需要管理者在注重制度管理的同时，强调感性管理的运用。人都是有情感的，制度并不是万能的，情感管理能够发挥出制度管理所难以发挥的作用。要想实现卓有成效的管理，就必须在刚性的制度中添加上软性的情感管理这把糖。

企业领导要做到纪律严明，才能保障企业内部的良性发展。规章制度是无情的，但人却是有情的。制度不是万能的，它需要情感管理来做重要的补充和辅助。管理者应从人情的角度对违规的员工进行"情感关注"，只有做到以人为本，注重人本关怀，在制度管理中浸润情感上的交融，才能获得员工的追随，才能真正达到团队内部的和谐。

要有效地实行情感管理，需要做好以下工作：

1. 为员工提供实现自我价值的舞台。

情感管理要求企业采取必要的方式激发员工实现自我价值的欲望，创造各种条件鼓励员工在岗位上、在企业内实现自我价值；扩展多种渠道，使每个员工的自我价值得以最大限度地实现。

2. 重视情感投资。

每个人都有被尊重的需要和与人交往的需要。在很多情况下，情感的交流比行政命令和上级对下属的指挥显得更有影响力和号召力。因此，企业管理者与员工之间，除了具有行政关系所决定的层属关系外，更应当创造荣辱与共、情感交融的氛围。情感管理的实质就是通过情感来赢得民心，形成强大的凝聚力。

3. 营造和谐氛围。

实行情感管理，要充分认识到"人和"的地位和作用，积极营造"和"的氛围，通过"和谐"，将企业全体员工紧紧团结在一起，产生巨大的精神力量，使企业充满生机和活力。

4. 完善激励机制。

情感管理是一种讲究"人情味"的管理，突出"爱"和"善"的作用，提倡发挥人的主观能动性，完善激励机制，赋予员工职业上的成就感，使其在工作中充分发挥积极性、主动性和创造性。管理者激励和调动员工的积极因素，催人奋发向上，是实现情感管理的有效途径。

情感管理和制度管理是有效管理的两个方面。情感管理旨在从人之常情出发，关心员工生活，努力为其营造宽松和谐的工作环境，增强企业的亲和力。情感管理能有有效的弥补制度管理的不足，变消极为积极，化被动为主动。情感管理与制度管理，前者为柔，重在"布恩"，后者为刚，重在"立威"。刚柔相济，恩威并举，才能使员工心悦诚服。

## （五）制定符合人性的约束条款

我们先来看下面两个公司制定的制度：

A公司为员工创造了宽松的工作环境，公司为每个员工配备了高性能的办公设备。对于办公用品的管理更是非常"慷慨"，在每个办公室的角落里有一个柜子，里面放满了员工日常所需的办公用品，员工可以根据自己的需要自由索取，而无须登记。

B公司同样也是从事软件开发的一家国内公司，却采取了相反的态度。虽然这家公司的宣传册中将"以人为本"的人才策略浓墨重彩地渲染了一番，但老板对行政部门每月"高昂的"办公用品采购开支大为光火。行政部门为缩减办公用品开支绞尽了脑汁。

任何员工领取办公用品都要填写领用单据，并经过主管签字，然后才能到行政部门领取。每个部门每月产生的办公用品开支要核算到部门运营成本中。

从事同一领域的两家公司，面对相同的市场环境，却对管理、制度采取了不同的态度，在经营业绩上也体现了巨大的差距，值得管理者深思。

管理制度是以条文约定的形式对员工进行激励的过程。管理制度应该体现对员工的激励与引导，对自我的行为进行约束。而大部分企业制定的管理制度只体现了对员工的约束，而忽略了对员工的激励与引导。这些企业管理者信奉"人性本恶"的假设，认为人工作的目的是获取报酬，工作过程中靠监督、约束、要求才能完成自己的工作。这种假设片面地强调了制度的监督与约束作用，忽略了人性需求的复杂性、多样性，抑制了人性中积极的因素。

因此，管理者在制定制度时，不要只考虑如何约束员工的行为，也要设身处地地想一想员工的接受程度，是否符合人性的需求。

经济学中有个"理性人"的假设，现实生活中的绝大多数人也都是"理性人"，即只有预期做一件事的所得大于付出时，才会真正去做。

"理性人"权衡的不只是经济方面的得失，还包括了道德、信仰、情感等能给人的心理带来满足感的因素。因而，他不仅包括利己主义者，也包括利他主义者，比如大公无私的人、舍己救人的人。虽然他们损失了金钱、精力乃至生命，但却获得了因为坚持自己的信仰所带来的精神愉悦。

在当今这种社会环境下，强大的经济诱惑仅靠道理和自律已经很难挡得住了。只有依靠制度机制来保障，这样才能固守整个社会的价值观。

很多公司的《企业文化手册》中"以人为本"四个字赫然在目，究竟什么是"以人为本"呢？"以人为本"的人力资源管理要体现以下四个要素：

1. 尊重人性。对利益的追求是人的本能，对群体的追求是人的本性，对成就的追求是人的本源，这是客观存在的自然规律。管理者从根本上认识不同的人性特点，有助于管理者抓住这些人性的需求，对员工的行为进行引导。比如：经常组织团体活动有助于增强员工的归属感；对具有特殊贡献的员工进行奖励，能够提升士气等。

2. 尊重个性。每个人都有自己的个性特点，人的个性本无好坏之分。就看是领导者是否把合适的人放到了合适的岗位上。如果让开拓性的人才从事了重复性的工作，这是领导者的失误，不要拿自己的失误去惩罚无过的员工。另外，实践证明越是有超常能力的员工其个性特点越突出。管理者是否具有海纳百川的包容性，是尊重员工个性、建立开放的企业价值理念的具体表现。

3. 注重个人发展。以人为本的企业强调员工与组织的同步发展。企业的发展建立在员工进步的基础上，员工的进步得益于企业的良性发展，两者的利益与方向应该是高度统一的。以人为本的企业注重员工的培训与职业开发，将员工与企业的近期、长期问题系统考虑，将个人的发展与组织目标的发展有机结合，创造出和谐的、动态的个人发展机制。这种机制以完善的培训体制、岗位轮换、接班人计划等具体制度来体现。

4. 满足员工个性化的需求。不同年龄、不同背景、不同层级的员工需求截然不同。同一个人在特定阶段多种需求共存，但各种需求存在强度的差异。以人为本的企业注重对员工个性化需求的分析与满足。倡导以人为本的管理最重要的工作就是发现员工不同阶段的需求，并将这种需求运用于管理策略、制度之中；对员工的需求进行有效的引导，满足员工个性化的需求就是引导员工为实现组织目标努力的过程。企业战略目标实现了，员工个人需求也能够得到满足。这是现代企业制度管理所强调的最高境界。

总之，制度的制定不仅仅要考虑约束的作用，更要考虑实施的合理性，以及人性化的需求。

# （六）用制度管人的两个关键

有这么一则故事，据说在 20 世纪 60 年代的美国企业界流传很广。

"有一个不擅指挥、无能的中尉获得了一项最高荣誉。原因就来自一条规则，这条规则说，如部队中有任何官兵在军事演习中获得了最高成绩，则中尉便可获得最高荣誉。"这个中尉正是沾了一个在军演中取得优异成绩的士兵的光。这项规则在当初制定时，肯定是有某种特殊原因的。但事过境迁后再继续执行，自然就显得有点迂腐，因此才会产生无能长官接受褒奖的情形。

我们也不难看出，这则故事对于那些墨守成规的管理者有一定的借鉴作用。"用制度管人"是一个亘古不变的定律。但是制度也不是万能的。要想使制度发挥最大的作用，还必须做到"善于运用制度"和"灵活运用制度"两项基本准则。

1. 要善于运用制度。

再好的规章制度也是从出台的那一天就开始老化，因为一个组织和它的成员是随着时间的推移而不断发展变化的。规章制度只有适应这种变化，才能发挥好其作用。因此，管理者必须时刻注意组织的规章制度，发现不切实际或不合情理的要及时纠正。可以这样说，一个好的规章制度，必然是不断修订不断完善的。这样的规章制度是活的规章制度，只有活的规章制度才有意义。

规章制度制定的目的，是对一些模糊不清的事项定出一个明确的标准。因此，它的时间性很强，同时，它也是为适应时代的大环境而定出来的，因而绝对不是千古不变的定律。当时代、环境发生变化时，规章制度本身也必然要随之变化。

2. 要灵活运用制度。

任何制度都是有条件的，任何正式制度的效率都是以非正式制度为前提，并受到非正式制度的制约的。而这种非正式制度实质上，就是以伦理道德与组织文化为核心的人的习惯行为方式。因此，要提高制度的效率，最基本的就是要培养先进的组织文化与理念并使之深入人心，只有这样才能为制度的实施营造一个良好的环境条件与组织氛围。

例如，企业的基本理念应该是"维护企业信誉，使顾客满意"，这也是企业制定所有制度的标准和目标。当实际情况与制度相违背时，应以基本理念为准。制度化管理倾向于把组织设计为一台精确、完美无缺的机器，它只讲规律，只讲科学，只讲理性，而不考虑个性。

组织是由人组成的集团，人有感情，有情绪，有追求，有本能，人不是机器，不可能像机器一样准确、稳定。

从这种意义上说，极端的制度化管理既不可能，也不理想。制度化管理强调的也不是极端的制度化，而是以制度化管理体系为基础，谋求制度化与人性、与活力的平衡。

另外，制度化管理并非完全排除人性的管理，必须寻找制度的硬性与人性的柔性之间的契合点。否则，制度就会变成一些冷冰冰的规则条框，最终会被组织的成员从内心排斥，这样的制度化管理最终很难取得成功。

总而言之，一套完善的规章制度是一个管理者管理人才、使用人才的法宝。一个有经验的管理者应善于用制度管理他的下属，但也应尽量避免把制度僵化，或过于迷信制度。

## 十、团队建设与管理的独到经验

并非人人都能成为将帅，领导能力是通过岗位锻炼和自我修正发展出来的。具有领导潜质的人才必须善于从每一个新职务中发展自己的核心能力、获得新的能力。本章列举的人物有的是球队教练，有的是军人，在他们身上，你会学习到很多团队建设与管理的独到经验。

### （一）跟足球教练穆里尼奥学带队艺术

被广大球迷冠以"魔力鸟"之称的穆里尼奥是当今足坛首屈一指的名帅，在他的履历表上，写满了诸如欧冠冠军、联赛冠军、杯赛冠军这样的字眼。对于足球界来说，穆里尼奥似乎成了成功与胜利的象征。

对于球迷们来说，穆里尼奥是个人人熟知的名字，当然人们同时熟知的还有他那与众不同的个性。球迷们还送给他一个亲切而贴切的称呼——"魔力鸟"，其实这也是对他执教能力最好的肯定。从波尔图到切尔西，再从切尔西辗转国际米兰，穆里尼奥不断施展着自己神奇的魔法，为他所执教的那些球队注入强大的战斗力，带领他们收获赛场上的诸多荣誉。

穆里尼奥执教生涯第一次大放异彩是在波尔图。波尔图历史悠久，是葡萄牙联赛的豪门球队之一，在欧洲赛场上也有过不俗的战绩。2002 年 1 月，穆里尼奥接受了波尔图俱乐部的邀请，正式成为了该队的主教练。不过，当时的波尔图早已不复当年之勇，正在联赛中游苦苦挣扎。

那个时候，穆里尼奥还是年轻的小伙子，而且也没什么名气，所以没有人拿他当盘菜。然而，穆里尼奥本人却是信心满满，在接受媒体采访的时候他宣称要让波尔图重振雄风。这在几乎所有人听来都是天方夜谭的东西，而在穆里尼奥的心里却是极其认真和坚定的。

穆里尼奥

之后的事实推翻了人们的猜测，同时也验证了穆里尼奥的那份认真和坚定。

就在穆里尼奥正式来到波尔图之后，他很快就向人们展示了他的铁腕。鉴于球队纪律一向松散，穆里尼奥迅速出台了一系列严格的队规，并要求队员们对此严格遵守。只要有一次违反纪律的经历，就会被下放到预备队。如果再一次违反，就会在队内遭到公开训斥；假如第三次犯错，那么对不起，就要离开俱乐部了。

这种看起来很冷血的做法，似乎让人感到穆里尼奥太冷酷了，可是冷酷的同时，他也向人们展示着柔情的一面。可以说，他的冷酷是为了打造一支强有力的团队，而他的柔情则是凸显着自己对球员的热爱之情。

在平时的训练过程中，穆里尼奥十分注重与球员沟通交流。当有新球员加入球队，一段时间内可能不适应，这时候穆里尼奥会单独和他一起训练，帮助他们迅速适应球队。有时候，某个队员出现状态不佳的情况，穆里尼奥也会用各种方法对其刺激，帮助他早日找回状态。同时穆里尼奥还十分保护球员，不让他们受到舆论的干扰。穆里尼奥对球员们的关心，也赢得了球员们的大力支持。

果然，在穆里尼奥的治理之下，波尔图的面貌焕然一新，整个球队充满了蓬勃朝气。2002~2003 赛季，波尔图成为了联赛、杯赛和联盟杯"三冠王"。在欧足联 2003 年最佳教练的评选中，穆里尼奥获得的选票超过 10 万张，他最终以 60％的得票率荣登

欧洲最佳教练的宝座。接下来的一个赛季，穆里尼奥再接再厉，带领波尔图在冠军联赛中一路高歌猛进，最后与摩纳哥会师决赛，并且最终夺取了至高无上的荣誉——欧洲联赛冠军。

当胜利的桂冠戴在头上，它闪烁的光芒自然会引起人们的注意。2004 年，穆里尼奥接受了俄罗斯大亨阿布拉莫维奇的邀请，孤身一人来到伦敦，成了蓝色豪门切尔西的教头。在穆里尼奥到来之前，英超联赛的冠军一向是由曼联和阿森纳轮流坐庄，其他球队根本无力与其竞争。阿布花重金打造切尔西，但连续两年都与冠军无缘，这才让他萌生了换教练的想法。而目标直指穆里尼奥。

穆里尼奥接过教鞭后，首先对球员做了清理，将那些冗余人员赶出了俱乐部。接下来，他又故伎重施，对切尔西进行严格的管理，限制队员去酒吧酗酒。

经过一番大刀阔斧的改革，切尔西变得更加具有战斗力，成了冠军的有力争夺者。在英超赛场上，穆里尼奥获得了 2004~2005 和 2005~2006 赛季的联赛冠军、一个足总杯冠军和两个联赛杯冠军，并且在欧冠赛场上也有着不错的成绩。

2007 年 9 月，穆里尼奥从切尔西离职，但 8 个月后他就和国际米兰签订了合同。

我们知道，国际米兰是欧洲历史上最重要的豪门之一，在世界范围内都有着大量的球迷。但是，这支国际米兰目前正处于历史的低谷。

国际米兰足球俱乐部一向有着"球星黑洞"的称号，很多大牌球星来到这里后一蹶不振。与其说国际米兰足球俱乐部没有球星，不如说是因为管理上的混乱才导致连年失败。穆里尼奥是一个长于管理的人，来到国际米兰足球俱乐部之后，他很快就看透了国际米兰足球俱乐部多年的顽疾。

在穆里尼奥的管理之下，国际米兰足球俱乐部一改过去的颓势，励精图治，成了一个有凝聚力的团体。由于穆里尼奥对球员们的关怀和关心，让他们很受感动，卖力地为他工作。莫里尼奥入主国际米兰足球俱乐部第一年就获得了联赛冠军，第二年不仅卫冕成功，而且在欧冠赛场上也获得了久违的欧洲联赛冠军，再次登上了欧洲之巅，由此拉开了大国际时代的帷幕。

莫拉蒂 1995 年入主国际米兰足球俱乐部，但在 1995 年到 2004 年 9 年间，只收获了一次联盟杯冠军，直到 2005 年开始，由于电话门事件，重要的竞争对手尤文图斯降级，AC 米兰被扣分，国际米兰足球俱乐部才获得了联赛冠军。尽管国际米兰足球俱乐部在国内找回了尊严，但在欧洲赛场依然疲软，所以莫拉蒂主席才决定正式引进穆里尼奥，希望这位金牌教头能够带领国际米兰足球俱乐部走出困境。

为什么穆里尼奥出道短短几年就能获得如此令人瞩目的成就呢？这一方面要得益于他高超的指挥艺术，更重要的是因为他精于球队管理，是一个天生的将帅型人才。

执教一支球队和统率队一样，都需要卓越的领导能力，仅仅有出色的指挥艺术是远远不够的。尤其是对那些拥有众多球星的豪门球队来说，更是需要一位长于管理的教练。穆里尼奥曾经师从名帅博比·罗布森与范加尔，在那段时间里他不仅领悟到了足球技战术的精髓，更是从这两位名帅身上学会了如何管理一支豪门球队。毫无疑问，这些经历对他日后的执教生涯里发挥了极其重要的作用。

可以肯定地说，作为二十来个来自不同国家和地区的球员的主教练，绝不是一个轻松的差事。要想让这些球队团结合作，拧成一股绳，充分发挥每个人的战术能力，这极大地考验着一名主帅的管理能力。有的主教练技战术水平扎实，但缺乏统率球队的能力，纵然有滔滔不绝的大道理，也难以取得优良的成绩。

在穆里尼奥多年的教练生涯中，不管是成功还是失败，他都能赢得球员们的厚爱。他懂得保护自己的球员，爱护自己的球员，把球员当作家人来看待。作为回报，他的球员们也无一例外地支持这位可敬的主教练，他们围绕在穆里尼奥的身边，为他立下了汗马功劳。

可以说，穆里尼奥是一个神话。因为我们不了解。可是。我们又要说，穆里尼奥不是一个神话，因为他已经奋斗了十几年。俗话说：罗马不是一天建成的。而我们要说，成功的将帅不是一天造就的。

## （二）跟篮球教练波波维奇学带队艺术

NBA 顶级球队马刺队的执掌者，一支王朝球队的"舵手"。他，就是铸造了 NBA 铿锵铁军——马刺队的教练波波维奇。

对于 NBA 圣安东尼奥马刺队，很多篮球球迷是毫不陌生的，而说起执掌马刺队帅印的波波维奇更是无人不知。格雷格·波波维奇是塞尔维亚和克罗地亚裔美国篮球运动员，后转行做了教练。

在波波维奇的率领下，圣安东尼奥马刺队曾夺得 4 次 NBA 总冠军，他本人还曾在 2004~2005、2010~2011 和 2012~2013 三个赛季当选 NBA 西部全明星阵容主教练，成就相当辉煌。

波波维奇和马刺结缘，是 1996~1997 赛季的事了。那一赛季中，波波维奇执教 64 场，输了 47 场，马刺与季后赛无缘。但是在此之后，马刺队连续 7 年都进入了季后赛，而且年年都是西部冠军的有力竞争者。

值得一提的是，1999 年，由于 NBA 常规赛缩水，只有 50 场比赛，这一次，波波维奇率马刺队首次登上总冠军的宝座。2003 年，马刺队再次夺得总冠军，而波波维奇也被评为年度最佳教练。

整整 8 年的时间里，这个年过半百的教练，让他的队伍创下了建队以来的新的纪录，马刺队的成绩为 296 胜 210 负，季后赛 53 胜 34 负。这些成绩，和波波维奇都有着直接的关系。

带队能打胜仗，肯定是战略战术上过硬的。而为人处世方面，波波维奇同样有着"硬"的一面：他喜欢与人争论，以至于球队中上至他的管理层，下至助教球员，都和波波维奇难以相处。

据说，波波维奇对于球员的态度是非常强硬的。不过，好在球员们都能够认同他，特别是拿下三座总冠军奖杯后，更让球员们心甘情愿地遵从于这位铁帅的指导。

有人士对波波维奇的性格进行过专门的研究，得出的结论为：他的家庭造就出的这一性格。波波维奇的母亲是塞尔维亚人，父亲是克罗地亚人，一位熟悉波波维奇的篮球界人士说："你甚至可以感觉到他内心两个民族不可调和的那种矛盾。"

虽然如此，但波波维奇的出发点始终是好的，一切为了球队是他工作的主旨。曾有人戏言：没有哪个球队会像马刺那样敢惹总裁大人不高兴，但马刺队却可以，而这并不仅仅因为他们是收视率杀手。在波波维奇看来，和自己在联盟中的名望相比，球队的发展、战绩和荣誉才是最重要的。

比如，联盟责任规划和处罚的副总裁杰克逊在没有通知马刺官方的情况下，就警告马刺队球员鲍文不要出黑脚，那么，波波维奇肯定会向联盟抗议；如果季后赛系列赛之间马刺队休息的时间过短，波波维奇也会毫不犹豫地取消联盟规定的媒体访问，自愿交上罚款来让他的队员们不用在休息日赶来球馆。由此足可看出，波波维奇是一个把球员当孩子一般的将帅，而他，真的像个心疼孩子和对孩子负责的父亲。

应该说，波波维奇和马刺，是一场完美的组合。一位篮球评论家曾这样说道：没有哪个教练比波波维奇和队员更有共鸣，也没有哪个教练比波波维奇和球队更团结。他们就像火和硫黄，相辅相成。"

如果说这个组合十分值得称道的话，那么他们双方还要感谢一个人——拉里·布朗，他是波波维奇的恩师，也是他在 1989 年将波波维奇带到了圣安东尼奥。

谁也没想到，16 年后，作为徒弟的波波维奇在总决赛中击败师父，并正式出师。现在，恐怕没有人对波波维奇的率队能力有丁点的怀疑，他的每一个举动，都会让所有球员感受到，是出自对于他们的真正关心。

业内有人士表示，波波维奇在马刺队中，奠定了一种球队文化，这一文化的主题就是：这一招之所以能够成功是因为波波维奇在这支球队奠定了一种球队文化，只要是能够拿下总冠军，牺牲个人利益是无关紧要的。

波波维奇，就是这样一个充满人性关怀的教练，一个全身心投入到篮球及队员身上的教练，一支王朝球队的"舵手"，一个葡萄酒的狂热者，一个政治激进分子，就这样在 NBA 赛场上挥舞着自己的旗帜，在每个球员身上倾注着自己的心血。

## （三）跟"亮剑团长"李云龙学带队艺术

出身于农家的李云龙，没读过什么书，但是他身上所散发出来的人格魅力，还有他那独具一格的行为艺术，把独立团打造成一支敢打敢拼、不怕牺牲、能在枪林弹雨中勇往直前的钢铁团队。仅从这一点来说，是很值得管理者们借鉴和学习的。

几年前，随着电视剧《亮剑》风靡大江南北，主角李云龙的形象深深映入了人们的脑海。李云龙所带领的独立团，即使在强大的对手面前，明知自己不是对手，也不害怕，而是毅然亮剑；即便最终倒下，也要让自己倒成一座山、一道岭的亮剑精神使我们深受触动；骁勇善战、个性鲜明的独立团战士的共同气质让人唏嘘不已；爱憎分明，敢爱敢恨、敢作敢为、有血有肉的将军形象更是深入人心。

《亮剑》里的李云龙很会带队伍。他的队伍有着超强的战斗力，勇敢、勇猛、无畏，所向披靡。

必须承认，李云龙的团队管理能力很高超。那么，下面就让我们一起来看看这位向队伍、向敌人"亮剑"的英雄——李云龙的领导艺术！

1. 智勇双全，多谋善断，树立自己的威信

虽说将帅掌握着一定的职权，但仅靠职权来很好地实施管理职能是远远不够的。管理者在团队中的威信对其工作的展开同样有着不可忽视的作用。

就在李云龙到独立团之后不久，就得知离驻地不远的万家镇有一个伪军的骑兵营，

于是他立即展开周密部属，让孔捷带领着一个营的兵力，迅速端掉了伪军骑兵营，从而获得了一个骑兵营的武器装备。这一举动及战果对当时的独立团产生了较大作用：通过一次胜利重振了独立团的士气，此其一；其二，当时独立团的装备不够先进，骑兵营的装备，顿时为独立团起到了很好的武装作用，这在硬件上提升了独立团的装备水平和战斗力。

应该说，这是李云龙在带队作战方面的一次绝好亮相，而这给战士们留下了敢于冒险、善于决断的良好印象。

而真正树立李云龙在独立团绝对领导威信的并不是这一次，而是消灭山崎大队之战。

由于日军布置下的扫荡，使八路军的军火库遭遇了山崎大队的发现和袭击。得知这一消息后，八路军总部非常震怒，立马下令要 386 旅消灭山崎大队。然而，山崎大队筑起环形工事，凭借其强大的火力，同八路军玩起了阵地站。

可是，装配差距悬殊，最终使八路军在进攻中一次次被打退回来。而此时，日本的援军即将到来，如果不能迅速结束这场战斗，撤出阵地的话，那么八路军就会陷入日军的反包围中。就在这千钧一发的时刻，独立团被上级领导派上一线。

其实，在当时战斗已经打响，但独立团还没有作战任务，李云龙就未雨绸缪，仔细研究过敌我双方态势。在李云龙看来，如果靠强攻是很难将山崎大队拿下的，要想取得战斗胜利，就必须用脑子来智取。

接到迎战山崎大队的命令之后，李云龙就迅速进行了战斗布置，命令独立团先开凿环形工事，凭环形工事接近山崎大队阵地，在接近到手榴弹的投掷范围内时，迅速将全部手榴弹扔到敌方阵地，然后发起冲锋。这次战斗又是以胜利而告终。也正是这一次胜利，让独立团战士们彻底走出了之前在战斗中失败的阴影，同时也让独立团全团战士们领略到李云龙的指挥能力，李云龙成了战士们的"主心骨"。就这样，李云龙用自己的谋略与勇气，打败了敌人，也在自己的队伍中树立了绝对威信。

2. 有宽有严，宽严相济，确立领导的形象

虽然李云龙是团长，但生活中的他却是个平易近人，从不拿团长架子的将帅。

就拿第一次见和尚来说，李云龙不相信他一个人能徒手杀死几个鬼子，就从集中营里跑出来。当时李云龙心想，露一手看看。而和尚也不含糊，挥了一拳就把李云龙打倒在地。见此情景，李云龙没有恼怒，反而很开心，他从地上爬起来，拍拍身上的

土，说了句：好样的。

还有一次，做警卫员的和尚偷李团长的酒，李云龙发现了，只是骂他两句，而从不追究。

这是生活中的李云龙，而到了战场上，他绝对不允许别人冒犯团长的权威，这一点，用他自己的话说就是"枪炮一响，全团上下都得听我的"。

举个例子：在一次战斗中，李云龙接到上级命令，要从敌人防御比较写弱的方向撤出战斗，而李云龙却认为，这样做的话会让敌人从背后追击上来，将有全军覆没的危险。

于是，李云龙来了个"抗旨不遵"，而是命令部队正面突击。

此时，跟随李云龙多年的张大彪说："旅部的命令也有道理。"李云龙听了，立马翻脸，他严厉地问张大彪，谁是团长？张大彪被迫大声喊，团长是李云龙！

李云龙马上命令，那就执行吧。

执行任务过程中，即使是面对老战友孔捷，李云龙也决不容情。比如，在前面提到的歼灭山崎大队的战斗中，李云龙就直截了当地警告孔捷：李云龙是独立团的团长。

正是生活中的宽，使独立团上上下下形成了良好的官兵关系；也正是战场上的严，保证了独立团统一的战斗意志。有宽有严，宽严相济，使李云龙的良好形象树立了起来。

3. 有情有义，把战士当兄弟，赢得人心

有句话这样说：打虎亲兄弟，上阵父子兵。这句话很好地说明了感情在加强部队战斗力方面的作用。李云龙身为一个军队指挥官，他的有情有义的作风展现出来超强的人格魅力，也因此赢得了下属们的广泛尊敬和崇拜。这种氛围让整个独立团上上下下拧成了"一股绳"，成了名副其实的"龙兄弟"团，这样的团队战斗力之强，可想而知。

有一次，在战斗突围中，李云龙本来已率部冲出包围圈，但得知营长张大彪受伤没能冲出来，他就大喊一声，"兄弟们，杀回去"，于是再次杀入重围。发现张大彪后，李云龙亲自背上他再突围。

李云龙这是在用自己的行动向全团的官兵说明：跟我打仗，只要我的命在，就不会丢下任何一个弟兄。在这样的领导手下战斗，哪一个人能不拼尽全力呢？

还有一个例子，和尚执行任务时，被土匪杀害。这件事传到李云龙耳朵里后，马上亲自召集部队，下定决心要为和尚报仇雪恨，于是自己率兵剿灭了土匪山寨。

这次行动显然是违反军纪的，为此李云龙被降为营长。但是实际上，在整个独立团官兵看来，李云龙的光辉形象越发灿烂夺目，因为他不仅是带领大家打仗的头，更是能够对大家生命负责的老大，有这样的团长，丢掉性命也没啥可怕的。

可以说，李云龙的情与义足以让独立团的所有战士深受感动，同时也让李云龙能够轻松地实施自己所有战斗部属。也正是这些，一个有血有肉、有勇有谋、有情有义的团长形象得到了观众们的认可和敬佩。

总而言之，出身于农家的李云龙，虽然没读过什么书，但是他身上所散发出来的人格魅力，还有他那独具一格的行为艺术，把独立团打造成一支敢打敢拼、不怕牺牲、能在枪林弹雨中勇往直前的钢铁团队。仅从这一点来说，是很值得管理者们借鉴和学习的。

## （四）跟"血胆将军"巴顿学带队艺术

在第二次世界大战的芸芸将星中，巴顿是十分璀璨耀眼的一个，他是美国的战争英雄，同时也是一个伟大的领袖。"血胆将军"巴顿的做法体现了团队管理中的精髓所在。当今的将帅们，如果也想在激烈的市场竞争中克敌制胜的话，不妨好好地借鉴学习。

一说到"二战"时的战斗英雄，巴顿这个名字自然会首先跃入人们的脑海。可以说，在第二次世界大战的芸芸将星中，巴顿是十分璀璨耀眼的一个，他是美国的战争英雄，同时也是一个伟大的领袖。

巴顿素以勇猛凶悍出名，有着"血胆将军"之称，甚至被人们认为，他是一个为了取得战斗的胜利，不惜牺牲士兵性命的将军。虽说这样的巴顿在人们看来，勇敢中存在鲁莽，有些有勇无谋的感觉，但实际上，在对于部队这个组织的管理方面，却有着自己的独到之处。即使以今天的眼光来看，也是很值得管理者们学习的。

下面，就根据巴顿的一篇战前演说来具体分析：

1. 明确目标，让团队知道朝着什么方向前进

现代管理工作中，常常是组织中的高层领导对团队使命和目标了如指掌，而作为执行者的基层成员却还是云里雾里。一个这样的团队，即便为了实现目标而制定天衣无缝的绝佳计划，也会由于执行层知其然而不知其所以然，出现执行偏差。

对于这一点，巴顿就掌握得很好。当他开始自己的演说时，就开宗明义，明确地说出了战斗的目的，即"保卫家乡和亲人"；"为了荣誉"；"真正的男子汉都喜欢打仗，既然参赛，就要赢"。

第一个目标算是物质层面的，打败纳粹，保家卫国。如果是一般的将帅，只提出这样一条，也算说得过去。但巴顿并没有仅限于此，接下来他又提出两个精神层面的目标。这又可以分为集体目标和个人目标两个方面。"为了荣誉"，显然是指美国军队的荣誉，在此之前，美国军队一直常胜不败。这显然是一个针对整个团队的精神目标，它需要每一个士兵来共同维护。另一方面，巴顿还指出了士兵个人应该具备的精神目标，那就是每个人都要在战斗中展现出一个真正男子汉的风采，勇敢无畏地去夺取战斗的胜利。毫无疑问，这样的话在进入士兵耳朵的同时，也深深触动了他们的内心，这就为巴顿的下一步操作奠定了基础。

2. 动员激励，做好士兵们的思想工作

前面我们用一个章节的内容阐释过关于激励的重要性及方法，可以想见，激励在团队管理中有着多么重要的作用。

那么，巴顿在这一点上是怎么做的呢？

首先，巴顿要让士兵们消除战斗的恐惧感，他这样对士兵们说道："不要怕死。每个人终究都会死。没错，第一次上战场，每个人都会胆怯。如果有人说他不害怕，那是撒谎。你们不会全部牺牲。每次战斗下来，你们当中只可能牺牲百分之二。真正的英雄，是即使胆怯，照样勇敢作战的男子汉。有的战士在火线上不到一分钟，便会克服恐惧。""大家要记住，敌人和你们一样害怕，很可能更害怕。"

巴顿并没有回避战争会带来死亡，也明确指出每个上战场的人都会胆怯，但巴顿同时还告诉大家，实际的死亡率并不高，而关键的是，那些会让我们害怕的敌人同样也会害怕我们。这种实事求是、毫无隐瞒的话，让士兵们瞬间缓解甚至消除了巨大的恐惧心理。

至此，并没有结束。巴顿接下来又为士兵们描述了一个美好的愿景。他说："凯旋回家后，今天在座的弟兄们都会获得一种值得夸耀的资格。20 年后，你会庆幸自己参加了此次世界大战。到那时，当你在壁炉边，孙子坐在你的膝盖上，问你：'爷爷，你在第二次世界大战时干什么呢？'你不用尴尬地干咳一声，把孙子移到另一个膝盖上，吞吞吐吐地说：'啊……爷爷我当时在路易斯安那铲粪。'与此相反，弟兄们，你可以直盯着他的眼睛，理直气壮地说：'孙子，爷爷我当年在第三集团军和那个狗娘养的乔治·巴顿并肩作战！'"

这样的一番话，不但让士兵们消除了对死亡的恐怖感，而且因为"20年后的生活"而让他们精神百倍、勇往直前。

3. 合理分工，强调组织内的分工合作

如果说前面两点是激发斗志的话，那么接下来就要安排执行力。而执行是离不开团队成员之间的合作的。巴顿对此是很明白的，他很清楚，要想实现团队的目标，一定需要每个成员的努力，仅靠一个人肯定是不行的。因此，他这样对士兵们说："在我们的军队中，每一个战士都扮演一个重要角色。所以，任何人都不要吊儿郎当，以为自己的任务无足轻重。我们每个人都有自己的任务，而且必须要把任务完成好。"

这段话将士兵们高昂的精神头落实到具体的责任上来，使士兵们能够带着饱满的精神状态和坚决负责到底的信心连接了起来。这样的团队，怎么能轻易失败呢？

4. 放低姿态，拉近和士兵的距离

关于这一点，我们在前面的内容中也曾提到。巴顿在这方面的做法同样值得学习和借鉴。他深知士兵的心理，在演讲中，巴顿用"狗娘养的乔治·巴顿"提到自己，而正是这种不顾及身为将军尊严的做法，让士兵们看不出他高高在上的架子。正是这样的低姿态，使士兵们从心理上感受到巴顿将军是和他们永远站在一起的，从而会义无反顾地支持将军的领导，也激励着他们不断前进。

应该说，"血胆将军"巴顿的做法体现了团队管理中的精髓所在。当今的将帅们，如果也想在激烈的市场竞争中克敌制胜的话，不妨好好地借鉴学习。

# 十一、人员管理中的疑问

## （一）为什么员工喜欢打听别人的收入？——公平理论

公平理论又称社会比较理论，它是美国行为科学家亚当斯（J·S·Adams）在《工人关于工资不公平的内心冲突同其生产率的关系》（1962年，与罗森合写）、《工资不公平对工作质量的影响》（1964年，与雅各布森合写）、《社会交换中的不公平》

（1965 年）等著作中提出来的一种激励理论。该理论侧重于研究工资报酬分配的合理性、公平性及其对职工生产积极性的影响。

公平理论的基本观点是：当一个人做出了成绩并取得了报酬以后，他不仅关心自己的所得报酬的绝对量，而且关心自己所得报酬的相对量。因此，他要进行种种比较来确定自己所获报酬是否合理，比较的结果将直接影响今后工作的积极性。

1. 横向比较

即他要将自己获得的"报酬"（包括金钱、工作安排以及获得的赏识等）与自己的"投入"（包括教育程度、所做努力、用于工作的时间、精力和其他无形损耗等）的比值与组织内其他人做社会比较，只有相等时他才认为公平，如下式所示：

$$OP/IP = OC/IC$$

其中，OP 表示自己对所获报酬的感觉；OC 表示自己对他人所获报酬的感觉；IP 壤示自己对个人所作投入的感觉；IC 表示自己对他人所作投入的感觉。

当上式为不等式时，可能出现以下两种情况：

（1）前者小于后者，他可能要求增加自己的收入或减少自己今后的努力程度，以便使前者增大，趋于相等；或者他可能要求组织减少比较对象的收入或让其今后增大努力程度以便使后者减少趋于相等。此外，他还可能另外找人作为比较对象以便达到心理上的平衡。

（2）前者大于后者，他可能要求减少自己的报酬或在开始时自动多做些工作，久而久之他会重新估计自己的技术和工作情况，终于觉得他确实应当得到那么高的待遇，于是产量便又会回到过去的水平了。

2. 纵向比较

除了横向比较之外，人们也经常作纵向比较，即把自己目前投入的努力与目前所获得报酬的比值，同自己过去投入的努力与过去所获报酬的比值进行比较。只有相等时他才认为公平。即：

$$OP/IP = OH/IH$$

其中，0H 表示自己对过去所获报酬的感觉；IH 表示自己对个人过去投入的感觉。

当上式为不等式时，他也会有不公平的感觉，这可能导致工作积极性下降。当出现这种情况时，他不会因此产生不公平的感觉，但也不会感觉自己多拿了报酬从而主动多做些工作。调查和实验的结果表明，不公平感的产生绝大多数是由于经过比较后认为自己目前的报酬过低而产生的；但在少数情况下也会由于经过比较后认为自己的报酬过高而产生。

我们看到，公平理论提出的基本观点是客观存在的，但公平本身却是一个相当复杂的问题，这主要是由于下述几个方面的原因：

（1）它与个人的主观判断有关。上面公式中无论是自己的还是他人的投入和报酬都是个人感觉，而一般人总是对自己的投入估计过高，对别人的投入估计偏低。

（2）它与个人所持的公平标准有关。上面的公平标准是采取贡献率，也有采取需要率、平均率的。例如，有人认为助学金改为奖学金才合理，有人认为应平均分配才公平，也有人认为按经济困难程度分配才适当。

（3）它与业绩的评定有关。我们主张按绩效付报酬，并且个人之间应相对平衡。但如何评定绩效？是以工作成果的数量和质量，还是按工作能力、技能、资历和学历？不同的评定办法会得到不同的结果。最好是按工作成果的数量和质量，用明确、客观、易于核实的标准来度量，但这在实际工作中往往难以做到，有时不得不采用其他的方法。

（4）它与评定人有关。绩效由谁来评定？是领导者评定还是群众评定或自我评定，不同的评定人会得出不同的结果。由于同一组织内往往不是由同一人评定，因此会出现松紧不一、回避矛盾、姑息迁就、抱有成见等现象。

显然，公平理论对我们有着重要的启示：首先，影响激励效果的不仅有报酬的绝对值，还有报酬的相对值。其次，激励时应力求公平，使等式在客观上成立，这样尽管有主观判断的误差，也不至于造成严重的不公平感。最后，在激励过程中应注意对被激励者公平心理的引导，使其树立正确的公平观，即一是要认识到绝对的公平是不存在的，二是不要盲目攀比，三是不要按酬付劳，按酬付劳是在公平问题上造成恶性循环的主要杀手。

为了避免员工产生不公平的感觉，企业往往采取各种手段，在企业中造成一种公平合理的气氛，使员工产生一种主观上的公平感。例如，有的企业采用保密工资的办法，使员工相互不了解彼此的收支比率，以免员工相互比较而产生不公平感。

## （二）怎样才能使人真正有更好的业绩？——双因素理论

"激励因素—保健因素理论"是美国的行为科学家弗雷德里克·赫茨伯格提出来

的，又称双因素理论。赫茨伯格曾获得纽约市立学院的学士学位和匹兹堡大学的博士学位，之后在美国和其他 30 多个国家从事管理教育和管理咨询工作，是犹他大学的特级管理教授。

20 世纪 50 年代末，赫茨伯格和他的助手们在美国匹兹堡地区对 200 名工程师和会计师进行了调查访问。访问主要围绕以下两个问题：

（1）在工作中，哪些事项是让他们感到满意的，并估计这种积极情绪持续多长时间。

（2）在工作中，哪些事项是让他们感到不满意的，并估计这种消极情绪持续多长时间。

赫茨伯格以对这些问题的回答为材料，着手研究哪些事情使人们在工作中快乐和满足，哪些事情造成不愉快和不满足。结果他发现，使员工感到满意的都是属于工作本身或工作内容方面的；使员工感到不满的都是属于工作环境或工作关系方面的。他把前者叫作激励因素，后者叫作保健因素。

保健因素的满足对员工产生的效果类似于卫生保健对身体健康所起的作用。保健从人的环境中消除有害于健康的事物，它不能直接提高健康水平，但有预防疾病的作用；它不是治疗性的，而是预防性的。保健因素包括公司政策、管理措施、监督、人际关系、物质工作条件、工资、福利等。当这些因素恶化到人们认为可以接受的水平以下时，就会产生对工作的不满意。但是，当人们认为这些因素很好时，它只是消除了不满意，并不会导致积极的态度，这就形成了某种既不是满意又不是不满意的中性状态。

那些能带来积极态度、满意和激励作用的因素就叫作"激励因素"，这是那些能满足个人自我实现需要的因素，包括成就、赏识、挑战性的工作、增加的工作责任以及成长和发展的机会。如果这些因素具备了，就能对人们产生更大的激励。

从这个意义出发，赫茨伯格认为传统的激励假设，如工资刺激、人际关系的改善、提供良好的工作条件等，都不会产生更大的激励；它们能消除不满意，防止产生问题，但这些传统的"激励因素"即使达到最佳程度，也不会产生积极的激励。按照赫茨伯格的意见，管理当局应该认识到保健因素是必需的，不过它一旦使不满意中和以后，就不能产生更积极的效果。只有"激励因素"才能使人们有更好的工作成绩。

赫茨伯格及其同事之后又对各种专业性和非专业性的工业组织进行了多次调查，

他们发现，由于调查对象和条件的不同，则各种因素的归属有些差别，但总的来看，激励因素基本上都是属于工作本身或工作内容的，保健因素基本上都是属于工作环境和工作关系的。但是，赫茨伯格注意到，激励因素和保健因素都有若干重叠现象。例如，赏识属于激励因素，基本上起积极作用；但当没有受到赏识时，又可能起消极作用，这时又表现为保健因素。工资是保健因素，但有时也能产生使员工满意的效果。

## （三）高成就动机者一定是优秀的管理者吗？——成就动机理论

美国哈佛大学教授戴维·麦克利兰是当代研究动机的权威心理学家。他从20世纪四五十年代起就开始对人的需求和动机进行研究，提出了著名的"三种需要"理论，并得出了一系列重要的研究结论。

麦克利兰提出了人的多种需要，他认为个体在工作情境中有以下三种重要的动机或需要：

（1）成就需要：争取成功、希望做得最好的需要。

（2）权力需要：影响或控制他人且不受他人控制的需要。

（3）亲和需要：建立友好亲密的人际关系的需要。

麦克利兰认为，具有强烈的成就需要的人渴望将事情做得更完美，提高工作效率，获得更大的成功，他们追求的是在争取成功的过程中克服困难、解决难题、努力奋斗的乐趣，以及成功之后的个人的成就感，他们并不看重成功所带来的物质奖励。

麦克利兰发现高成就需要者的特点是：他们希望得到有关工作绩效的及时、明确的反馈信息，从而了解自己是否有所进步；他们喜欢设定具有适度挑战性的目标，不喜欢凭运气获得成功，不喜欢接受那些在他们看来特别容易或特别困难的工作任务。高成就需要者事业心强，有进取心，敢冒一定的风险，比较实际，大多是有进取的现实主义者。

高成就需要者对于自己感到成败机会各半的工作，表现得最为出色。他们不喜欢成功的可能性非常低的工作，这种工作碰运气的成分非常大，那种带有偶然性的成功机会无法满足他们的成功需要；同样，他们也不喜欢成功的可能性很大的工作，因为这种轻而易举就取得的成功对于他们的自身能力不具有挑战性。他们喜欢设定通过自身努力才能达到的奋斗目标。对他们而言，当成败可能性均等时，才是一种能从自身的奋斗中体验成功的喜悦与满足的最佳机会。

权力需要是指影响和控制别人的一种愿望或驱动力。不同人对权力的渴望程度也有所不同。权力需要较高的人喜欢支配、影响他人，喜欢对别人"发号施令"，注重争取地位和影响力。他们喜欢具有竞争性和能体现较高地位的场合和情境，他们也会追求出色的成绩，但他们这样做并不像高成就需要者那样是为了个人的成就感，而是为了获得地位和权力或与自己已具有的权力和地位相称。权力需要是管理成功的基本要素之一。

亲和需要就是寻求被他人喜爱和接纳的一种愿望。高亲和需要者渴望友谊，喜欢合作而不是竞争的工作环境，希望彼此之间的沟通与理解，他们对环境中的人际关系更为敏感。有时，亲和需要也表现为对失去某些亲密关系的恐惧和对人际冲突的回避。亲和需要是保持社会交往和人际关系和谐的重要条件。

在大量的研究基础上，麦克利兰对成就需要与工作绩效的关系进行了十分有说服力的推断。

首先，高成就需要者喜欢能独立负责、可以获得信息反馈和中度冒险的工作环境。他们会从这种环境中获得高度的激励。麦克利兰发现，在小企业的经理人员和在企业中独立负责一个部门的管理者中，高成就需要者往往会取得成功。

其次，在大型企业或其他组织中，高成就需要者并一定就是一个优秀的管理者，原因是高成就需要者往往只对自己的工作绩效感兴趣，并不关心如何影响别人去做好工作。

再次，亲和需要与权力需要与管理的成功密切相关。麦克利兰发现，最优秀的管理者往往是权力需要很高而亲和需要很低的人。如果一个大企业的经理的权力需要与责任感和自我控制相结合，那么他很有可能成功。

最后，可以对员工进行训练来激发他们的成就需要。如果某项工作要求高成就需要者，那么，管理者可以通过直接选拔的方式找到一名高成就需要者，或者通过培训的方式培养自己原有的下属。

## （四）激励的力量是怎样产生的？——期望理论

维克托·弗鲁姆是著名的心理学家和行为科学家，早年于加拿大麦吉尔大学获得学士及硕士学位，后于美国密执安大学获博士学位。他曾在宾州大学和卡内基·梅隆大学任教，并长期担任耶鲁大学管理科学"约翰塞尔"讲座教授兼心理学教授。

弗鲁姆对激励理论发展的贡献主要在于：深入研究组织中个人的激励和动机，率先提出了形态比较完备的期望理论模式。

期望理论的基础是：人之所以能够从事某项工作并达成目标，是因为这些工作和组织目标会帮助他们达成自己的目标，满足自己某方面的需要。

弗鲁姆认为，某一活动对某人的激励力量取决于他所能得到结果的全部预期价值乘以他认为达成该结果的期望概率。用公式可以表示为：

$$M = V \times E$$

其中，M 表示激励力量，指调动一个人的积极性，激发出人的潜力的强度。

V 表示目标效价，指达成目标后对于满足个人需要其价值的大小。

E 表示期望值，指根据以往的经验进行的主观判断，达成目标并能导致某种结果的概率。

弗鲁姆的期望理论辩证地提出了在进行激励时要处理好三方面的关系，这些也是调动人们工作积极性的三个条件。

（1）努力与绩效的关系。人总是希望通过一定的努力达到预期的目标，如果个人主观认为达到目标的概率很高，就会有信心，并激发出很强的工作力量；反之，如果他认为目标太高，通过努力也不会有很好成绩时，就失去了内在的动力，导致工作消极。

（2）绩效与奖励的关系。人总是希望取得成绩后能够得到奖励，当然这个奖励也是综合的，既包括物质上的，也包括精神上的。如果他认为取得绩效后能得到合理的奖励，就可能产生工作热情，否则就可能没有积极性。

（3）奖励与满足个人需要的关系。人总是希望自己所获得的奖励能满足自己某方面的需要。然而由于人们在年龄、性别、资历、社会地位和经济条件等方面都存在着差异，他们对各种需要要求得到满足的程度就不同。

因此，对于不同的人，采用同一种奖励办法能满足的需要程度不同，能激发出的工作动力也就不同。这三方面管理可以用下面的图示表现出来：

个人努力→个人绩效→组织奖励→个人需求

对期望理论的应用主要体现在激励方面，这启示管理者不要泛泛地采用一般的激励措施，而应当采用多数组织成员认为效价最大的激励措施，而且在设置某一激励目标时应尽可能加大其效价的综合值，适当加大不同人实际所得效价的差值。在激励过程中，还要适当控制期望概率和实际概率，加强期望心理的疏导。期望概率过大容易产生挫折，期望概率过小又会减少激励力量；而实际概率应使大多数人受益，最好实际概率大于平均的个人期望概率，并与效价相适应。

## （五）怎样对经营状况进行全面评价？——组织效能评价标准

斯坦利·E·西肖尔是美国当代的经济学家和社会心理学家，是密执安大学教授。他的学术研究跨越了许多不同领域。他在 1965 年发表的论文"组织效能评价标准"，在企业管理领域得到很大重视。论文将衡量企业组织效能的各种评价标准及其相互关系组合成一个金字塔型的层次结构，从而使原先处于完全混乱状态的集合体有了逻辑性的秩序。

组织的目标是多种多样甚至是相互矛盾的，他们的重要性也是不同的。西肖尔举了一个例子对其加以说明：一个经理希望自己的公司获得高额利润，同时又能使规模进一步扩大；他希望通过改进产品来确保将来的利润；他还希望公司能避免财务上的风险，要付给投资者大笔红利；并且使雇员们感到满意，维持良好声誉，受到公众尊敬等等。但是他不可能同时使所有这些目标值都达到最大，因为有些目标是互相冲突的，例如，增加红利可能意味着新产品开发资金的减少，所以他必须权衡众多目标的价值。

此例说明：对各种衡量标准以什么方式综合起来才能形成对经营状况的全面评价，需要一种模式。

1. 衡量标准及其应用

西肖尔认为要评价各种衡量标准的相依性和相关性，应该先把不同的标准及其用途加以区分。根据各种标准的性质、特点和所涉及的时间范围，具体区分如下：

（1）目标与手段。有些衡量标准代表的是经营活动的结果或目标（如高额利润），它们可根据自身的实现程度予以评价，从这个意义上来说，它们很接近于组织的正式目的。而另外一些标准之所以具有价值，主要是因为它们是达到该组织主要目的所必不可少的手段或条件（如经理人员的责任心）。

（2）时间范围。一些标准考察的是过去（如去年的利润），另一些标准则涉及现在的状况（如资本净值），当然还有一些标准是预期未来的（如计划中的规模增长率）。无论这些标准涉及何种时间范围，在对过去或将来的情况，以及对发展变化趋势做出推论时都可能要用到。

（3）长期与短期。有些标准归属于一个比较短的时期，而另一些则归属于一个较长的时期。它们可能适用于衡量比较稳定的经营活动，也可能适用于衡量比较不稳定的经营活动。如果标准所属的时间与通常的或变量的潜在变化率不相符，那么这个标准的可用程度就很有限。例如，企业当前的营业和财务统计资料对于企业控制生产或进行会计核算这样一类的目的来说是很适合的，但是如果用它们对企业的经营状况进行评价就没有多大价值。

（4）硬指标与软指标。有些衡量标准是根据实物和事件的特点、数量或发生的频率来计量的，可以称之为硬指标，如销售额、次品率等。也有些指标则是根据对行为的定性观察或进行的民意测验的结果来衡量的，可以称之为软指标，如员工是否满意、工作积极性的高低、协作关系的好坏等。

（5）价值判断。有些变量呈线性变化趋势（越来越好），而另一些变量则呈曲线变化趋势（期望某种最优解）。由此，判断这些变量指标孰优孰劣时，就应该与其各自变化的规律和特性相适应。在不能使所有目标同时达到最优的情况下，如何在各个评价指标或变量之间加以权衡、取舍，在相当大的程度上取决于上述曲线的走向和形状。

2. 指标层次体系

全面评价一个企业的经营活动，需要考虑以下三个方面的问题：

（1）组织的长期总体目标是否实现以及实现程度。

（2）由若干项短期指标衡量的短期经营业绩，这些指标通常代表着经营的成果，可以由其自身的数值加以判断，将它们综合为一组指标后，往往决定着组织的最终经营情况。

（3）许多从属性低层次子指标群所反映的当前经营效益状况，这预示着实现最终目标或结果的可能性和迄今所取得的进展。

西肖尔提出，衡量组织经营活动的标准可以组成一个呈金字塔型的层次体系。

位于塔顶的是最终标准。它们反映了有限地运用环境资源和机会以达到其长期和正式目标的程度。一般来说，最终标准除非由历史学家们去做结论，否则是无法衡量的。但是最终标准的概念却是评价那些直接衡量组织经营业绩的较次要标准的基础。

位于金字塔中部的是一些中间标准。这些标准是较短期的经营效益影响要素或参数，其内容不超出最终标准的范围，它们可以称作结果性标准。这些标准的度量值本身正是企业要追求的成果，在它们相互之间可以进行比较、权衡和取舍。将它们以某种方式加权组合起来，其综合就决定了最终标准的取值。对经营型组织来说，在这一层次上的典型指标或变量是销售额、生产效率、增长率、利润率等，可能还包括通常行为学方面的软指标，如员工满意度、用户满意度等。而对于非经营型的组织来说，这些中间标准可能主要是行为学方面的。

位于塔底的是一些对组织当前的活动进行评价的标准，这些标准是经过理论分析或根据实践经验确定下来的，他们大体上反映了顺利和充分实现上述的各项中间标准所必需的前提条件。在这些标准当中，有一部分是将一个组织描述成一个系统的变量，有一部分则代表与中间标准相关的分目标、子目标或实现中间目标所必需的手段。属于这一层次上的标准数目很多，它们形成了一个复杂的关系网络。在这个关系网中包括因果关系、相互作用关系和相互修正关系，其中还有一些标准是根本无法评价的，他们的作用只是减少这个关系网中的不可控变化。对于经营型的组织来说，这一层次上的硬指标可能包括产品数量、短期利润、生产进度、设备停工时间、加班时间等；这一层次的软指标可能包括员工士气、企业信誉、内部沟通的有效性、缺勤率、员工流动率、群体内耗力、顾客忠诚度等。

行为学标准的主要作用在于能改善硬指标对将来可能发生的变化所做出的预测。也就是说，行为学标准能够预示即将来临的机会和即将发生的问题，而且为管理者制定决策提供更为均衡、更为广泛的信息基础。

3. 可供选择的理论方法

西肖尔最后在评价经营业绩的时候，要用到描述评价标准体系的系统模式。他认为有三种理论方法可以用来建立该系统模式。

第一种理论方法主张，一个组织要想实现其长期目标，必须连续不断地满足 9 项基本要求或解决 9 种基本问题，其中主要包括充分的资源输入、充分的规范的整体化程度、缓解组织内紧张和压力的充分手段、组织内各个部分之间充分地协商等。

第二种理论方法以组织的领导人或经理人员的个人价值观念为出发点。

第三种理论方法目前正在研究之中，它主要是利用一批保险公司的销售部门近 12 年来的实际数据资料来进行实验，有可能确定大约 10 项判断保险公司经营状况的中间标准。这些标准相互独立，对公司最终经营业绩影响程度各不相同，而且每一项标准都可借助于一批子标准或分标准进行度量或统计综合。

西肖尔没有把企业作为一个开放的系统进行考虑，因此他的指标层次体系具有很大的局限性，而且随着战略理论的不断发展，依照企业组织战略方向建立评价体系变得非常具有实践意义。但是，他提出的对组织效能进行综合评价的层次系统以及评价过程中要有行为学指标等思想，对我们在管理和评价组织时具有很大的启发意义。

## （六）为什么文化和领导者是同一硬币的两面？——组织文化

艾德佳·沙因是美国麻省理工斯隆学院教授，1947 年毕业于芝加哥大学教育系，1949 年在斯坦福大学取得社会心理学硕士学位，1952 年在哈佛大学取得博士学位，此后一直任职于斯隆学院。他的主要研究著作包括组织文化和领导、组织心理、职业动力学、咨询过程、重新思考咨询过程等，另外还有几十篇研究论文。以下主要介绍他关于组织文化方面的研究成果。

**美国麻省理工斯隆学院**

在 20 世纪 80 年代，随着日本企业竞争的快速增强，许多学者开始对日本企业的管理进行研究，结果他们发现日本企业的文化特征是促使企业发展的重要因素。因此，管理学家开始对企业文化或组织文化给予相当高的热情的研究，综合起来主要有以下的内容：

人们进行相互作用时所被观察到的行为准则：包括使用的语言，或者为了表达敬意和态度时类似一些仪式的做法等。

群体规范：如霍桑实验中所揭示的工作群体的规范。

主导性价值观：包括类似于产品质量，价格领导者等组织中所信奉的核心价值观。

正式的哲学：包括处理组织和其利益相关者（如股东、员工、顾客）的关系时应该信奉的意识形态，以及给予组织中各种政策指导的一种哲学（如惠普之道）。

游戏规则：为了在组织中生存而学习的游戏规则，例如，一个新成员必须学会这种规则才能被接受。

组织气候：组织成员在与外部人员进行接触的过程中所传达的组织内部的风气和感情。

牢固树立的技巧：包括组织成员在完成任务时的特殊能力，不凭借文字和其他艺术品就能由一代向另一代传递的处理主要问题的能力等。

思维习惯、心智模式、语言模式：包括组织成员共享的思维框架。

共享的意思：组织成员在相互作用过程中所创造的自然发生的一种理解。

一致性符号：包括创意、感觉和想象等组织发展的特征。这些可能不被完全认同，但是它们会体现在组织的建筑物、文件以及组织其他的物质层面上。

沙因认为对这些内容的讨论都没有涉及文化的本质，他认为文化是一个特定组织在处理外部适应和内部融合问题中所学习到的，由组织自身所发明和创造并且发展起来的一些基本的假定类型，这些基本假定类型能够发挥很好的作用，并被认为是有效的，由此被新的成员所接受。以上所列举的文化不过是更加深层的文化的表象，真正的文化则是隐含在组织成员中的潜意识里，而且文化和领导者是同一硬币的两面，当一个领导者创造了一个组织或群体时就创造了文化。

沙因认为组织文化由以下三个相互作用的层次组成：

（1）物质层：可以观察到的组织结构和组织过程等。

（2）支撑性价值观：包括战略、目标、质量意识、指导哲学等。

（3）基本的潜意识假定：潜意识的、缄默的一些信仰、知觉、思想、感觉等。

目前的文化研究大多停止在物质层面和支持性价值观的层面，对于更加深层的事物挖掘不够。

组织文化的细分。沙因综合前人对文化比较的研究成果，对深层的处于组织根底的文化分成以下五个纬度：

（1）自然和人的关系：指组织的中心任务如何看待组织和环境之间的关系，包括认为是可支配的关系还是从属关系，或者是协调关系等。组织持有什么样的假定毫无疑问地会影响到组织战略方向，而且组织的健全性要求组织对于当初的组织/环境假定的适当与否，具有能够随着环境的变化进行调整的能力。

（2）现实和真实的本质：包括组织中对于什么是真实的，什么是现实的，判断它们的标准是什么，如何论证真实和现实，以及真实是否可以被发现等一系列假定。同时包括行动上的规律、时间和空间上的基本概念。

沙因指出在现实层面上包括客观的现实、社会的现实和个人的现实。在判断真实时可以采用道德主义或现实主义的尺度。

（3）人性的本质：包括哪些行为是属于人性的，而哪些行为是非人性，这一关于人的本质假定和个人与组织之间的关系应该是怎样的等假定。

（4）人类活动的本质：包括哪些人类行为是正确的，人的行为是主动或被动的，人是由自由意志所支配的还是被命运所支配的，什么是工作，什么是娱乐等一系列假定。

（5）人际关系的本质：包括什么是权威的基础，权力的正确分配方法是什么，人与人之间关系的应有态势（如是竞争的或互助的）等假定。

沙因认为，组织文化决定了组织价值观，以及在此价值观之下的组织行为，而且深刻地隐含在组织深层的东西，要了解它是非常困难的。通过对组织构造、信息系统、管理系统、组织发表的目标、典章以及组织中的传说等物质层面的分析，能够推论得到的文化信息是有限的。

如何适应组织内部和外部环境的变化是企业组织经营过程中永远重要的课题，特别是近年来环境变化的速度越来越快，适应环境变化的重要性也越来越高。为了适应变化，企业需要具有新的思考方式和行为方式，可是这种新的方式却很难产生或很难生存。沙因对组织文化的研究为我们认识自己文化的深层本质提供了工具，我们只有从根本上进行改变才能适应新的变化，而不仅仅是简单地改变战略、组织结构、管理系统。

## （七）美国企业怎样向日本企业学习？——Z 理论

Z 理论是由美国日裔学者威廉·大内在 1981 年出版的《Z 理论》一书中提出来的，

其研究的内容为人与企业、人与工作的关系。

威廉·大内是美国斯坦福大学的企业管理硕士，在芝加哥大学获得企业管理博士学位。他从 1973 年开始专门研究日本企业管理，经过调查比较日、美两国管理的经验，提出了 Z 理论。如今，他是加利福尼亚州大学洛杉矶分校的管理学教授。

在 Z 理论的研究过程中，大内选择了日、美两国的一些典型企业进行研究。这些企业都在本国及对方国家中设有子公司或工厂，采取不同类型的管理方式。大内的研究表明，日本的经营管理方式一般较美国的效率更高，这与 20 世纪 70 年代后期起日本经济咄咄逼人的气势是吻合的。因此大内提出，美国的企业应该结合本国的特点，向日本企业管理方式学习，形成自己的管理方式。他把这种管理方式归结为 Z 理论型管理方式，并对这种方式进行了理论上的概括，称为"Z 理论"。该书在出版后立即得到了广泛重视，成为 20 世纪 80 年代初研究管理问题的名著之一。

Z 理论认为，一切企业的成功都离不开信任、敏感与亲密，因此主张以坦白、开放、沟通作为基本原则来实行"民主管理"。大内把由领导者个人决策、员工处于被动服从地位的企业称为 A 型组织，他认为当时研究的大部分美国机构都是 A 型组织。A 型组织的特点为：

（1）短期雇用。

（2）迅速地评价和升级，即绩效考核期短，员工得到回报快。

（3）专业化的经历道路，造成员工过分局限于自己的专业，但对整个企业并不了解很多。

（4）明确的控制。

（5）个人决策过程不利于诱发员工的聪明才智和创造精神。

（6）个人负责，任何事情都有明确的负责人。

（7）局部关系。

相反，他认为日本企业具有不同的特点：

（1）实行长期或终身雇佣制度，使员工与企业同甘共苦。

（2）对员工实行长期考核和逐步提升制度。

（3）非专业化的经历道路，培养适合各种工作环境的多专多能人才。

（4）管理过程既要运用统计报表、数字信息等清晰鲜明的控制手段，又注重对人的经验和潜能进行细致而积极的启发诱导。

（5）采取集体研究的决策过程。

（6）对一件工作集体负责。

（7）人们树立牢固的正题观念，员工之间平等相待，每个人对事物均可做出判断，并能独立工作，以自我指挥代替等级指挥。

他把这种组织称为 J 型组织。

大内不仅指出了 A 型和 J 型组织的各种特点，而且还分析了美国和日本各自不同的文化传统以致其典型组织分别为 A 型和 J 型，这样，就明确了日本的管理经验不能简单地照搬到美国去。为此，他提出了"Z 型组织"的观念，认为美国公司借鉴日本经验就要向 Z 型组织转化，Z 型组织符合美国文化，又能学习日本管理方式的长处，例如，在 Z 型公司里，决策可能是集体做出来的，但是最终要由一个人对这个决定负责。而这与典型的日本公司（即 J 型组织）做法是不同的，在日本，没有一个单独的个人对某种特殊事情担负责任，而是一组雇员对应一组任务并负有共同责任。他认为与市场和官僚机构相比，Z 型组织与氏族更为相似，并详细剖析了 Z 型组织的特点。

考虑到由 A 型组织到 Z 型组织转化的困难，大内给出了明确的 13 个步骤，认为这个变革过程一般应如此进行：

（1）参与变革的人员学习领会 Z 理论原理，挖掘每个人正直的品质，发挥每个人良好的作用。

（2）分析企业原有的管理指导思想和经营方针，关注企业宗旨。

（3）企业的领导者和各级管理人员共同研讨制定新的管理战略，明确大家所期望的管理宗旨。

（4）能够创立高效合作、协调的组织结构和激励措施来贯彻宗旨。

（5）培养管理人员掌握弹性的人际关系技巧。

（6）检查每个人对将要执行的 Z 型管理思想是否完全理解。

（7）把工会包含在计划之内，取得工会的参与和支持。

（8）确立稳定的雇用制度。

（9）制定一种合理的长期考核和提升制度。

（10）经常轮换工作，以培养人的多种才能，扩大雇员的职业发展道路。

（11）认真做好基层一线雇员的发动工作，使变革在基层顺利进行。

（12）找出可以让基层雇员参与的领域，实行参与管理。

（13）建立员工个人和组织的全面整体关系。

大内认为这个过程要经常重复，而且需要相当长的时间，如 10—15 年。

## 附：成功激励的 28 条经验

给猴子一棵树，给老虎一座山。

——中银（香港）总经理刘金宝的用人之道

1. 尝试利用自发的社交和体育活动来激励员工。

2. 利用小组竞争刺激士气。

3. 将管理者的数目减至最低。

4. 确信你给的奖励是锦上添花，而非理所应得的薪资。

5. 询问你的员工，工作中的每一个改变是否有助于激励他们。

6. 尽可能弹性地利用金钱奖励员工，以便激励他们发挥最大的潜能。

7. 尽量让员工知道最新消息——搞不清楚状况只会令员工士气溃散。

8. 花时间去和员工聊天，而不只是和员工道声早安。

9. 对员工有影响的决定，不妨询问他们的意见如何。

10. 小心办公室的政治阴谋，并且以身作则，绝不加入。

11. 尽早提拔有能力、年轻一点的员工。

12. 即使一些目标并未达成，也要奖励成效卓越的工作表现。

13. 当你注意到员工的错误时，必须严格且公平，而不是一味地责怪。

14. 给一位在过去一年里一直没有任务的员工分派任务。

15. 告知员工他们的想法被采用了——以及成功率为多少。

16. 考虑所有老资格员工提出的意见。

17. 尽可能给员工创造提意见的机会。

18. 将目标全盘告知员工，可以使他们表现得更好。

19. 初次见到新成员时，要让他们觉得自己很受欢迎。

20. 激励每个人的野心，野心能引导成就。

21. 不要等到年度评鉴时，才和员工讨论他们的表现。

22. 让员工告诉你降低他们工作动机的原因，注意要认真聆听。

23. 不管多么不受欢迎，一定要强调改革会给员工带来利益。

24. 在失去有价值的团队成员前，尽量利用各种方式加以挽留。

25. 提供小型、定期的训练，而非长时间的课程。

26. 旁听训练课程，以确保其高质量。

27. 如果有个建议被采纳了，就让提议人来完成这个建议。

28. 利用证书和刻上姓名的礼物，标示员工的成就。

## （八）如何管理员工的长处？——Lifo 管理系统

Lifo 管理系统是 20 世纪 60 年代末由从事心理学和企业管理研究的凯挈尔博士和斯图尔特·阿特金斯提出来的。他们一直致力于探索出一套最大程度发挥企业员工积极性和创造潜能的管理系统。他们在为企业作工作绩效评估的顾问工作时，感到现有的用于评估经理人员和普通员工工作成绩的手段有一个致命的缺陷，那就是：评估者容易扮演上帝的角色，用一套貌似公平的标准去评判对方；而被评估者因觉得焦虑不安、自尊心受到挫伤而容易产生抵触情绪。他们认为有必要创造一套全新的探索自我与了解别人的工具，这套工具要让人们不带攻击性地去正面探索自我，并将探索所得的智慧与人共享，以使工作中的人群相处得更好，以更好地发挥自我在工作中的潜能，开创个人和企业组织发展的新境界。

Lifo 全称为 Life orientation，即人生取向，又被称作"长处管理策略"。其基本理论核心是：通过辨认个人的长处和取向，来确定自己是何种人，了解自己的长处，从而达到建设性地运用自己的长处，使自己变得更有效能。

Lifo 系统受到了三方面人生指挥思想的启迪。人本主义大师埃里克·弗罗姆在他的专著《为自己而活》中，说出了一句意味深长的话："我们的缺点往往只不过是个人长处的过度表现。"Lifo 系统中关键性的观点由此产生：一个人事业的成功与否取决于能否管理自己的长处，就好比企业经理的成功与否取决于能否运用人力、科技、资金和管理等资源，以达到预定目标一样。Lifo 系统同样受到管理大师彼得·德鲁克的《管理实践》一书的影响，德鲁克认为，管理不只是一套技巧，也是一种态度。管理各种资源的"管理者"应该选定目标，朝着目标不断地前进，并在未能达到预定成果时改变或调整努力方向。这样的管理态度不仅仅可以运用在工作上，也可以运用在任何人生大事上，如保持健康、保持快乐和获得财富等。弗罗姆和德鲁克思考的问题都是如何发展使人管理自己才华、发挥自己才华从而达到目标的方法。Lifo 就是根据这一理念而衍生出的现实方法。

另外，心理学家卡·罗杰斯对咨询、改变和学习过程的本质所做的思考，给了两位 Lifo 的创造者很大的启发。罗杰斯发现，试着去了解和接纳一个人，比单纯地去改变一个人，更能激发对方改变和发展自己的愿望。常规的社会科学的训练，使人们习惯于用固定的理论来评价对方，却没有意识到这样做往往使对方产生自卫性的反感。

Lifo 的核心是一份特别设计的问卷，它能辨认并量化对方人生的态度或取向，并找出它们和四个 Lifo 行为风格的关联性。

（1）卓越型：有卓越型的人生目标的人"被看作是一个有回报和有价值的人"，他们的基本取向通常是"如果我认真负责，并且明确显示自我价值，那么我不必索取也会得到奖赏。"

卓越型的人的优点是为他人着想、理想化、谦虚、信赖、忠诚、接受性强、追求卓越、合作。但当这些优点被过度发挥时，就会相对出现否定自己、空想、轻信、愚忠、被动、过度投入、完美主义者、盲从等特点。

（2）行动型：有行动型的人生目标的人"被看成是一个主动而有能力的人"，他们的基本取向是"我想要事情发生，我必须使它发生"。行动型的人的优点是反应快、自信、求变、遇事质疑、强而有力、有竞争性、富有冒险精神、坚持且急切，但这些优点过度发挥时，则会冲动、没定性、胁迫、好争辩、赌性强、没耐性。

（3）理性型：有理性型的人生目标的人"被看成是客观而合理的人"，他们的基本取向是"我必须维持我现有的一切，并运用现有的资源，谨慎而有条理地以过去的基础建立未来"。这类风格的人经常是独善其身、对一切事情以理性客观的标准来衡量，他们的想法经常是"如果每个人都能理性，就不须管别人"，因此，相当重视游戏规则。

理性型的人的优点是坚韧、踏实、善于盘算、保留、讲求事实、有原则、周全、做事讲求方法、具有分析能力且稳健，相对缺点是墨守成规、缺乏想象力、吝啬、难沟通、易受限于资料、固执、学究式的苦心劳神、挑剔及过分小心。

（4）和谐型：有和谐型的人生目标的人"被看成一个让人欣赏和受欢迎的人"，他们的基本取向是"只有在我能先满足别人的需求和情感时，我才期望得到奖励"。这类人通常非常重视别人的要求。和谐型的人的优点是善于变通、有实验精神、善于应对、热忱、机敏、适应力强、擅长交际、优秀的谈判者、具幽默感，相对缺点是前后不一致、漫无目标、阿谀奉承、过于迁就、没有定见、易妥协、轻佻。

不将人分类，不给人贴标签，Lifo 用描述性及不乏批评性的语言了解复杂的人类行为和价值观。Lifo 的精髓在于：它通过问卷方式，使你更了解自己和别人的风格和长处，通过一套训练课程，使长处的应用和效果有大幅度的改善；它是要发展和管理既有的长处，而不是要试着去进行改变人。它认为，所有的风格都能有所贡献，所以每个人的目标应放在如何视情况而有效运用适当的风格。

通过 Lifo 独有的评量问卷、应用课程、个人咨询辅导和企业发展应用等手段，企业和其员工可以得到具体的帮助；企业可以提高组织各阶层的士气，实现更佳的团队合作；减少人际关系中无效益的活动，寻求较佳的解决问题之道；将个人长处与合适的工作岗位搭配，协助主管处理压力情况及有效领导不同风格的下属；协助提高销售人员和服务人员的工作成绩，帮助他们学会如何辨识特定顾客并找出有效的影响决策者的方法。

## （九）如何触发员工的自我控制力？——横山法则

日本社会学家横山宁夫指出：最有效并持续不断的控制不是强制，而是触发个人内在的自我控制。微软是个公平的公司，这里几乎没有特权。盖茨也只是这两年才有了自己的一个停车位。以前他来晚了，就得自己到处去找停车位。正是这种公平和富有挑战性的工作环境，促成了微软员工巨大的工作热情，这种热情就是管理员工的最大工具。在微软，员工基本上都是自己管理自己。

增强员工的自我控制可以大大提高管理的效率，这一点已经受到了国内许多企业的重视。青岛澳柯玛集团在这一点上就做出了不俗的成绩。作为国有特大型企业集团，澳柯玛始终恪守人本管理的原则，成功地建立起了以"善待员工，厚爱企业"为核心的企业文化，大大加快了企业的发展，同时调动了职工爱岗敬业的积极性，有效地促进了员工们的自我管理。

对企业来说，出现劳资纠纷是最平常不过的事情。但在澳柯玛，这种现象没有发生过，也从未发生过员工上访的情况。因此，青岛市授予澳柯玛"信访工作先进单位"的荣誉称号。而这正是澳柯玛善待员工的一个注脚。

澳柯玛集团公司特别注重通过人性化管理和为职工谋福利来谋求发展。这些年来，从为职工解决住房、进行技术培训、开展困难救助到改善工作环境、开通班车，凡是职工在工作、学习、生活中有要求的，公司几乎没有不考虑到并努力去满足的。公司在细微之处体现出的人情味特别让人感动。据悉，从 1995 年至今，澳柯玛共拿出了 17 亿元来解决职工住房问题。

澳柯玛集团公司现有职工 8 000 多人，其中农民工占到一半以上。公司不仅在合同、保险等方面对农民工和城镇职工一视同仁，而且通过考察学习、技术培训和业务培训等，尽快提高农民工的素质和技能，并对有能力的农民工委以重任。目前，集团有相当一部分中层干部是从农民工中产生的。

市场经济条件下，职工和企业是利益共同体。企业善待员工，员工必然会对企业充满感情。在澳柯玛，职工们工作的积极性特别高，自我管理能力也很强，尤其是提出合理化建议的热情特别高。职工王义照等人为降低冰柜产品成本，对展示柜产品进行了结构改造，只这一项一年就可以为公司节约成本 2807 万元；职工赵定勇等人对冰箱环形发泡线进行技术改良，给公司创造了经济效益 80 万元。"善待员工，厚爱企业"，良性互动让企业与职工的心贴近了，企业发展步伐由此更快了。如今，澳柯玛每年销售收入的增幅都在 20% 左右，职工人均年工资收入超过 12 万元，远高于当地平均水平。

促进员工自我管理的方法，就是处处从员工利益出发，为他们解决实际问题，给他们提供发展自己的机会，给他们以尊重，营造愉快的工作氛围的方法。做到了这些，员工自然就和公司融为一体了，也就达到了员工的自我控制。

## （十）解决问题的第一步是什么？——阿什法则

阿什法则是指：承认有问题是解决问题的第一步，你越是躲着问题，问题越会揪住你不放。该法则由美国企业家 M·K·阿什提出。

食用油行业三大知名品牌金龙鱼、福临门、金象对于问题的不同处理方式就说明了这个道理。

2005 年 12 月 27 日，国家卫生部发布"2004 年度食用植物油监督抽检情况通报"，判定部分食用油品牌抽检产品不合格，令人吃惊的是，食用油行业三大知名品牌金龙鱼、福临门、金象赫然在榜。此消息一经媒体披露，即引起众多消费者关注："连最知名的品牌都出问题了，我还敢买什么油啊"。的确，如果食用油第一品牌金龙鱼的产品都不合格了，还有哪个品牌值得信赖呢？

从三大企业应对危机事件的举措来看，能感觉出其策略有高有下。

2005年12月27日，媒体披露国家卫生部食用油检查结果，28日，三大品牌纷纷对检查结果发表声明，中间只经历了一天时间，过程之短，可谓"反应迅速"，三大品牌企业危机公关意识之强，由此可见一斑。但是，如果把三大企业声明的内容进行系统比较的话，却发现其境界、策略、效果有天壤之别。

首先看金龙鱼的声明。该声明分为三大部分：

第一部分：简单回顾了一下事件基本情况。

第二部分：陈述企业采取的行动及措施——对所有八家生产企业的产品全面复查；对被卫生部判定有问题的产品实施追查并召回。

第三部分：公布检查结果影印件及国家标准。（意在让消费者自己看实际检查结果是否符合国家标准）。

整个声明层次清晰，表述完整，心平气和。

再看福临门的声明。福临门的声明与金龙鱼的声明基本相似，首先就国家卫生部抽检情况作简单回顾，然后表述企业对此事件高度重视，并召回被认为有问题的产品等。但是，福临门声明的一个显著特点是，特别强调对此前关于媒体所谓的"福临门要与国家卫生部对簿公堂"做出澄清，说："福临门从没有说过这样的话"。但是，金象的声明与前两者大相径庭。金象前后发表了两个声明，第一个针对国家卫生部。声明要点如下：第一，抽查检测程序不合法，依据是：抽查前没有知会金象，因此，无法确认是否被抽查、在何时何地抽查、抽查油样是真是假、检测结果是否准确等。金象由此认定，国家质量监督和新闻发布程序有问题。第二，鉴于自行检测结果与国家抽查结果差别较大，作为ISO9000质量认证通过单位，金象对国家抽查结果感到莫名其妙。第三，金象是国家免检产品，其他部门没有随便抽查的权利。第四，金象认为，国家部门不应该只关心大型超市和大型企业，而应该多检查和管理地沟油、掺假油、劣质油。第五，金象要求有关部门采取行动消除影响，给金象一个合理、公正的生存环境。第六，金象特别强调，对于不负责任的报道，金象保留使用法律手段的权利。

紧随这一声明，金象又发表了一封致消费者的公开信。公开信内容和金龙鱼、福临门声明大致相似，所不同的是，金象再次强调国家卫生部检测程序不合法，作为国家免检产品，金象保证自己的产品是安全合格的。

虽然三大企业迅速就抽检结果做出了回应，金象坚决否认产品存在问题，但是，据各地媒体报道，三大品牌的"问题产品"还是被相继撤下货架。事实上，当时在广州所有的超市，三大品牌的所有产品都已经销声匿迹。原因是显而易见的。

专业研究人士认为金龙鱼表现最好，福临门次之，金象最差。先看看金龙鱼的声明。首先，企业在第一时间做出反应，表明对该事件高度重视，这个很能赢得消费者认同。此前创维出现黄宏生事件，反应准备期是三天，而金龙鱼第二天即做出反应，行动之快，令人叹服。其次，通篇声明逻辑严谨，说理清楚，用语平和，给人自信、沉稳的感觉，是实实在在面对问题、解决问题的态度。最后，也是最重要的，就是声明的核心内容清晰：报道出来之后，企业迅速对所有产品进行全面复查，对可能发生问题的产品全部收回，表现出对消费者生命和安全高度负责的精神。

应该说，这个声明很成功。难怪有消费者看到这个声明之后称，他不会因为新闻报道而放弃对金龙鱼的选择。

而金象的声明给人的则完全是另外一种感觉。该声明通篇都在否认问题：产品没有任何质量问题；抽查程序不合法；新闻发布程序不合法；作为免检品牌，金象应该享受免受抽查的特权；国家部门不应该对金象这样的大企业进行监管；国家有关部门应该采取行动消除负面影响；金象保留对有关媒体提起法律诉讼的权利，等等。在该声明中，金象是一个彻头彻尾的受害者形象。显然，这种诉求方式与消费者期待金象正视问题、解决问题的希望背道而驰，因此，是不可能被消费者接受的。在消费者的观念里，国家卫生部是主持公道的机构，不可能和一个企业过不去，也没有必要把一个合格的产品说成不合格。金象的全盘否认，只能留给消费者"金象不愿意解决问题"的印象。也许金象的产品真的没有任何问题，但是，它这样简单而草率的态度本身就是一个问题。本来，卫生部抽查的结果，金象的酸价是最低的，也就是问题最轻的一个，现在反而成了问题最严重的企业，失败的声明一下子把自己置于非常不利的位置。而金象声明里打击地沟油、掺假油、劣质油的呼吁，则给人转移视线的感觉；而所谓的国家免检产品不应该被抽查的说法，则有寻求市场特权的嫌疑。这些能从网民的评论中明显感觉出来。

福临门的声明相对比较中性，不温不火。这可能和福临门在食用油行业的地位有关，前面有金龙鱼，后面有金象，福临门没有必要出风头。特别有意思的是，福临门在声明中特别强调自己没有说过"和卫生部对簿公堂"的话，生怕因此与国家卫生部闹僵，其态度与金象的矛头直指国家卫生部形成鲜明对比。

企业要勇敢地面对问题而不是逃避问题。事实上，随着传媒产业的日益发达，任何隐瞒和逃避的想法都是行不通的。怎么办？实事求是地面对问题、解决问题，一是一，二是二，有问题就承认问题，是自己的错就要承担责任。既不要刻意隐瞒什么，也不要试图逃避责任，更不可以编造谎言欺骗消费者和媒体。那样做只能将把消费者和媒体推向自己的对立面，激化矛盾，加重危机。

为什么有些企业总想粉饰太平、掩盖问题呢？因为想逃避责任和惩罚，事实上，只要是企业的问题，责任是逃避不了的。为自己的行为负责，是天经地义的事情。现在，整个社会越来越关注企业公民行为，就是把一个企业看作社会公民，应当承担责任和义务。为社会和消费者提供有价值的产品，维护消费者生命尊严，促进社会健康发展，不仅仅是每个公民的责任，也是每个企业的责任。损害消费者利益，损害员工权益，破坏自然环境，违背社会基本道德观念，这样的企业即使为国家纳的税再多也没有存在的价值。因此，企业发生非合法公民行为的时候，就要向消费者、媒体，乃至整个社会道歉，这是没有什么可商量的原则问题。

因此，当企业出现问题时，应正视问题，解决问题，承担责任，知错就改，越是躲着问题，问题越会揪住你不放。

## （十一）怎样教导违反制度的员工？——热炉法则

每个单位都有自己的"天条"及规章制度，单位的任何人触犯了都要受到惩罚。"热炉"法则形象地阐述了惩罚和教导员工的原则：

（1）热炉火红，不用手摸也知道炉子是热的，是会灼伤的——警告性原则。领导者要经常对下属进行规章制度教育，以警告或劝诫员工不要触犯规章制度，否则就会受到相应的惩处。

（2）每当你碰到热炉，肯定会被灼伤——一贯性原则。也就是说只要触犯单位的规章制度，就一定会受到惩处，不让任何人抱有侥幸逃避惩处的幻想。

（3）当你碰到热炉时，立即就被灼伤——即时性原则。惩处必须在错误行为发生后立即进行，决不拖泥带水，决不能有时间差，以便达到及时更正错误行为的目的。

（4）不管谁碰到热炉，都会被灼伤——公平性原则。柯达全球副总裁叶莺对此有过很形象的比喻，她说，你要到一个日本人家里去的话，就非得脱鞋不可，不管你脚下的鞋有多贵、多新，即使连地都没沾，也还是要脱，这是一个入乡随俗的规矩。针对新员工必须遵守的行为规范问题，这位世界 500 强中首位华人女性副总裁观点鲜明——"你要进入到我柯达的'新房'，你必须要听我柯达的声音，这是绝对的"；还有一句是，"你要玩我的游戏，当然要遵守我的游戏规则"。

四川希望集团的治厂方针"以慈母般的关怀善待员工，用钢铁般的纪律治厂"，一向为外界所称道。总经理陈育新用他近 20 年的企业管理经验证明：在严厉基础上的宽容效果才好，在宽容之后的严厉才更有力度。他主张，必须让员工明白，宽容是有限度的，并且宽容只会发生在提高认识之后。

到海尔参观过的人也都知道，这家企业的员工走路都被要求靠右行，在离开座位时则需将椅子推进桌洞里，否则，都将被课以罚款……企业做这样的规定，用意无非是希望全体员工在心目中形成一种强烈的观念：制度和纪律是一条不可触摸的"高压线"。

古人讲："不以规矩，无以成方圆。""不奋发，则心日颓靡；不检束，则心日恣肆。"制度规范作为组织管理过程中约束全体组织成员行为、确定办事规则、规定工作程序的各种章程、条例、守则、规程、程序、标准、办法，必须严格执行，实施制度化管理，才能使组织步入规范、科学、系统的轨道，形成良性循环。反之，任何有悖于制度规范的行为和个人，都将使组织的发展受到阻碍、蒙受损失。为什么有些企业会在经历了辉煌后不幸夭折，究其原因，其中最重要的一条是制度规范的执行不一，朝令夕改，更有甚者将企业领导者个人权力凌驾于制度规范之上，犯了企业管理的大忌！现代企业持续经营的秘诀在哪里？——"现代企业最终要靠制度管人，而不是靠人管人"。

## （十二）为什么管理者要知人善任？——简道尔法则

美国百事可乐前总裁唐纳德·M·简道尔提出："企业要尊重人、培养人、锻炼人，各尽所能，人适其位，把适当的人选配到最适合的位置上去。"这一结论被称为简道尔法则。

现代社会的竞争就是人才的竞争，而人才在团队中能否被放在最恰当的位置，发挥最大的作用，也决定着一个团队战斗力的强弱，所以，如何识人、用人是领导最重要的一项功课。神州数码成立于 2000 年，是联想控股有限公司旗下的子公司之一。一家年轻的公司，在短短 4 年内发展成为国内第一的 IT 产品分销商和国内最大的 IT 服务供应商。很多人对此很吃惊，了解神州数码的用人标准——"重能力，不重学历；重业绩，不重资历"后，所有的疑问就会被打消。

经理人员的任务在于知人善任，提供企业一个平衡、密合的工作平台。未来企业的发展趋势不再是只依靠一种固定组织的形态去运作，企业经营管理必须视需要而组织不同的团队。所以，每一个领导者必须学会如何组织团队，如何掌握及管理团队。企业组织领导应以每个员工的专长为出发点，安排适当的位置，并依照员工的优缺点，做机动性调整，让团队发挥最大的效能。对号入座，秩序井然。让不适合的人占据一个重要岗位，必然剩出一群不合适的岗位，不适合的人还将做出更多不适合的决策。每个人各有所长，这个优势如果能与岗位匹配起来，发挥出来的效能会给人以震撼的价值，原因在于他还将发挥出榜样的效应。

管理学界有这样一句名言："垃圾"是放错位置的人才，如何有效合理地用人，领导者应该做到：

（1）不断学习。完善自身素质，能够拥有识别人才的能力。

（2）量才而用，根据人的德与才，把他放到与其相适应的岗位上去，明确其责，授予其权，以充分发挥其智慧和能力。

（3）用人要扬长避短，使人才的专长和才能充分发挥，抑制他的不足之处。

## （十三）为什么老虎和狼不同时出现？——生态位法则

俄罗斯生物学学者格乌司，曾在实验室做过一个重要实验：他将两种草履虫生物（双小核草履虫与大草履虫），分别放在两个相同浓度的细菌培养基中。几天后发现，这两种生物的增长都呈"S"型曲线。接着，他把这两种生物放在同一环境中，16天后，培养基中只剩下双小核草履虫，大草履虫已"销声匿迹"。对这一过程，格乌司进行了仔细观察，并没有发现生物中互相攻击的情形，也未测到分泌出什么有害物质，只发现双小核草履虫在争夺食物中增长比大虫快，因而将"大虫"驱出培养基。

实验再继续。他将大草履虫与另一种袋状草履虫放在一起培养，结果两者都存活下来了，并达到了一个稳定平衡。原因是两种虫虽然都"争抢"食物，但袋状虫服食的是"大虫"不吃的那部分。人们将这种生存现象称为格乌司原理。

格乌司原理又称"生态位法则"，是指物种在生物群落中各有自己的生存位置和作用，各物种相互竞争，每一物种只有占据基本生态的某一部分，才能继续生存，同样也可以说，只要占据了这一适当的生态位置，该物种就可以得到生存和发展。

这一研究成果为人类的生存和发展提供了十分重要的指导思想。研究表明，在动物界，没有两个物种的生态位是完全相同的，如果物种亲缘关系过近，或相似，就会发生生态位的部分重叠，从而出现残酷的竞争，犹如"一山不容二虎""一槽容不下两头叫驴"。若强者进入弱者的生态领域，就会"龙陷浅滩受虾戏，虎落平川遭犬欺"；若弱者进入强者生态位，则是"大鱼吃小鱼，小鱼吃虾米"。由此看来，强者也只能在自己的生态位上显示着自己是强者，而弱者寻求到自己的生态位也完全可以求得生存和发展。如虎在山行，鱼游水中，猴子上树，鸟飞蓝天；虎食肉，羊吃草，蛙捉虫，等等。如果需要的是同一食物，他们则会在觅食的时间上各自错开：猴子占据了白天，老虎则在傍晚出没，狼群只有在深夜现身……

研究发现，生态位法则对所有生命现象都具有普通的适用作用，这是格乌司的贡献的意义所在。找准了自己的生态位，即可达到"上善若水""与物无争""不战而屈人之兵"的境界。作为企业，找准自己的生态位，既可避免市场中那些不必要的残酷竞争，又找到适合自身的生存发展之道。

20世纪末，杭州市的商界就曾经历过一场不见刀光剑影的残酷厮杀。商家只要见到市场上什么商品走俏，就一哄而上去生产，结果是从比拼价格到比拼规模，展开了激烈而持久的竞争，各商家均是伤痕累累。"千店一面"的竞争，使杭州商业销售额自1996年开始，连续5年呈负增长态势，只有"数一数二"的商家存活下来。

千年之禧，给杭州商界带来了新的生机，大小企业及商家开始悟出选择生存空间位置的重要。他们一方面将市场细分，了解需求层次；另一方面解剖自我，发挥强势。这就选准了自己独特的"生态位"，按照"人无我有"的"错位（错开位置）经营方针"，重新调整了目标定位，形成了各具特色的经营格局。错开生态位的经营策略，不仅分流了各阶层购买力和对于商品的不同需求，也为众多商家带来了各自的生存和发展空间，使整个杭州商品市场呈现一派勃勃生机的景象。一时间，杭州大厦等购物中心，销售额反超北京、上海等大型商场，增长速度遥居同行之首。

世界经济一体化的一个重要特征就是，任何一个国家也不可能在诸多领域均占尽先机；任何一个国家都可以在层出不穷的发展中占据一席之地。这就是生态位法则的必然结果。对于企业来说，偏离了自己的"生态位"，干什么都容易失败，而选准了自己的"生态位"，则干什么都容易成功。因此，为自己的"生态位"定位，应当成为企业生存的首要抉择。而不断创新则是谋求发展中的"生态位"最重要的手段和能力。

## （十四）利润率增长200%的秘诀是什么？——王永庆法则

台湾企业界"精神领袖"台塑总裁王永庆在节省企业成本方面很有一套，他有一条毛巾用了30年，被台商传为佳话，在他眼里，不该花的钱绝不能花，能省的成本一定要省，这不是吝啬，而是企业经营者应该具备的品质。他提出："节省一元钱等于净赚一元钱。"他算过一笔账，如果企业的利润率是10%，如果能够降低10%的费用开支，那么企业的利润增长率就是200%。他的这些理念，被称为"王永庆法则"。

比尔·盖茨和一位朋友同车前往希尔顿饭店开会，由于去迟了，以致找不到车位。他的朋友建议把车停在饭店的贵客车位，盖茨不同意。他的朋友说替盖茨付钱，盖茨还是不同意。原因很简单，贵客车位要多付12美元停车费，盖茨认为那是"超值收费"。作为一位天才的商人，盖茨认为：花钱像炒菜一样，要恰到好处。盐少了，菜淡而无味，盐多了，苦咸难咽。哪怕只是几元钱甚至几分钱，也要让它发挥出最大的效益。

一年夏天，32位世界级企业家（总资产超过英国一年的国民经济总收入）举办了一次"夏日派对"，盖茨应邀出席这个盛会，身穿的一套服装，是他在泰国

王永庆

菩提岛休假时花了不到10美元买的，还抵不上"歌星""影星"干洗一次衣服所花的钱。盖茨说，一个人只有用好他的每一分钱，他才能做到事业有成，生活幸福。

美国航空公司是美国最大、最赚钱的航空公司之一。令人惊讶的是，它之所以能赚大钱的根本原因之一，在于它的管理团队所采取的一系列独具特色的节省式管理方案。美航总是想方设法在不断地节省中实现它的效益的最大化。如，尽可能更换更先进、更省油的飞机；增加飞机的座位密度；发展轴辐式的路线结构以减少间接成本；

通过劳动契约和双层工资结构减少劳工成本；削减燃油与其他非劳工的变动本等。美航通过减轻飞机的重量从而节省了不少美金。20世纪80年代中期，美航把每架飞机的内部重量至少减轻了680千克，而重量之所以能够减轻，是因为装上了较轻的座椅、金属推车改换成了强化塑钢、换用了较小的枕头和毛毯、在头等舱中使用了轻型器皿、重新设计了服务空厨等。这些改变均不同程度地减轻了飞机的重量，使美航的每架飞机每年至少节省2.2万美元。

美航的管理团队在追求成本最小化的过程中，做到了精细化管理。除了代表美航标志的红、白、蓝条纹外，美航飞机不加任何油漆。这项策略降低了油漆和燃油的成本。据计算，一架不上漆的飞机大约轻了181千克。因此，每年每架飞机的燃油可以省下1.2万美元。

不过，美航的节省绝不是毫无原则、没有道理的节省。实际上，与其说它节省，不如说它决不浪费不该花的每一分钱。有一次，美航的执行长官罗伯·柯南道尔在美航班机上发现，未吃完的生菜足足有一大塑料袋。他将其交给机上负责餐食的主管，下令缩减晚餐沙拉的分量。除此之外，他还下令减去每位乘客沙拉中的一粒黑橄榄。如此，竟然为美航每年省下7万美元。更有意思的是，有一次美航为了省钱，竟开除了一条看门的狗。美航在加勒比海边有一个仓库。为了确保安全，开始时他们雇佣一个人整夜看守，后来决定要省去这项开支。当时，有人对美航执行长官柯南道尔说："我们需要这个人来防止偷窃行为的发生。"柯南道尔说："把他换成临时工，隔一天守夜一次，也不会有人知道这里有没有人。"一年后，柯南道尔还想减少成本，便告诉下属："何不换成一条狗来看守仓库，又经济又安全。"于是，他们就这么做了，并很有成效。又过了一年，柯南道尔还想再减少费用，于是他就想到了何不把狗的声音录下来播放？那样，把养狗的费用都省下了。他命令下属开除了那条狗，并按他的意思去做了，果然行得通。因为没人知道那里是否真的有条狗。美航再次节省了费用，可怜那条忠心耿耿的狗却"下岗"了。

节约就是创造，对企业而言，省的是钱，创造的是价值。节约一度电、一滴水、一张纸，点点滴滴、积少成多、集腋成裘，这是一个人人皆知的道理。但不可回避的是，在现实生活当中，存在着各种浪费的现象，小到一度电、一滴水、一张纸，大到生产原材料的浪费，甚至设备并不必要的磨损。企业应倡导全体职工节约单位产品的劳动时间，提高产量、产值、劳动生产率，降低生产成本。坚持少花钱，多办事，厉行从简节约，着力增强节约意识，养成节约习惯，形成并完善节约制度，才能不断增强企业核心竞争力，促进企业的持久健康发展。

## （十五）如何与团队成员建立合作与信任？——雷鲍夫法则

当你组建一个新的团队或者被新提拔到一个岗位担任领导，或者你需要得到团队成员的支持和帮助时，彼此之间的信任和合作是极其宝贵的。你如何快速打开这样的局面呢？美国管理学家雷鲍夫提出了著名的"雷鲍夫法则"，该法则认为：在你着手建立合作和信任时，你的说话艺术决定成败，雷鲍夫建议要牢记在和团队成员沟通中，应记住以下原则：

（1）最重要的八个字是：我承认我犯过错误。

（2）最重要的七个字是：你干了一件好事。

（3）最重要的六个字是：你的看法如何。

（4）最重要的五个字是：咱们一起干。

（5）最重要的四个字是：不妨试试。

（6）最重要的三个字是：谢谢您。

（7）最重要的两个字是：咱们。

（8）最重要的一个字是：您。

天使想给海豚一个吻，可惜海太深；海豚想给天使一个拥抱，可惜天太高；一个人想要成功，可惜力量太薄。所以，上帝创造了合作。

每个人的一生就是在不停地合作，在合作中前进，在合作中成长，在合作中成功。《动物世界》中有个节目：在非洲的密林中生活着两种动物：蜜獾和响蜜。蜜獾嘴的前端有很长的喙，腿和爪子很强健，专以蜂类为食。响蜜也嗜食蜂蜜、蜂卵等，嘴很短，爪子也不发达。它们善于发现蜂巢，但不适合在蜂巢中采食。当响蜜发现蜂巢时，便会飞落下去，啄蜜獾的头。于是蜜獾开始追赶响蜜。这样，响蜜把蜜獾引到蜂巢前，在树枝上静观蜜獾捣毁蜂巢。蜜獾喝足蜂蜜，吃够蜂卵扬长而去。这时，响蜜就飞下树枝，不慌不忙地享用剩余的蜂蜜。动物都能充分发挥合作精神，更何况人呢？

合作不但能使人们达到自身追求的目的，还能帮助人们获得内心的平静，消除对他人的狭隘戒备，赢得他人的合作，能使人在一种和谐的氛围下，为社会贡献自己的力量和智慧。所以，无论是个人成就的取得，还是企业的兴旺，都离不开与他人合作这个法宝。那么，如何才能赢得他人的合作呢？通过美国管理学家雷鲍夫给我们的建议，我们可以深度概括出以下道理。

1. 尊重将要达成合作的人

东汉时期，刘邦被困巴蜀之时，筑台拜将，极大地满足了韩信的自尊心，终于在韩信的辅助下，杀出蜀中，取得天下。企业招贤纳士好比刘邦拜将，尊重才是取得圣贤归的良方，在企业的招聘行为中，一个好的招聘环境，认真而专业的考核程序，平等而友善的交流，没有歧视，没有质问，给慕名而来的求职者充分的礼遇和尊重，这一切会影响人才对企业的认识，左右他们的选择。也许企业不可能录用所有的应聘者，但企业礼贤下士的美名却会随求职者流传业界，这不失为企业形象建立的重要举措。另外，老板了解员工的才能，人尽其才地进行任命，既是对员工能力和价值的承认，也是对员工的莫大的尊重。而员工的涌泉以报，不就是老板所期待的吗？三国时期，诸葛孔明能为刘备和阿斗鞠躬尽瘁，死而后已，正是因为报刘备屈尊枉驾，三顾茅庐的知遇之恩吧。这正说明了尊重的二重性和互动性。老板对员工价值尊重，同时员工也尊重企业使命，为公司贡献自己的价值。

2. 多交换意见

在你想交换意见前，先得问自己："如果我是他，这件事情应该怎么做才好？""如果我处在他的情况下，我会有什么感觉，有什么反应呢？"比如，你要一位新参加工作的同事去做某件事，你得先问问自己，站在新参加工作人员的立场上，我是不是愿意做这件事？再如，你打电话的方式，你可以想一想，如果你是接电话者，对于打电话的人的语气有什么感想呢？这里要求的是换位思考，即推己及人。我们只有设身处地为别人着想，才能在交换意见时达成一致。

在交换意见时，还应该谦虚地对待他人，鼓励他人畅谈自己的想法，然后在他人的想法和自己的想法中寻求双方的一致。世界上没有多少人喜欢被强迫命令行事，所以我们要尽量想办法让他们觉得主意是自己的，这样他们才会高兴地接受。罗斯福在当纽约州州长时，一个重要职位出现空缺。罗斯福既要保持与当地那些实力人物的良好关系，又要选出自己认可的人选。于是他就把人选交由那些实力人物推荐。那些人物先后推荐了四位，第一位很差劲，罗斯福自然难以接受，第二位又过于保守，被罗斯福推却，第三位各方面都还可以，但还有点不如罗斯福的意，因此也被婉言谢绝，于是罗斯福表示希望再次得到大家的支持，结果第四次被推荐出来的人物正是罗斯福所希望的，他们自然非常高兴。罗斯福事后说："起先是我让他们高兴，现在轮到他们使我高兴了。"罗斯福通过向他人请教，并尊重他们的意见，最终达到了自己的目的，赢得了别人的合作。

3. 学会认错

经理人也是凡人，不可能不犯错。当你错了，就要迅速而坦诚地承认。戴尔电脑公司的创始人迈克尔·戴尔，在2001年就曾对手下20名高级经理认错：承认自己过于腼腆。有时显得冷淡、难于接近，承诺将和他们建立更紧密的联系。大家对"极度内向"的戴尔公开反省非常震惊——如果戴尔为了公司都可以改变自己，其他人有什么理由不效仿呢？戴尔不是心血来潮自我批评，或者突发狂想改变自己，事情的起因是经调查发现，戴尔公司半数员工想跳槽。随后的内部访谈表明：下属认为戴尔不近人情，感情疏远，对他没有强烈的忠诚感。戴尔以员工为镜，照出了都是自己腼腆惹的祸。腼腆是错误吗？戴尔的回答是："如果员工说是，那就是。""认错要认员工眼中的错。不是认自己脑中的错。"

合作就是力量，合作是企业振兴的关键，也是一个人走向成功的必备的处世能力。社会需要合作精神，时代需要善意的合作者。但是，首先要学会真诚地与他人合作，才能赢得事业的成功。

## （十六）如何激励别人达到巅峰状态？——赞美激励法则

随时鼓励并称赞球员，是韩国足球主教练希丁克激励团队的风格。希丁克一般不用直接的批评，而是以直接或间接的鼓励，来刺激球员兴奋起来。他上任后，给教练组声明的第一个原则就是"千万不要责备球员"。意思是说，即使球员做错了，也要让球员自己说出来，这样他们才不会再犯同样的错。选拔球员时，他也不用"那个球员不行"之类的否定话语，相反他会非常积极地寻找每个人的潜能及特长。希丁克一直说："我会随时称赞球员，绝不会当众指责他们。指出错误、骂一通，也只会在球队内部。那是我和球员之间的约定，也是我的原则！"对于球员的失误，他也绝对不会当面发火，相反会通过耐心的说明使球员领悟。但如果给了一次机会，球员还没有"听话照做"，该球员的机会也许就会到此结束。在言论上，希丁克不管是称赞某个球员，还是指出某个球员的错误，从不指名道姓，而是针对问题，就事论事，而且总是先称赞后批评，或者先批评紧跟着称赞，以此来激励球员。比赛结束后，要指出球员的错误时，他会开头先说："只是要分析比赛情况，而不是为了责怪谁，所以请不要紧张!"接着他会让所有记者退出，然后一条条分析比赛内容。希丁克不一样的心胸，为球员们的自信心和斗志奠定了坚实的基础，大大提高了球队的士气。美国著名篮球教练迈克·库赛维奇说："球队的'士气'是胜利的第一要素!"

希丁克能让"所有球员"在"所有比赛"中感觉自己是球队中最棒的球员。他随时都在鼓励球员"你刚才太棒了!"

领导人能让员工达到巅峰状态的重点是"激励"。领导者懂不懂专业技术不是重点，懂得如何凝聚适合的人才，如何改善缺点，如何发挥优点，如何激励别人达到巅峰状态，这才是领导的重点，利用赞美激励员工的士气往往会起到事半功倍的效果。

在玫琳凯化妆品公司中，赞美是最重要的，公司整个的行销计划都以它为基础。在各种场合中，公司总是不吝惜地给予赞美。例会上的赞美：玫琳凯公司每个地区的分公司每周的例会上都会有这周销售最佳人员的成功经验的讲述和分享，这是一种别样的赞美。主持人在介绍最佳销售员的时，每一个美容顾问都会毫不吝啬自己的掌声。缎带的赞美：在玫琳凯公司，每位美容师在第一次卖出 100 美元产品时，就会获得一条缎带，卖出 200 美元时再得一条，并以此类推。这种仅需要 0.4 美元的礼物奖赏远比 100 美元的礼物盒有效。别针的赞美：玫琳凯公司每一位美容师都会以佩戴各种各样形式各异的别针为荣，这些别针在美国达拉斯设计制造，然后用飞机运到世界各地，用以奖励在销售产品时有优异销售业绩的美容师。每个别针都有不同的含义。比如，代表最高奖赏的镶钻石大黄蜂别针：大黄蜂身体很笨重，要飞起来相当不容易，它象征玫琳凯的女性在身负家庭的各种负担的情况下，还能获得如此优异的成绩，是非常不容易的。在每一个不同的阶段，当你有了一些进步和改善的时候，玫琳凯都会奖给你各种不同意义的别针，别针是女性非常喜欢的装饰品，尤其是象征荣誉的别针。喝彩杂志的赞美："喝彩"是玫琳凯公司内部发行的杂志，这本杂志的最主要目的就是给予赞美，它的发行量和许多全国性的杂志不相上下。上面刊登每月世界各地最优秀的销售员、最优秀的培训员、各种竞赛活动及其获奖情况，详细介绍优秀的美容师和培训员，还有这些优秀女性的成功经验及成长体会。这个杂志每月一期，以不同的国家为单位发行，使玫琳凯美容师在公开赞美中分享经验。粉红色凯迪拉克的赞美：玫琳凯的区级指导员是蓝色的套装，再高一个层级是粉红色的套装，当你做到可以穿黑色套装的时候，玫琳凯公司就会同时奖励你一部粉红色的凯迪拉克轿车。世界上粉红色的凯迪拉克轿车的主人全部是玫琳凯的全国性指导员，开车走在外边，玫琳凯人都知道这代表玫琳凯的一位资深而优秀的美容师，这样不仅在公众场合赞美了玫琳凯的优秀美容师，同时也为玫琳凯公司做了宣传，粉红色的凯迪拉克轿车成为玫琳凯公司"到处跑的广告"。

赞美的力量是不容忽视的，有时甚至比金钱更重要。战国时，秦统一六国，独霸天下，燕国不甘败北，民间有位侠士，叫荆轲，此人勇力过人，而且相当自负，燕王想让此人去刺杀秦始皇，但人们心里都清楚，此次行动，不是凶多吉少，就是有去无回。怎么办呢？燕王便利用了荆轲自负的弱点，为他广为宣扬，说此人如何高尚，如何侠义，总之扣了好多的大帽子，最后在民间形成了极佳的口碑，然后再聚众宴请他，当着百姓的面请求他去刺杀秦王，才有了"荆轲刺秦"的历史典故。就是这块"贞节牌坊"，使这位勇士乘着萧瑟的秋风，长眠于他乡。

把赞美运用到企业管理中，往往起到意想不到的激励效果。作为领导，首先应该明白自己员工的心理，其次要学会赞美下属。做到这些，其实是很不容易的。林肯说过："人人都喜欢受人称赞"。员工当然也不例外。不可否认，有很多领导人员的心态就没有端正，认为员工是自己的手下，在手下面前耍耍威风，是天经地义的事情，要让他来赞美下属，比登天还难。所以说，学会赞美下属，是一门艺术。学会赞美下属，必须掌握以下几点：

（1）发自肺腑的称赞。假装出来的赞美或不切实际的赞美都会起到反作用。

（2）赞其长，避其短。人无完人，赞美他，就要赞美他的长处。如果专拿他的短处赞美，就成了讽刺了。

（3）称赞要及时。员工做出成绩后，想得到第一时间的称赞，如果因为领导工作很忙，一个星期后想起来了，表扬几句，与无效一样。

## （十七）为什么要把事故消灭在萌芽状态？——海因里希法则

"海因里希"安全法则，是美国著名安全工程师海因里希通过分析工伤事故的发生概率，提出的300∀29∶1法则。这个法则意思是说，当一个企业有300个隐患或违章，必然要发生29起轻伤或故障，在这29起轻伤事故或故障当中，必然包含有1起重伤、死亡或重大事故。这一法则可以用于企业的安全管理上，即在1件重大的事故背后必有29件"轻度"的事故，还有300件潜在的隐患。

"海因里希法则"告诉人们，通过对事故成因的分析，可以使人少走弯路，把事故消灭在萌芽状态。俗话说："冰冻三尺非一日之寒，化冰三尺非一日之功"。重大的安全事故往往来源于平时点滴的隐患或违章，同样，大错往往来源于平常点滴的小错，历史上就有一笔之误导致十万大军伤亡的教训。1930年5月，蒋介石、冯玉祥、阎锡山三派势力混战中原。冯玉祥、阎锡山预定在豫晋交界处的沁阳会师，聚歼在河南的蒋介石部。然而冯玉祥的参谋长在拟发命令时误将"沁阳"写成"泌阳"，仅多了一笔，使冯玉祥部队南辕北辙，急急赶到豫南，结果误入绝地，伤亡十余万人，导致冯阎联合作战失败，这一笔之误，使冯玉祥部队遭到不可挽回的损失。

小错人人都有，指的是性格大大咧咧，做事马马虎虎，不认真，不细致，丢三落四，拖拖拉拉。小错不断，管理者就要整天为他"擦屁股"，这些小错不纠正，久而久之，下属会养成痼疾难以改正，工作中就会酿成大错，下属也被毁了，很难有大的出息。所以聪明的领导对小错的苛责是很重的，但有些下属不理解，认为领导是小题大做，小小的错误有什么了不起的。所以说，大错本身并不可怕，可怕的是对平常的小错或潜在的威胁毫无觉察，或是麻木不仁，结果或许会导致无法挽回的损失。

日本松下公司的创始人松下幸之助以经营技巧高超，管理方法先进，被誉为"经营之神"。

后藤清一原是三洋电机公司的副董事长，后来投奔松下公司，担任厂长时，工厂被火烧掉了。后藤清一心中十分惶恐，以为不被革职也要降级。不料松下幸之助接到报告后，只对他说了四个字："好好干吧！"松下幸之助这样做，并不是姑息部下的过错。以往，即使只是打电话的方式不当，后藤清一也会受到松下幸之助的严厉斥责。这种做法可以说是松下幸之助管人的秘诀。由于这次火灾发生后没有受到惩罚，后藤清一自然会心怀愧疚，对松下幸之助也会更加忠心效命，并以加倍的工作来回报他。松下幸之助的这种做法，巧妙地抓住了人类的心理。在犯小错的时候，犯错的人多半并不在意，因此，需要严加斥责，以引起他的注意；相反，犯下大错时，傻子也知道自省，因此，不必再去给予严厉的批评了。松下幸之助对小错误抓住不放，说明他深刻理解了海因里希法则的精髓。他对大错误又能宽仁大度地加以谅解，这真正体现了这位"日本经营之神"超凡的智慧。

## （十八）为什么 80% 成本由公司 20% 部门产生？——80/20 法则

美国质量管理大师约瑟夫·朱兰（Joseph Juran）说："80% 的业务来自 20% 的顾客。"这就是通常被称为"80/20 法则"的格言。

20 世纪 30 年代末，在底特律的一间汽车组装厂，朱兰就缺陷如何进入生产系统的问题进行了研究，并得出结论：80% 的问题是由 20% 的系统引起的。他把这一现象称为帕累托法则（Pareto Principle），以纪念意大利经济学家维利弗雷多·帕累托（Vilifredo Pareto），帕累托曾观察到，意大利 80% 的财富被 20% 的人拥有。朱兰进一步将该理论应用到其他商业方面：80% 的利润由 20% 的雇员创造；80% 的成本由公司 20% 的部门产生；最后，80% 的销售额来自 20% 的顾客。精确的百分比不那么重要，关键是原则：一小部分顾客通常带来一大块不成比例的销售，这些顾客频繁购买，或大量购买，或两者兼备。比如，有小孩的家庭会购买大量洗衣粉；大批量制造商要比小批量制造商定购更多的原材料和元件，等等。因此，这条法则在理论上基本正确，问题是如何运用它。朱兰在对该法则的论述中，使用了两个关键术语，他把多数人（即 80% 的顾客）称为"有用的多数"（usefulmany），没有这些人，公司会遭受损失，但仍能生存下去；他把 20% 的少数人称为"关键的少数"（vital few），即使只失去少量这部分顾客，公司也会陷入困境。有两种策略可供选择，第一种是把注意力集中于"关键的少数"，并逐渐甩开其他顾客。然而，这会导致企业把所有鸡蛋都放在一个篮子里。当顾客需求改变时，企业就会自食其果。

某些情况下，专注"关键少数"，放弃其他顾客的做法可能是正确的，但做这样一个决定决不轻松。在这么做之前，要想一想得到那些顾客多么不容易，然后记住，如果放弃这些顾客，以后再要把他们争取回来就需要花费双倍力气。

## （十九）华为公司为什么不惧怕外国同行？——狼性文化

在日益完善的市场经济环境中，作为竞争主体的企业要生存，就必须用发展的事实，解决前进中不可回避也不应该回避的攻坚难题。企业发展如逆水行舟，不进则退。丛林残酷搏杀的生存，最终结果是富有进取性的"狼"胜出，因为"狼"的生存理念顺应了丛林竞争法则。胜者的背后，其实是"狼性"思维文化的胜利。

在企业运营中，企业只有通过严密高效的协调合作才能快速适应客户需求，才能够适应市场需要的多变性。在一个群雄逐鹿、竞争激烈的行业中，只有那些强调团队合作精神，能够迅速组成队伍服务顾客，采用现代化的管理手段的企业才能更容易获得成功，在这样的组织中，团队每个成员都很清楚个人和团队的共同目标，都能非常明确自己在团队中所扮演的角色和应起的作用，从而在各自的专业领域保持高度的敏感和前瞻思考，分工合作，相互照应，以快速敏捷的运作有效地发挥角色所赋予的最大潜能，进而推动整个企业系统的快速和高效运转——这种我们称为"狼性文化"的精髓将在市场中成为超越竞争对手的重要利器。

自创立以来，华为以令人吃惊的速度成长为中国通信行业领头羊，华为的群狼们正在世界范围内扩张自己的领土。2005 年 2 月，美国最大的专业电信行业媒体 Light Reading 下属的调研公司调查表明，在 2005 年的整体排名中，华为知名度已经从 2003 年秋的第 18 名一跃而到第 8 名，成为电信行业中设备买方市场中知名度提升最快的公司。华为一直以来就被认为是中国最具有狼性的企业之一，而外界对华为企业文化最著名的断论为——狼性文化。华为在早期的创业阶段的国内市场上采取的策略，人海战术、低价格进攻、利益均沾原则、客户关系以及服务客户等策略。在进入美国市场初期，华为在面对思科这个对手的时候，采用以低于对手 30% 的价格进行竞争。在美国媒体上刊登的广告具有强烈针对性和暗示意味，"我们唯一的不同就是价格"，其中就透着一股子狼性。狼性文化要求企业从管理层到各个团队成员保持对市场发展和客户需要的高度敏感，保持对市场变化的快速反应和极强的应变能力，保持强大而坚定的信念并且在运转过程中表现出高效的团队协同作战能力。

任正非曾经说："企业就是要发展一批狼，狼有三大特性：一是敏锐的嗅觉；二是不屈不挠、奋不顾身的进攻精神；三是群体奋斗。企业要扩张，必须有这三要素。"在对队伍和文化建设上，华为也强调如是。但是在华为内部，却很少提到狼性文化，任正非对狼性文化第一次，也是唯一的一次系统阐述，是在20 世纪90 年代初期，任正非与美国某著名咨询公司女高管的一次会谈时。人大教授吴春波回忆说："那天整个是谈动物。任总说跨国公司是大象，华为是老鼠。华为打不过大象，但是要有狼的精神，要有敏锐的嗅觉、强烈的竞争意识、团队合作和牺牲精神。"

华为大约有 2.4 万员工，其中大多数的员工都是高素质的大学毕业生，华为需要依赖一种精神把这样的一个巨大而高素质的团队团结起来，而且使企业充满活力。华为找到的精神就是团队合作精神。在新大学生入职培训的时候，华为就很注意培养员工的团队精神和合作意识。任正非在《致新员工书》中是这样写的："华为的企业文化是建立在国家优良传统文化基础上的企业文化，这个企业文化黏合全体员工团结合作，走群体奋斗的道路。有了这个平台，你的聪明才智方能很好发挥，并有所成就。没有责任心，不善于合作，不能群体奋斗的人，等于丧失了在华为进步的机会。"

"胜则举杯相庆，败则拼死相救"的市场工作原则是华为团队合作精神的一大体现。团队精神是华为在营销团队的建设方面一直重点强调的，虽然这种精神显得有些抽象，在实际中也很容易流于形式，但是华为从企业文化上形成一种保障机制来加强员工之间的合作意识。

其他企业的营销人员的一段关于对华为这个对手的评价很好地说明了华为的确是依靠整个团队来进行市场竞争，这段评价为："他们的营销能力很难超越。刚开始人们会觉得华为人的素质比较高，但对手们换了一批素质同样很高的人后，发现还是很难战胜他们。最后大家明白过来，与他们过招的，远不止是前沿阵地上的几个冲锋队员，因为这些人的背后是一个强大的后援团队，他们有的负责技术方案设计，有的负责外围关系拓展，有的甚至已经打入了竞争对手内部。一旦前方需要，马上就会有人来增援。"华为通过这种看似不很高明的"群狼"战术，将各国列强苦心圈好的领地搅得七零八落，并采用蚕食策略，从一个区域市场、一个产品入手，逐渐将他们逐出中国市场。

华为的管理模式是矩阵式管理模式，矩阵式管理要求企业内部的各个职能部门相互配合，通过互助网络，任何问题都能迅速做出反应。这种管理模式的优点就是能够快速地形成一个团队来服务顾客。华为销售人员在相互配合方面的高效率让客户惊叹，让对手心寒，因为华为从签订合同到实际供货只要四天的时间。

华为接待客户的能力和效率令以效率而著称的日本人都不得不佩服，他们认为华为的接待水平是世界一流的。在华为客户关系被总结为：一五一工程，即一支队伍、五个手段、一个资料库。其中五个手段是参观公司、参观样板店、现场会、技术交流、管理和经营研究。在华为对客户的服务是一个系统流程，华为几乎所有部门都会参与进来，因为没有团队精神，一个完整的客户服务流程很难顺利完成。

## （二十）为什么犯一次错只能批评一次？——超限效应

刺激过多、过强和作用时间过久会引起心理极不耐烦或反抗的心理现象，这被称为"超限效应"。

超限效应在批评教育中时常发生。例如，当某人做错某事后，如果管理者多次地重复对这件事作同样的批评，会使他从内疚不安变得不耐烦，变得反感讨厌，这不仅起不到教育作用，还会引起逆反心理和行为。因为人受到批评后，总是需要一段时间来认识自己的错误，但受到重复批评时，他挨批评的心情就无法归复平静，会逐渐产生反抗心理。

著名作家马克·吐温有一次在教堂听牧师演讲。最初，他觉得牧师讲得很好，使人感动，就准备捐款，并掏出自己所有的钱。过了十分钟，牧师还没有讲完，他就有些不耐烦了，决定只捐一些零钱。又过了十分钟，牧师还没有讲完，他决定，一分钱也不捐。到牧师终于结束了冗长的演讲，开始募捐时，马克·吐温由于气愤，不仅未捐钱，相反，还从盘子里偷了两元钱。像这位牧师这样的滔滔不绝，只能听得别人昏昏欲睡，甚至烦躁不堪。

管理者对下属的批评不能超过限度，应对下属"犯一次错，只批评一次"。如果非要再次批评，那也不应简单重复，要换个角度，换种说法。这样，员工才不会觉得同样的错误被"揪住不放"，厌烦心理、逆反心理也会随之减少。

## （二十一）为什么企业鼎盛期的员工离职率反而会高？
### ——镜面效应

物理光学原理中的"平面镜成像"可概括为以下三点：物在平面镜中成虚像；像和物关于镜面对称，即像到平面镜的距离与物到平面镜的距离相等；像与物大小相等。将这一现象引入到企业发展与员工心理变化中，就被称为"镜面效应"。

一方面，企业发展的鼎盛时期，员工的流失率反而高于企业创立之初，企业发展稳定时期，员工的离职率反而高于企业困境时期；另一方面，企业发展的攻坚阶段，员工的贡献及创造激情反而高于企业发展的稳定时期，并且，同期员工的激励方式和效果，前者明显也优于后者。由此引发的思考和结论基本上可深度概括为：企业发展态势和员工心理不成正比，而是成反比，从某种意义上分析是结构呈反面对称。

当企业处于创业初期、受到挫折或是经营和发展处于"低谷"时，企业与员工的距离很贴近，则员工显示出很强的责任感和凝聚力，在人力资源管理领域表现为：员工跟随企业创业和克服困难的自觉性、积极性很高，员工与企业形成很强的合力，管理者除了向员工明示企业的发展方向外，不必花太多精力用于员工的激励；员工不太计较企业暂时给予的回报，员工对企业给予理解和支持态度，员工满意度尽管不明确但处于理想状态，员工流失率、离职率较低。相反，当企业处于经营稳定期、发展鼎盛期时，企业与员工之间的距离相对疏远，则员工的责任感和凝聚力减弱甚至萎缩，表现为：员工自主贡献的热情降低，安于现状或要求企业给予的报酬和提供的福利逐步"加码"，人力资源管理在员工激励方面的压力很大，企业虽然面临更好的发展机遇但进步不再明显，员工与相关行业员工的攀比严重，员工满意度不高，一些核心人才出现"跳槽"的现象或离职倾向。

A公司是一家生产热轧带钢的企业，公司成立于1995年，筹建期人员规模不足五十人，核心技术人员约十人，他们主要集中于轧钢工艺、电气、机械等方面，且均为在该行业较有影响的人员。因是加工制造业，则公司投资大、周期长，筹建及试生产期时技术人员待遇及工作环境都较差，但是，员工的贡献热情是让人佩服的，也正是由于这个原因，该企业不到两年便顺利投产，赶上市场，并将多项新工艺及节能措施首次在同行业采用。从1997年开始，A公司生产与销售一路攀升，到2000年，公司经营趋于鼎盛时期，令同行业无法企及，特别是新型的合金带钢产品迅速占领了市场，为企业获得了更大的赢利空间。不幸的是，2000年7月，一位工艺工程师的"跳槽"，彻底暴露了近几年来隐藏的人力资源管理的问题，在企业快速发展的同时，员工的积极性却在"萎缩"，从核心技术人员到普通员工对企业呈现了更多的不满，如有对企业给予回报的责难、有对自身发展的担忧等，员工的向心力与凝聚力在减弱。企业管理者不得不"转向"，在员工激励方面做了些"大动作"，如推行期权计划、加大核心人才的福利与报酬投入等，但收效甚微。到2001年，当初筹建期的核心技术人员仅两人留下，不计算普通员工，技术、经营人才流失率达30%以上。有人将这"归罪"于A公司的人力资源管理缺乏"警觉"，或者是单纯的企业发展盛衰的自然规则。就在该企业想方设法进行员工激励时，员工却义无反顾地离职，企业处于良好的发展态势且面临难得的发展机遇，而员工却激情萎缩，这一反差是引人深思的。无独有偶，武汉一家通讯制造企业提供的相关员工流失数据和企业发展过程中员工的一些心理状态的信息也验证着这一反差。

B 公司从成立到现在已将近十二年，由于受国外及国内大牌企业的竞争影响，十多年来，公司的经营和发展一直较平缓甚至出现过一些波折，特别是在 1998 年公司还一度出现经营"低谷"，但是因为受整个通信行业迅猛发展的冲击与带动，从公司的产值、销售额、利润等指标可以看出，2000—2001 年是公司发展的最好时期，且让企业引以为自豪的"人均利润率"跃为国内同行业之首。但让人诧异的是，人力资源部门提供的这两年的核心人才（技术、销售、管理人才）的流失率也达到了历史最高，分别为 28% 和 32%。更让 B 公司人力资源部门不解的是，企业发展好了，福利和报酬体系更完善、更优越了，但员工似乎"胃口"越来越大，越来越不好"侍候"了。这时，员工的积极性反而成了公司进一步发展的"瓶颈"。

企业发展与员工心理形成如上所述的镜面效应的原因，并不是一种偶然，对具体的例证进行分析，我们可以从企业、员工及外部环境等方面找出具体原因。

1. 企业在人力资源管理方面的"盲点"

（1）企业在创业之初和企业困顿时期，往往急需适用的人才来"打天下"或"解燃眉之急"，因而对人才、人力资源十分重视，但企业一旦步入正轨，获得长足发展，便无意中逐渐疏忽了对人力资源的关注，导致企业在主观方面疏远了员工。

（2）企业过于"短视"，只看到了部分人力资源或少数核心人才目前的作用，缺乏对公司整体人力资源的统筹，也没有对人力资源进行深度挖掘和培养，导致"重点而不重面"的现象，使企业在人力资源管理与开发方面始终不能形成重视人力资源开发的氛围，员工与企业关系松散，特别是在企业发展到一定时期，员工认为企业不能对大多数员工"知恩图报"，因而员工对企业的信赖度降低，企业与员工之间关联弱化。

（3）企业没有关注核心人力资源的市场价值，没有去主动"狙击"外部，甚至没关注同业竞争者对企业核心人才的"诱惑"，则员工因受外力吸引而开始疏远企业。这也是导致部分核心人才离职后反而成为企业竞争者的重要原因。

2. 企业在人力资源管理方面的"误区"

（1）有的企业对核心人才缺乏持续有效的激励，当企业发展到稳定或鼎盛时期时，就"高傲自大"，认为只要企业发展好，就不怕引不来或留不住"金凤凰"。

（2）没有主动、深入地了解员工个人发展需求，不能从员工立场出发，为优势人力资源"量身定做"职业生涯规划。这导致部分核心人才错误地认为企业已发展到鼎盛时期，则个人的职业发展也将到了"尽头"。

3. 员工心理与企业发展的不同步和个人需求的变化

员工心理与企业发展的不同步表现在：

（1）在企业创业或攻坚阶段，员工自主贡献的热情在很大程度上来源于对企业发展前景的企求和愿望，但如果到了企业发展的稳定和鼎盛时期却得不到企业的追偿或公正回报，员工心理就会产生落差，贡献热情就不能再随着企业发展而递增或持续。

（2）员工在企业发展中也逐渐意识到了自己在某专业、某行业的位置，对工作经验、理论及实务水平的价值有所考量，对自身"含金量"越来越有信心，开始不局限于本企业的岗位，对外界更具挑战性的工作产生兴趣，心态慢慢游离于企业。

个人需求的变化表现在：

（1）随着员工工作阅历的丰富、知识的增长、物质生活的满足，员工的需求逐渐提高。如果企业没有及时地根据员工的需求进行激励，员工便会对所在企业的发展感到失望，就不能继续支持企业的发展。

（2）企业发展过程中，特别是在企业出现良好经营业绩的情况下，员工会相应地提出多方面、高层次的个人需求。如果企业不加重视并尽可能满足其需求，员工的贡献激情就会大打折扣。

4. 外部环境因素的影响

从人力资源角度来理解员工这一概念，我们就不能单纯将其视为企业的雇员，而应将每位员工都视为社会资源的一分子，所以外部环境无时不在地影响企业的每一位员工。

首先，企业的核心人力资源多是社会的高价值资源，社会、同业者同样对这部分资源有很大需求。所以难免有的员工会"这山望着那山高"，对企业的报酬和福利过分挑剔，与同行业或其他企业相互攀比，对企业表现出不理解或不满情绪。

其次，企业的发展更加提升了核心人力资源的价值，所以外界对这部分人力资源的估价会愈来愈高，这也就是优秀人才难以安于现状的"诱因"，是引发"人才争夺战"，核心人力资源流失的重要原因。

最后，在企业发展态势良好时期，员工的优越感要优于企业经营的低落时期，这时员工对外界充满自信，外界也对企业员工持较高的认可态度。这样使得员工"疏远企业而亲近社会"。

"镜面效应"影响着企业的凝聚力和向心力，是企业进一步发展的制约因素，要消除"镜面效应"，除了全面寻求其形成的原因以外，还必须"对症下药"，顺应企业发展的方向，牢牢抓住员工的心，持续且最大限度地激发员工的贡献热情，使员工与企业紧密联为一体。具体应注意以下几方面。

1. 持续激励，及时回报

企业在创立之初，因良好的发展前景吸引或聚集了一批核心人才，这部分人才在很大程度上影响企业的发展方向和速度，同时，这部分人才也多在不知不觉成为企业核心人力资源。因此，要注意对这部分人才的激励、保持和发展，特别是对这部分员工在创业和攻坚阶段的贡献要在企业发展稳定阶段给予追偿。这不仅是稳定这部分人才的基本手段，也为之后加入企业的员工树立表率：只要是为企业做出贡献的，就一定会得到企业持续的回报。

2. 重视沟通，显示尊重

企业在创业时，因面临新环境，所以要解决许多新问题，则企业管理者与核心员工甚至全体员工之间沟通频繁，同样，当企业遇到外部挑战和挫折，要克服困难时，企业也有求员工出谋划策、献计献力，显示出一种群策群力的积极氛围，员工普遍感到受重视、受尊重。但企业发展到一定阶段时，企业经营管理事务庞杂，人员规模扩大，员工沟通不如以前直接、频繁，企业对员工的态度与员工对企业的反应无法及时地交流。因此，企业与员工越来越疏远。所以，企业要主动与员工沟通交流，及时了解员工的思想动向，大范围、深层次地"团结"员工。

3. 澄清误解，主动规划

在企业发展的鼎盛时期，员工若出现自我发展再无路可走的思想倾向，无非会出现两种情况：一是员工离开企业另谋发展；二是积极性挫败，对企业发展无法做出新贡献。所以，企业应未雨绸缪，主动为员工做好职业生涯规划，特别是核心人才在企业发展鼎盛时期的职业规划，要消除员工在企业成功后对自身发展的顾虑，澄清部分员工认为的企业发展与自身发展不相关联的误解。

4. 放眼四周，斩尽诱因

员工思想涣散，心态游离企业，在很大程度上受诸多外部因素的影响，特别是在当今自由开放的人才及就业环境中，大部分员工都不会放弃企业以外更好的发展机会，特别是对部分高价值的人力资源，即紧俏人才，外界的诱因繁多且吸引力大，所以企业要时刻关注这部分人力资源价值的变化，及时调整保持和激励的对策，有效防止被"挖墙脚"，并使员工安心随着企业一道发展和提高。

企业发展与员工心理的"镜面效应"虽然还不足以称为企业人力资源管理的重要课题，但如果企业不认识到这一现象对自身发展的反作用并及时消除，其后果势必不言而喻。

## （二十二）为什么会根据应聘者的形象来选人？——首因效应

第一印象所产生的作用被称为首因效应。人在交往中给对方留下的第一印象的好与坏，关系到今后人们对其评价如何，它往往决定着今后人际交往和人际关系。

心理学家曾经做了这样一个实验：让学生评价一个人，把学生分成两组，第一组先看介绍这个人内向的材料，然后再看介绍这个人外向的材料；第二组恰恰相反。结果是第一组大部分评价他为内向，第二组评价的多为外向，这种现象被称为首因效应，又称第一印象。它是指第一次接触陌生人或事物形成的印象，起到了先入为主的作用。

有这样一个关于首因效应的故事：

一个新闻系的毕业生正急于寻找工作。一天，他到某报社对总编说："你们需要一个编辑吗？"

"不需要！"

"那么记者呢？"

"不需要！"

"那么排字工人、校对呢？"

"不，我们现在什么空缺也没有了。"

"那么，你们一定需要这个东西。"说着他便从公文包中拿出一块精致的小牌子，上面写着"额满，暂不雇用"。

总编看了看牌子，微笑着点了点头，说："如果你愿意，可以到我们广告部工作。"

这个大学生通过自己制作的牌子表达了自己的机智和乐观，给总编留下了美好的"第一印象"，引起其极大的兴趣，从而为自己赢得了一份满意的工作。

实验证明，第一印象是难以改变的。因此，在日常交往过程中，尤其是与别人的初次交往时，一定要注意给别人留下美好的印象。要做到这一点，首先，要注重仪表风度，一般情况下，人们都愿意同衣着干净整齐、落落大方的人接触和交往，所以"先敬罗衣后敬人"就是这个道理。其次，要注意言谈举止，言辞幽默、侃侃而谈、不卑不亢、举止优雅，就会给人留下难以忘怀的印象。首因效应在人们的交往中起着非常微妙的作用，只要能准确地把握它，就能给自己的事业创造良好的人际关系氛围。

了解首因效应的意义在于能使人们自觉地利用这一社会心理效应，为人们的现实生活和实际工作服务，帮助人们顺利地进行人际交往。这一方面的意义，对于领导者和管理工作者来说，尤为重要。在领导活动和管理活动等现实人际交往活动中，给交往对象留下好的第一印象，对顺利、有效地开展工作起着不可低估的积极影响。开端不好，就是今后花上十倍的气力，也很难消除其消极影响。所以，在现实交往中，务必在"慎初"上下功夫，力争给人们留下良好的第一印象。

## （二十三）偷奸耍滑者为何得到很好的评价？——近因效应

美国社会心理学家洛钦斯说："最近或最后的印象对人的认知有强烈的影响。"

所谓近因效应，指的是在交往过程中最近一次接触给人留下的印象对社会知觉的影响作用。

首因效应一般在对陌生人的知觉中起重要作用，而近因效应则在熟悉的人之间起重要作用。在经常接触、长期共事的人之间，彼此之间往往都将对方的最后一次印象作为认识与评价的依据，并常常使彼此的人际交往和人际关系发生质和量的变化。现实生活中的友谊破裂、夫妻反目、朋友绝交等，都与近因效应有关。

举个例子来说：一个工人一直都很勤勤恳恳地工作，但是到了即将绩效考评的时候，他却因为一些原因而无法尽心工作，通常领导都只会认为他偷懒，而给他一个不太好的评价；相反地，一个平时偷奸耍滑惯了的工人到了考评的时候，却做出了很好的表面工作，领导却认为他一直都很努力，而给了他一个很好的评价，这也是所谓的"近因效应"。

近因效应使人们仅仅根据人的一时一事去评价一个人或人际关系，割裂了历史与现实、现象与本质的关系，妨碍人们客观地、历史地看待人和客观事实，常常造成人与人之间的心理冲突，影响了人们对人和事做出客观、正确的评价和判断，对人们的实际工作和生活有着消极的影响。

## （二十四）业绩好的销售员一定可以胜任销售主管吗？
### ——晕轮效应

晕轮效应，亦称光环效应，它指人们看问题时，像日晕一样，由一个中心点逐步向外扩散成越来越大的圆圈，是一种在突出特征这一晕轮或光环的影响下而产生的以点代面、以偏概全的社会心理效应。

我们在日常生活中对他人的知觉大多数都受着这种效应的影响。它使得人们仅仅根据人的某一突出特点去评价、认识和对待人，如某人一次表现好，就认为他一切皆优，犯了一次错误，就说他一贯表现差等。所以，晕轮效应是一种把我们引入对人知觉误区的常见的社会心理效应。

在对人的外表特征的知觉中，如对人容貌的识记，晕轮效应具有一定的积极作用，为我们提供了一定的方便。晕轮效应的消极作用往往在判断一个人的道德品质或性格特征时表现得最为明显，它妨碍我们去全面地观察、评价一个人，使我们不能从消极品质突出的人身上发现其积极的品质和优点，也不能在积极品质突出的人身上看到其缺点和不足，从而对人做出"一无是处"或"完美无缺"的评价。事实上，在现实生活中，一无是处和完美无缺的人都是不存在的。所以，晕轮效应的危害是"一叶障目，不见泰山"。以点代面、以偏概全，容易影响对人的评价的准确性和可信度。

管理中因晕轮效应而犯的错误有很多，例如，业绩很好的销售人员会被想当然地认为其业务管理能力也很强，而被提拔到销售主管的位置，但最终发现其并不善于领导一个团队。一个说话结巴的人会被想当然地认为其不适合从事谈判工作，其实很多谈判高手并不一定是口齿伶俐的人，缜密的思维和对谈判心理的掌握才是谈判制胜的关键。

名人效应也是一种典型的晕轮效应。一个作家，一旦出名，则以前压在箱子底的稿件就不愁发表，其所有著作都不愁销售。一般来说，外貌的魅力很容易导致晕轮效应。传说杨贵妃死后，一位老太太拾到了杨贵妃的一只鞋子，她把这只鞋子拿到市场上展示，并索要 1 000 文钱以让参观者闻一下，愿意出钱的人竟然络绎不绝，这恐怕应该算是晕轮效应发挥到极致了。但即使是在强调个人意识的今天，晕轮效应也并不因为人们追求个性化的行动而减弱。青少年追星族就是一个很典型的例子，很多青少年因为喜欢一个歌星或影星而极力地模仿这位歌星，从服装、发型到说话做事的方式，都是在竭尽全力地模仿。一个有名的歌星的演唱会，票价会炒到几百元甚至上千元，花上这么多钱所听到的和看到的实际效果并不比电视里的好，但是许多人还是为能亲自感受一下现场听歌星演唱的氛围而情愿付出，并感到无比自豪。

认识和掌握这一社会心理效应，有助于人们克服看待别人的偏见，也有利于人们了解别人产生偏见的原因。例如，在招聘时，面试人可能会由于应聘者的优秀外表或某些出色的表现，而把其他优点如聪明、能干等，一并加在他身上，这种就是"晕轮效应"；而相反地，面试人会因为一个缺点就认为应聘者什么都差从而不予考虑，这种就是"弦月效应"。这两种情况所产生的面试结果都是非常主观的，会使招聘部门做出错误的决定。这种情况下，避免晕轮效应的办法就是多方位沟通，并向应聘者索取一些他自己已准备的报告，或对近期工作的深度概括，以此作为评估能力的客观依据。

另外，营销策略中常见的名人效应策略就是晕轮效应的一个特例。出现晕轮效应，是因为当人们在判断人或事物时，总是先把人或事物分成"好"与"不好"两种。当某事物被列为"好"时，一切好的品质便都加在该事物上面；相反地，如果某事物被列为"不好"时，则一切不好的品质又都加在该事物上了。商业企业可以利用这种认识上的偏差来影响消费者的购买行为，甚至使消费者"创造"出一种自我应验的感觉，于是在一个形象的保护伞下，就会出现消费者对商业企业销售的某种品牌商品的继续购买。商业企业的形象实际上就是商业企业营造的"光环"，它能有效地影响社会大众对商业企业及其商品的看法和评价。其作用主要表现为以下几方面。

1. 稳定和吸引消费者

按现代零售商业晕圈理论：大中型商业企业的商业晕圈（以下简称商圈），一般由三个层次组成：主要商圈、次要商圈和边际商圈。主要商圈，指最接近商业企业并拥有高密度顾客群的区域，通常本区域50%左右的消费者来该商业企业购物；25%～30%的消费者来自次要商圈；边际商圈，指属于本商业企业的辐射商圈，一般该商业企业20%～25%的消费者来自这一区域。商业企业形象的影响力强度，是与稳定主要商圈消费者、吸引次要商圈和边际商圈的消费者成正比的。如郑州亚细亚商场的形象强度，使其成为全国各地去郑州的旅客的首选商场，其商业企业辐射力已面向全国。

2. 强化商品竞争力

现代的商业企业已很难再从商品价格、服务等方面入手来吸引顾客对其销售的新商品感兴趣。如果一种季节性流行的商品不能以最快的速度占领市场，那么就有可能使商业企业陷入困境。

## （二十五）为何人们喜欢"随大流"？——从众效应

从众就是指由于群体的引导或施加的压力而使个人的行为朝着与群体大多数人一致的方向变化的现象。用通俗的话说，从众就是"随大流"。

1952年，美国心理学家所罗门·阿希设计实施了一个实验，来研究人们会在多大程度上受到他人的影响，而违心地做出明显错误的判断。他请大学生们自愿做他的被试着，告诉他们这个实验的目的是研究人的视觉情况的。当某个来参加实验的大学生走进实验室的时候，他发现已经有5个人先坐在那里了，他只能坐在第6个位置上。事实上他不知道，其他5个人是跟阿希串通好了的假被试者（即所谓的"托儿"）。阿希要大家做一个非常容易的判断——比较线段的长度。他拿出一张画有一条竖线的卡片，然后让大家比较这条线和另一张卡片上的3条线中的哪一条线等长。判断共进行了18次。事实上这些线条的长短差异很明显，正常人是很容易做出正确判断的。然而，在两次正常判断之后，5个假被试者故意异口同声地说出一个错误答案。于是许多真被试者开始迷惑了，他是坚定地相信自己的眼力呢，还是说出一个和其他人一样、但自己心里认为不正确的答案呢？从总体结果看，平均有33%的人判断是从众的，有76%的人至少做了一次从众的判断，而在正常的情况下，人们判断错的可能性还不到1%。当然，还有24%的人一直没有从众，他们按照自己的正确判断来回答。

这就是著名的阿希实验，这个实验告诉我们，人们总是倾向与跟随大多数人的想法或态度，以证明自己并不是孤立的，而是存在于一个群体之中。所以持某种意见的人数的多少往往是影响从众的最重要的一个因素，"人多"本身就是说服力的一个明证，很少有人能够在众口一词的情况下还坚持自己的不同意见。压力是从众的另一个决定性因素。"木秀于林，风必摧之"，在一个团体内，谁做出与众不同的行为，往往会招致"背叛"的嫌疑，会被其他成员孤立，甚至受到严厉惩罚，因而团体内的成员的行为往往高度一致。

美国霍桑工厂的实验也很好地说明了这一点：工人们对自己每天的工作量都有一个标准，完成这些工作量后，就会明显地松弛下来。因为任何人超额完成都可能使管理人员提高定额，所以，没有人去打破日常标准。这样，一个人干得太多，就等于冒犯了众人；但干得太少，又有"磨洋工"的嫌疑。因此，任何人干得太多或者太少都会被提醒，而任何一个人冒犯了众人，都有可能被抛弃。为了免遭抛弃，人们就会采取"随大流"的做法，而不会去"冒天下之大不韪"！

积极的从众效应可互相激励情绪，做出勇敢之举；消极的从众效应则互相壮胆干坏事，如看到别人乱穿马路，不少人也会跟着走捷径。因此，在做事时应做出正确判断，以避免盲从，酿成恶果。

## （二十六）为什么有时候先表明态度会比较有利？——名片效应

所谓名片效应，就是在交际中，如果表明自己与对方的态度和价值观相同，就会使对方感觉到你与他有更多的相似。

有一位求职青年，应聘了几家单位都被拒之门外，他感到十分沮丧。最后，他又抱着一线希望到一家公司应聘，在此之前，他先打听该公司老总的历史，通过了解，他发现这个公司老总以前也有与自己相似的经历，于是他如获珍宝，在应聘时，他就与老总畅谈自己的求职经历，以及自己对未来的发展展望。果然，这一席话博得了老总的赏识和同情，最终他被录用为业务经理。

实验结果表明，经过"名片"递送程序的被试者要比未经过"名片"递送程序的被试者，更快、更容易地接受我们所主张的思想观点，而自己在对方面前也容易成为一个他们所能接受的、感到亲切的、同他们有许多共同点的人。因此，只要我们摸准对方的预设立场和基本态度，而后恰当地运用"名片"，就能比较有效地对别人施加影响，并顺利地达到自己的目的。

这位求职者所使用的，就是"名片"效应。

名片效应指的是要让对方接受你的观点、态度，你就要把对方与自己视为一体，首先向对方传播一些他们所能接受的和熟悉并喜欢的观点或思想，然后再悄悄地将自己的观点及思想渗透和组织进去，使对方产生一种印象，即似乎我们的思想观点与他们已认可的思想观点是相近的。表明自己与对方的态度和价值观相同，就会使对方感觉到你与他有更多的相似性，从而很快地缩小与你的心理距离，更愿同你接近，形成良好的人际关系。

美国前总统里根迎合选民的手法就变化多端，富有吸引力。在向一群意大利血统的美国人讲话时，他说："每当我想到意大利人的家庭时，我总是想起温暖的厨房，以及更为温暖的爱。有这么一家意大利人住在一套稍嫌狭小的公寓房间里，但已决定迁到乡下一座大房子里去。一位朋友问这家一个12岁的儿子托尼：'喜欢你的新居吗？'孩子回答说：'我们喜欢，我有了自己的房间，我的兄弟也有了他自己的房间，我的姐妹们都有了自己的房间，只是可怜的妈妈，她还是和爸爸住一个房间'。"这个笑话明显地拉近了他与选民的心理距离，有效地推广了他的形象。他所使用的，就是一种名片效应。

日本松下电器公司总裁松下幸之助出身贫寒，年轻时到一家电器工厂去谋职，这家工厂的人事主管看着面前衣着肮脏、身体瘦小的小伙子，觉得不理想，信口说："我们现在暂不缺人，你一个月以后再来看看吧。"这本来是个推辞，没想到一个月后松下幸之助真的来了，如此反复了多次，人事主管只好直接说出自己的态度："你这脏兮兮的外表是进不了我们工厂。"于是松下幸之助立即回去借钱，买了一身整齐的衣服穿上再次去面试。人事主管看他如此实在，只好说："关于电器方面的知识，你知道得

松下幸之助

太少了，我们不能要你。"不料两个月之后，松下幸之助再次出现在人事主管面前："我已经学会了不少有关电器方面的知识，您看我哪方面还有差距，我一项项来弥补。"这位人事主管紧盯着态度诚恳的松下幸之助看了半天才说："我干这一行有几十年了，还是第一次遇到像你这样来找工作的。我真佩服你的耐心和韧性。"

正是松下幸之助这种不轻言放弃的精神，在人事主管的心目中形成了一种良好的名片效应，从而使他得到了这份工作。而他自己最终也通过不断努力，逐渐成为电器行业的英雄和日本的"经营之神"。

"名片"效应有助于消除别人的防范心理，缓解他们的矛盾心情，也有助于减少信息传播渠道上的"噪音"，形成传者和受众两者情投意合的沟通氛围。具体的操作方式是，在交际中先向对方传播一些他们所能接受的和熟悉并喜欢的观点或思想，然后再悄悄地将自己的观点及思想渗透和组织进去，使对方产生一种印象，即似乎我们的思想观点与他们已认可的思想观点是相近的。其要点在于：首先，要善于捕捉对方的信息，把握真实的态度，寻找其积极的、你可以接受的观点，形成一张有效的"名片"。其次，寻找时机，恰到好处地向对方展示自己根据"名片"打造出的形象，这样，你就可以达到目标。

掌握名片效应，对于人际交往以及处理人际关系具有很大的实用价值。

# （二十七）为什么蠢材也会得到提拔？——彼得原理

管理学家劳伦斯·J·彼得，1917年生于加拿大的范库弗，1957年获美国华盛顿州大学学士学位，6年后又获得该校教育哲学博士学位，他阅历丰富，博学多才，著述颇丰，他的名字还被收入了《美国名人榜》《美国科学界名人录》和《国际名人传记辞典》等辞书中。

彼得原理是彼得根据千百个有关组织中不能胜任的失败实例的分析而归纳出来的。其具体内容是："在一个等级制度中，每个职工趋向于上升到他所不能胜任的地位"。彼得指出，每一个职工由于在原有职位上工作表现好，就将被提升到更高一级职位；其后，如果继续胜任则将被一个不能胜任其工作的职工所占据。层级组织的工作任务多半是由尚未达到不胜任阶层的员工完成的。"每一个职位最终都将达到彼得高地，在该处他的提升商数为零"。至于如何加速提升到这个高地，有两种方法：其一是上面的"拉动"，即依靠裙带关系和熟人等从上面拉；其二是自我的"推动"，即自我训练和进步等，而前者是被普遍采用的。

彼得认为，由于彼得原理的推出，使他"无意间"创设了一门新的科学——层级组织学。该科学是解开所有阶层制度之谜的钥匙，也是了解整个文明结构的关键所在。凡是置身于商业、工业、政治、行政、军事、宗教、教育各界的每个人都和层级组织息息相关，亦都受彼得原理的控制。当然，原理的假设条件是：时间足够长，且层级组织里有足够的阶层。彼得原理被认为是同帕金森定律有联系的。

帕金森是著名的社会理论家，他曾仔细观察并有趣地描述层级组织中冗员累积的现象。他假设，组织中的高级主管采用分化和征服的策略，故意使组织效率降低，借以提升自己的权势，这种现象即帕金森所说的"爬升金字塔"。彼得认为这种理论设计是有缺陷的，他给出的解释员工累增现象的原因是层级组织的高级主管真诚追求效率。正如彼得原理显示的，许多或大多数主管必已到达他们的不胜任阶层。这些人无法改进现有的状况，因为所有的员工已经竭尽全力了，于是为了再提高效率，他们只好雇用更多的员工。员工的增加或许可以使效率暂时提升，但是这些新进的人员最后将因晋升而到达不胜任阶层，于是唯一改善的方法就是再次增雇员工，再次获得暂时的高效率，然后是另一次逐渐归于无效率。这就要使组织中的人数超过了工作的实际需要。

彼得原理首次公开发表于1960年9月美国联邦出资的一次研习会上，听众是一群负责教育研究计划，并刚获晋升的项目主管，彼得认为他们中的多数只是拼命想复制一些老掉了牙的统计习题，于是引入彼得原理说明他们的困境。演说招来了敌意与嘲笑，但是彼得仍然决定以独特的讽刺手法呈现彼得原理，其中所有案例研究都经过精确编纂，且引用的资料也都符合事实，最后定稿于 1965 年春，但是总计有 16 家之多的出版社无情地拒绝了该书的手稿。1966 年，作者零星地在报纸上发表了几篇论述同一主题的文章，读者的反应异常热烈，引得各个出版社趋之若鹜。正如彼得在自传中提到的"人偶尔会在镜中瞥见自己的身影而不能立即自我辨认，于是在不自知前就加以嘲笑一番，这样的片刻里正好可以使人进一步认识自己"。"彼得原理"扮演的正是那样一面镜子。

## （二十八）你的公司适合推行弹性工作制吗？——弹性工作制

所谓弹性工作制，是指完成规定的工作任务或固定的工作时间长度的前提下，员工可以自由选择工作的具体时间安排，以代替统一固定的上下班时间的制度。

弹性工作制是 20 世纪 60 年代由德国的经济学家提出的，当时主要是为了解决职工上下班交通拥挤的困难。从 70 年代开始，这一制度在欧美得到了稳定的发展。在欧洲，1975 年英国约有 70 万职工，1977 年瑞士估计有 40%的产业工人，在德国约有四分之一的工人实行这一制度。在美国，在一些脑力劳动占重要地位的行业中也推行弹性工作制。到 90 年代，大约 40%的大公司采用了弹性工作制，其中包括杜邦公司、惠普公司等著名的大公司。在日本，日立制造所在 1988 年推行这一制度，除生产线上的工人以外，有 4 万人自由地选择自己的工作时间。富士重工业、三菱电机等大型企业也都以此为目标，进行了类似改革。近年来我国的许多工厂也在试行这种制度。

目前弹性工作制有多种形式：

（1）核心时间与弹性时间结合制。一天的工作时间由核心工作时间（通常 5~6 小时）和环绕两头的弹性工作时间组成。核心工作时间是每天某几个小时所有员工必须到班的时间，弹性时间是员工可以在这部分时间内自由选定上下班的时间。

例如，某个公司规定每天工作时间为 8 小时，不算 1 小时的午餐休息时间，核心工作时间可以由上午 9 点到下午 3 点，而办公室实际开放时间为上午 6 点到下午 6 点。在核心工作时间内，所有员工都要求来到工作岗位，但在这核心区段前后的弹性时间内，员工可以任选其中 3 个小时工作。如下所示：

弹性时间　　　　　　　6：00~9：00

核心工作时间　　　　　9：00~12：00

| 午餐 | 12：00～13：00 |
| 核心工作时间 | 13：00～15：00 |
| 弹性时间 | 15：00～18：00 |

有些弹性工作制方案还准许累积额外的工作时间，从而每个月内可以腾出一整个自由日。

（2）成果中心制。公司对职工的劳动只考核其成果，不规定具体时间，只要在所要求的期限内按质量完成任务就照付薪酬。

（3）紧缩工作时间制。职工可以将一个星期内的工作压缩在二三天内完成，剩余时间由自己安排。职工上班时间减少，可以节省交通费，提高公司的设备利用率。

弹性工作制比起传统的固定工作时间制度，有着很显著的优点。弹性工作制对企业或组织的优点主要体现在：

（1）弹性工作制可以减少缺勤率、迟到率和员工的流失。

（2）弹性工作制可以增进员工的生产率。有一项研究发现，在所调查的公司中，弹性工作制使拖拉现象减少了42%，生产率增加了33%。对这种结果的解释是，弹性工作制可以使员工更好地根据个人的需要安排他们的工作时间，并使员工在工作安排上能行使一定的自主权。其结果是员工更可能将他们的工作活动调整到最具生产率的时间内进行，同时更好地将工作时间同他们工作以外的活动安排协调起来。

（3）弹性工作制增加了工作营业时间，减少了加班费的支出（例如，德国某公司采取该制度后，加班费减少了50%）。

弹性工作制对员工个人的优点主要体现在：

（1）员工对工作时间有了一定的自由选择权，他们可以自由按照自己的需要作息，上下班可以避免交通拥挤，免除了担心迟到或缺勤所造成的紧张感，并能安排时间参与私人的重要社交活动，便于安排家庭生活和业余爱好。

（2）由于员工感到个人的权益得到了尊重，满足了社交和尊重等高层次的需要，因而产生责任感，提高了工作满意度和士气。

但是，弹性工作制也具有一定的缺陷：

（1）它会给管理者对核心的共同工作时间以外的下属人员工作进行指导造成困难，并导致工作轮班发生混乱。

（2）当某些具有特殊技能或知识的人不在现场时，它还可能造成问题更难以解决，同时使管理人员计划和控制工作更为麻烦，花费也更大。

（3）许多工作并不宜转为弹性工作制，例如，百货商店的营业员、办公室接待员、装配线上的操作工，这些人的工作都与组织内外的其他人有关联，只要这种相互依赖的关系存在，弹性工作制通常就不是一个可行的方案。

推行弹性工作制也需要一定的条件，不是所有的企业、所有的工作岗位都适合。推行弹性工作制需要具备的条件包括：

（1）该项工作能进行精确的个体工作绩效（质量、数量）的考核。

（2）企业的生产工艺流程和技术规范应能允许该工作实行弹性工作制。

（3）企业具有较严密的管理规章制度作保证。

（4）各级企业管理人员，包括基层管理人员，具有较高的管理水平，而且支持这一变革措施。

（5）职工对这一制度有足够的认识和理解。

每个人的生活需要和风格、习惯不同，但传统的固定工作时间制强迫每个人按照同样的时间工作，是一种比较僵化的方式，不能适应人的需要，因此无法发挥出人的最大效率。从这种意义上讲，弹性工作制看到了工作中人的位置，注重人的需要，因此它的实施产生了较好的效果。由于弹性工作制的推广应用及其激励的后果，它已成为目前研究组织发展和变革的重要内容之一。

## （二十九）为何辞退不合格的员工要快？——酒与污水定律

酒与污水定律，是指如果把一匙酒倒进一桶污水中，你得到的是一桶污水；如果把一匙污水倒进一桶酒中，你得到的还是一桶污水。

在任何组织里，都存在几个难弄的人物，他们存在的目的似乎就是为了把事情搞糟。最糟糕的是，他们像果箱里的烂苹果一样，如果你不及时处理，它会迅速传染，把果箱里其他的苹果也弄烂。"烂苹果"的可怕之处在于它那惊人的破坏力。一个正直能干的人进入一个混乱的部门可能会被吞没，而一个无德无才者能很快将一个高效的部门变成一盘散沙。一个能工巧匠花费十日精心制作的陶瓷品，一头驴子一秒钟就能将它毁坏掉。

这是一条来自西方的管理定律，其实在我们中国也有同理的谚语：一块臭肉坏了满锅汤；一粒老鼠屎坏了一锅粥；一条臭鱼坏了一锅汤。

无论是来自西方的定律还是中国的谚语，已经把负面影响的始作俑者做了准确的定性：污水、臭肉、老鼠屎、臭鱼。这些已经定型的东西已经没有改变和改造的可能。

污水总不可以成为酒吧，臭肉总不可以成为好肉吧，老鼠屎总不可以成为调料吧，臭鱼又怎么可能成为好鱼？既然如此，就要及时处置，对极坏的东西不需要再抱什么幻想。

## （三十）为什么执行重于一切？——格瑞斯特定理

美国企业家格瑞斯特提出：杰出的策略必须加上杰出的执行才能奏效。

美国 ABB 公司董事长巴尼维克曾说过："一位管理者的成功，5% 在战略，95% 在执行。"

美国航空公司是美国最大也是最赚钱的航空公司之一。其功劳归功于它的执行长官罗伯·柯南道尔及其管理团队所采取的一系列策略：执行高品质的服务体系等管理制度。

美国"奇异"公司最年轻的执行总裁韦尔奇在管理上以结果为导向，重视"底线"和结果：公开宣称凡是不能在市场上持续前两名的实业，都会面临被卖或被裁撤的命运。韦尔奇依据公司制度，裁起员来绝不手软。当然，"奇异"公司的很多员工抱怨韦尔奇的管理模式要求太严。但是，执行结果导向的管理有利于员工全身心地投入企业事业。

没有执行，一切都是空谈。制定全面而细致的管理制度固然重要，但要有一批能长期不懈、不折不扣地去执行制度的人，却更难能可贵。武汉广场六年蝉联全国零售业单体经济效益冠军的成功秘诀，就在于每天都切实地履行这种可贵的执行精神。这里有两个武汉广场关于管理执行的两个小细节：

细节一：武汉广场的管理非常细致，为了控制物业成本，全场营业照明的开关时间也按照科学的方式进行规划。在开门营业前 3 分钟，场内的照明设备才全部打开。而在此之前，场内仅提供柜台的基础照明，以供员工进场做各项开门准备工作。

细节二：在促销活动结束后，客户都会将多余的商品及奖品，从武汉广场的周转仓中退出来。每次，武汉广场 5 号门、6 号门的保安及电梯管理员都会按照规定，不折不扣地执行公司关于退货的管理制度流程，非常认真地检查他们的退货清单，并一一核查相关的签批程序，确定无误后，才有礼貌地让客户通过。

目前，"执行不力"是我国企业界的通病，其现状表现形式主要有以下几种：一是不知"执行力"为何物，把它曲解为权威或权力，单凭老板或老总说了算，没有合理的制度支撑，或者有一些制度，但实际运营是老板或老总凌驾于制度之上。二是有相关的制度为"执行"作支撑，但常常是目标种种、策略多多，却议而不决、决而不行，行而不力流于"口号管理"。特别是对问题反应慢，不能有效地执行解决问题的方案。三是有比较完善的管理制度并重视执行，但缺乏合理的执行系统，执行阻力很大，以至于控制不力、效率低下。这是我国企业当前面临的最为普遍的执行问题。

执行不力的主要问题出在执行系统和执行者上，企业建立科学的执行系统和调整执行者的心态与行为尤为关键。提升执行力的步骤具体如下。

1. 规范战略制定，明晰业务流程，提炼核心内容

在战略制定时，必须保持严谨的态度，不能朝令夕改，以便执行者能坚定地按照该方向执行下去。明晰每一个流程，把复杂的东西简单化，把简单的东西量化，用流程来推动执行者的工作，让执行者通过该流程就知道自己该做些什么，应该怎么做，而不是事事靠领导来推动。并在每个环节系统中提炼出几点核心内容，以便执行者能优先配置、执行资源，而不是到处是重点、漫无边际。

2. 建立先进的企业文化，重视团队精神建设

首先，培养员工对公司的忠诚。要想员工对公司忠诚，公司首先要对员工忠诚，要履行对员工的每一个承诺，关心员工，爱惜员工。其次，培养员工的奉献精神等理念来教育员工。同时，树立一些典型榜样并予以一定的物质奖励，让奉献有回报，以此来激励员工。最后，培养员工"坚决服从"的意识。坚决服从不是被动的、抵制的服从，而是能动的、善意的服从，公司应在大会、小会上都要灌输"服从"思想，允许大家在决策前提建议，但一旦做出了决策，就应坚决执行。对于不服从决策者，要给予严厉的惩罚。

另外，在企业文化建设中要特别重视团队精神建设。树立美好的愿景，使员工了解本行业的魅力、本企业的美好前景和本人几年内会有什么样的位置与待遇，让大家为共同的奋斗目标而努力。明确工作职责和目标，制定合理的奖惩制度。这有利于员工在工作中找准方向，各司其职，减少彼此之间的摩擦，增进团结。加强教育，培养员工的团队意识与合作精神。教育不仅是职业道德的要求，也是自身发展的需要，与自身的利益密切相关，并给员工算一算不团结会付出的代价和成本。

3. 建立科学的培训体系，提升整体的执行素质

例如提供职员级、主管级、经理级、总经理级等级别的培训，让每一个上进的员工都有培训的机会，这也可以让员工明白自己未来会处在一个怎样的位置。让培训完了的员工把培训内容讲解给其他没有参加培训的同级别的员工听，并对培训者进行考

核，让其根据培训的内容结合公司的实际情况拿出一些可行的方案，拿不出则记培训失职。每个主管以上的领导都要参与对内培训，即让每个领导为自己的岗位培养 1~2 个候选人。同时，把这纳入业绩考核之中，凡培养不出候选人的记为失职，扣除部分年终奖金，培养出比自己更优秀的人则记大功，给予特殊奖励。这样一来，就可以在一定程度上避免执行者能力倒退或嫉妒下属的事情的发生，能提高整体的执行素质。

4. 建立合理的激励和授权机制

激励是提高执行力最有效的方法之一，如果把大家的积极性都调动起来了，有什么决策会执行不下去呢？

听觉激励。中国人喜欢把爱埋在心里，没有说出来，这其实就是爱的缺陷。如果你想赞美下属，就一定要说出来。视觉激励。把优秀员工的照片和事迹在公司内部杂志和光荣榜上贴出来，让大家都看到，以此激励这些获奖者及其他的员工。奖励成功也奖励失败。对成功者进行奖励是理所当然的，但对失败者，只要是尽力了，精神可贵，就应找出一些失败的典型来进行奖励，以此肯定他们的努力和所创造的精神价值。精神价值其实就是无形资产，有什么理由对创造了无形资产的人不进行奖励呢？引入竞争。讲团队精神不是不讲究竞争，但竞争又不同于斗争，这样既达到了激励双方的目的，又不会伤了和气。用爱惜的心态批评下属，指出其错误并帮助其改正，这也是一种激励，并且是一种更令人刻骨铭心的激励。合理的授权是最高的激励方式之一，能帮助下属自我实现。但在授权时应把授权内容书面鉴定清楚，授权后要进行周期性地检查，防止越权。

5. 建立完善的控制系统，引入淘汰机制

对关键的流程进行简洁、实效、操作性强的控制，而不是对所有的程序进行控制。采用公平、公正、合理的控制系统，让大家在心里能够善意地接受，而不是潜意识地抵制。不定期地考核与检查。不定期地考核与检查能避免执行人员为应付定期考核和检查而采取的投机行为，能确保执行的稳定性，防止执行的"虎头蛇尾"。引入"淘汰机制"。每年选举一次，凡下属和上司都不满意的领导自动贬为员工或解聘，有一方不满意者降职 1~2 级。这样一来就可以把执行者控制好，如果你执行不力，做不出成绩，不能让下属和上司满意，你很可能就被淘汰出局。

6. 建立温馨与友爱的团队氛围

上班前把员工召集起来喊喊"爱公司、爱同事"的口号，并互相握握手，拥抱一下，活跃气氛，增进同事情谊。不要认为这是个形式，很多事情往往是"先有其形，后有其神"。只要心情好了，什么矛盾都好解决。员工生日时，组织大家去祝贺；员工生病了，组织大家去看望；员工有难，公司组织"爱心"资助。让员工感受到团体的温馨与友爱，这能有效地防止员工在背后刻意攻击同事或公司等扭曲心态的产生。开展拔河等能体现团队精神的活动，让大家体验为共同目标而努力的快乐。专门在晚上组织开展一些心态调整课，让员工明白差距是如何产生的，应如何去弥补。

## （三十一）为什么态度决定成败？——不值得定律

不值得定律最直观的表述是，不值得做的事情，就不值得做好。这个定律似乎再简单不过了，但它的重要性却时时被人们疏忘。

不值得定律反映出人们的一种心理，一个人如果从事的是一件自认为不值得做的事，往往会保持敷衍了事的态度，这样不仅成功率小，而且即使成功，也不会有多大的成就感。因此，企业的领导者要合理地用人和分配工作，如让成就欲较强的职工单独或牵头完成具有一定风险和难度的工作，并在完成时给予肯定和赞扬；让依附欲较强的职工更多地参与到某个团体中共同工作；让权力欲较强的职工担任一个与之能力相适应的主管工作。哪些事值得做呢？一般而言，这取决于以下三个因素：

（1）价值观。一般来说，一件符合自己价值观的事，人们才会满怀热情去做。

（2）个性和气质。一个人如果做一份与他的个性气质完全背离的工作，他是很难做好的，如一个好交往的人成了档案员，或一个害羞者不得不每天和不同的人打交道。

（3）现实的处境。同样一份工作，在不同的处境下去做，给人的感受也是不同的。例如，一个人在一家大公司，如果最初做的是打杂跑腿的工作，很可能认为是不值得的，可是，一旦被提升为领班或部门经理，就不会这样认为了。

综上所述，值得做的工作是：符合个人的价值观，适合个人的个性与气质，并能让人看到期望。所以，领导者在用人时应该注意"知人"和"善任"。

"知人"，首先要对所需、所用之人有一个较全面的了解。在"知人"的基础上才有可能"选择"合适的人才，"知人"是领导者用人的第一要务和前提。当然，"知人"识才是为了"善任"，通过"善任"人才来获得企业持续的竞争力。

要用好人才，就必须"择人任势"。一个人，不可能具备种种才能，胜任一切岗位，某一特定人才总有最适合他的位子。这就需要管理者在"知人"的基础上，对人才的使用上给予恰当安排，形成人员配置的最佳组合机构，达成最佳组合，管理学家汤姆·彼得斯曾说过：企业或事业唯一真正的资源是人，管理就是充分开发人力资源以做好工作。如何有效地开发人力资源？这要做到两点：首先，领导者要广泛地了解他人的价值观、个性、期望及长处，并加以合理的运用，才算是艺术地"知人"。经过"知人"，领导者已掌握了一定的人力资源，这只是为用人打下基础，这还要第二步"善任"，只有这样，人才才能真正发挥作用。

"集合众智，无往不利"，这是日本著名的松下集团老板松下幸之助先生的至理名言，"一个人的才干再高，也是有限的，且往往是长于某一方面的偏才。而将众才为我所用，将许多偏才融合为一体，就能组成无所不能的全才，发挥出无比巨大的力量。"

事实也正如此，历史上看似一无所长的汉高祖刘邦是将知人善任发挥到极致的古代领导典范。刘邦市井出身，文不及张良、萧何，武不如韩信，却能驱策自如，善于发挥各自所长，用人到位，最终成为汉代开国帝王。

# （三十二）为什么"有争论才有高论"？——波克定理

美国庄臣公司总经理詹姆士·波克说："只有在争辩中，才可能诞生最好的主意和最好的决定。"

南山集团是山东省龙口市东江镇一处村企合一的大型国家级企业集团，改革开放前只有260户、800人，人均不到一亩薄地，到目前，已经拥有总资产150多亿元，村民6 700人，员工3. 6万名，企业40多处，涉及毛纺、铝业、电力、旅游、教育等十几种产业，在全国乡镇企业500强中位居前列。

说起南山集团的成功，离不开两大法宝：一是批评，二是争论。领导班子成员、厂长经理，每天早晨集中到集团办公室开碰头会，汇报工作不准表扬自己，更不准赞扬领导，只讲问题，讲办法，领导深度概括只批评，不表扬。南山最怕的不是批评，而是宣传表扬，南山集团董事长宋作文有句名言："一边跑一边喊的人跑不快""不该你得的荣誉你得了，很危险"。南山的争论，是民主决策的过程。凡重大问题，党委成员必须调研、讨论、集体决策，尤其是涉及项目、投资等发展大计，班子成员往往争论得面红耳赤，用他们的话说，都是"吵"出来的，不"吵"透了不罢休。最后提请党员大会、村民代表大会讨论通过。宋作文做事果敢，但从不盲目地一锤定音。他说："争论出真知，争论少失误。"

俗话说：无摩擦无磨合，有争论才有高论，如果不愿参与组织中的争论，永远也无法在工作中实现重要的事情。

有效的争论对于组织本身来说具有许多积极意义。当人们敢于提出不同意见并为之争论时，组织本身就变得更加健康。意见分歧会让人们对不同的选择进行更加深入的研究并得出更好的决定和方向。彼得·布劳克在《授权经理人：工作中的建设性政治技巧》一书中指出：如果你不愿参与机构中的政治与争论，你永远也无法在工作中实现对你来说重要的事情。要是这样就太悲哀了。

但是，争论总是令人不安，一场拙劣的争论更会使许多人受到伤害，因此，学会如何提出观点并参与有意义的争论是成功工作和生活的关键。这里有几点建议：

（1）创造健康争论的工作环境。培养一种鼓励不同意见的组织文化或环境。使不同意见成为意料之中的事，让人们倾向于关注与之不同的经验而非相似的观点和目标。

（2）奖励、承认并感谢那些愿意表明和捍卫自己观点的人。组织内建立相应的认可制度、奖金制度、工资和福利体系以及绩效管理过程，奖励那些愿意表明或捍卫自己观点的人。

（3）让人们以数据和事实来支持自己的观点和建议。

（4）培训员工，使员工掌握进行健康、良性、积极争论和解决问题的技能。

（5）注意争论解决，把握争论方向。

（6）聘用有能力并愿意解决问题的人。

## （三十三）为什么不能过于关注员工的错误？——波特定理

波特定理的含义是：当遭受许多批评时，下级往往只记住开头的一些，其余就不听了，因为他们忙于思索论据来反驳开头的批评。

在很多时候，当下属犯了错误时，领导者都会严词批评一番，有时甚至将员工骂得狗血淋头。在他们看来，似乎这样才会起到杀一儆百的作用，才能体现规章制度的严肃性，才能显示出领导管理者的威严。其实，有的时候过于关注员工的错误，尤其是一些非根本性的错误的话，会大大挫伤员工的积极性和创造性，甚至产生对抗情绪，这样就会产生非常恶劣的效果。所以，在管理事务中，我们要学会宽容下属的错误。但宽容并不等于是做"好好先生"，而是设身处地地替下属着想。在批评的同时不忘肯定部下的功绩，以激励其进取心，并有效避免伤害其自尊和自信。一个懂得如何顾全下属面子的管理者，不仅会使批评产生预期的效果，而且还能得到下属的大力拥戴。

通用电气的杰克·韦尔奇认为：管理者过于关注员工的错误，就不会有人勇于尝试。而没有人勇于尝试比犯错误还可怕，它使员工故步自封，拘泥于现有的一切，不敢有丝毫的突破和逾越。所以评价员工的重点不在于其职业生涯中是否保持不犯错误的完美记录，而在于是否勇于承担风险，并善于从错误中学习，获得教益。通用能表现出很强的企业活力，这与韦尔奇的适度宽容员工错误的方式不无关系。

在这方面，值得特别提出的是世界最富创新的美国 3M 公司。

美国的 3M 公司，不仅鼓励工程师也鼓励每个人成为"产品冠军"。公司鼓励每个人关心市场需求动态，成为关心新产品构思的人，让他们做一些家庭作业，以发现开发新产品的信息与知识，公司开发的新产品销售市场在哪里，及可能的销售与利益状况等。如果新产品构思得到公司的支持，就将相应地建立一个新产品开发试验组，该组由 R&D 部门、生产部门、营销部门和法律部门等的代表组成。每组由"执行冠军"领导，负责训练试验组，并且保护试验组免受官僚主义的干涉。如果一旦研制出"式样健全的产品"，试验组就一直工作下去，直到将产品成功地推向市场。有些开发组经过 3~4 次的努力，才使一个新产品构思最终获得成功；而在有些情况下，却十分顺利。3M 公司知道在千万个新产品构思中可能只能成功 1~2 个。一个有价值的口号是"为了发现王子，你必须与无数个青蛙接吻"。"接吻青蛙"经常意味着失败，但 3M 公司把失败和走进死胡同作为创新工作的一部分，其哲学是"如果你不想犯错误，那么什么也别干"。

日本富士 Xerox 公司从 1988 年就开始实施"关于事业风险投资与挑战者的纲领计划"。如果公司员工的新事业构思被公司采纳，则公司和提出人就共同出资创建新公司，并保证三年工资。假如失败了，仍可以回到公司工作。对于新创立的公司，公司不但给予资金的支持，还给予经营与财务等必需的人才的支持。

对研究开发的成功，实行奖励与特别奖励已是普遍的事情。但对于研究的失败，却有着较大的差别。在一些企业，对于失败的项目，不但没有认真地深度概括失败的原因，而是采取了对项目全盘否定的做法。虽然很多公司也都明白研究开发是允许失败的，但常常不能正确地对待失败。3M 公司允许工程师们将工作时间的 15% 在实验室中进行自己感兴趣的研究开发，努力创造轻松自由的研究开发环境。如果你的创造性构思失败了，那也没关系，你不会因此而遭到冷嘲热讽，照常可以从事原来的工作，公司依然会支持你的新构思的试验。在日本的一些企业，有着"败者复活制"和"失败大奖"的表彰制度，旨在给予失败者具有挑战精神的激励，并让失败者从失败中寻找成功的因素，把失败真正作为成功之母，从而最终获得成功。

优秀的管理者在员工犯错的情况下，是不会一味地责怪的。他会宽容面对他们的错误，变责怪为激励，变惩罚为鼓舞，让员工在接受惩罚时怀着感激之情，进而达到激励的目的。每个人都是需要鼓励的，有鼓励才能产生动力。批评的同时给予适当的肯定，只有把握好了，才能成为一名出色的管理者。

## （三十四）老板不在时员工在干什么？——洛伯定理

美国管理学家 R·洛伯说："对于一个经理人来说，最要紧的不是你在场时的情况，而是你不在场时发生了什么。"

国外儿童教育学家做过一个有趣的试验：把几个儿童依次单独放在一个藏着监视器的小房间里，告诉他，身后有一个玩具，但是，要求他无论玩具发出什么动静都不要回头看，试验的结果是，所有的孩子最后都忍不住回头偷看了一下，试验的关键在下一步，每一个孩子从房间出来后都被问到是不是回头看了，有些孩子承认了，有些孩子就坚持说自己没看。教育学家说，孩子回头是正常的，因为他们的自制力抵抗不了玩具的诱惑，但是，孩子应该有能力控制自己不撒谎。

一个经理人在管理一个组织的时候，要给予下属一定的自主空间，锻炼下属独立处理事物的能力。如果一直是高压政策，对谁都不放心，大权独揽，像一个掌管全局的大管家，则下属不过是他命令和思路的执行者，不需要头脑，不需要主见，只是执行而已。这样的经理人尽管也可以把一个组织管理得井井有条，可他手下的员工却被日复一日地被管理成了只会听话、行动的"好同志"，一旦他不在场时，属下就成了一群无头苍蝇，纪律开始散漫，工作效率开始降低，有事谁也不愿负责任——因为平时谁也没负过责，又怕一旦出了差错没法交代。

所以，对于一个经理人来说，不要大权独揽，事必躬亲，该授权时则授权，否则自己累得心力交瘁不说，员工也会对工作缺乏关心和热忱，时间长了，会使下属产生依赖心理或不被信任的感觉，并在你不在的时候无所适从、互相推诿、错失良机。

孔子的学生子贱有一次奉命担任某地方的官吏。当他到任以后，却时常弹琴自娱，不管政事，可是他所管辖的地方却治理得井井有条，民兴业旺。这使那位卸任的官吏百思不得其解，因为他每天即使起早摸黑，从早忙到晚，也没有把地方治好。于是他请教子贱："为什么你能治理得这么好？"子贱回答说："你只靠自己的力量去进行，所以十分辛苦；而我却是借助别人的力量来完成任务。"

经理人首要的任务，是扮演好教练的角色，也就是负责企业内人才的延续，企业领导要负责培育、激励员工，激发员工潜能，同时，企业领导也通过合理地授权给员工可以施展聪明才智的机会和表现的舞台，让他们能从中得到磨炼与成长，成为具有判断、创新能力的人才，而领导者本人也才能有更多的时间去做更重要的决定及思考企业的远景方向。

老子说："治大国若烹小鲜"。就是说，治理大国应当像煮小鱼一样，不能随意去搅扰它（否则小鱼就残碎了）；同样，企业管理的最高境界就是让员工感受不到你的存在，他能够明确目标、自我管理、自我激励，把个人价值与企业价值有机地结合起来，在实现个人价值的同时，也为企业创造价值。

## （三十五）你的脑子里能容纳两种相反的思想吗?
### ——托利得定理

法国社会心理学家 H·M·托利得提出：测验一个人的智力是否属于上乘，只看脑子里能否同时容纳两种相反的思想，而无碍于其处世行事。两种正反思想共存，说明你能够听进不同意见，或者说，听到反对意见时不是暴跳如雷、恼羞成怒，能把反对意见认真听完，并加以分析，说明你已经将问题的两个方面都考虑到了，如能够充分加以分析，会对决策起到积极的影响。

历史上三国时期的袁绍就是因为不能容忍反对意见而最终以百万之师败给曹操七万大军的例子。袁绍兵多谋众粮足，宜守；曹操兵强将勇粮少，宜速战速决。袁绍起兵应战，田丰极力反对，被关入囚牢。袁绍果败，大伤元气，因大悔"吾不听田丰之言，兵败将亡；今回去，有何脸面见他呢!"逢况乘机进谗言，袁绍恼羞成怒，决意杀田丰。

田丰在狱中，狱吏贺喜说："袁将军大败而回，您一定又会被重用啊!"田丰怅然说："我死定了，袁将军外宽内忌，不念忠诚。若胜而喜，犹能赦我；今战败则羞，我没希望活了。"果然使者奉命来杀田丰，最终田丰伏剑而死。

而曹操面对不同意见时，采取的却是与袁绍截然相反的两种态度。曹操在初定河北后，又与众人商议西击乌桓；曹洪等人极力反对。曹操听从郭嘉之言，费尽艰难破了乌桓。回到易州，重赏先曾谏者。诚心对众将说："我前者凌危远征，侥幸成功。虽得胜，上天保佑，不可以为法。诸君之谏，乃万安之策，是以相赏。以后不要怕提意见!"

田丰的反对意见是对的，袁绍却把他杀了。像这样的糊涂蛋，谁还会再提反对意见呢? 怎么会逃脱惨遭失败、受人耻笑的结局呢? 袁绍四世三公，根基深厚，曹操也深为叹惜："河北义士，何其如此之多哉! 唯袁氏不能用尔，若袁氏善用之，我何敢小觑此地？"

曹操则相反，从善如流，不闭目塞听，即使反对意见错了，仍然大加奖赏，鼓励大家多讲。因为反对者总有反对的理由，其中必有可取之处。如果侥幸成功，就轻视取笑甚至惩罚提反对意见者，那只会让众人变得唯唯诺诺而已。

管理者拥有权力、地位，容易被阿谀奉承、阳奉阴违所蒙蔽而听不到真话。现实生活中，为了赢得领导的欢心和偏爱，下属大多讨好，甚至糊弄管理者，说假话蒙骗上级的现象屡见不鲜。因此，一个优秀的管理者必须要有听真话的诚意、胸襟和行动。

有这样一个故事：某管理者带领下属一行 10 人，乘坐一艘小船，到某海岛游玩。归途中，管理者提出暂不回航，到另一小岛上去玩儿。其中有一人提出："那岛周围暗礁多，流急浪大，很危险，还是不去的好。"管理者听后很不满意，厉声说道："不要说不吉利的话，扫大家的兴，风平浪静有什么危险？同意去的站到左边，不同意的站到右边。"很多人察言观色，溜须拍马，结果一个个都向左边走去，当右边只剩下一个人时，小船由于重心偏移，翻了过来。

这则故事说明了什么呢？说明都站在一边，并不是好事。领导独断专行，讲真话者受到排挤、孤立，谁还愿意讲真话呢？管理者要听到真话，就必须以开放的心态容纳别人的想法，有民主的作风，让群众想说、敢说，真正做到言者无罪、闻者足戒、畅所欲言、各抒己见。

另外，管理者应该认识到，敢提意见的人，并非对自己有成见。多数敢提意见的人，是有事业心、进取心、责任感强、思想敏锐、关心工作的人。老子说"真言不美，美言不信"。真话未必中听，中听话未必真实。一些意见可能偏激、不全面、不正确，甚至个别人可能意气用事，发泄不满。管理者要有气度、有雅量，辩证地看待，不能因与自己意见不合而抱成见。要有实事求是的精神和宽广的胸怀和度量，听到一些过激的语言时，不要气恼，要宽容、忍让，耐心地让对方把话说完，然后再心平气和、实事求是地说明情况，分清是非，这样才不至于堵塞言路，才表明自己提倡、赞赏、鼓励、支持说真话的态度。当然，在听取不同意见或反对意见时，也要分清真伪，搞清凿凿之言、肺腑之言和毫无根据的谎言。要分清好坏，搞清金玉良言、别有用心的谗言。要分清虚实，搞清不含水分的实在话、毫无意义的空话和言过其实的大话。只要管理者放下架子，多一点人情味，以诚相待，平易近人，和下属交朋友，就能以自己的真情换来下属的真心。

## （三十六）为何高级主管必须互相信任？——艾德华定理

英国 BL 有限公司前总裁 M·艾德华说："高级主管如果不能互相信任，任何集体领导都不会有好的效果。"这被称为艾德华定理。

从前，某个国家的森林内，喂着一只两头鸟，名叫"共命"。这鸟的两个头"相依为命"。遇事时，向来两个"头"都会讨论一番，才会采取一致的行动，如到哪里去找食物、在哪儿筑巢栖息等。

有一天，一个"头"不知为何对另一个"头"产生了很大的误会，造成谁也不理谁的仇视局面。其中一个"头"想尽办法和好，希望还和从前一样快乐地相处。但另一个"头"则睬也不睬，根本没有要和好的意思。

如今，这两个"头"为了食物开始争执，那善良的"头"建议多吃健康的食物，以增进体力。但另一个"头"则坚持吃"毒草"，以便毒死对方才可消除心中怒气！和谈无法继续，于是只有各吃各的。最后，那只两头鸟终因吃了过多的有毒食物而死去了。

在一个组织内，如果领导之间的合作没有处理好的话，组织的命运就值得担忧了。只有有了好的领导集体，才会有好的集体领导。

大量的研究和企业实践表明，不团结和不协调是中国企业中存在的重要痼疾，特别是在高层管理者之间。企业高层管理者是制定发展战略、进行绩效和对利益相关者管理评估等实际操作的群体，由于在成员构成方面的差异性和层级结构上的特殊性，加上华人中不服输的"鸡头"文化的影响，在高层管理团队成员间更容易产生误解，而误解一旦产生，就难以形成有效沟通，由此所造成的损失比一般员工间产生误解所造成的损失要大得多。

单单从我国著名企业由高层更迭所带来振荡频率及作用程度来看，每年都呈上升态势，有些则是多年恩怨，有些则是不断出现。也有许多企业具有一定的抗风险的能力，保持了较好的发展势头；但某些企业的振荡，并没有在可控制的范围内，造成了巨大的亏损，只能依靠银行财团的输血才能持续企业的生命；还有某些企业则不断被并购，而且又不断留下财务黑洞。

所以，在高层团队中营造公开交流、团结协作的氛围，倡导"谈心谈话"，避免由沟通障碍造成的损失，就显得十分必要。万科董事长王石先生说："我是个职业董事长，我领导万科的秘诀，就是不断地交谈沟通——与投资人、股东、经理层和员工。"

## （三十七）为什么要及时教导第一个犯错的人？——破窗理论

美国斯坦福大学心理学家詹巴斗曾做过这样一项试验：他找来两辆一模一样的汽车，一辆停在比较杂乱的街区，一辆停在中产阶级社区。他把停在杂乱街区的那一辆的车牌摘掉，顶棚打开，结果一天之内就被人偷走了。而摆在中产阶级社区的那一辆过了一个星期也安然无恙。后来，詹巴斗用锤子把这辆车的玻璃敲了个大洞，结果，仅仅过了几个小时，它就不见了。

政治学家威尔逊和犯罪学家凯琳依托这项试验，提出了一个"破窗理论"。这一理论认为：如果有人打坏了一个建筑物的窗户玻璃，而这扇窗户又未得到及时维修，别人就可能受到暗示性的纵容去打烂更多的窗户玻璃。久而久之，这些破窗户就给人造成一种无序的感觉。那么在这种公众麻木不仁的氛围中，犯罪就会滋生、蔓延。

在日常生活和工作中，经常可以发现这样一些现象：一个人带头摘取商店门口摆放的鲜花，其他人就群起而效仿，将数个花篮中的鲜花一抢而空；桌上的财物，敞开的大门，可能使本无贪念的人心生贪念；有的员工工作中违反程序，还称"××都是这样干的！"或者"上次就是这样做的！"；对于违反公司程序或廉政规定的行为，有关组织没有进行严肃处理，没有引起员工的重视，从而使类似行为再次发生甚至多次重复发生；对于工作不讲求成本效益的行为，有关领导不以为然，使下属员工的浪费行为得不到纠正，反而日趋严重……

"破窗理论"在社会管理和企业管理中给我们的启示是：必须及时修好"第一个被打碎的玻璃窗户"。中国有句成语叫"防微杜渐"，说的正是这个道理。

纽约市交通警察局局长布拉顿受到"破窗理论"的启发。他在给《法律与政策》杂志写的一篇文章中谈道："地铁无序和地铁犯罪在 20 世纪 80 年代后期开始蔓延。那些长期逃票的、违反交通规则的、无家可归骂街的、站台上非法推销的、墙壁上涂鸦的……所有这些加在一起，使得整个地铁里弥漫着一种无序的空气。我相信，这种无序就是导致不断上升的抢劫犯罪率的一个关键动因。因为那些偶然性的犯罪，如一些躁动的青少年，把地铁完全看成是可以为所欲为、无法无天的场所。"

布拉顿采取的措施是号召所有的交警认真推进有关"生活质量"的法律，他以"破窗理论"为师，虽然地铁站的重大刑案不断增加，他却全力打击逃票。结果发现，每七名逃票嫌疑犯中，就有一名是通缉犯；每二十名逃票嫌疑犯中，就有一名携带武器。结果，从抓逃票开始，地铁站的犯罪率竟然开始下降，治安大幅好转。

1994 年 1 月，布拉顿被任命为纽约市的警察局局长，正是因为他对"破窗理论"的出色阐释。而布拉顿开始把这一理论推广到纽约的每一条街道、每一个角落。他指出，这些小奸小恶正是暴力犯罪的引爆点。针对这些看来微小却有象征意义的犯罪行动大力整顿，结果带来很大的效果。

"警局的最高领导居然要关心街头那些'毛毛雨'犯罪，这在纽约市是史无前例的，甚至在整个美国绝大多数警察局也是史无前例的。"马里兰大学政策研究专家沙尔曼感慨地说。

在"破窗理论"的指导下，纽约市的治安大幅好转，甚至成为全美大都会中治安最好的城市之一。人们把这个庞大的都市几十年来从没有过的崭新气象都归功于布拉顿，但是功高震主，1997 年 3 月，布拉顿被当初任命他的纽约市市长朱利安尼请出了警察局。

"破窗理论"在社会治安的综合治理以及反腐败中的应用意义是显而易见的，在企业管理中也有重要的借鉴意义。

在日本，有一种称作"红牌作战"的质量管理活动：

（1）清理：清楚地区分要与不要的东西，找出需要改善的事、地、物。

（2）整顿：将不要的东西贴上"红牌"；将需要改善的事、地、物以"红牌"标示。

（3）清扫：有油污、不清洁的设备贴上"红牌"；藏污纳垢的办公室死角贴上"红牌"；办公室、生产现场不该出现的东西贴上"红牌"。

（4）清洁：减少"红牌"的数量。

（5）修养：有人继续增加"红牌"；有人努力减少"红牌"。

"红牌作战"的目的是，借助这一活动，让工作场所得以整齐清洁，打造舒爽的工作环境，并进而养成企业内成员做事有讲究的心；久而久之大家养成习惯后，则遵守规则，认真工作。

许多人认为，这样做太简单，芝麻小事，没什么意义，而且兴师动众，没有必要。但是，一个企业产品质量是否有保障的一个重要标志，就是生产现场是否整洁。这应该是"破窗理论"比较直观的一个体现。

公司对员工中发生的"小奸小恶"行为，要引起充分的重视，小题大做，加重处罚力度，严肃公司法纪，这样才能防止有人效仿，积重难返。特别是对违犯公司核心理念的行为要严肃查处，绝不姑息养奸。

美国有一家以极少炒员工著称的公司，一天，资深熟手车工杰瑞为了赶在中午休息之前完成三分之二的零件，在切割台上工作了一会儿之后，就把切割刀前的防护挡板卸下放在一旁，因为没有防护挡板安放收取加工零件会更方便、更快捷。大约过了一个多小时，杰瑞的举动被无意间走进车间巡视的主管逮了个正着。主管雷霆大怒，除了目视着杰瑞立即将防护板装上之外，又站在那里控制不住地大声训斥了半天，并声称要作废杰瑞一整天的工作量。此时，杰瑞以为结束了，没想到，第二天一上班，有人通知杰瑞去见老板。在那间杰瑞受过好多次鼓励和表彰的不规则形状的总裁室，杰瑞听到了要将他辞退的处罚通知。总裁说："身为老员工，你应该比任何人都明白安全对于公司意味着什么。你今天少完成了零件、少实现了利润，公司可以换个人、换个时间把它们补起来，可你一旦发生事故，失去健康乃至生命，那是公司永远都补偿不起的……"离开公司那天，杰瑞流泪了，工作了几年时间，杰瑞有过风光，也有过不尽如人意的地方，但公司从没有人对他说不行。可这一次不同，杰瑞知道，他这次碰到的是公司不可碰触的东西。

这个材料告诉我们，对于影响深远的"小过错"，"小题大做"去处理，以防止"千里之堤，溃于蚁穴"的现象出现，这正是及时修好"第一个被打碎的窗户玻璃"的明智之举。

另外，公司要鼓励、奖励"补窗"行为。不以"破窗"为理由而同流合污，反以"补窗"为善举而亡羊补牢，这体现了员工高尚的道德情操和自觉的成本意识。公司要提倡这种善举，通过表扬、奖励措施使之发扬光大。

## （三十八）为什么没有监督就没有绩效的改进？——洛克忠告

英国教育家洛克说："没有有效的监督，就不会有满意的工作绩效。"

明智的管理者会利用监督这把利剑，促使员工们紧迫且满怀热情地投入到工作中去。规定应该少定，一旦定下之后，便得严格遵守。

在管理中，把事情程序化、制度化，让各职能部门有章可循，员工按部就班，可以提高管理效率。要做到这些，制定各种各样的规章制度就不可避免。俗话说："没有规矩，难成方圆。"如何制定规定，从而使企业能以最好的状态运转，是每个管理者都不能忽视的问题。过多的规定会使员工们无所适从，则规定应该少定。少定规定会给员工们以较大的个人发展空间，在工作中充分发挥积极性和创造性，从而提高企业的产出效率。但是，如果规定不能严格得到执行，那就会比没有规定还差。适当的规定，然后严格地得到执行是成功的保证。

令出必行才能保证成功。

春秋时期，有一次孙武去见吴王阖闾，与他谈论带兵打仗之事。吴王见他说得头头是道，心想我得看看他说的实效如何。于是，吴王要求孙武替他训练宫女。孙武答应了，并挑选了100个宫女，让吴王的两个宠姬担任队长，有板有眼地操练了起来。

孙武先将训练的要领清清楚楚地讲了一遍，但正式喊口令时，这些女人笑成了一团，乱作一堆，谁也不听他的。孙武再次讲解了要领，并要两个队长以身作则。但他一喊口令，宫女们还是满不在乎，两个当队长的宠姬更是笑弯了腰。孙武严厉地说道："这里是演武场，不是王宫。你们现在是军人，不是宫女。我的口令就是军令，不是玩笑。你们不按口令训练，这就是公然违反军法，理当斩首！"说完，便叫武士将两个宠姬杀了。场上顿时肃静，宫女们吓得谁也不敢出声，当孙武再喊口令时，她们步

孙武

调整齐，动作划一，真正成了训练有素的军人。孙武派人请吴王来检阅，吴王正为失去两个宠姬而惋惜，再没有心思来看宫女训练，只是派人告诉孙武："先生的带兵之道我已领教，由你指挥的军队一定纪律严明，能打胜仗。"孙武没有说什么废话，而是令行禁止，换得了军纪森严、令出必行的效果。

古语云："慈不掌兵。"一位优秀的管理者就应该坚持正确的原则，虽然推行的结果可能是得罪一些高层人士，导致自己的职位不保，但如果你的政策推行不下去，那你同样没有前途。这就是机会成本，它所运用的就是经济学中最常用的一种理论——博弈论。其实，只要你是真正客观公正地执行规定，而不是关注自己的私利，你是会得到员工们尊重的。

## 十二、巧妙地解雇员工

解雇员工是许多管理者需要面对的一个最艰难、最痛苦，但又无法逃避的决策。每当面对这个问题，大家的情绪就会变得异常激动。管理者想知道如何才能避免不愉

快的事情发生；公司需要承担什么样的法律后果；被解雇员工的同事会有何反应；之后谁来承担他的工作。除此以外，管理者通常还会有另外一个顾虑：员工被解雇是否与管理者自己的表现或行为有关。

尽管解雇员工会让人感到很不安，但其实你完全可以巧妙地处理这个问题，这一点至关重要。如果处理不当，公司必将为此付出沉痛的代价：首先，它会损害公司的声誉，公司会因此而更难吸收真正有才华的员工，更不用说把他们长期留在公司里。另外，它还有可能会使公司遭到起诉、破坏组织成员间的信任感、挫败员工的士气。

鉴于所有这些原因，需要慎重采取措施，以确保能够专业地、正确地处理解雇员工这个难题。这就意味着要对解雇员工的每一个环节都了如指掌，从如何做决策到准备面谈，再到如何面谈，最后到解雇员工后如何重建尽职尽忠的团队。

虽然解雇员工并不是件容易的事，但几乎每次解雇都是一次重要的学习机会。通过把书中提供的具体做法应用到实践，通过经常性地听取你们公司人事部门和法律专家的意见和建议，解雇员工极有可能会收到最好的效果。如果你能巧妙地处理解雇员工的问题，那你不但能够维护你们公司的声誉，带领你的团队忘掉解雇员工的阵痛继续前进，而且还能够使你们公司免于承担法律责任。对于任何一家想要在这个充满激烈竞争的市场中立于不败之地的公司来说，所有这一切都是至关重要的。

## （一）什么时候解雇员工

只要管理者断定某个员工的表现或行为中存在不可救药的问题，他就可以解雇他。有的时候，员工会公然做出一些违反法律规定，或违反公司政策的事情（比如，偷窃或对他人进行性骚扰）；而有的时候，虽然管理者已经与某个员工密切配合了长达几个月之久，并一直在努力试图解决其表现或行为中存在的严重问题，但问题并没有因此而得到解决，所有的努力都付之东流。在这两种情况下，就可以考虑解雇该员工。而一般情况下，则是由作为管理者的你来决定是否要解雇员工，而且还要由你来负责传达这个消息。

## （二）解雇员工会伴生哪些情绪？

对于大多数管理者来说，解雇问题员工会让他们感到如释重负，因为通常情况下，解雇就意味着使眼下的问题得到解决。然而对于有些管理者来说，他们会有种挫败感，因为他们认为存在的问题之所以没有得以妥善解决，他们本人应该负有相当大的责任。而对于被解雇的员工来说，他们的情绪会很复杂、很多样：愤怒、悲伤、耻辱、挫败感、狂怒，甚至是解脱，具体是哪种情绪取决于当事人的个体情况及其当下所处的具体环境。

即便是那些留下来的员工也会产生一些强烈的情绪变化，至于其强烈程度如何，则取决于他们与被解雇者之间关系的远近：被解雇者的朋友或支持者会感到非常愤怒，而那些因为被解雇者的欠佳表现而深受其害的员工则会有种如释重负的感觉。

## （三）解雇员工会涉及哪些法律问题

任何一个行业、任何一家公司都不可避免地会面临解雇员工的问题。然而，在国际上对解雇员工的相关规定也不尽相同。关于解雇员工的法律和公司政策相当复杂，而被解雇员工的身份也多种多样。比如，是豁免员工还是非豁免员工，是工会成员还是非工会成员等，这些因素加在一起无疑又增加了问题的复杂程度。首先要对所有这些问题有个清楚的认识，只有这样才能更加妥善地处理解雇员工的问题。

建议：要始终严格遵守公司关于解雇员工的相关政策，并努力从公司内部或公司以外的法律顾问那里寻求法律上的帮助。草率决定解雇员工会使公司因非法解雇员工而遭到起诉，所以一定要让公司的法律部门给你提供全程指导。

## （四）解雇员工能否使问题有效得以解决？

通常情况下，无论是员工表现欠佳，还是员工的问题行为严重影响了团队的工作绩效，只要解雇该问题员工，眼下的问题就可以成功得以解决。然而，有些解雇问题则部分是因为领导者没有及时给问题员工提供足够的支持和反馈意见而导致的。

建议：好好花些时间来反思一下你从解雇员工的过程中学到了什么。比如，你认为你本可以怎么做（如果你能做到的话）才能更好地帮助问题员工提高他的工作绩效，而不是动辄就解雇他。如果你不对整件事情进行反思，将来你的团队或部门还有可能动辄对问题员工实施不必要的解雇。

## （五）什么时候可以马上解雇员工

在美国，但凡出现下述情况当中的一种，你就有理由马上解雇员工：

未经许可擅自携带武器上班。

公然违反公司的规章制度，比如，向竞争对手泄露商业机密。

在工作中存在重大欺骗行为，比如，谎报个人花费或销售额。

危及同事的健康状况和生命安全。

由于对同事进行性骚扰或威胁，而导致其同事无法正常工作。

从事犯罪活动。

在上班期间酗酒或吸毒。

在上班期间赌博。

由于法律因州而异、因国而异，所以要咨询公司内部及外部法律顾问的意见，以确保你真正了解你当时所处的具体情况及相关规定。

# （六）什么时候需要记录

在美国的企业中，如果员工在工作中出现了下述错误行为，而且即便经过你再三提醒，该员工还是会犯同样的错误，或没有对这些错误及时加以改正，在这种情况下，你就有理由解雇该员工：

工作表现欠佳。

不听从指挥。

持一贯否定的、非建设性的态度。

不服从领导。

无故请病假或滥用其他特权。

习惯性迟到或缺勤。

无论你身在哪个国家，你还是要咨询公司内部及外部法律顾问的意见，以确保你真正了解当时所处的具体情况及相关规定。

除了上述情况之外，管理者还有很多其他原因可以解雇员工。无论出于什么原因解雇员工，你务必要把该员工的问题行为以及你为了纠正该问题行为而采取的措施记录下来。如果该员工认为公司解雇他的理由是不正当的，你就可以把你的员工绩效评估、员工档案，以及你的私人记录拿出来，明确指出他曾有哪些问题行为。这时，这些文字性的材料就会显得非常宝贵。

## （七）什么时候不能解雇员工

在许多国家，公司是不能随意解雇员工的。如果非法解雇员工，公司要承担法律责任。至于具体情况则因国而异，但（在美国）如果员工有下述行为时，公司不能解雇员工：

提出赔偿要求。

检举公司的不法行为。

报告或投诉公司违反职业安全和健康法。

行使工会权力或非工会权力。

上班期间请假去履行公民义务，比如，去参加陪审团，或去参加投票。

在联邦或州法律允许的范围内请假一天。

另外，关于这方面的相关规定，你一定要征求你们公司内部或外部顾问的意见或建议。一定要注意一点：有些法律，比如关于职业健康和安全的法律因州而异、因国而异。问题的关键在于，这些规章制度相当复杂。所以从这个角度来说，你一定要熟知这些规章制度，但切忌自行解读这些规章制度。

## （八）熟知公司流程

无论你就职于一家大公司、一家小公司，或是自己开了一家公司，如果你没有慎重处理好解雇问题，员工就极有可能会以不正当解雇或违反雇佣歧视的法律为由将你告上法庭。所以，你必须得熟悉联邦一级或州一级的相关法律规定、熟悉你们公司关于解雇员工的决策和实施该决策的相关政策，并密切关注这方面信息的动态发展。

如果你就职于一家大公司，那你就要对你们公司已经建立起来的、关于解雇员工的相关规定了如指掌（其中包括如何记录员工的问题表现和行为；在跟当事人面谈时说些什么；什么时候说等等）。此外，你还要熟知联邦、州，或者雇佣情况的相关规定（比如，对于被解雇的员工是豁免员工还是非豁免员工、是工会成员还是非工会成员等情况分别有哪些相关的法律规定）。

关于解雇员工，公司的人事部门和法律部门应该合力制定出一套现成的、清晰的政策和程序。你的主管领导也可能会给你提供一些有帮助的文件，该文件的内容可能会细化到你该如何把这个坏消息告诉员工。

无论是哪种情况，你都一定要严格按照公司的正规程序来操作，只有这样你才能妥善处理好员工解雇问题。在整个过程中，一定要让你们公司的法律顾问一步一步地引导你去完成每个程序。

如果你就职于一家小公司，公司又恰巧没有人事部门和法律部门，那么公司的高管层可以就解雇员工的决策和该决策的具体实施步骤等问题向公司以外的顾问寻求帮助。在这种情况下，一定要严格按照顾问的指导来做。

如果你拥有一家小公司，而且公司没有自己的律师，那就针对解雇员工的法律和具体程序等问题去向公司以外的法律顾问咨询，然后再按照他给的建议去做。如果公司有自己的律师，那你就全程按照他的指导去做。

**警告：** 雇佣法律是一个专业性非常强的领域，所以向你提供咨询意见的律师必须是该领域中经验相当丰富的人。

## （九）谨慎行事

在考虑解雇员工这一问题时，你最好一开始就谨慎行事。解雇员工必然要付出沉重的代价，因为为了招聘这个员工，你已经花费了大量成本，其中包括广告成本、招聘成本、选拔成本和雇佣成本。事实上，有些分析家认为，解雇员工所花费的成本大概相当于员工所得工资的两倍。

解雇员工还会使那些继续留在公司的员工产生不安和怨恨的情绪，尤其是那些质疑解雇员工的动机，或那些把被解雇者视作他们好朋友的员工则更是如此。另外，被解雇者还有可能会对公司提起诉讼。即使公司解雇员工的理由是合理合法的，应诉也势必会牵扯公司大部分财力和精力，结果可能会使公司元气大伤。

## （十）尝试挖掘解雇员工的替代方案

既然解雇员工会冒着如此大的风险、付出如此沉重的代价，它就值得我们投入一些时间和精力来研究一下：除了解雇员工之外，我们还有没有其他替代方案？替代方案包括：

通过培训来提高该员工的工作技能。

通过咨询或指导来明确对该员工表现或行为的期望值，并明确指出需要改进哪些方面。

给该员工重新派任，使他的天赋与公司或部门的需要最大限度地吻合。

警告他，如果性质还这么恶劣的话，他的表现将被记入员工人事档案。

把该员工留用察看，也就是说，暂时停止他的部分待遇（比如，弹性工作制或在家办公的特权），直到他的表现或行为有所改善为止。

暂时把该员工的工作搁置起来，给他放几天假（带薪或不带薪），让他重新修改工作计划，或制定新目标。

推迟加薪，直到该员工的表现有改进迹象为止。

对该员工予以降职，让他承担更少的责任、拿更少的工资。

## （十一）选择可替代方案

为了能够从众多可替代方案中选出一个最合适的方案，你首先应该判断一下该员工的问题是不是主要源于他的表现欠佳或行为不妥。

表现欠佳具体体现如下：没有完成生产目标，或把客户报告弄得一团糟等。在这些情况下，你最好尝试采用培训或重新派任这两个可替代方案。

行为不妥则具体表现为：说别人坏话、习惯性地责备他人、消极怠工或上班无精打采、不合时宜的幽默、习惯性迟到，以及经常性地错过最后期限。在这些情况下，你最好尝试采用咨询或指导这两个可替代方案（详见表"指导问题员工"）。

在考虑员工行为不妥这一问题时，一定要把注意力重点放在那些可能会严重影响团队目标和工作效率（而不是只激怒了少数几个同事而已）以及那些可能会对其他员工造成明显影响的行为上。

## （十二）为解雇员工的面谈做好准备

首先要做好所有准备工作：你是否记录下该员工的问题表现，同时你为此而采取了改进措施吗？你是否就公司关于解雇员工的相关规定去咨询公司的法律部门和人事部门的意见吗？你对解雇员工过程中所伴生的诸多复杂情绪进行了管理吗？

虽然你确信解雇该员工是一个正确的选择，无论是对他来说，还是对团队来说，甚至对整个公司来说都是如此。但如果让你把这个坏消息亲口告诉他，你还是会感到有些难以启齿，因为这是解雇员工过程中最艰难的一个环节。但如果你之前的铺垫工作做得很好，而且你也一直在针对他的表现给他提出相应的反馈信息，那么即便得知被解雇的消息，他也不会显得那么错愕。但不幸的是，有时解雇员工会产生非常严重的后果：被解雇的员工可能会因气急败坏而变得情绪失控；他可能会给公司写恐吓信或打恐吓电话；他也有可能会故意破坏公司财产，或以非法解雇为由起诉（或扬言要起诉）公司。

### 记录员工问题表现的七个步骤

1. 可以考虑运用所有记录形式：年度绩效评估、改进计划、纪律处分步骤、书面警告、私人记录、备忘录，或电子邮件。

2. 不和员工讨论的问题就不要写进记录中。

3. 把笔墨重点集中在员工客观的工作表现上，而不要包括你个人的主观批评。

4. 你的言论要冷静、理由要充分。

5. 确保所有文件都有具体日期，所有打印稿都有签名。

6. 要存一份电子版底稿，还要留一份打印稿。

7. 把所有资料归档，并把它们保存在一个机密的、安全的地方。

在解雇员工时，如果你能考虑周到些，你就可以避免上述事情的发生。当然，即便如此，实施解雇仍然不是一件容易的事情。但如果你能把什么时候、在哪儿、如何实施解雇，以及在与当事人面谈时你该怎么说等问题仔细想清楚，你不但可以减轻当事人的痛苦，而且还可以使你们公司免遭起诉或任何其他形式的报复行为。

有些专家反对在周五下午解雇员工。在周末之前下达解雇通知可能会使员工整个周末都感到焦虑不安，使他有足够的时间考虑起诉的问题，或者他可能会趁周末不怀好意地回到办公室，对公司做一些破坏性的行为。

可以考虑把面谈时间安排在周一下午，这样他就有一整周的时间去开始找新工作，也会把解雇通知给其他员工造成的影响降到最低。

在有些情况下，也许你希望能给被解雇员工留出一些与同事告别的时间。但事实上，除非你相信他不会向其他员工表达他的不满情绪，甚至说些过度批评的话，否则就不要让他们在一起待太久。如果你一定要给他留出一些告别的时间，那你就可以限定他可以见谁，可以见多久。

你们可以选择一个不容易被大家看见的地方，比如，一间没有窗户的会议室或办公室，或者任何一个可以让你们保留足够隐私的地方。去面谈和面谈之后回来也尽量选择僻静一些、人少一些的路，尽量避开那些好奇的眼光。

为什么要这么隐蔽呢？这是对被解雇者最基本的保护。被解雇本身就不是件光彩的事儿，在这种情况下，没有人愿意让其他同事无意间看到或听到他们的谈话。

另外，假如有员工无意间看到或听到了所发生的事情，他们可能会产生一种"受困心态"，也就是说，在没有得到任何其他线索的情况下，他们只看到两个人神情紧张，闷闷不乐地坐在那里，只听到他们一些只言片语，仅凭这些信息，他们要么就会紧张，担心他们稍有不慎就会有被解雇的危险，要么就会对被解雇者心生怜悯（尤其如果他们把被解雇者看作是他们的好朋友时，则更是如此）。

受困心态〈名词〉1：有员工被解雇时，在其他员工中间产生的一种很正常的反应，他们担心自己会成为下一个被解雇的目标。

为了能够高效处理解雇问题，你绝不能"孤军作战"。在面谈时，务必保证有一个人事部门的人在场。他可以：

充当一个不偏不倚的调节者，以便当你或者该员工在面谈的过程中万一情绪失控，他可以站出来缓和一下紧张的气氛。

回答关于养老金、保险金以及遣散费等这些无法回避的问题。

给该员工提出一些建议：如何把被解雇的消息告诉给他的配偶。

在员工情绪失控，或者可能会对你拳脚相加时，充当起缓冲作用的人。

充当整个谈话的见证人，也就是说，万一事后你们两个对于你所说的话各执一词时，他可以站出来说句公道话。

要尽快把面谈的内容搞定。你的表达越是简明扼要，你就越不容易说一些可能会使你们公司承担责任的话。可以把面谈的时间控制在五分钟以内，最多不要超过十分钟。

另外要记得，在传达信息时，一定要平心静气、开门见山、重点突出，而且还要做到目的明确、态度坚决。不要为日后可能牵扯到的法律问题留下任何隐患，也不要因为对方抗议而向他道歉，或重新考虑你的决定。千万不要试图给你要表达的信息加上糖衣，也不要给对方造成这样一种印象，即你的决定还有商量的余地。相反，尽量不要掺杂个人感情，尽量做到坚决、果断。

建议：确保让对方知道你解雇他的决定就是最终决定。要让对方明确知道你的决定不容协商。

## （十三）在面谈期间什么可以说，什么不可以说

你在解雇面谈中的措辞和说话的语气至关重要，所以要努力采用下面几种做法：

概括性地说明一下员工工作中存在的问题并没有得到解决。如果你想要详细说明原因，那你最好采用客观、中立的语气，这样才不会使对方觉得你在对他进行人身攻击。

比如："我们已经谈过了，你六个月之前制定的绩效目标到现在都还没有完成"，"你对同事的态度过于刻薄，我们已经针对这个问题对你进行了培训和指导，但你丝毫没有任何改变"。

建议：你可以反复练习一下如何用中立的语气讲话，这样一来，在解雇员工的面谈中，你就可以运用中立的语气来传达消息。而语调则最能表达你的真情实感。反复练习说话的语调，然后再仔细听听你是怎样通过不同的语调来传达像讽刺、痛苦，或者异常激动等信息的。你可以把你的声音录下来，然后再反复听。

你越是采用中立的语气来陈述客观理由，该员工将来起诉你或恶意中伤你或你们公司的可能性就会越小，否则在劳动力严重短缺的情况下，这些问题会搅得你不得安宁。

既要简明扼要、开门见山，又要与对方感同身受，要努力在这两者之间寻求一种平衡。也就是说，承认失去工作可能会给他的生活造成很大影响，比如："我知道这对于你来说很难"。在听到被解雇的消息之后，他可能会愤怒、会不解，抑或是痛苦万分，给他留出一些发泄情绪的时间。与他感同身受或给他机会让他整理一下自己的情绪会增强他对坏消息的承受能力。

在向员工传达他被解雇的消息时，一定要保护他的

自尊心。这其中包括，你可以安排该员工在非办公时间或周末去办公室取走他的个人物品（尽量避开公司里其他人的视线）。在解雇时，如果你让他觉得自己在同事面前颜面尽失，人格被践踏，甚至怀疑你在对他进行人身攻击，他就很有可能会变得异常愤怒，进而心生报复。

如果需要给员工遣散费，那就尽量慷慨些，不要太吝啬。员工被解雇后，他一定会为将来的生活失去保障而感到十分担忧，而如果你们公司提供的遣散费足够慷慨的话，他的顾虑就会少些（你需要事先问问你的老板，看看给多少遣散费合适）。

至于在解雇员工的面谈中什么不可以说，你只需记住一点：你在面谈中所使用的

具体语言非常关键，它直接决定日后该员工是否会起诉你们公司。因此，关于语言的使用问题值得我们在这里重点讨论一下。在面谈的过程中，你可以牢记以下这些"禁忌"，并把它们作为你解雇员工的基本指导原则：

不要通过和该员工站在同一立场或抱着"我们反对他们"的心态来开脱你的责任。比如，不要说："从个人角度来说，我认为解雇你并不是个明智之举"。

不要告诉该员工他之所以会被解雇，部分原因是出于裁员的需要。如果该员工事后无意间从他以前的同事那里得知，你们单位又雇用了一个新人来填补他职位的空缺，他就有可能会以歧视为由起诉你们公司，你那"善意的谎言"会后患无穷。

不要说："我们正努力打造一支更加充满活力、更加锐意进取的团队"，"你不适合继续留在我们团队"，"我们需要的是那些没有太多家庭压力，在八小时之外也可以见客户的人"，或者"我们需要一位精力无限的人选"。这样的话会给被解雇员工造成这样一种印象，即他之所以会被解雇，就是变相歧视所致，比如年龄太大、与同事格格不入，或已婚等等。

不要试图表现你的幽默感，也不能对形势估计不足。否则你只会使面谈变得更加尴尬，使双方变得更加难堪。更糟糕的是，你会让对方感觉你在嘲笑或羞辱他，这样一来，他就更想以非法解雇为由起诉你。

如果被解雇的员工暗示他对你的决定表示不服，你也不要威胁他。比如，千万不要威胁他说，除非他答应不起诉，否则就扣掉他的薪水。类似这样的说服，确切地说应该算是非法强制执行的手段，日后会搅得你不得安宁。

建议：如果你需要反复练习面谈的技巧，你可以考虑去寻求沟通教练的帮助。通过教练的指导，你可以着重提高以下几方面的技能：及时把坏消息传达出去；根据当时所处的具体情况来调整你的说话风格；避免用含糊不清、充满煽动性的语言；认真倾听员工的心声、认真体会他们的感受；与他感同身受，同时还要表示出你的决心。

## （十四）从解雇面谈中有所收获

无论解雇员工的面谈有多么艰难，你都会从中学到一些提高团队工作绩效的重要信息，这些信息会让你受益匪浅。但是，为了能够真正得到这些信息，你需要向被解雇者提供一些可以让他发表个人观点的机会，然后你只需客观地倾听就可以了。

比如，如果该员工对所出现的问题有许多自己的看法，你就可以鼓励他把这些想法以书信或备忘录的形式写下来，然后在离职面谈中把这些信息拿出来与你共享。既然已经与公司没有任何利害关系了，该员工就很有可能会直言不讳地说出公司的政策或存在的其他问题让人感到多么的压抑，然后你可以根据他的想法去确定需要采取哪些改进措施。你至少可以让他觉得他的观点很重要，很值得慎重考虑，你可以通过这种方式来减轻他的痛苦、提升他的自尊心。

而且，在面谈的过程中，除了说话之外，你还要认真倾听。相对于其他员工来说，被解雇的员工则更容易开诚布公地谈论他们在工作中存在的问题。通过客观地倾听他在离开时所说的话（虽然这些话可能会比较刺耳），你基本可以断定团队中存在哪些缺点，以及如何对这些缺点及时加以改正。另外，在面谈的过程中，不要轻易许诺你要改变领导团队的风格。

# （十五）处理法律问题

解雇员工之后，你需要考虑许多法律上的细节问题。只有充分了解这些法律细节问题，你才能保证每一次都能妥善处理好员工解雇问题。

1. 回顾雇佣合同

解雇员工所冒的风险之一就是，他可能会利用他在公司所学到的知识和人脉去开创一个竞争企业，或去投靠公司的竞争者。为了防止类似事情的发生，许多公司都要求员工与公司签订非竞争与保密协定。

在有些地区，法律也要求雇主向被解雇员工提供所谓的"服务信"，信中要大体描述一下他们的工作经历以及他们被解雇的原因。

如果被解雇的员工是工会成员，他们还要有劳资协议，协议中要详细说明他们与公司终止合同的条件或步骤。

有了这些协议，你和被解雇员工就可以在终止雇佣关系的谈话过程中，或谈话之后，面对面地讨论协议中的这些条款。

通过非竞争协定，前员工必须承诺在特定的时间内，他们绝不能投靠直接竞争对手。有的公司会在员工入职时签订非竞争协定，而有的公司则要求员工在终止雇佣关系时签订该协定。在出现下列情况时，你们公司很难履行协定：

如果协定规定的时间段过长。

如果协定涵盖的空间跨度过宽。

如果协定中所限制的行业类型过多。

非竞争协定的条款因国家而异、因公司而异，甚至在同一国家内，或同一公司内，只要工作环境发生了变化，非竞争协定的内容就会随之发生变化。比如在美国，许多非竞争协定中明确规定，员工在被公司解雇后的两年时间内不能加入与他的前公司直接竞争的行业。但随后公司逐渐意识到，如果要求被解雇的员工两年不得从事某一特殊职业会使其焦躁或处于失业状态，而且被解雇员工带走的信息在较短的时间内便会失去价值，公司因此决定大大缩短这一期限。与你们公司的人事部门和法律部门商量一下，看他们有没有什么好的建议。

通过保密协定，被解雇的员工必须承诺他们绝不能为了达到他们的个人目的而利用你们公司高度机密的信息。同样地，你们公司既可以要求员工入职时签订保密协定，也可以在终止雇佣关系时签订该协定。其中，高度机密信息包括可以使你们公司保持竞争优势的商业机密，比如，化学分子式、特殊技术、秘方，或软件程序。另外，高度机密信息还包括客户名单、将公司出售的计划、公司计划上市的内情。

协定中应该涵盖哪些类型的信息？被解雇者必须承诺在多长时间内不准与他人分享原公司的高度机密信息？所有这一切都因各个公司的具体情况而有着很大的不同。与非竞争协定一样，具体情况你需要向你们公司的人事部门和法律部门寻求指导。

2. 写下解雇员工的条件

在解雇员工之后，你最好把关于终止雇佣关系的所有细节全部记录下来。这个任务可以由你来做，也可以由你们公司的人事部门来做。具体的形式是给被解雇的员工写一封所谓的"分手信"，并在员工离职面谈上把这封信交给他。信中应该明确员工与公司的合同关系何时终止。根据所处的具体情况不同，信中也许还可以包括其他一些信息（详见"分手信内容清单"）。

如果被解雇的员工属于那所谓的"被保护类型"，比如，少数民族、残障人士、女性或者老人，而且他同意签署"分手信"并离开公司，那么关于接受"分手信"的法律就变得异常复杂。在这种情况下，公司需要就如何用言语准确地表达"分手信"一事咨询公司法律部门的意见。

3. 避免损害被解雇员工的名誉

一旦被解雇员工已经离开了公司，务必要牢记一点：既不要说任何会被误以为损害被解雇员工名誉的话，也不要做任何可能会妨碍他找工作的事情。这些话或者这些事情有可能是你在提起该员工时不经意间做出的一些非正式评价，也有可能是在给他去参加工作面试时所提供的正式的推荐信中不经意间提到的。

说他的坏话，即便这些话是真的，或者是以最为轻松的方式说出来的，也会产生一些不良后果。说得更具体些，被解雇的员工有可能会通过某种方式发现你对他的评价，然后以诽谤罪起诉你或者你们公司。另外，继续留在团队中的成员会认为你过于冷酷无情，并因此而开始质疑你会在多大程度上关心他们的感受。

尤其需要注意的是，千万不要说一些类似被解雇的员工曾有犯罪前科、不胜任他的工作、抽烟或酗酒之类的话，也不要通过其他形式来暗示他不适合某一特殊工作。如果被解雇的员工以不正当解雇或诽谤罪为由起诉你公司，这些话就会使你惹火烧身。而且，从法律上来说，有些信息是不允许公开的，比如，前任员工曾有被捕的前科。最好的做法就是，但凡可能会对前员工造成负面影响的话，你一定要三缄其口。

如果被解雇的员工要求你写一封推荐信，而你却觉得关于这个人确实没有什么好写的，那你就只能按照公司的基本政策去处理。事实上，关于在员工推荐信中应该写哪些内容，你们公司一定有明文规定。咨询公司人事部门的意见，能使你更加熟悉公司关于推荐信的相关政策。

## （十六）解雇后的团队领导工作

> 如果解雇员工对于你来说都不是件容易的事儿，不难想象其他员工会对此做何感想。
>
> ——埃米·德尔波（Amy Delpo）和利萨·格林（Lisa Gucrin）

虽然员工被解雇了，但你的工作并没有因此而结束。在问题员工离开公司后，你需要进一步采取特殊措施来继续领导你的团队。其中最为重要的两个任务就是传达解雇员工的消息和重新分配工作。

1. 传达解雇员工的消息

要把员工被解雇的消息第一时间通知给大家。不要企图假装什么事情都没发生过，这样只能让其他团队成员在背后说三道四，或者无故给自己平添烦恼，担心下一个被解雇的可能就是他们。解决这一问题的最好办法就是召开一次团队会议，在会上，你可以：

简单地解释一下具体发生了什么事情。比如，你可以这么说："埃尔莎（Elsa）昨天被解雇了，因为她总是习惯性迟到"或者"托比（Toby）之所以被解雇是因为连续几个月以来，他的工作表现丝毫没有取得任何进展。"不要详述细节问题，也不要详细说明你是如何做决策的。还有一点很重要：千万不要去批评、指责被解雇的员工。

解除团队成员的疑虑，告诉他们解雇该员工与他们自己的工作表现或行为方式没有任何关系。

坦言对于整个团队来说，这是个非常困难的时刻，而且还要告诉大家你知道大家对于这件事也同样感到很难过。

告诉大家你将计划如何找人来填补这个空缺，以及该员工离开公司以后，整个团队的工作重心是否会发生变化。

会议结束后，另外安排一些时间与每个员工单独谈一谈，听听他们的真实想法，看看他们还有哪些顾虑，并帮助他们整理一下各自的情绪。问问他们你怎么才能帮他们度过这一艰难时期。

2. 重新分配工作

解雇员工后，和你的团队成员商量一下，如何才能最有效地重新分配工作。对于留下来的团队成员来说，对项目或任务的重新安排既要做到现实、公平、可操作，又要充分调动大家的积极性，使他们保持较高的工作效率。

同样重要的是，你需要决定如何去看待被解雇员工正式的及非正式的个人技能。如果你不打算找人来填补这个职位空缺，或者如果你觉得另外招聘一个新员工要花一些时日，那你就一定要保证能从团队内部找到一些与被解雇员工具备同样技能的人来承担一些任务。

比如，也许被解雇的员工具备一些非常重要的社交技能（"拉蒙总是知道该如何消除大家彼此之间的分歧"）或专业技能（"塔莉娅是唯一知道该如何使用那个制图软件的人"）。无论是哪种情况，为了确保团队中仍有这种技能，其他团队成员都应该承担起各自的责任。

告诉你的团队成员你们现在缺少哪种技能，然后再想办法让最合适的人选来填补这种技能上的空白。也许你的团队成员并不愿意说出他们的真实想法，也许他们并不希望改变他们目前的工作状态，这是可以理解的，但你一定要向大家明确将如何作这些决策。

建议：如果被解雇的员工具备一些正式的专业技能，你就必须想办法来填补这些技能，这样一来，你势必需要给某些员工提供一些培训机会。关于社会动力技能，你可以考虑邀请团队中的某些员工来承担起填补这些技能的责任。

# （十七）从解雇员工中有所收获

*我经得起经验的考验，而且我知道下次怎么才能做得更好。*

——一位管理者

虽然解雇员工是让人感到既痛苦又不安的事儿，但这一过程也会给你提供许多重要的学习机会。就像其他所有新的痛苦经历一样，你需要在事后花些时间来评价一下，你从中学到了什么，取得了哪些成绩，这一点非常重要。

1. 促进个人及专业成长

虽然解雇员工会使你承受巨大的心理压力，但它也为促进你的个人及专业成长提供了宝贵的机会。比如，从中你可以学会如何管理自己和他人的情绪；如何挑战新任务；作为管理者你有哪些优势；你哪些方面的技能有待于进一步提高。

从解雇员工的整个过程中，也许你会发现，你真正学到的远比你预期的多很多；你会发现，你处理解雇员工的问题比你想象的要巧妙得多。

如果你对处理整个解雇员工过程中的某些方面感到不是特别满意，你可以客观地检验一下到底哪里出了问题，然后争取在下一次做得更好。

一句话，成功地处理解雇员工问题会给你提供一些极为宝贵的新机会：它可以增进你的知识、提高你的管理技能、把你的个人成长与专业成长更完美地结合起来。

2. 拓宽视野

解雇员工可以从几个方面来拓宽管理者的视野，使他们能够更好地处理这一异常艰难、异常复杂的任务。首先，你可以对时间范围有个全新的认识。在经历第一次解雇员工之前，许多团队领导者都只着眼于局部，视野不够开阔，也就是说，他们只关注真正实施解雇的那一刻。但实际上，解雇员工的时间范围远比这要长得多。无论是在那所谓"压轴事件"之前、之中，还是之后，都需要你采取重要的措施，做出关键性的决定。

比如，你需要明确什么时候解雇问题员工最合时宜、最合法；怎么做才不至于被起诉；如何在解雇员工后重建团队。所以说，在解雇员工的过程中，管理者需要采取一系列行动、做出一系列决策，而真正实施解雇的行为只不过是这众多环节中很小的一部分。

其次，你可以对"人员范围"有个全新的认识。你应该知道，不但要考虑到解雇对直接当事人所造成的影响，你还要考虑它可能会对团队中的其他成员所造成的影响。

人员范围〈名词〉1：每当有员工被解雇时，波及的所有相关员工的范围。

3. 寻求改进方法

如果你对自己在解雇员工之前、之中和之后任何一方面的表现感到不是特别满意，你就可以总结经验教训，以便下次解雇员工时能拿出一个更好的策略和体系。

有时，员工之所以会被解雇，就是因为在员工真正被解雇之前，你既没有进行非常周密的计划，也没有进行有效的绩效管理所致。

许多专家认为，"雇佣聪明人"是避免日后不得不面对解雇员工这一问题的一个最有效的方法；雇佣态度端正的人、有社会动能的人，以及具备更多正式技能的人，会有助于你建立一个更加高效的团队、一个更加稳定的团队；"策略性地制订预招计划"则会帮助你更加明智地扩大并充实你的团队力量。

4. 保持组织的完整性

通过巧妙地实施解雇员工，你还可以保持你们组织及团队的完整性。这是因为在该问题员工没有对公司的成功发展做出任何贡献的情况下，你及时断绝了他与你们公司的联系。

尽管解雇问题员工会让你觉得很不安，但它确实有助于把团队的注意力重新集中到手头的任务上来。事实上，如果某个员工已经几乎耗尽了团队的精力，整个团队也因为他的欠佳表现而倍感沮丧，甚至是怨声载道，这时，如果团队和团队管理者及时解雇该问题员工，他们最终会有一种如释重负的感觉。

巧妙地处理解雇员工问题可以帮助你打造一个更加坚强的自我、一支更加强大的团队，甚至于一个更加强大的公司。

# 第六章　压力管理

## 一、压力概述

### （一）压力的三种类型

1. 中性压力

虽然在多数情况下，人们总是倾向于把压力看作是完全消极的负担，但其实不是所有的压力都是有害的。如果一个人对内部和外部的需求做出了一种中性的反应，也就是说虽然他的身体和心理处于唤醒状态，但他几乎感觉不到来自这些需求的任何压力，那么，他的压力就是中性的，也就无所谓好与坏或有利与有害。

2. 积极压力

对于压力，不同的人通过不同的认知调节，可以产生不同的效果，所以，压力只是一个中性词，具有双重性。一方面，过度持续的压力会严重威胁健康，影响工作效率、满意度和人际关系。另一方面，适度的、偶尔的压力能对个人产生积极的影响。积极压力表现的是一种愉快的满意的体验，它可以加深我们的意识，增加我们的心理警觉，还经常会导致高级认知与行为表现。因此，积极压力是一种挑战，它能促进个人的成长和职业的发展。可以说，除了高水平的紧张状态外，当一个人根本没有被唤醒即没有压力时，其效率也是最差的。要使人们产生最高效率，至少要有一些压力，压力太少或压力太多其结果是一样糟的。所以，压力管理的目的，不是彻底消除压力，而是把唤醒水平控制在一个最佳状态上。"完全脱离压力等于死亡。"我们所要避免的是那些极端的、令人心烦意乱的压力。

美国社会学学者沃特·谢弗尔（Walt Schafer）对积极压力的作用进行了如下的归纳：

积极压力可以帮助我们对身体的紧急状态做出迅速有力的反应，如面对危险和灾难时。

积极压力有助于人们在压力下有更加出色的表现，如参加工作面试以及演讲时。

积极压力有助于应对最后期限，如一项工作必须在下班以前完成。

积极压力可以帮助我们在一定时期内发挥出潜能。

积极压力让日常生活变得多姿多彩。

积极压力有助于突破个人极限。

谢弗尔认为，个体成长往往来自突破你现有的极限，这种极限远超过你现有的舒适感。如果一个人经常处在安逸状态下，便容易停滞不前。为了追求一个有意义的目标，为了比以前表现得更好，或是为了应付一个紧急事件，你有时会有意识地突破个人极限，以实现自己的愿望。谢弗尔进一步提出了突破极限促进个人发展的可利用的准则：

个人成长是通过突破个人极限发展起来的。

突破个人极限取决于积极压力并且有时需要忍耐暂时的痛苦。

突破个人极限不仅增强了个人参与具体活动相关的自信心，同时也提升了自己参与其他领域的自信心。换句话说，不断积累的自信心会转到你生活的其他领域。

3. 不良压力

不良压力是对个人产生消极影响的压力。长期的不良压力不仅对人的身心健康有危害，而且这种危害还会降低人的工作效率和生活热情，甚至影响个人与他人的正常生活。不良压力的产生因人而异，一个人是否把所经历的事情看作有害事件，取决于该压力源被感知的程度是否超过了他应对该压力源的心理资源，取决于个人的健康是否遭到了威胁，也就是说，事件本身并不会令人烦恼，只有当个体把它作为有害事件来看待时，它才都会变得令人烦恼，并威胁人的身心健康。

不良压力的早期预警信号可能是双手发抖、紧张性头疼等一些微小的症状，对此，我们应该加以重视，并采取建设性应对措施，以防演变成慢性病或转变成需要治疗的重疾。以下是一些常见的不良压力的症状：

| 注意力不集中 | 肩部绷紧 | 抑郁 |
| 坏脾气，易发火 | 腰疼 | 思维混乱 |
| 双手发抖 | 急躁 | 语速过快 |
| 胃绞痛 | 焦虑 | 易怒 |

不良压力更像是一种愤怒、恐惧、担忧和激愤的状态，这种心理状态的核心是消极的、有害的，所以应该尽量避免。

## （二）压力从何而来

### 1. 产生压力的生活事件

很多情形，无论大小，都有可能在我们的生活中产生压力。但是什么事件给我们造成的压力最大？是偶尔遇到的一些重大事件，如突发性公共卫生事件、自然灾害、交通事故、亲人亡故？还是在日常生活和工作中每天都发生的事件，如堆积如山的办公室文件、理不清头绪的工作任务、努力工作却得不到肯定？很多情况下，这些常规事件给我们造成的压力虽然不如重大事件那样强烈，但却是持久性的，它对我们身心健康造成的危害也是不可小觑的。

为了弄清楚哪种生活变化能引起最多的压力，霍姆斯（Thomas Holmes）和拉赫（Richard Rahe）制定了一个测量程序来评估常见的生活事件所引发的压力的程度，如下表所示。

**生活事件压力值排列表**

| 排序 | 生活事件 | 压力值 |
| --- | --- | --- |
| 1 | 配偶死亡 | 100 |
| 2 | 离异 | 73 |
| 3 | 夫妻分居 | 65 |
| 4 | 入狱 | 63 |
| 5 | 家中亲人死亡 | 63 |
| 6 | 个人身体不适或疾病 | 53 |
| 7 | 结婚 | 50 |
| 8 | 被解雇 | 47 |
| 9 | 夫妻团圆 | 45 |

| 排序 | 生活事件 | 压力值 |
|------|----------|--------|
| 10 | 退休 | 45 |
| 11 | 家庭成员身体健康发生变化 | 44 |
| 12 | 怀孕 | 40 |
| 13 | 性生活遇到困难 | 39 |
| 14 | 家中新添人口 | 39 |
| 15 | 工作调整 | 39 |
| 16 | 经济状况的改变 | 38 |
| 17 | 好友去世 | 37 |
| 18 | 变换工作 | 36 |
| 19 | 与配偶发生争吵 | 35 |
| 20 | 高抵押率 | 31 |
| 21 | 丧失抵押品赎回权 | 30 |
| 22 | 工作责任的变化 | 29 |
| 23 | 子女离家单独生活 | 29 |
| 24 | 与儿媳或女婿相处困难 | 29 |
| 25 | 杰出的个人成就 | 28 |
| 26 | 配偶开始或者停止工作 | 26 |
| 27 | 学业开始或结束 | 26 |
| 28 | 生活条件的改变 | 25 |
| 29 | 个人习惯的改变 | 24 |
| 30 | 与老板相处困难 | 23 |
| 31 | 工作时间和条件的改变 | 20 |
| 32 | 家居环境的改变 | 20 |
| 33 | 学习环境的改变 | 20 |
| 34 | 娱乐方式的改变 | 19 |
| 35 | 宗教活动的改变 | 19 |
| 36 | 社交活动的变化 | 18 |
| 37 | 少量的抵押与贷款 | 17 |
| 38 | 睡眠习惯的改变 | 16 |
| 39 | 家庭聚会次数的改变 | 15 |

| 排序 | 生活事件 | 压力值 |
|---|---|---|
| 40 | 饮食习惯的改变 | 13 |
| 41 | 休假 | 13 |
| 42 | 圣诞节 | 12 |
| 43 | 轻度触犯法律 | 11 |

从表中可以看到压力值最高的前十位排名中有八个是与家庭或工作相关的，但表中还可以看到压力值高的项目很少，大多数生活事件的压力还是低到中等值。此外，个体是不区分积极或消极压力源的，婚姻所带来的兴奋和亲人逝去可能会带来同样的压力，而且每个生活事件所产生的压力也会因人而异。

请在表中右边的空格中用"√"标记出最近一年曾经发生在你身上的事项，然后找到各事项相对应的压力值，把所有的压力值相加得到总值。如果总值得分低于 150 分，说明你的健康状况良好；得分在 150～199 分之间的为轻度生活危机——可能即将有额外的职责使你感觉到更大的压迫感；200～299 分的为中度生活危机——生活很快将变得十分忙乱；大于 300 分的为调试生活危机——这时需要观察自己的生活中正在发生些什么，并采取行动来减轻你的压力等级。得分越高，个体就越可能患上与压力有关的疾病。

2. 压力是怎样产生的

可以说，压力是一种感觉，即当个体所拥有的与他所期望的东西之间有差距时所经历的一种感觉。这种感觉是一种复杂的感情、心理与精神上的反应。它是一种能激起人体许多系统活力的反应，比如肾上腺素和其他激素被释放，心跳加快，血压升高，呼吸变快，肌肉变紧，一些大脑功能开始工作，另一些大脑功能则停止工作等。所以，压力是某种完全在你体内发生的东西，它是个体对外部事物的感觉和解释所引起的内部反应。压力由思维产生，并被你的身心所感受。

但是，对于同一件事并非每个人都会有压力的感觉。例如，一个人可能会觉得竞争上岗演讲是一种威胁，而另一个人可能会觉得它是一种挑战。所以，到底什么事件产生压力则取决于人们的感知评价和对事件的解释。在对事件的解释中，个体解释一个事件是否已经导致伤害，或者即将带来一些未知的危险和威胁，或者是一种可能取胜的挑战，在感知评价中，个体评估他们的资源并确定如何更有效地把这些资源用于应对发生的事情。如果第一步，个体把一个压力源看成是有害的或有威胁的，接着第二步，又很少或没有可用的应对资源，就会产生压力。如果在第一步视一个压力源是挑战性的，而在第二步又准备好了可用的应对资源，那么，就可以减轻压力。

3. 对压力的反应过程

绝大多数人都能意识到在巨大压力下所经历的情感、心理上冲击力，但需要进一步探究的是人们面对持续压力下的身体和心理的反应过程。这一反应过程，也即压力过程的五个阶段主要是：

（1）促进

最初的充满能量反应使个体进入准备行动状态。他会很兴奋，而且肌肉充满了能量，知觉也很敏锐。所有的系统都开始运转。

（2）顶峰运作

个体接通所有的能量，他把注意力集中于自己的目标并努力实现它们。这时，个体的表现是情绪高涨，非常积极，热情。

（3）消耗

假如个体继续高速运转，他的思维就会变得飘浮不定，肌肉也会紧缩，全身感到紧张。随之他的沟通能力和能量补充能力开始下降，疾病可能就此乘虚而入。

（4）衰弱

假如个体在经常的压力下持续工作，没有恢复的时间，他的身体与精神状态会不断地恶化。他的判断力可能会受到损害，胃病和肠道病会变得更严重。而且还会变得依赖药物并经常有不恰当的行为，也可能会出现长期的慢性疲劳。

（5）筋疲力尽

这时，个体的能量储备倾向于耗尽。会感到身体和精神的疲惫不堪，幻想开始破灭，过低估计自己，可能会出现精神崩溃，而且经常会有严重的压抑情绪。

# （三）公共管理职业群体工作压力源分析

工作压力研究的一个内容就是对构成工作压力的压力源因素进行分析与探讨。工作压力源，指的是工作者在工作活动过程中所须承受的各种对其身心活动造成一定影响，并产生一定心理负荷的刺激因素。在有关压力源的研究中经常被提及的压力源因素有：工作负荷过高、工作难度较大、工作责任较重、工作环境条件恶劣、人际关系状况不佳、工作角色不明、角色冲突、组织气氛紧张、工作前景黯淡等。有研究者把这些工作压力源因素归为五类：工作本身因素、组织中的角色、职业发展、组织结构与组织风格、组织中的人际关系。还有的研究者发展了工作压力源和压力结果的理论模型，把压力源归结为：工作本身的特征和条件，与组织结构、氛围和信息波动相联系的条件，和角色有关的因素，工作关系，可觉察的职业生涯发展，外在的承诺和责任。更有研究者从组织和工作本身的特点、家庭社会因素和个体因素四个方面来认定工作压力源。

由此可以看出工作压力的来源具有复杂性和多样性，几乎涵盖了工作生活系统的各个方面。美国学者凯瑞·库伯曾列出六种工作压力源，如下表所示，他在表中不仅描述了这些工作压力因素，还指出了它们的产生因素和可能的后果。

主要工作压力因素

| 工作压力因素 | 引发因素 | 可能后果 |
|---|---|---|
| 工作条件 | 数量工作超载 | 体力和精神疲劳 |
| | 质量工作超载 | |
| | 生产线歇斯底里症 | 筋疲力尽 |
| | 人的决定 | 烦恼和紧张增加 |
| | 物理危险 | |
| | 多变和工作 | |
| | 技术压力 | |
| 角色压力 | 角色不稳定 | 焦虑和紧张增加 |
| | 性别偏见和性别角色陈规 | 工作成绩低 |
| | 性骚扰 | 工作不满意 |
| 人际关系因素 | 不理想的工作和社会支持系统 | 压力增加 |
| | 政治竞争、嫉妒或生气 | 血压上升 |
| | 缺乏对人的关心 | 工作不满 |
| 职业发展 | 降职 | 低工作能力 |
| | 升职 | 失去自信 |
| | 工作安全性 | 焦虑增加 |
| | 受挫的抱负心 | 工作不满 |
| 组织结构 | 僵化和非个人结构 | 工作动力降低 |
| | 政治斗争 | |
| | 监督不足或训练不足 | 工作不满 |
| | 不参与决策 | |

| 工作压力因素 | 引发因素 | 可能后果 |
|---|---|---|
| 家庭工作相互影响 | 人口过剩 | 精神冲突和疲劳增加 |
| | 夫妇缺少支持 | |
| | 婚姻冲突 | 工作动力降低 |
| | 双重工作压力 | 婚姻冲突增加 |

　　我们可以把表2-2中的压力源划分为两大类。一类是来自工作本身的，由工作内容、工作标准、职业发展等因素所造成的工作内源压力；另一类是来自工作活动以外的，由工作条件、人际关系等因素所构成的工作外源压力。可以说，工作场所的压力来源是多种多样的，大量的研究对具体的压力源及其影响做了鉴别。在一份世界范围的工作压力比较研究中，一些研究人员征询过五大洲10个国家——巴西、英国、埃及、德国、日本、尼日利亚、新加坡、南非、瑞典和美国的1065名领导者。55%的回复把时间压力和时间期限列为工作压力，紧随其后的是工作负担过重（占52%）。其他经常被列为工作压力源的包括：下属缺乏训练、工作时间过长、会议、工作与家庭的冲突以及其他社会关系。类似的研究还找出了不同组织内管理层与员工常遇到的许多压力源。结合公共机构的工作特点和工作要求，我们认为公职人员的工作压力主要来自以下方面。

　　1. 角色超负荷

　　对很多人来说，工作过多，而又没有足够的时间与办法干工作，这是会让人感到压力的。当个体不能解决所有工作输入时，该个体就可能出现超负荷现象。同样，对于公职人员来说，当工作任务和工作要求超过了他的时间和精力所能承受的限度时，就会引起角色超负荷。

　　角色超负荷有两种形态；一种是量化形态，即在可用时间内，任务过多，使公职人员不能按要求完成工作。另一种是质化形态，即上级给出的不可能达成和压倒性的期望，也就是对公职人员要求过高而超出他的能力范围，使他无法完成工作任务或完成的工作不能达到领导者所期望的标准。无论哪种形态，只要长期存在，就会导致压力和健康问题，比如造成心脏病高发，导致低工作满意度、逃避性的酗酒行为、工作信心的低落、工作中的高事故发生率和香烟高消耗等，最终还有可能导致职业倦怠和崩溃。

　　当前，随着社会的发展，民众需求的日益增多和更加多元，以及竞争的日趋激烈，公共机构面临的挑战越来越多，承担的公共责任也越来越大，对公职人员的要求越来越高，这些都给公职人员的工作和生活带来了巨大的压力。公职人员常常需要通过加班加点，付出额外的精力来应对各种工作任务。不仅如此，公职人员还面临着个人的职业成长、事业的发展、子女的抚养与教育、老人的赡养及维系家庭稳定等多重压力，以至于长期处于角色超负荷紧张的状态。

2. 角色冲突

角色冲突指的是与社会角色不相匹配的期望。它以两种形态呈现：一种是角色内在冲突，即与处于某种角色位置的人相关的一些角色伙伴所给予他的期望之间相互不调和。比如，公职人员常常会遇到相互矛盾的期望，可能一位领导者要求他抓紧手头的工作，而另一位领导者又交办他另外一项紧急处理的工作；或者这位领导者要求他按自己的意愿处理这项工作，而另一领导者却要求他按组织的惯例去处理这项工作。由于工作场所角色伙伴众多，既有同一级别的同事，又有许多上级领导，不同的角色伙伴对一个人的工作角色抱有不同的期待，或提出不同的要求，所以，角色冲突会经常发生。另外，公职人员在履职的过程中，如果对自己的角色行为的理解与他人的期待不一致，也会发生角色冲突。社会公众对公职人员的期望是扮演"人民的公仆"的角色，强调的是义务和责任，而公职人员却认为自己也有作为一个平常人的正常需要。这时，社会公众对公职人员的职业要求与公职人员作为人的自然本属之间同样会发生角色冲突。当然在发生这种角色冲突时，就要求公职人员为了维护和实现公共利益而抑制自己的需要和个人的喜怒哀乐，来保持公共性。

第二种形态的角色冲突指的是两种或两种以上的与角色相关联的角色期望之间的不调和。在这种情形下，他人不同的期望常直接产生冲突。满足一种角色相关期望会导致第二种角色伙伴的期望落空。比如，公职人员不仅要在组织中扮演职业角色，而且在家庭中扮演家庭角色，还要在社会中扮演公民角色、朋友角色、消费者角色等多种社会角色，当他不能同时兼顾对其有意义的多种角色，或对某一特定角色的期望不一致时，就会产生角色冲突。具体的事例是来自单位的加班要求，可能与来自家人要求其正点下班后专心于家庭事务的压力相矛盾。这时，在这个人作为公务员的角色和作为父母、伴侣或子女的角色之间就产生了冲突。面对这种角色冲突，如果公职人员不能对相互矛盾的角色期望进行调适和应付时，就会大量消耗情绪资源，导致心理紧张，从而影响身心健康并降低其工作效率。

角色冲突作为一种压力源，如果长期存在，就会降低了工作满意度，不仅带来各种负面的影响，也会导致个体和组织产生心理变化并最终付出一定的代价。

### 3. 角色模糊

角色模糊指的是公职人员不清楚所分配的工作内容和应担负的责任。造成公职人员角色模糊的原因：一是组织上或上级领导没有清晰地定位他的工作职责，即工作角色缺乏清晰的界定，使公职人员在该干什么、负责到什么程度、下一个人该从哪里接手等方面得不到明确的指示。二是公职人员对自己所扮演的角色缺乏思想准备，对角色的行为规范不清楚，对自己在工作中扮演的角色把握不准，对自己的工作目标、范围、职责、工作方法了解不够，以及缺乏完成工作任务的信心。三是公职人员从事新的工作，而这项工作本身是新的或需要重新界定，或者组织政策、工作程序发生变动。

角色模糊常常使公职人员为一些本不属于他们负责的出了差错的事情而受责备。而且还容易使他们受到各种非难，比如，如果无所事事，则可能被指责为碌碌无为；如果积极主动，又会被指责为越俎代庖或是拆别人的台或是窃取成果。另外，角色模糊也会使公职人员难于对各项工作给予时间和顺序上的最佳排列，而这又恰恰是压力的两个主要来源。

研究发现，如果角色模糊是工作的长期情景，则可能会产生一系列的不良后果。

工作不满意

与工作相关的紧张

自信心降低

高血压

抑郁

工作动机低

怨恨的情绪

### 4. 角色期待过高——控制水平低

如果一个公职人员承担着重大的责任并被赋予过高的期望，而他却无权控制工作的方式和环境，这就形成了一种造成公职人员不良压力的危险情境。比如一些政府窗口服务部门的公务员，他可能就会面临这种不良压力的危险情境，一方面他要面对公众/客户的各种需求，另一方面他又要按上级领导的要求去处置，同时他还要确保填表和打印文字的精确性。然而，对于工作条件、不停地被打乱的工作节奏、工作负荷以及那些他必须完成的标准格式，他却没有丝毫的发言权。在这种上级、公众/客户的期望都很高，自己却没有发言权的情境下，公职人员不良压力症状的发生率就会很高。

5. 过高的自我期望

对自己期望过高，不仅会过分地驱使自己，还会对自己表现永远不满意，对自己的工作结果永远失望，并且不能从已经完成的工作中获得轻松之感。

造成自我期望过高的原因，一是与上述的角色冲突、角色模糊有关。因为不清楚别人对你的期望是什么，人们就陷入到底"应该"做什么的困惑之中。二是由于缺乏准确的标准来衡量自己的成功和努力，而妨碍正确的自我期望。三是不能授权或求助他人。"因为其他人不如我干得好，或不如我的办法好，只有我自己动手去做才会放心。"研究发现，过高的自我期望是造成工作压力的一个重要原因。

6. 缺乏发展机会

与职业发展有关的压力主要涉及职业保障、晋升、调动和发展机会。公职人员常常会把一些特殊的期望带入工作之中，比如期望快速或稳定的发展，希望工作中有一些自由，希望工资福利逐步增长，希望学习新的知识技能和有新的工作环境，希望找到解决工作问题的方法等。当他们的个人发展与他们的希望相匹配，或者超出他们的期望时，工作满意度最大。当个人的发展速度低于期望值时，工作满意度就会下降。

缺乏发展机会所造成的压力主要有三种表现：一是公职人员不能按照自己的愿望得到提升；二是被提升到超越自己能力的岗位上，即提升过快；三是来自机构改革和人员分流的威胁，当所在岗位、部门或整个组织进行机构重建时，其工作人员常常产生这样一些担忧——我能胜任新环境的工作吗？我会得到提升吗？我的新工作有保障吗？因此，缺乏发展机会就可能成为担忧、焦虑、挫败或者丧失良机的诱因。

7. 人际关系困境

工作中的人际关系对组织成员的行为有着巨大的影响。与同事、下属和上级保持良好的工作关系和相互影响，是组织生活中非常重要的组成部分，它有助于人们实现个人和组织的目标，并从工作中获得满意感。关系很差或人际关系不和谐大大降低工作满意度，并产生工作压力。

在人际关系中，与上司频繁冲突或与上司关系不和，是工作压力的一个重要来源。因为上司可以影响我们职业生活的许多方面，比如能够从物质上对我们的生活施加影响，可以控制我们的职务和工作权限，给予或撤销对我们提升的机会，提高或降低我们在组织中的地位。换一个角度讲，一些上司的不良做法也会给下属带来工作压力，比如上司忽视下属的贡献，不给予下属应有的赞誉，就会使下属感到被轻视，从而挫伤了对工作的热情以及积极进取的精神。另外，如果上司总是喜欢挑毛病，总是习惯插手下属的工作，从不赋予下属做决定的权力，就会损伤下属的自信心。

人际关系中另一个导致工作压力的来源是与同事的冲突。如果一个人置身于一种充满相互指责、相互否定的人际氛围中，那么他在工作中就很难求得共识；遇到困难的时候也很难获得同事的帮助、配合和安慰；取得成绩时，也得不到来自同事的积极评价反馈。

大量人际矛盾的存在，不仅不能产生相互的信任和对信心的鼓励，从而在工作中产生愉快的心理体验，反而要经常面对各种敌视、猜疑和言语攻击，不断遭受指责或误解。可以想象，在这种情况下，必然会给工作于其中的组织成员造成感情痛苦和感情创伤，进而大大地增加他们的工作压力。

除了这些常见工作压力源之外，还有些压力源只在特定情境中才会出现。这些压力源包括：

缺乏上级的赏识

公众形象差

低工资

养育子女与工作的冲突

能力得不到充分发挥和施展

工作单调乏味，缺少多样化

领导不力

缺乏完成工作或有效行动的能力

训练不足

缺少对决策的影响力（缺乏权力）

孤立无助

合作伙伴有情绪暴躁的习惯

不得不去做违背个人道德标准的事情

研究发现，很多工作环境都潜伏着使工作人员产生不良压力和职业倦怠的高风险。在一个组织中，如果存在着下表中三个或三个以上的因素，就可以认定该组织具有使工作人员产生职业倦怠的倾向。

| |
|---|
| 1. 持续较高的压力水平。 |
| 2. 不断给别人制定标准。 |
| 3. 职员上下级等级关系不严格。 |
| 4. 期望低回报的额外付出。 |
| 5. 对提升员工士气的提议没有强化。 |
| 6. 重复劳动的活动。 |
| 7. 对适合于额外任务的附加资源最小化。 |
| 8. 职业自我提升缺乏鼓励。 |
| 9. 不鼓励共同参与决策。 |
| 10. 福音传道式的领导风格。 |
| 11. 与优先解决问题无关的政策变化。 |
| 12. 政策变化过于频繁，无法评估。 |
| 13. 员工角色的严格划分。 |
| 14. 认为玩乐是不够职业化的表现。 |
| 15. 泛滥的歧视（歧视老年人、男性至上、裙带关系等）。 |
| 16. 过分看重过去的成绩。 |
| 17. 不断改变政策制定程序。 |
| 18. 极少重视正向反馈。 |
| 19. 极少重视环境的舒适。 |

## （四）走出压力的认识误区

观念影响行为，错误的观念会导致错误的，甚至破坏性的行为。为了准确地理解压力与工作压力，我们还需要从另一个方面来认识压力，即走出以下常见的误区。

（1）所有压力都是有害的

压力是一把双刃剑，它既可能是有益的，也可能是有害的。积极压力表现的是一种愉快的满意的体验，它可以给人提供激情和喜悦，也可以为人们在期限前完成工作、进入新的环境、应对紧急事件、面对新挑战时提供专注力和精力。

（2）压力管理的目标应当是消除压力

压力是生活的一部分，"人无压力轻飘飘"，所以，人不能没有压力。压力管理的目标是控制压力，从而降低不良压力或缩短压力持续的时间。

（3）良好的生活状态应该是没有压力

正像压力不能被消除一样，施加于心理和身体上的压力源也是永远存在的。重要的是控制压力源并理解它们，尽可能使它们在程度上和数量上不至于使你负担过重。实际上，实现个人的潜力，取决于一些恰当压力源的暴露。

（4）压力越少越好

事实上，当面临挑战和紧急事件时，一定的压力，甚至唤醒越高越有利于达到某一特定点。压力转化为动力，形成对事件的理解，并提高注意力。因此，所谓压力越少越好应该是不良压力越少越好。

（5）如果一个人足够努力，他就总是能适应困难的环境

实际情况是，每个人都有适应能力的极限，如果身体、社会或心理压力在某一时刻超过了一个人的压力上限，疲倦最终会导致人崩溃，这种抵抗状态将让位于筋疲力尽的阶段。另外，"尝试更加努力"并不总会有利于不良压力的解决，相反的解决办法——间以休息和恢复，可能更有效。

（6）冥想是无稽之谈

冥想是一种调试有效的控制压力、平静身心的方式（释放、放松的反应），它通过内心反复凝神来实现思想的、语言的和声音的沉寂。而且，冥想的方法还能有效预防和降低同压力有关的疾病和心理障碍。

# 二、压力自测

## 压力水平的自我测查

下面的压力量表是一个测量指南，而不是精确的工具。在对每个问题做出回答以前都不要踌躇，你的第一反应往往是最准确的。回答和分析压力量表可以考察你目前的压力状况。虽然压力分数的大小改变不了现实，但它却能帮助你了解自己目前的压力水平，帮助你澄清一些对生活的思考，并为有效缓解自己的压力提供必要的数据支持。

你是否具有过度压力

1. 两个对你了如指掌的人正在议论你，下面的哪一条是他们最有可能议论到的？

A. 他这个人很合群，似乎没什么事能烦扰他

B. 他很不错，但是你跟他说话有时得留神

C. 他的生活好像总有不对劲的地方

D. 我发现他这个人喜怒无常，捉摸不透

E. 我看到的人越少越心情舒畅

2. 下列哪些是你生活中的普遍特征？

感觉自己很少做对事情，或者对自己总是不满意

感到被强迫、被欺骗、被逼入绝境

消化不良

胃口不好

夜晚总是失眠

头昏眼花、心动过速

在没有活动、气温不高时浑身冒汗

在人群中或拥挤的环境中惊惶不安

感到自己疲惫不堪、心力交瘁

强烈的失望感

对琐碎的小事极度烦躁不安

晚上无法放松自己

半夜或凌晨经常被惊醒

难以做出决定，总是犹豫不决

缺乏停止思考问题、思考白天之事的能力

充满恐惧感

对别人的指责感到无能为力

即使是很容易成功的事情也缺乏足够的热情

不愿意会见生人，也不愿意尝试新的经验

被别人要求时不会说"不"

经常担心别人指责自己的所作所为

感到所承担的任务超过了自己的能力范围

一旦事情进展不顺利，立即会坐立不安

总担心潜在的危险要发生

觉得工作就是为了生存，没有什么乐趣可言。经常暗自怀疑自己的工作能力

对周围很多人都耿耿于怀

背部和颈部经常会出现不适感

早晨上班时，总觉得不是很情愿

3. 你比以前更乐观还是更悲观？

　　A. 更乐观　　　　　　　B 大约一样　　　　　　C. 更不乐观

4. 你喜欢看体育比赛吗？

　　A. 是　　　　　　　　　B. 否

5. 你能在周末睡懒觉而不产生负罪感吗？

　　A. 是　　　　　　　　　B. 否

6. 在合理的职业和个人范围内，你能把想法告诉你的老板、同事或者自己的亲人吗？

　　A. 是　　　　　　　　　B. 否

7. 在生活中什么人为你做决定？

　　A. 是　　　　　　　　　B. 否

8. 在工作中受到批评时，你通常：

　　A. 非常沮丧　　　　　　B. 中度沮丧　　　　　C. 轻度沮丧

9. 你每天完成工作后对成绩感到满意吗？

　　A. 经常　　　　　　　　B. 有时　　　　　　　C. 只是偶尔

10. 你是否觉得多数时候都没有解决与同事间的冲突？

　　A. 是　　　　　　　　　B 否

11. 你必须完成的工作量是否超过了时间的允许？

　　A. 经常　　　　　　　　B. 有时　　　　　　　C. 偶尔

12. 你对工作给你的要求有清楚认识吗？

　　A. 多数时候　　　　　　B 有时　　　　　　　C. 几乎没有

13. 你有足够的时间处理私事吗？

　　A. 是　　　　　　　　　B. 没有

14. 假如你想谈自己的问题，你能找到一个有同情心的人吗？

　　A. 能　　　　　　　　　B. 否

15. 你是在实现人生目标的固定轨道上吗？

　　A. 是　　　　　　　　　B. 否

16. 你对工作厌倦了吗？

A. 经常　　　　　　　　B. 有时　　　　　　　　C. 很少

17. 你是否总想着工作？

A. 几乎所有的日子　　　B. 在某些时候　　　　　C. 几乎从未有过

18. 你觉得自己的能力和工作被恰当评价了吗？

A. 是　　　　　　　　　B. 否

19. 你觉得自己的能力和工作成绩被恰当奖励了吗？

A. 是　　　　　　　　　B. 否

20. 你觉得上司：

A. 极力限制你的工作　　B. 积极帮助你工作

21. 如果十年前你就会知道自己的工作像现在一样，你会认为日子：

A. 超出了期望　　　　　B. 完成了期望　　　　　C. 没有达到期望

22. 假如你必须把喜欢自己的程度划分为从5（最喜欢）到1（最不喜欢）的5个等级，你的等级是什么？

A. 5　　　　　　　　　　B. 4　　　　　　　　　　C. 3

D. 2　　　　　　　　　　E. 1

**【评分标准】**

1. A. 0分；B. 1分；C. 2分；D. 3分；E. 4分

2. 每个问题回答"是"得1分

3. A. 0分；B. 1分；C. 2分

4. A. 0分；B. 1分

5. A. 0分；B. 1分

6. A. 0分；B. 1分

7. A. 0分；B. 1分

8. A. 2分；B. 1分；C. 0分

9. A. 0分；B. 1分；C. 2分

10. A. 1分；B. 0分

11. A. 2分；B. 1分；C. 0分

12. A. 0分；B. 1分；C. 2分

13. A. 0分；B. 1分

14. A. 0分；B. 1分

15. A. 0分；B. 1分

16. A. 2分；B. 1分；C. 0分

17. A. 0分；B. 1分；C. 2分

18. A. 0分；B. 1分

19. A. 0分；B. 1分

20. A. 1分；B. 0分

21. A. 0分；B. 1分；C. 2分

22. A. 0分；B. 1分；C. 2分；D. 3分；E. 4分

**【得分解释】**

需要强调的是对压力量表的解释必须小心谨慎，因为除了这个量表所涉及的因素之外，还有许多因素可以影响我们对压力的理解和处理方式。即使两个得分完全一样的人体验的压力程度也不尽相同。然而这个量表还是能提供很多具有参考价值的信息。

0~15分：祝贺你！压力在你生活中不是问题。生活的历练和个人天生的素质使你对压力具有非常强的免疫力。面对压力，你总能够沉着应付，也不会出现不良的反应。

16~30分：提醒你！对于一个终日忙碌的工作人员而言，这是个中等程度的压力，因此，如何能合理缓解压力还值得探讨。

31~45分：告诫你！压力显然是个问题，采取解决措施的必要性也是显而易见的。在这种压力程度下工作的时间越长，解决它就越困难。仔细研究你的职业生活势在必行。

46~60分：警告你！在这个程度上的压力算是一个突出问题了，必须立即采取措施，你可能正面临综合适应症候群中的筋疲力尽阶段，压力必须被缓解。

# 三、学会管理你的压力

1. 压力管理的目的

由于压力往往来自我们拿定主意要去做的、或对我们有所影响的事，所以大量的压力是从人们头脑中所想的东西转化而来的，因此，管理压力就是在对你自己的要求和你自己的处理能力之间达到平衡。也就是说，在日常生活中，人们会不可避免地经历高强度、高付出的压力时期，如果你能有效地管理压力，你就必须有意识地把压力水平迅速地回归到正常水平，这样你就能克服一个压力事件。

从这个意义上讲，压力管理的目的不是为了消除压力，而是通过压力控制来增进自己与他人的健康和幸福。有效的压力管理将有益于改善生活质量和降低疾病风险，并通过改善关系、滋生关爱而有益于身边的人。它通过引导个人能力改善社会条件，从而减少身心疾病、暴力以及其他社会问题的发生。

从一个组织的角度来看，由于压力与工作绩效的显著联系，压力管理也被视为组织管理的重要组成部分。在一个组织当中，压力管理的焦点是要保持合适的压力强度来激发工作人员和组织机构的最佳工作状态。所以，压力管理不是被动地应对压力，而是主动地管理压力。

具体言之，管理好压力将会获得以下收益：

在工作上和家庭中有更高的个人效率

更健康、更多的精力及耐力、更多的对付压力的体力

感到能控制和把握自己的生活

自我感觉良好，自信心更强，自尊心更高

生活质量有长足进步——更多的娱乐、欢乐和幸福

对自己工作有更多的享受

不断保持积极的思考和乐观主义；排除恐惧、焦虑及其他形式的软弱消极的想法

有能力在任何时候保持极清醒的头脑、思维和行为

提高将精力运用于有成效的行动中的能力，减少对时间和精力的浪费

更多的耐心、更能从感情上理解他人，更多的同情心，以及在工作家庭和其他任何地方有更好的人际关系

一种"我能解决任何困难"的新态度，而不再会被难题所击倒或打垮

有能力集中精力创造工作、家庭和个人生活的最想获得的结果

以一种积极、健康的方式对付变化的能力

有能力在压力下仍保持创造力和工作力，而不是在愤怒和敌意中耗费精力

有能力对事态的发展看得更清楚、领悟得更快

在成功的事业和健康的个人生活之间保持平衡

2. 整体性压力管理

整体性压力管理源于心理学研究的不断丰富、组织行为学和医学研究领域的不断扩大。整体性压力管理不单单关注个人并把他作为独立单元，而是要关注个体如何与周围环境进行联系，包括提升他人幸福和为公众更广泛的利益做出贡献。这就需要通过对个人的行为方式进行整合来实现压力管理。下面的整合要点将对压力管理具有重要的指导意义。

（1）对自己负责

对压力进行有效管理要靠你自己，他人，不管是你的朋友、配偶，还是医生或咨询顾问都不能替代你，他们只能帮助你并充当你的合作伙伴。

（2）使用多种有效应对技术

控制压力的方法不止一种，要综合使用多种技术方法，如有氧运动、合理膳食、放松训练、冥想、情感宣泄、旅游等。

（3）循序渐进

学习到一两种压力管理的方法之后，就要耐心地、集中精力地使用它，逐渐变成习惯。要知道，变化是渐进的过程，完美健康是一个长期理想状态。

（4）平衡各种因素

需要平衡的因素包括：自我利益与他人幸福、紧张与悠闲、变化与稳定、思想与行动、刺激与平静、工作与娱乐、风险与安全等。不同的需要对健康与发展都是有益的，但关键是平衡。

（5）认知压力源

要知道压力源是什么，它们由何而来，它们在你的生活里和工作中扮演什么角色，是有用的还是有害的，你如何利用或应对。

（6）采取行动

一个人所采取的应对压力的行动措施的不同将决定这个人的管理压力的水平的高低。每个人都是独一无二的，每个人都有自己独特的需要和独特的生活方式，而且每个人的社会背景也是和其他人不完全一样。所以，就需要由自己来验证出哪些方法是适合自己的压力控制方法，并探索新的压力应对方式。

（7）关爱他人

重视提升他人幸福以及改善周围的社会条件是相当重要的，所以，压力管理不仅要关爱自己，还要关爱他人。研究表明，通过利他主义来追逐自己目的的个体会健康无比，而且能更迅速地从各种疾病中康复。

（8）持之以恒

压力管理是一个持续不断的过程和人生的挑战，所以，一个人就应该把压力管理变成处理自己所有的问题的重要组成部分，并以此来应对日常生活、工作行为、身心健康、与他人关系以及与时间安排相关的问题。

3. 压力管理的维度

英国的压力管理专家杰勒德·哈格里夫斯（Gerard Hargreaves）通过长期的压力管理咨询工作，提出来一种压力管理的四维模式，即从改变压力的来源、发展应对技能、对思维进行改善、使生活方式达到平衡四个方面对压力进行管理，以四维模式作为压力管理的行动指南是大有裨益的。

4. 高效压力管理者

高效压力管理者为我们提供了一组压力控制的经验，使压力管理具有具体的操作性。这些做法包括：

（1）他们尽可能预测、监控、规范压力源。

（2）他们意识到并控制自己对压力源的解释。

（3）高效应对者相信他们能影响事件以及他们对事件所做出的反应。

（4）他们每天都做深度放松来平衡长期激发的压力反应，同时大部分时间将唤醒保持在一个较低水平。

（5）有效的压力管理者在遭遇威胁性压力源时，会使用生理上和心理上的即时紧张降低物来控制其唤醒程度。

（6）他们始终坚持积极的健康缓冲器——日常锻炼、良好的饮食习惯、充足的睡眠以及健康的娱乐——建立压力抵抗和预防机制。

（7）他们能辨认出身心不良压力的早期警报信号。

（8）高效压力管理者能自己探索出在工作情境里转移、控制压力的方式方法。

（9）他们使用建设性反应来应对不良压力，目的是降低不良压力，而不是采取破坏性反应来恶化不良压力。

（10）他们探究并保持生活意义的强烈感觉——这种意义给他们的私人生活和集体生活提供了方向和条理性。

（11）他们参与到对他人、组织和社区的幸福生活有益的活动中去。

应用练习：压力管理技能的自我评估

这个练习的目的是帮助你评估自己是否符合高效压力管理者的特征。

（1）你最好的品质是什么？

（2）你最差的品质是什么？

（3）询问你的家人或朋友，回答上述问题，然后进行讨论。

## 四、把焦虑的基本方程式颠倒过来

关于焦虑的基本方程式描述的是焦虑情绪递增的反向过程。

*递增的受创性+递减的能力=递增的焦虑情绪*

而所谓负起责任，就是要把这一基本方程式颠倒过来：通过降低你的受创性和提高你的能力来达到解压的目的。

*递减的受创性+递增的能力=递减的焦虑情绪*

一旦你开始对这些负面情绪负责，你就可以减少自己的无助感，增加对问题的理解深度，增加你发现并及时采取积极措施改善环境或解决问题的能力，并尽快消除那些影响你正常工作的焦虑情绪。

"既然焦虑情绪会带给我们困扰，那它就一定能够为我们所用，就像随时准备迎接挑战一样。没有舞台恐惧，就没有真正的演出。"

——亚当·菲利普斯（Adam Phllips）

### 运用四步法

中止负向压力循环的方法之一就是运用四步法，当面对压力时，它可以帮你解压。

第一步：停止。一旦开始感觉到压力向你袭来，马上对自己喊"停！"比如，正当你马上要完成一份报告时，你的计算机突然死机了。这时，你一定会觉得很郁闷，你的头脑中可能马上会闪现出故障信息可能造成的不良后果："我的报告肯定不见了；我的工夫全都白费了；我可能会被开除。"遇到这种情况时，在你还没有对自己说出这些话之前，马上对自己说"停！"至少要重复两遍。

第二步：深呼吸。第二步就是深呼吸。深深吸一口气，使你的隔膜中充满空气，屏住呼吸8秒钟，然后再慢慢将气体呼出。当面对压力时，我们都倾向于屏住呼吸，而就像"停"这个词能够帮助你消除一些负面的想法一样，深呼吸也可以帮助你及时中止这种倾向。在面对压力时，把注意力集中在呼吸上可以帮助你用一种完全不同的方式去缓解压力。

第三步：反思。既然你的压力模式已被中断，既然深呼吸后你已重新获得能量，接下来你就可以把注意力全部集中在真正的问题，即压力的成因上。只有通过对压力反应进行反思，你才能区分出不同的思想层次，你才能区分出哪些是理性的压力反应，哪些是非理性的压力反应。只有这样，你才能更加淡定、更加现实地看待你所处的具体环境，才能把它与那些由于受过度焦虑的影响而变得扭曲的想法区分开来。

第四步：选择。最后，由于你的注意力全都集中在实际问题上，所以你可以选择寻找解决问题的办法。比如，在重新启动计算机后，也许你会发现你只丢失了一点点信息，或者即使信息丢失，你仍然可以通过最古老的办法，即从头到尾说一遍你的想法，让听众明白你的意思。原本看似一个灾难性的问题现在却突然变成了一个可以管理的问题、一个只要你选对了方法就有能力解决的问题。

# 五、在工作和生活之间寻求一种平衡

虽然大多数压力都源于工作，但对于工作和生活的要求却总是矛盾的，所以无论是在工作中，还是在生活中，这种矛盾常常是造成压力、担心和焦虑的主要原因。你要想办法在这两者之间保持一种健康的平衡，只有这样才能减少有害压力对你的影响，才能提高你生活各个方面的积极能量。记住下面这几点：

工作和生活应该是互补的，而不应该是矛盾的。

应该先确定业务优先级，然后再在它与私人问题之间寻求一种平衡。

所谓"全才的人"就是指那些既具备工作所需的技能和知识，又具备处理好工作之外的个人生活所需的技能和知识的人。

只要掌握一些灵活的、有创造性的方法来保持这种平衡，无论是在工作中，还是在个人生活中，员工的表现和精力都会大大提高。

### 中止负面压力循环的步骤

1. 阻止负面信息出现在你的脑海中。
2. 先深吸一口气，然后再慢慢把气体呼出体外。
3. 对当下所处的情况进行反思。
4. 选择解决问题的办法。

# 六、把焦虑变成行动

## 三步策略

通过思考，想必你已经知道该通过什么方式来对递增的焦虑情绪进行管理了。评价—计划—补救这一系统方法可以帮助你检验焦虑情绪的产生过程，并帮助你把焦虑情绪分解成相对较小的更易于管理的问题单元，然后再逐一加以解决。

比如，假设你的上司给团队成员发了一封电子邮件，邮件的内容是关于即将召开的预算审查会议的日程安排。而此前，领导一直都让你在会上做关于部门目标收益的报告，但今年却没有安排你来做。你突然间感到胃部剧烈疼痛，这是你产生焦虑情绪的一个征兆。你的脑子开始加速旋转："为什么不让我做？是让别人去做了吗？我上次做得不好吗？我一定是个白痴！这意味着要给我降职或者体面地将我解职吗？"在这种情况下如果你能马上运用评价—计划—补救法来对焦虑情绪进行干预，你就可以在焦虑情绪开始对你造成困扰之前，对其成功加以阻止。

1. 评价。"没错，领导确实还没有安排我在预算审查会上做关于目标收益的报告。这是目前我知道的全部信息。"

2. 计划。"我需要收集一些相关信息。我应该直接联系我的领导，直截了当地问问她是否希望由我来做关于收益的报告。"

3. 补救。"我打算亲自和领导面谈，所以我要提前打个电话，和她约一下见面时间。"

你可以运用这一系列简单的做法来代替当你处于紧张状态时，马上对当下的情况做出的评价并对你计划采取行动。一旦你觉得胃不舒服或者头剧烈疼痛时，如果你能把这一做法看作是一个本能的反应，那你就可以把焦虑变成行动。

## 第一步：评价

评价焦虑成因的关键在于要正视你的焦虑。千万不要忽视你身体发出的那些小信号。除非你正视焦虑的成因，否则这些信号永远不会消失。在这一步中，你可以运用下面这些指导原则。

确定问题。确定问题可以帮助你解压，因为一旦确定了具体问题所在，就等于是排除了所有其他可能性。说出问题会使问题更加容易管理。比如，你肩上的担子太重？你发现很难在工作和生活之间寻求一种平衡？你选错了职业？你和同事或上司之间有矛盾？你错过了最后期限？

建设性地思考问题。这一步似乎有些困难，但你只需客观地检查焦虑自动产生的过程即可。这需要你首先后退一步，并仔细观察你自己：原本只是给你带来些许焦虑情绪的坏消息，或仅仅是一些想象出来的危险，缘何突然间让你感到"糟糕透顶"？你可以运用以下这些做法：

检查你的自动思维。检查一下你的自动思维，比如，你的脑海里突然进出哪些词？把这些词写下来，然后再客观审视一下这些词。你会发现这些词有多夸张。比如，你是否用了一些否定词（白痴、笨蛋）来描述你自己？

纠正逻辑上的错误。接下来要检查你自动思维中的逻辑错误。比如，除非要你在预算审查会议上担当某个角色，否则领导为什么要在电子邮件中提到你？因此，你马上断定你受到了排挤，这种轻率的假设就是一个逻辑上的错误。

研究替代性的假设。虽然你认为你可能把最坏的情况都想到了，但对于同一种情况的解释，一定还会有其他的假设。也许领导认为你已经开始准备收益报告了，或者这次她想给你安排别的任务。

修改关于你自己和工作的根本思维假定。不要说自己是个笨蛋，也不要假定灾难一定会降临到你身上。相反，你首先要在精神上给自己以最大的支持。事实证明，真正做到这一点并不容易，因为这些根本思维假定反映出你看待自己和世界的方式早已根深蒂固。但如果这些假定是错误的，它就会阻碍一些有建设性想法的产生，在这种情况下，你需要用一些更加健康、更加务实的想法来取而代之。最重要的一点是，任何想法，只要它可能妨碍你找到理性的、富有成效的解决办法，就一定要摒弃它。

建议：对现状进行分析。看你的焦虑是否以事实为依据。有害的焦虑会歪曲事实真相。对现状进行调查以确保事情确实和你想象的一样糟糕。即便真的有问题，解决起来也要比你想象的要容易得多。

不要独自焦虑。找个朋友来当你的倾诉对象。找一个合适的人来宣泄一下你的焦虑情绪，通过使用这种方式解压，你会觉得舒服些。一定要大声说出你的焦虑，这有助于你对焦虑情绪的管理，它还可以帮你进一步明确哪些焦虑是合理的，哪些焦虑是你对问题的曲解。这时，倾听者只需静静地倾听，而不要尝试着去帮助解决问题。你的目的是了解自己的焦虑过程，并获取力量去寻找解决问题的办法。

## 第二步：计划

提前制订计划会占用你一些时间，而且似乎也很多余，但相对于你所付出的时间来说，提前计划给你带来的回报率则更为可观。计划可以阻止有害焦虑的产生，取而代之的是让你采取更有效的行动。以下这些做法供你参考。

弄清事实真相。明智的焦虑有助于问题的真正解决，而有害的焦虑则只会夸大或歪曲事实。每天都因那些假设的可能性而感到闷闷不乐只会慢慢耗尽你的全部精力。与其这样，还不如行动起来，去找出事实真相！要去寻找所有相关信息源，千万不要轻信道听途说、流言蜚语，或者仅凭自己丰富的想象力。

建议：求助于可靠的信息源，也就是说，谁那里有你需要的信息，你就去向谁求助。在你没有掌握解决问题所必需的信息或工具之前，不要担心。相反，你应该想办法去寻求帮助，去控制局面。弄清楚谁的信息最具权威性、你应该去哪儿寻求答案。

使你生活得更有条理性。许多焦虑情绪都源于生活和思维习惯缺乏条理性。如果所有文件都乱七八糟地堆在办公桌上，那么你需要浪费很多时间才能找到你需要的文件，而且你还极有可能会把一些重要的文件弄丢。同样的道理，如果你脑子里到处都充满着乱七八糟的"假设的可能性"，那你就极有可能会看不清事情的真相。一般情况下，容易焦虑的人花在焦虑上的时间和精力要比他们花在成功完成工作任务上的时间和精力多得多。

所谓使你生活得更加有条理性，就是让你更加善待自己、更加体贴自己，就像是把你的办公桌收拾得整整齐齐会有助于你快速找到东西一样。如果你生活的条理性很强，你把一些关键文件、关键信息和钥匙弄丢的可能性就会大大降低，而且你也不会迷失方向。所以，要把条理性看作是抗焦虑的一个动因：你可以运用清单、提示物、时间表、规章制度和预算等方法来增强你生活的条理性，这么做会对你大有裨益。

花些时间来使你所处的空间变得更加有条理性。比如，好好整理一下你的办公桌；用带有清晰标签的彩色文件夹；每天都把钥匙放在同一个地方；好好整理一下你的电脑桌面和你的电子邮箱。同时，还要花些时间来使你的时间变得更加有条理性：

设定目标。确定在接下来的一周里，你想要做什么，或者你想要完成哪些任务。

把设定的目标按重要性排序。把这些目标分解成相对较小的、易于管理的目标。

用记事簿来帮助你避免错过一些重要的约会，或让你紧跟目标。

要量力而行：你的周计划一定要切实可行。

要把最重要的事情安排在你精力最旺盛的时候，也就是一天中你感觉自己最警觉、精力最充沛的时候来做。

把那些简单的、重复性的任务安排在你效率最低的时间段来做。

不要被那些与实现目标毫无关联的任务所困。

务必要通过休息来恢复旺盛的精力，比如，站起来伸个懒腰、走动走动，或者与同事闲聊一会儿。

建议：如果你发现缺乏条理性会使你产生新的焦虑情绪，那谁的办公桌总是整整齐齐，而且开会从不迟到，你就让谁来帮你一把，这个人可以是你的同事，也可以是你的朋友。通过向不同的人寻求帮助，你或许会发现，其实让你的生活变得更加有条理性非但没有那么难，而且你还会乐在其中！

# 第三步：补救

接下来一步就是找到有害焦虑的补救办法。理性、计划和行动是解决焦虑和压力问题的最有效办法。让我们看看下面这些指导原则。

采取直接的行动。如果你已经对存在的问题进行了评价，并已计划好该怎么做，接下来就是你果断采取行动的时候了：打电话、改变行为方式、整理办公桌、与朋友交流，或者直面那个难相处的同事。采取行动就意味着你相信自己具备解决问题的能力。在这种情况下，你的受创性和有害焦虑就会逐渐消失。

顺其自然。为什么要顺其自然？纵使你非常想要实现一种变化，但有些问题并不是只要你采取行动就一定能够解决的。你必须耐心等待，静观其变。一味地担心于事无补。比如，你的上司突然间宣布公司要进行一次重大重组，即便事情真的发生了，即便你掌握了更多关于公司重组的信息，并因此而知道它会对你造成什么样的影响，你还是什么也做不了，你只能静观其变。再比如，也许你已经被提名，马上就要升迁了。但一个月过去了，你却没有接到任何正式通知。在这种情况下，如果你能让一切顺其自然，不给自己徒增一些不必要的烦恼，无论是在身体上、情绪上，或者是精神上，都会对你大有裨益。

顺其自然究竟意味着什么？意味着放弃你的控制能力，这说起来容易，做起来难。人们常常会觉得，只要把事情的方方面面都考虑到了，他们就可以对结果造成一定的影响。但在某些方面，当控制无效，而且焦虑也只会对身体有百害而无一利时，最明智的做法就是努力放弃你的焦虑情绪和控制能力。

如何才能赶走焦虑情绪，让一切顺其自然？不同的人有不同的做法，有些人认为冥想会很有帮助，有些人则喜欢听音乐或唱歌。至于选择如何赶走焦虑情绪，让一切顺其自然，这完全由你自己来掌控。闭上眼睛，想象你的焦虑情绪穿上了外衣，戴上了帽子，然后慢慢走出了房间。对于你来说最重要的就是，尽量远离那些徒劳无益的焦虑。

建议：如果你对于一个问题感到无能为力（或者你已经做出了一些努力，你再也想不出任何别的办法了），或者说这个问题已经完全超出了你的能力所能控制的范围，你就必须放手，让一切顺其自然。让它随风飘散，你可以重新开始一个项目，翻开崭新的一页，或另辟蹊径。

# 七、有效应对工作压力的核心策略

1. 有效的时间管理：节奏与平衡

（1）时间管理的目的

时间管理是一个与个人发展和职业发展都相关的概念，指的是一种对个人日常职责的优先次序、确定时间表和执行，以达到个人满意水平的能力。有效的时间管理并不意味着你有更多的时间，而是意味着你能更好地利用已有的时间。

时间管理在工作压力和个人健康问题上处于中心位置。其理由是，第一，使用一些基本的时间管理技术可以增强个人的工作效率。其结果是可以有更多的时间从事社会活动，包括锻炼、休闲和爱好等。可以说，时间管理最重要的目的就是创造更多的休闲时间。第二，现代社会受到时间的驱使。在许多情况下，价值是以金钱、权力和地位来计算的，所有这些通常都需要更多的付出才能得到。更多的付出就意味着工作要努力，工作时间要长。对时间进行科学安排和管理可以帮助我们重新思考我们对时间的态度，重新安排各项工作，改掉无效的工作习惯，从而更加有效地利用时间。

（2）时间管理不当的表现

时间管理不当一般表现为：长期超负荷，时间组织混乱，拖沓，时间控制不充分，被未预料到的责任所纠缠，在低优先权的活动上花费过多时间，可用于娱乐、保持亲密关系、友情以及深思的时间不够。

美国学者赖斯（Phillip L. Rice）描绘了时间管理的七条致命过失，他认为任何一个时间管理的项目都应该以了解个人的时间是如何应用的开始。用这种方法，可以了解需要改变的是什么，不需要改变的是什么。所以，在探讨如何管理时间之前，应该先来审视时间是如何被错误管理的。

①迷惑：我们的目标是什么？当有人抱怨说他们浪费的时间太多但又不知道时间都哪里去了，我们就可以肯定他们不知道自己该做什么。

如一位时间管理专家所指出的，如果你不知道你要做什么，时间管理就没有什么意义。没有为以后几个月和以后的几年做出计划可能是时间管理中最大的错误。

②犹豫不决：我应该做什么？犹豫不决意味着我们对某一任务不是一次完成，而是要花上很多次的时间。它使我们的惶惑和紧张更加严重。另外，一个人的职位越高，犹豫不决对周围人的困惑和压力影响就越大。犹豫不决的后果不只是局限于个人的范围内，还影响了"团队"的效率。犹豫不决会加重困惑和压力是因为拖延决定是容易的，但不做决定是不容易的。犹豫不决让我们无法集中精力、无法放松、无法创造。而且，犹豫不决还可能是时间管理和其他问题的根源，如拖延制造和允许中断，以及躲避责任。

③精力分散：精神和体力的超负荷。精力分散是企图做超出需要的甚至超出可能的过多的事情。精力分散会引起无效的问题解决，无法集中精力，对最简单的工作也缺乏动机。精力分散是由于不知道自己的局限性的结果。它还来源于不知道在什么时候和怎样对来自朋友和同事的要求说不。

公职人员中常见的一种叫作受伤精神症状的现象，它典型地表现了精神分散的影响。这一症状的主要特点有：同时想许多事；不断为等待做的事情着急；随着压力的增加，不知道什么可以做什么应该做；这样的人认为干扰会经常发生，因此对当前工作的投入是很浅薄的。

④拖延：可以等到明天。拖延的定义是把今天应做的事情留到明天。有三种类型的拖延：一是拖延不愉快的事情；二是拖延困难的事情；三是拖延需要作难做决定的事情。另外，有两种让一个人不工作的借口："我希望"和"我就是开不了头"。"我希望"这种借口通常是希望不要做某一件工作或希望某种奇迹发生来做这一工作。从根本上说，就是取消做某件事的责任。第二种借口是自我实现的预言的一种。它把自我欺骗变成现实，最终导致自我失败。

消除习惯性的拖延需要补救的行动。一是在一段时间中要注意是哪些任务总是被拖延。然后寻找这些任务的共同特征。然后，如果可能，就让别人来做这一工作。否则的话，可以把工作分成小的部分或从某些方面改变工作使其更易完成。二是先做不喜欢的事。当不愉快的事情做完后，就会对喜欢的工作更集中精力。三是同自己订个合同，即在完成了不喜欢的工作后，奖励自己多休息一会儿，或给自己买衣服或一个唱片以资鼓励。

⑤逃避：躲进幻想世界。人们可以找到许多逃避工作的方法，主要有：延长休息时间；阅读并不需要阅读的书籍和报纸；做一些工作上琐碎的事情，比如不断清理办公桌或文件；做白日梦；做一些可以或应该让其他人做的事情，以逃避更重要的工作；打着完美的旗号一遍遍地写信件或备忘录，以逃避其他不愿做的工作。

⑥中断：开始最难。那种在随时有其他人进来干扰中工作的人就是工作常被中断的受害者。但许多其他的工作也会受到中断的干扰。电话，同事进来聊天，以及紧急情况都是对正常工作的干扰。

中断对复杂的工作伤害最大，大块的时间对思维的流动或连续思想的出现是很重要的。这样的工作需要一段启动时间来找到节奏。不断的中断则要求附加的时间来重新定位和再启动。

对管理者的一项调查表明，他们每天工作中12%的时间都用来应付紧急情况，只有44%的时间用来进行计划内的工作！另外14%的时间给予了服务对象要求的活动。管理者其余的时间被日常活动和上级的要求所平分。

⑦完美主义。完美主义者在工作中和生活的其他方面会为自己确定很不现实的目标。完美主义在生活中也许有用，但是为了完美而完美的则与强迫性的过分工作差不多。

问题是要对需要和过分加以区别；对可以带来利益的质量和对无人会注意并无任何益处的认真加以区别。这是回报消失原则：在一临界点以前，认真地工作是有价值的。超过这个点以后，多付出的努力不会再产生任何益处。

（3）时间管理技术

有效的时间管理可以分解为下面三种技术：确定优先权、制定日程表和贯彻执行。

（4）确定优先权

更加有效地管理时间的第一步，是明确事情的轻重缓急。确定优先权的方法有以下几种。

①确定长期、中期和短期目标。解决困惑的最好方法是设置目标并定期对这些目

标重新评估。我们可以将目标设置为三种时间：长期目标应该回答在五年中我想达到什么目的，我需要做什么以达到这个目的；中期目标应该回答的问题是明年这个时间我要达到什么目的；短期目标应该是更为实际的任务，既包括列出每周可达到的具体的目标，也包括列出每天"要做事情"的清单。

②保持平衡。当产生与时间有关的压力时，通常是由我们生活的各个不同部分的失衡所造成的，比如休闲太少，工作太多；为自己太多，为他人太少；太多的社会交往，忽略家庭的亲密等。保持平衡要求你要意识到对你来说什么是重要的。以下是一些需要保持平衡的方面，需要你认真思考和选择：身体的健康，享受每一天，娱乐，亲密的关系，家庭，友谊，体验每天生活的美丽。挑战和成长，保持不同，我所做事情的质量，工作中的良好交际，休闲时光，独处和凝思。

③ABC 等级次序方法。运用这一方法就是将你每天或每周的工作分成三个等级：A 等级的工作是必须做的，即最优先的项目；B 等级的工作也是重要的，但可以在 A 等级工作做后再做；C 等级的工作可以在有空闲时做，但不一定今天或明天做完。

④帕累托原则。这一原则强调的是重要的少数和不重要的多数，即 20% 的目标具有 80% 的价值，而剩余的 80% 的目标只有 20% 的价值。为了有效管理时间，应该根据价值来投入时间。具体做法是把要处理的工作按重要性进行排序，然后把大部分时间分配给最重要的工作任务。记住"做正确的事要比把事情做正确更重要。"

⑤重要—紧急方法。"重要"事情指那些与你工作目标和生活理想直接相关的事情。"紧急"事情是那些需要马上行动的事情。运用这一方法就是要区别对待以下四种情况：第一，在重要的却不紧急的事情变为紧急事情之前就完成它。第二，不要让紧急事情控制你的生活。不要逃避重要的工作，因为任务总是紧急的。第三，早完成重要的事情。如果等到它们变为紧急事情，会给自己增加压力。第四，给你的任务确定优先级别并按顺序完成它们。

（5）制订日程表

制订时间表是对已经排好优先次序的职责进行时间分配，或者是设计一个时间阶段对应一个匹配的、特定的工作或职责，并完成它。在安排自己的时间时，很重要的一点是运用自己内部的控制力，以免自己被外部一些压力和机会所左右。但是，过于僵硬的方法不仅不能解决原来的问题，反而制造更多的压力。所以，还需要用适当的灵活性来缓解大量的内部控制力。下面是三种值得借鉴的制定日程表的技术。

①时间箱。运用时间箱技术就是在给定的一天内把时间分解为 3~5 小时的整块时

间，如上午、下午和晚上。在每一个时间箱中，确定一个明确的职责，如工作、学习、社会活动、锻炼等。时间箱基本调整了那些需要大块时间的重大项目。

②时间地图。这种技术就是把每天的时间分解为非常小的块，通常是15分钟或半小时，然后是给每一时间段分配任务。这种方法对于需要将工作中的一些零碎小事分散处理时是很管用的。而且这种方法也有一定的心理上的好处，它可以缓解心理上的焦虑，不用再去担心对琐事的遗忘。

③聚类。这种技术是为了完成户外的工作。具体做法是先将职责列出来，然后根据不同的地点进行分组。聚类是一种节省时间的策略，它会让个人在很近的地点之间完成工作，而不需要在整个城市跑来跑去。

（6）贯彻执行

在时间管理中的过程中，潜伏着各种困境、娱乐和诱惑等干扰，会使我们迷失方向，陷入混乱并最终被混乱所湮没。因此，关键在对制订的日程表的贯彻执行。贯彻执行是对确定好的时间表的完成。执行的最有效的方法是确立目标，然后就是按以下步骤去实施。

为每一项工作或计划制订出最后期限。

把大型的工作分解为小块的任务，为每一小块任务制订出最后期限。

在每一个时间段只进行一部分工作或任务。持续这样的工作直到完成整个任务。可以说，做完一两件工作比有一打没有完成的工作要好得多。

对已经完成的任务给自己一些小快乐作为奖赏，来推动你自己完成既定的目标，但还要避免即时的满足。要记住：在你满意地完成每项工作之后奖赏自己，而不是在完成之前。

（7）有效时间管理的额外技巧

学会委派，把一些工作交给别人去做以便为自己腾出更多的时间。

网络技巧。"重要的不是你知道什么，而是你认识谁。"关系是非常重要的，人就是资源，网络是稳固关系的建立。你需要知道谁能帮助你满意地完成工作。

少看电视。

每周清理一次你的办公室、房间、书桌或工作场所。

每天晚上睡个好觉。

创设个人边界，并尊重此边界。尊重边界包括知道什么时候离开办公室、工作间或朋友的家，知道何时结束一天。

在一段时间内进行一种活动，即学会在一个时间段内只让自己关注一件事情。

学习和练习决策艺术。决策要求一种具有很好判断的感觉，当需要进行一个重大决策时，个体倾向于放慢自己的脚步。

休息和空闲时间。空闲时间对改变身体和精神的节奏总是重要的。它使身体得到恢复，使精神得以更新。休息的通常效果是使人在空闲之后能够迅速开始工作并在较少时间内完成较多工作。

（8）时间管理规则

①一般工作人员时间效率管理规则

规则1：有选择性的阅读。这条规则适应于那些陷于阅读材料（如文件、杂志、报纸、书籍和小册子等）的人们。即使是非常重要的材料，其重点也大部分在文章和段落的开头。

规则2：将每天需要完成的事情列一个单子。不但要关注你今天要做的事情，而且要关注你每天要完成的事情。

规则3：每件物品都有其固定的位置。随意摆放物品会使你在找东西上花费很多的时间，这会打断你当前的工作。

规则4：将你的任务按照重要性排序。每天你首先要将注意力集中于重要的任务，然后再处理紧急的事情。

规则5：在一段时间内做一件重要的事情；在一段时间内同时做几件不重要的小事情。当所做的事情不需要过多思考的时候，你可以同时完成几件这样的事情。

规则6：将可以在5~10分钟完成的事情列出来。这可以帮助你充分利用边角料的时间。不过一定要注意，不要将注意力集中于这些小事情而忽视了重要的事情。

规则7：将一个大的任务化整为零。这可以帮助你避免被巨大的、重要的任务压垮的感觉。如果一个任务太大，会让人有工作超载的感觉，因此可能会推迟完成。

规则8：20%原则。

规则9：将最好的时间留给最重要的事情。不要将不重要的任务安排在你的最好的时间段。在你的精力下降的时候去处理那些日常的事务。

规则10：为自己留出一些别人不能够打扰你的时间，利用这些时间完成一些重要但是并不紧急的事情，或者在这一段时间思考一些重要的事情。这些时间也许是别人还没有来到办公室的时间，或者是别人已经上床休息的时间。

规则11：不要拖延。

规则 12：弄清自己是怎样利用时间的。除非你知道自己是如何利用时间的，否则你不可能提高你管理时间的技能，也不可能缓解时间不足带来的压力。你应该用工作日志的方法记下每天所从事的活动。

规则 13：设定最后期限。这会帮助你提高利用时间效率。如果你不为自己定一个期限的话，可能完成一件任务会需要更多的时间。

规则 14：等待的时候要做一些有意义的事情。据估计，每个人有 20% 的时间用来等待。可以利用这段时间来完成阅读、计划、准备、复习等任务。

规则 15：在一天特定的时间里处理一些需要迅速完成的事情。按照前面的论述，一个人很容易用简单的工作挤掉重要而困难的工作。因此，除非到了自己规定的时间，否则不读邮件和报纸。

规则 16：每天至少完成一件事。一天下来，如果一件事情也没有完成（哪怕是一个 10 分钟的小任务）会让人产生时间压力。

规则 17：给自己留一些私人的时间。每个人都需要一段安静的时间。在这段时间你可以规划一下自己，或者确定任务的优先权，或者是放松自己。

规则 18：不要持续不断地担心任何事情。可以允许自己在某个特定的时间为一些事情担心，不要在其他时间考虑那些令人心烦的事情。这可以使你的心情放松，从而可以专心于手头的事情。这个规则具体实施起来有困难，但是控制你的忧虑时间可以使你更加有效地利用时间。

规则 19：将自己长期的目标写下来。这条规则可以使你保持任务和行为的一致性。你可能办事井井有条，并且效率极高，但是如果方向不明确的话，你将不能取得任何成绩。写下你的长期目标可以使你不断得到提醒。

规则 20：学习他人的一些关于时间管理方面的有效方法。

②领导者时间效率管理规则

规则 1：将例会安排在每天工作结束前。精力和创造力水平在每一天开始的时候最高的，因此不能浪费在一些琐碎的小事情上。

规则 2：采用站立的方式开一些管理短会。这个规则可以保证短会不变长。舒适可以使会议变长。

规则 3：设定一个时间限度。这可以对会议什么时候结束有一个预期。在会议开始时或者通知的时候就确定会议的长度。

规则 4：偶尔取消一些会议。除非必须，否则不要开会。如果议程没有安排满，或者不能达到目的,可以将会议取消。

规则 5:写下议程,并且按照议程进行。这些规则可以帮助人们准备会议、确定主题并保持工作定位。

规则 6:按时开会。这可以保证人们按时到会。按时开会是对按时到会人的奖励。

规则 7:准备会议记录。这可以保持会议的目标而不至于偏离主题。

规则 8:坚持让下属提出解决问题的办法。这个规则的目的是消除向上授权的倾向。你授权下属完成的事情有时会反馈给你。下属往往通过向你询问问题的解决手段来达到这一目的。最好的办法是让你的下属提出更好的解决办法。

规则 9:在门口会见来访者。通过控制你的办公室的空间可以控制你的时间。站着谈话可以使会见的时间变短。

规则 10:到下属的办公室开一个短暂的会议。这样做的好处是,你可以在认为满意的情况下自由离开会场。

规则 11:不要把每天安排得太满。在每一个工作日,你应该有一些空余的时间。别人的会议和需求可能会破坏你的时间安排,除非你尽力恪守自己的时间表。

规则 12:授权别人帮你接听电话和检查电子信箱。

规则 13:找一个不受打扰的工作地点。当一个任务的期限快到的时候,这可以帮助你专注于自己的工作。安定心神有时会节约很多时间。

规则 14:对一些文书工作一次性处理清楚。这可以使你避免不断重复同样的工作,如打开文件,思索如何处理等。

规则 15:保持工作场所清洁有序。这可以减少你寻找文件的时间。

规则 16:学会授权。确定授权给其他人的工作量,并且相信他们能够成功。高效授权是管理时间的有效策略。

③时间管理自查

下表是时间管理自查表,用于检测你是否有效地利用了时间。

时间管理自查表

| 问　　题 | 经常 | 有时 | 很少 |
| --- | --- | --- | --- |
| | (4分) | (2分) | (0分) |
| 你是否写下"必做事情一览表" | | | |
| 你是否按回报额依次去做表中的事项 | | | |
| 你是否完成了"必做事情一览表"中所有的事情 | | | |

| 问　题 | 经常<br>（4 分） | 有时<br>（2 分） | 很少<br>（0 分） |
|---|---|---|---|
| 你是否将你的专业与个人目标按最近的计划来调整 | | | |
| 你的书桌是否干净整洁 | | | |
| 你是否将东西放在应该放的地方 | | | |
| 你是否有效地去处理中断和干扰 | | | |
| 你能够在档案中很容易地找到所需的文件吗 | | | |
| 你是否自我肯定 | | | |
| 你是否给自己不受干扰的安静时间 | | | |
| 你是否能够有效处理占不及义的电话 | | | |
| 你是否能有效预防问题的发生 | | | |
| 你是否充分利用时间 | | | |
| 你是否能够在期限之前完成工作，并有多余的时间 | | | |
| 你是否准时上班、开会或参加其他活动 | | | |
| 你是否善于授权？你的下属是否依照你的命令与你充分合作 | | | |
| 当你的工作被中断之后，是否能够很快继续下去 | | | |
| 你是否每天都做一些能逐渐完成远程目标的事情 | | | |
| 你在自由的时间内是否能够放松，而不去担心工作 | | | |
| 你是否在精力最旺盛的时候做你认为最重要的事情 | | | |
| 别人知道在最恰当的时候来找你吗 | | | |
| 缺席时别人是否能够替代你的工作 | | | |
| 你是否准时开工，准时完工 | | | |
| 每份文件你是否只处理一次 | | | |

【分数解释】

81 ~ 100 分：你管理自己的时间非常得当，大部分时间你能控制情境。

61 ~ 80 分：你仅有时管理时间得当，必须贯彻自己的时间管理法。

41 ~ 60 分：你快要失控了，必须好好学习时间管理的方法。

21 ~ 40 分：你已经失控，缺乏组织能力，丧失对任何时间的控制力。

0 ~ 20 分：你已经向时间压力投降。如果想改善现状的话，需要好好运用时间管理的方法。

## 2. 积极乐观地思考

人的心理是一种极度复杂的现象。认知心理学理论认为，人的思维过程是由感觉输入、感觉加工、认知/行为输出，以及用于校正上述过程的反馈系统所构成的，这些过程综合形成了一种线性的心理加工过程。每一个认知编码的过程都由解释刺激开始，而这些刺激将会被解释成某种感觉，从而确定其潜在威胁程度。最终形成的态度可以通过三种标签进行归类：一是防御性的（消极的），二是中性的（无害的），三是进攻性的（积极的）。其结果，知觉和态度作为对所有信息解释加工的副产品出现。对刺激的加工处理以及随后的解释过程，都是认知重构可以着力的地方，从而达到将消极思维转化为中性或积极思维的目的。

研究发现，在烦恼和压力面前，逃避责任以及顺从自己的消极思维方式比积极思维要更为容易，而这样一来就愈发纵容毒性思维。所谓毒性思维，就是不断重复的消极思考过程，它很可能对我们的生活和对自己的看法产生消极影响。认知重构能够帮助我们改变它们。

可以说，积极地思考并避免消极想法，在任何情况下都是一个处理压力的有效策略，因为积极的情绪能够有效提高个体处理信息的能力并且增强其自尊心。而且乐观的态度还会给个体带来一种自己控制着周围环境的感觉。那么，如何让自己积极地思考呢，有两种具体技巧可供利用：进行积极的自我对话，以及保持乐观。

（1）认知重构和自我对话

认知重构。认知重构的目的在于拓展人的思维视角，并由此为知觉的转变——转向积极的思考提供了余地。下面是认知重构的具体方法和步骤。

使用一个放松的技巧让心灵得以平静。放松技巧一旦开始，精神就会开始放松，而且意识会从一种分析的模式转变为接受的模式。在这个放松的过程中，正在吸引意识注意的那些不重要想法被驱散，这使得个体对当前的问题能够采取更广泛的视角。这样的视角随之会给个体以启发，并且为积极观念的产生打开方便之门。

为你自己的想法负责任。如果你发现自己正在为那些让你受伤害的事情而责备他人，问一下你自己，你怎样才能将责备他人转变成对自己的思维和情绪负责任。

调整预期值。调整预期并不意味着放弃理想或是降低自尊，而是意味着通过现实的检验调整你的知觉，质问其有效性，从而使它们与实际的情况相匹配。

给自己积极的肯定。积极的肯定能够用积极观念平衡自己内部的心理，从而增强自信和自尊。

强调积极的一面。关注积极方面是一种对当前情境进行改释的过程。把注意力集中在积极的方面，并在此基础上构建积极的观念。

自我对话。自我对话也被称为自我陈述，这种当我们考虑事情、计划或解决问题时，以及面对压力情境时，所使用的在头脑中无声的演讲，对认知重构是很有帮助的。积极的自我对话能够在很大程度上帮助你建立起自信心，这种自信心能让你自由地将你的才能发挥到最大。下面是积极的自我对话。

这一切会过去，我的生活将会更好。

我是一个有价值的人。

鉴于我的经验和警觉，我在尽力而为。

正如其他人一样，我也是一个易于犯错误的人。

事情本来是怎么样的，就是怎么样的。

我已经取得了了不起的进步，并且仍然在不停地向前。

没有失败，只有不同程度的成功。

我真实地对待自己。

我对短暂的不安感觉良好，并无罪恶感。

我知道我不是无望的，我将采取必要的行动来度过困境。

我仍然要迎难而上，而不是从一系列困难的环境中退出。

这是个机遇而不是威胁——能学到新东西、改变方向或是尝试一种新方法。

循序渐进。

面对这个难以应付的人，我仍然能保持冷静。

我知道无论发生什么事情我仍是完好的。

他应该为对我所做出的反应负责。

这种不愉快的情境很快就会过去。

这种不愉快的情境仅仅是令人不愉快——而不是令人恐惧。

在一段时间内我能忍受任何事情。

从长远的角度看，这样做是不是真正有问题？

这是不是真正值得烦恼？

在这种情境下我确实无须证明我自己。

反应不要过激，反应要适度。

不为小事着急，这些都是小事。

练习积极的自我对话，还需要识别出消极的自我对话模式，并不断用积极的自我对话取代它。下面哪一种消极自我对话你用的比你想要用的更多？

否定化：忽略情境的积极方面，而仅仅注意消极方面，如这份工作真的是让人烦恼不断。

可怕化：把一个困难的或令人不满的情境转变为糟糕的、可怕的和不能容忍的事情，如这个人的工作太差劲，我实在不能忍受。

过度概括：把单一的事件或部分信息概括为所有或大多数这类事件，如这个结果再次表明我完全不会与人交往。

最小化：把某项工作的价值或重要性降到实际以下，如虽然这项工作完成了，但仍没有达到我的理想状态。

责备：把事情的责任尤其是消极的责任归结于别人，即使恰好自己应该为此负责。

完美主义：许多情境中，对自己、他人或者两者都提出不切实际、难以达到的标准。

非此即彼的思维：事情总是有对或错、好或坏，没有中间状态。

对公平的错误见解：在世界没有按照你认为的公平行事时感到怨恨。

应该：持续地过分要求别人、自己或两者都应该做什么或应该有什么。

放大：把某件事的效果看得比实际情况大。

（2）建立乐观的态度

虽然消极的思考能激发出一些有益的反应：如权衡不利的可能，思考未来要把握什么，为未来所要经历的事做好心理准备以使其能是正面的，以及为处理最坏的情况做好思想准备。但是，过于强调现实消极的一面，也就是太过现实地看待事物，却可以导致消沉。所以，在压力情境下，保持乐观主义的态度，做一个乐观主义者是十分重要的。

乐观主义者把坏事情解释成外在的、变化的和特殊的原因引起的结果。悲观主义者把坏事情归咎于内在的、不变的以及综合的原因。许多研究都表明，建立乐观的态度具有很多积极的作用：一是以一种乐观的态度对待工作和生活，在通常的情况下有助于解决问题；二是乐观的态度有助于将注意力集中于人们如何追求他们的目标和价值，而且在面对逆境时，乐观主义者仍然坚持他们的目标并能加以实现；三是乐观者比悲观者行使职责更加有效，生理和精神上也更加健康，而且乐观还能使长期高压下的工作人员降低疲惫感。下面是一些能使你更加乐观的良策。

确认在发生一些不愉快的事情以后，你的想法和感觉。你如何理解这件事情？把你对这件事的理解写下来，并进行反思。

认清你在经历不愉快的事情时的思维模式。把你对过去几个月发生的其他事情的看法和感受写下来，你会发现你自己在对事件的反应和解释中所使用的方式——是悲观型还是乐观型。

让自己从悲观的思想里转移出来。结合思维暂停与注意力转移是一种很好的转移策略。思维暂停是一种具体的自我控制策略，在这种策略下，当一个不利的想法产生时一定要说"停"！然后立即用一个更愉快的想法来代替它。注意力转移是指当你开始悲观思考时，将你的注意力引向其他事物，比如花几分钟时间研究一个小东西。

阻止你的悲观想法。阻止悲观想法能带来更加深入持久的改变。阻止的方法可以用更加现实的解释来替换悲观想法。

（3）思维方式的自我检测

下表是当个体面临压力情境时可能出现的消极自我对话，请根据自己的实际情况对表中的描述进行选择。

**自我检验量表**

| 思维方式 | 表现 | 出现频率 |
| --- | --- | --- |
| "非此即彼"的思考 | 用非对即错的眼光看待世界，如果一件事情不够完美，你会把它看作失败 | 经常　有时　很少　从不 |
| 过度概括 | 你只见到一个孤立的消极事件，但总会没完没了地使用"总是"或"从不"等词语 | 经常　有时　很少　从不 |
| 心理过滤 | 抓住一个令人不愉快的细节问题纠缠不清，对所有现实世界的看法也因此而暗淡 | 经常　有时　很少　从不 |
| 贬低积极因素 | 拒绝积极的经历，坚持说它们"靠不住"，不相信积极因素，使得生活失去了乐趣 | 经常　有时　很少　从不 |
| 急于得出结论 | 你用消极的态度来解释事物，而没有事实就武断地得出结论或算命式地猜测 | 经常　有时　很少　从不 |
| 夸大 | 夸大自己的问题或缺点的重要性，或缩小了自己优点的重要性 | 经常　有时　很少　从不 |
| 情绪化的推理 | 认为自己的消极情绪反应的一定是事情的真实面貌 | 经常　有时　很少　从不 |
| "应当"模式 | 告诉自己事情应当是你想象的或期望的 | 经常　有时　很少　从不 |

| 思维方式 | 表现 | 出现频率 |
|---|---|---|
| 贴标签 | 所贴的标签没有什么道理，这些毫无意义的概况只能导致愤怒、焦虑、失望和自卑 | 经常　有时　很少　从不 |
| 责备 | 自责往往出现在当你认为自己应当为一件自己不能完全控制的事件负责的时候 | 经常　有时　很少　从不 |

【分数统计】

经常 = 3 分

有时 = 2 分

很少 = 1 分

从不 = 0 分

根据你所选择的答案，找出相应的分数，把各题的得分相加，得出的总分可以大致反映出你的思维方式。

【结果解释】

22 分以上，说明你思考问题时，经常有绝对化的倾向，由此产生很多不良的情绪，感受到很多的工作和生活的压力。

8~21 分，说明你在思考问题时，有时过于片面，对问题的看法脱离实际，可能导致不良情绪和压力的产生。

7 分以下，说明你思考问题较为现实、全面，而且能够寻找支持自己观点的证据，很少有负面情绪产生，感受到的心理压力也较小。

3. 构建有力的社会支持系统

一个快速发展和变化，以及工作和生活节奏紧张、充满竞争，以个人成功为导向的世界，会让人感觉到孤独和不知所措。在这种情况下，人们比以前更需要家庭成员、朋友以及同事等支持系统来减缓压力。社会支持就是个体感知或体验到能够给其带来积极收益的社会关系，包括家人、亲戚、朋友和同事等。个体所获得的社会支持就是来自他所爱的或者所在乎、尊敬和重视的他人的信息和反馈，它是交流和相互支撑的网络体系的一部分。

一个人的社会关系就构成了他的社会关系网络。可以说，一个人的社会关系网络越大，他的社会关系或人际关系就越丰富，当他面对压力时获得的社会支持也就越多。

压力管理

应该看到，一个社会关系网络的特征不仅仅在于它的范围，而且还在于它的构成（如同事、朋友、亲戚等）与性质（如亲密的或疏远的、友好的或不友好的、支持的或冷漠的）。所以，能否从社会关系中获得社会支持就不仅取决于关系的数量，同时也取决于关系的强度或亲密度。

社会支持主要有两种类型：一种是表达型即情感支持；另一种是工具型即任务相关支持。在人与之间的交往过程中，社会支持主要包括以下方面：情感关注（喜欢、爱、共情），工具性的帮助（物质或服务），信息（提供周围环境的信息），评估（提供与自我评价有关的信息）。社会支持能带来的好处有四类：切实的帮助——家人和朋友能够在窘迫的情况下提供真正的友善和帮助；缓冲效应——社会支持能弱化潜在压力事件的影响，即在一些重大的不如意的工作和生活事件中提供一个对抗抑郁情绪的缓冲；信息——给予支持的人也可能会推荐具体的行动和计划，帮助处于压力下的人更加有效地应对问题，比如为工作负担过重的同事提供建议，使其能更有效地管理时间或更有效地将任务分配出去；情感支持——朋友和家人能够使处于压力之下的人相信他是有价值的人，是一个获得更多的自信来应对压力的人。

应该看到，社会支持是一种重要的抵御压力的资源，拥有多样化的社会关系以应对压力也是特别重要的。但是，社会关系并不都是积极的和有益的。在思考社会关系网络的作用时，我们必须记住社会关系也会产生问题。这些问题可能还会占据压力来源中的相当大的比重。下表列出了社会关系中一些潜在的积极作用和消极作用。因此，我们需要对社会关系也就是社会支持系统不断进行维护和优化。

**社会关系的积极作用和消极作用**

| | 积极作用 | 消极作用 |
|---|---|---|
| 预防 | 减少不确定性和焦虑 | 产生不确定性和焦虑 |
| | 树立好的榜样 | 树立坏的榜样 |
| | 共同解决问题 | 制造新的问题 |
| | 镇静模式 | 压力模式 |
| | 使注意转移 | 分心 |
| | | 病菌 |
| 应对 | 标记为有利的 | 标记为消极的 |
| | 提供同情 | 易怒和愤慨 |
| | 给出有用信息 | 给出误导信息 |

| | 积极作用 | 消极作用 |
|---|---|---|
| 康复 | 主张养生法 | 反对养生法 |
| | 与健康对应 | 与健康对应 |
| | （激励的） | （抑郁的） |
| | 期望不再是令人讨厌的人 | 产生权力/依赖需要 |

4. 社会支持系统自我评估

下表是社会支持系统的评估，为公职人员提供了个体社会支持良好程度的自我检测工具。

**社会支持自我评估表**

| 项目 | 同意 | 中立 | 不同意 |
|---|---|---|---|
| 在困难时，有些人（领导、亲人等）会出现在我身旁 | | | |
| 我能够与有些人（领导、亲人、同事）共享快乐与忧伤 | | | |
| 我的家庭能切实具体地给我帮助 | | | |
| 在困难时我能够从家庭获得感情上的帮助和支持 | | | |
| 当有困难时，有些人（领导、亲人等）是安慰我的真正源泉 | | | |
| 我的朋友能够真正帮助我 | | | |
| 在发生困难时我可以依靠我的朋友们 | | | |
| 我能与我的家庭谈论我的难题 | | | |
| 我的朋友们能与我分享快乐与忧伤 | | | |
| 在我的生活中，有些人（领导、亲人、同事）关心我的感情 | | | |
| 我的家庭能够心甘情愿协助我做出各种决定 | | | |
| 我能与朋友们谈论自己的难题 | | | |

**【得分统计】**

同意=3分

中立=2分

不同意=1分

请把你的选择按上述分值进行加总。

**【得分解释】**

24～26分，表明社会支持系统很好，遇到问题与压力时能得到有效的社会支持。

18~23 分，表明社会支持系统一般，遇到问题与压力时只能得到有限的社会支持。在工作和生活中要注意经营人际关系。

12~17 分，表明严重缺乏社会支持系统，与周围人的关系非常紧张，遇到问题与压力时不能得到社会支持。

下表是对社会支持来源满意度的评估，表中列出了工作和生活中的社会支持资源，请在每一"谁/何物"栏中写出这个人的名字，再写下你希望能得到的此人的哪些帮助，然后做出满意程度的评估。

社会支持来源表

| 支持的来源 | "谁/何物" | 满意度 | | |
| --- | --- | --- | --- | --- |
| | | 低 | 中 | 高 |
| 挚友 | | 1  2 | 3 | 4  5 |
| 家人 | | 1  2 | 3 | 4  5 |
| 专业者（医生等） | | 1  2 | 3 | 4  5 |
| 家里雇用人员或其他协助者 | | 1  2 | 3 | 4  5 |
| 参考团体 | | 1  2 | 3 | 4  5 |
| 挑战者 | | 1  2 | 3 | 4  5 |
| 尊敬的人 | | 1  2 | 3 | 4  5 |
| 对我评价的人 | | 1  2 | 3 | 4  5 |
| 给我精神鼓励的人 | | 1  2 | 3 | 4  5 |
| 赞同我的人 | | 1  2 | 3 | 4  5 |
| 贷款给我的单位或个人 | | 1  2 | 3 | 4  5 |
| 老师 | | 1  2 | 3 | 4  5 |
| 亲戚 | | 1  2 | 3 | 4  5 |

5. 冥想与放松

冥想是心理和身体放松的一种技术，它是注意力的高度集中和觉察——一种产生和享受大脑安静状态的过程，也就是说它是一种对内部刺激而不是外部刺激的反省活动。

在压力情境中，人的大脑特别需要得到休息，需要暂时从各种思想、烦恼和外部刺激中解脱出来。冥想是使大脑从感觉超载（过量感觉信息导致大脑失聪的一种现象）中解脱的最好的办法。在当今的西方世界，冥想已被认为是很有效的放松技术。2003年的美国《商业周刊》提到，财富 500 强公司的一些 CEO 把冥想作为经常性活动。公司中冥想活动的风行与职业压力的增加有关，CEO们把冥想作为一种在商业世界打拼过程中，清醒头脑和提高创造力的手段。冥想如此受欢迎以致它们已经融入了当今的所有放松技术之中。

冥想的好处或作用主要体现在以下方面：

提高智商

提高回忆水平，无论是短时记忆还是长时记忆

增进心理健康（焦虑、压抑、攻击和暴躁减少，自尊和情绪稳定性增加）

感到更多的自我实现或实现潜能

提高工作表现

提高工作满意度

增进身心协调增加知觉意识

血压正常

减轻失眠

体重正常

减少药物滥用

减轻慢性疼痛

冥想的具体方法不同，但通常可以把冥想分为两种基本类型：一种是排他性或限制性冥想；另一种是包含性或开放性冥想。

（1）排他性冥想

排他性冥想就是把意识集中于某个思想，从而把其他思想从意识中排除掉。在大多数情况下，排他性的冥想要求闭上眼睛，防止视觉干扰。有五种做法可以让人们的注意集中于某个思想：

心理重复：一个思想一次次地产生。

视觉聚焦：把视觉集中于或凝视于一个物体或映象，凝视过程大约应该持续一分钟左右，然后闭上眼睛想象这个物体。

声音重复：在某些形式的冥想中，持续地重复一种声音可以帮助人们集中注意，如鼓声、钟声，以及自然的声音（瀑布声、大海的波涛声等）。

生理重复：呼吸和一些有氧运动（如慢跑、游泳或散步等）可以产生冥想的状态。生理重复可以使大脑转到一种"意识的变化状态"或者放松的思维模式的状态。

触觉重复：手握一个小的物体，如一个小石块或贝壳，也能够使大脑集中注意。

（2）包含性冥想

与自由联想相类似，在包含性冥想中，大脑自由地接受任何思想，不做任何控制。但是，大脑只是简单地接受这些自发的、来自潜意识的思想，而且这种思想必须是客观的，不能进行任何判断和情绪性检验。实际上，这时大脑变成了一个屏幕，各种思想投射到上面，个体只是进行客观的观察。

包含性冥想的目的是观察观察者自己，即让你自己观察你自己的思想。为了达到这一目的，在面对压力的时候你要使自己保持平稳，不要有过于强烈的反应。有专家认为，当你观察自己的时候，就会激发一个较高的意识水平。你会认识到存在着超越当前思想的智慧，当前的思想只是智慧的一个很小的方面。你还可以认识到，美、爱、创造、愉悦、内心和平来自大脑，又超越了大脑，这时你就开始觉醒了。

不管是哪种冥想，在运用的时候都包含着几个共同的简单要素：

安静的场所

舒适的姿势

闭上眼睛

接受的、不批判的态度

反复地集中精力

当意识到心不在焉时，慢慢地集中精力

冥想的开始阶段，你可能会发现你很容易就走神了，这完全正常。实际上，它是冥想过程的一部分。不去关心刺激物，这一点非常重要。当你意识到自己已经走神时，再慢慢地重新集中注意力。下面是一组非常实用的冥想练习和放松练习。

## 冥想练习

按照下面这些简单的说明做，你就可能达到冥想的状态。

找一个安静的地方坐下。安静地坐在一把舒适的椅子上，身体正直。让你的下巴舒适地贴在胸前，手臂放在膝盖上。闭上双眼。

注意你的呼吸。每一次吸气和呼气都要注意有空气流经身体的感觉，使自己的肺部有填充倒空的感觉。

轻声地对自己反复说一个词。当你将注意力集中于几次呼吸之后，开始在每次呼气的时候对自己重复一个单词。你所选择的单词不需要有什么特别的含义。也可以试着用一个与你想要产生的情绪有关的词，比如信赖、爱、耐心、幸福。如果你的思路被打断，就请回到你的呼吸中来并且在每次呼气时说那个词。

有规律地练习冥想。实施这种训练 10~15 分钟，每天两次，持续两周以后，你大概就可以进入一个简化版的训练了。如果你发现你正经历着痛苦的想法或者处境，那就当场冥想几分钟。

### 放松练习

每周进行这项放松练习两至三次。找一把舒适的椅子，并确保你有可以伸展的空间。

**开始放松** 闭上眼睛，使你的身体和神经保持平静。将注意力集中于身体的各个部分。

**肩部** 耸起肩膀。当你感觉肌肉已经绷紧时，保持这个状态 5 秒钟，然后放松。放下肩膀，保持 5 秒钟，然后放松。现在将注意力集中于你的右臂。曲臂，直到感觉二头肌达到紧张状态，保持 5 秒钟，然后放松。

**右拳** 握紧拳头，保持，然后放松。伸展手指，拇指向外，保持，然后放松。

**右腿** 将脚趾尽量向前伸，感受绷紧的大腿肌肉，伸展它们，保持，然后放松。转动脚踝，直到小腿肌肉达到紧张状态，保持，然后放松。弯曲脚趾，使足部成拱形，保持，然后放松。

**左拳** 重复右拳所做的练习。

**左腿** 重复右腿所做的练习。

**臂部** 绷紧肌肉，保持，然后放松。

**腹部** 尽可能地收腹，保持，然后放松。

**颈部** 向前倾斜头部，感受颈部肌肉的紧张，保持，然后放松。将头部向左倾斜，感受右部肌肉的紧张；再将头部向右倾斜，并感受左部肌肉的紧张，保持，然后放松。

**脸部** 尽可能收紧下颚，保持，然后放松。轻轻闭上眼睛，保持，然后放松。抬升起眉毛，保持，然后放松。

**放松身体** 体注意你的呼吸。从腹部开始进行缓慢且浅的呼吸。想想在你生命中曾令你快乐的经历或事件。想象你在海边的沙滩上漫步，海水浸润着你的脚踝，每走一步你的脚都会浅浅地陷入沙滩。阳光灿烂，你感觉到温暖和放松。将这种感觉和想象保持 5 分钟。睁开眼睛，伸展身体。花几分钟的时间安静地享受这种平静的感觉。

## （四）发现和享用生活中的"草莓"——日常压力舒解

1. 发现快乐人生的意义

你是最快乐的人吗？英国《太阳报》以"什么样的人最快乐"为题，举办了一次有奖征答活动，编辑们从八万多封来信中评出了四个最佳答案：一是作品刚完成，吹着口哨欣赏自己作品的艺术家；二是正在用沙子筑城堡的儿童；三是为婴儿洗澡的母亲；四是千辛万苦开刀后，终于挽救了危重病人的外科医生。

这四个答案都是"最"快乐的人。除了他们之外，当然还有快乐、次快乐等，但正是这些"最快乐"的答案为我们提供了充分的信息，他们从不同的角度说明了快乐人生的意义。

第一个答案告诉我们：工作是快乐的。艺术家完成了自己的作品，成就感使他十分快乐。其实岂止艺术家在完成作品时有成就感，任何一项工作完成时都会给人们带来乐趣，都会由心生出自豪感。艺术家罗丹说过："工作就是人生的价值，人生的快乐，也是幸福的所在。"

第二个答案告诉我们：成功的快乐更重要的是过程，而不是结果。儿童用沙子筑城堡的时候固然是最快乐的，我们每个人每做一件事，只要充满想象，对未来充满信心和希望，始终保持一颗童心，他就始终怀有一种快乐的成就感。还是爱因斯坦说得好："人生最大的快乐不在于占有什么，而在于追求什么的过程。"

第三个答案告诉我们：爱心是快乐的源泉。婴儿是母爱的结晶，母亲在为婴儿洗澡时候的心情自然是极其美好的。当我们怀着爱心做一件事的时候，心情总是无比愉快的。

第四个答案告诉我们：给予别人快乐的同时也给自己快乐。医生从死亡边缘挽救病人的生命，既为病人的得救而高兴，同时也为自己的成就而兴奋不已。我们每个人都有可能做天使或者做魔鬼，如果只是做天使而不做魔鬼，那么我们的心情就永远都是快乐的。

快乐是一种智慧，是一种人生境界。选择快乐的人生是每一个人的权利，我们没有理由拒绝。辛勤地工作，享受工作中美妙的过程，用爱心面对一切，做一个美丽的天使，那么，你就是最快乐的人。

2. 找回工作上的快乐心情

工作是生活中重要的一部分，若是上班没了劲，生活也往往就缺乏活力。怎么做，才能找回工作上的快乐心情？

（1）找到工作意义

工作要快乐，必须先找到激情。而激情是源自对工作意义的肯定。所以想要快乐，别忘了想想自己的工作能对别人产生的重大意义，找回激情，就再也不是难事。

（2）舒压，让工作更快乐

许多人热爱自己的工作，却因为压力过大，不知不觉让工作心情变了形。在这个时候，聪明的人会调整自己的受压心情，让工作节奏有快有慢，才能创造快乐的工作绩效。

你也许会说，"工作都忙不过来了，哪来时间去舒压？"恢复和放松其实不需要太多时间。给你几个好建议：即使工作繁重，你我仍可以掌握中间一些细碎的时间帮助自己舒压。比如，站起来去茶水间倒杯茶的路上，就可以做个"走路禅"。很简单，放慢速度，专心地去感受自己走路的当下，很专注地去走路，你就是在做禅了。

掌握这个原则，在办公室走路就可以做"走路禅"，中午吃饭可以做"吃饭禅"，另外随时花上五分钟做深呼吸，放松的练习，都能帮助你丢掉工作上的情绪垃圾，有能力再度激情澎湃。

（3）把工作当演出

如果课堂总是笑声不断，你一定以为他教的应该是个有趣科目，但完全不是，他教统计学。这位老师把每一次的教学当成一次摇滚乐团的演出。其实想想有道理，我们常去欣赏艺人在舞台上的快乐演出，他们的状况之所以快乐，是因为他们明了，站在舞台，有众人目光关注，因而全力以赴。而如果在工作上保持同样的心态，工作其实也是个舞台，当然应该尽全力演出。用如是的心情，工作当然容易变得快乐。

（4）用创意挥洒快乐

在工作上有能力，能让人称职。但如果缺少了创意，就不容易快乐。即便是工作多年，仍然不忘发挥自己的工作创意。例如，动脑筋想出更好的管理方式，打报告时也总是精益求精，让人眼睛为之一亮。创意可以挥洒出快乐。多想想如何成为一个创意十足的工作者，快乐也会随之而来。

（5）把刁难当成挑战

也许领导的要求特别高，而且说话特不留情面，但换个角度你就可以应对自如。把上级的刁难当成自己进步的挑战，不要只看到上级不合理的地方，而应该把注意力放在可能因此受益之处。所以有越难满足的上级，就有越大进步的可能性。

心理学研究发现，挑战和新奇是让人觉得快乐的重要元素。所以如果把刁难当成挑战，不但不会让自己愤怒沮丧，反而会让自己的快乐工作增添新鲜活力。

（6）大事小情，都是快乐契机

那些真正乐在工作，而且觉得自己工作快乐的人，不会放弃工作中任何一个可以学习的机会。叫我去送份公文？没问题，这下我就有机会去认识别的部门的同事了。要我去复印一份档案？好机会，这下我可以学习这个公文怎么写。这么一想就发觉，工作上任何事情都是学习的契机。而快乐的感受是来自于学习的成就感。学会了，有成就感，觉得兴奋开心，当然快乐。

世界上其实没有原本快乐的工作，只有快乐的工作者。掌握了以上的原则，你的工作就肯定快乐无比！

3. 清除垃圾思维

我们很多人面对生活，都会有不一样的心情——时而开心，时而沮丧，时而兴奋，时而悲伤。很少有人会发现自己的情绪或者心情是恒定不变的，既不可能是一天 24 个小时都沮丧，也不可能是一天 24 个小时都开心。

仔细想想，我们每天心情为之跌宕起伏的，都是什么事情？认真思考一下，我们的大脑，都在什么事情上制造这些思维？——我称之为垃圾思维。

所谓垃圾思维，是指没有实际意义，不会对自我的成长产生真正提升作用，徒然耗费精力，并且让自己情绪产生纠结的思维。我们的大脑无时无刻不在产生这些令你沮丧或令你开心的垃圾思维，然后我们就跟着它沮丧或者开心。

我们为什么要听笑话，看喜剧，有时候还会看一些暴力镜头？为什么我们需要得到别人的赞美而不是批评？为什么我们需要一份良好的婚姻关系和亲子关系？

当你需要的时候，你就是缺乏的；当你具有的时候，你才能给予。

一位大师说过，他和别人到了美国，有些人看到花花世界有那么多便宜的好东西，都会买许多带回国，他却一件都不买，别人问他为何？他说：你有需要才买，我没有需要。

换句话说，你缺少这个才买，我不缺少。

如果，我们发现了一个真相，那就是——其实我的内在是完满的，是不缺少任何东西的。我们还会纠结着往外界寻觅吗？

看看引起我们开心或沮丧的条件，哪一个条件是永恒不变的？哪一个是真正能够影响到我们的自我价值的？我们真正需要的是什么？别人的赞美和崇拜，职务的升迁，金钱的获得，名声的传播，这些，哪一样能够跟着我们走到生命的终结？我们能够带走哪一样？

如果我们一样都带不走，就意味着我们一样都不需要。我们的生命是否完满和幸福，和这些外界的评判是无关的。

但为何我们还要一次又一次，无时无刻不受到这些情绪的困扰，别人为何总能让我生气或欢笑呢？那是因为，我们从生活中学到的一样谎言，一份虚幻的概念，就是：我们的价值是由别人来判定的。

我们之所以要追求成功，是因为我们可以得到别人羡慕的目光；我们之所以要追求金钱，是因为我们要过别人过不起的舒适的生活；我们之所以要做官，是因为我们很享受那种管理别人的快感。

我们的情绪一旦被我们顽固地认定，就会成为我们的主人，控制着我们的一言一行。你会对抗，你会恼怒，你会愤恨，你也会忧虑，因为，你错误地认为，你就是情绪本身，而这些情绪的来源都是对方。

看看令人沮丧的原因和令人快乐的原因，我们不难发现，一切的源头都被归结于别人。我们的头脑轻易地就把自我的责任撇开，当然这样的结果会令我们生活得舒服一些。

指责别人总比指责自己来得轻松；同理，感谢别人也比感谢自己来得高尚。

问题的关键，是你作为一个独立的生命体，完全忽视了自我的存在和本体，完全变成了环境的产物。这样无论你如何修炼，如何静心，结果都是枉然。因为你不停地向外索求，却从来不去看一下自己真实的内心。

你想摆脱痛苦烦恼，和你想拥有一辆宝马，欲望都是一样的——都证明你缺乏。前者证明你缺乏不痛苦烦恼的能力，后者证明你缺乏物质。于是，同样会带来一样的结果，还是情绪上的纠结——因为你没有看到你的内心深处。

4. 换个角度看问题

具体做法可以分四个步骤来进行：

当意识到自己开始烦恼时，请停止。

做一两次使自己清醒的深呼吸。

在脑海中重温过去所经历过的积极情感，如自我接受、爱、谨慎、同情、容忍、耐心、欣赏、善良等。

在脑海中构思出对事情的不同解释。

下面是换个角度看问题的一个示范。下表提供了缺点的优点面，后表提供了优点

**缺点的优点面**

| 缺点 | 缺点的优点面 |
| --- | --- |
| 住家离公园太远 | 跑步去公园，强迫自己运动 |
| 感冒咳嗽发烧 | 自动戒烟，且开始重视健康 |
| 工作低潮 | 可以做高潮时没时间做的事情 |
| 老公失业了 | 可以天天看到他，有时间陪我聊天 |
| 景气不佳工作难找 | 员工安分守己，失业可在家休息 |
| 房地产暴跌 | 是置产的好时机 |
| 事业失败 | 可以重新选择新行业，也给自己休息充电的机会 |
| 离婚 | 给双方更大的空间去看问题，解除双方的紧张 |
| 子女不孝叛逆 | 增进老两口相依为命的感情 |
| 孩子生病 | 小病可增加身体的免疫力，同时才有机会表现父母爱 |
| 子女不用功读书 | 他可以去培养多方面的兴趣 |
| 没钱 | 激发赚钱的欲望、培养节省的习惯、降低欲望 |
| 执着 | 做事可以贯彻始终，不会轻易受别人影响 |
| 挫折感 | 体验痛苦，增加慈悲心、记取失败的经验 |
| 朋友喜欢贪小便宜 | 赚不到大便宜，只要满足他的小便宜他就会任你使唤 |
| 朋友小气 | 给你布施的机会，学习如何与小气的人相处而心态平衡 |
| 加薪加得少 | 不那么卖力工作不会心不安，让老板多赚一点算我的布 |
| 未被升迁 | 就不必扛那么大的责任，可以学点英语或电脑 |
| 部属能力不够 | 不会篡位或跳槽，磨炼我的训练能力 |
| 求人矮人一截 | 给别人有机会高一截，平衡傲慢心，增加生存的条件，成就大事业 |
| 被人批评污蔑 | 才有机会说话反击，乘机反省，提醒自己行为更谨慎 |
| 被误会 | 更注意瓜田李下，才有机会说话澄清，了解哪些朋友只是表面关系 |

　　这样解释有点夸张，不过那也是打破传统的思考模式的方式，不夸张有时会转不过来。你要不要也来试试，写出你认为的缺点，然后试试看"缺点优点面"。

　　反过来看，优点也会有缺点面，所以不要把优点当成绝对的优点，而怡然自得：

**优点的缺点面**

| 优点 | 优点的缺点面 |
|---|---|
| 住家在公园旁边 | 别人运动太吵了，自己运动少了 |
| 身体强健无病 | 疏于保养、滥用身体 |
| 工作高潮 | 忙于工作，疏于照顾自己及家庭 |
| 老公事业腾达 | 忙于事业，每天看不到人，也没时间陪我聊天 |
| 景气复生人才难求 | 挖墙脚跳槽风兴盛，人事不安定 |
| 房地产暴涨 | 置产越来越困难 |
| 事业很成功 | 事业大压力就大，没时间做别的事 |
| 配偶表现完美 | 自己只好战战兢兢不敢出错，吵架时每个人都支持他 |
| 子女很孝顺 | 怕变得没有主见，没有创造力 |
| 孩子很健康 | 不会注意身体，父母容易忽略他，独立自主不依赖父母 |
| 子女很用功读书 | 身体容易弄坏，不会帮忙做家事，不喜欢陪父母外面走走 |
| 很有钱 | 有缴税的烦恼，怕失去钱财、引起歹徒的犯罪动机 |
| 不执着 | 变来变去，不能贯彻到底 |
| 成就感 | 可能会骄傲，忘了挫败感的心情，会增强野心 |
| 朋友讲义气 | 应酬很辛苦，自己做得不够会有压力 |
| 朋友出手大方 | 自己如果不够大方很自卑，如果太大方会负担不起 |
| 加薪加得多 | 必须继续为老板拼命，为老婆孩子拼命，自己的命越来越差 |
| 只有你升迁 | 别人眼红，人际关系就不行了，容易骄傲，继续拼命 |
| 部属能力很强 | 看不起主管，看不起薪水，容易跳槽 |
| 每个人都听你的 | 丧失协调沟通习性，不容易从别人身上学习，听不到其他的声音 |
| 被人尊敬崇拜 | 容易骄傲自以为是，丧失谦卑的心，忘了尊重别人 |
| 被支持 | 以为自己所作所为都是对的，容易为所欲为 |

现在您可以明白每一件事情总有两面了吧？再试试看把上一个"优点缺点面"的项目再变成"缺点优点面"看看：

| 优点缺点面 | 缺点优点面 |
|---|---|
| 别人运动太吵了，自己运动少了 | 可提醒自己要运动，少了跑步可多做体操 |
| 疏于保养，滥用身体 | 有更多时间经营事业与学习 |
| 忙于工作，疏于照顾自己及家庭 | 大家各忙各的，也不错 |

| 优点缺点面 | 缺点优点面 |
| --- | --- |
| 忙于事业，每天看不剑人，没时间陪我聊天 | 珍惜在一起的时间，所以关系品质更好 |
| 挖墙脚跳槽风兴盛，人事不安定 | 借此探知员工忠诚度，过滤忠诚度低的 |

5. 感悟人生

（1）放弃是一种理智的拥有

人生就像一道选择题，从出生的那一刻起，我们就开始不断地做着各种选择。但是，选择容易放弃难。许多人选择了"鱼"，仍然舍不得放弃"熊掌"。放弃从而变成了一种焦虑和苦闷，变成了一种负担和羁绊，甚至变成了一种苦难和灾难。

懂得放弃是一种人生睿智。人只有两只手、一张嘴，能抓住的东西、能享受的美味只有那么多。所谓"弱水三千，只取一瓢饮"，专一是忠贞爱情的写照，也是事业成功的保证。人的精力能力是有限的，从来没有真正意义上的"全能者"。只有学会放弃，才能集中精力与能力于选项上力求突破，最大限度地获得比较优势，安心做事、尽心做事，做成事、成大事。

懂得放弃是一种人生境界。来到世上走一趟，谁都别指望能带走什么，但谁都应当考虑能够留下点什么。放弃和舍弃是更高层面的选择，直指内心和灵魂。放弃怯弱，意味着选择勇敢；放弃享乐，意味着选择奋斗；放弃索取，意味着选择付出；放弃卑微，意味着选择崇高。而选择清贫，实则富有；选择寂寞，实则充实；选择牺牲，实则永恒。

选择你所爱的，更要爱你所选择的。放弃只是手段，不是目的，放弃是为了更好地选择；选择不是结果，而是开端，因为选择容易坚持难。坚信自己的选择，坚持自己的选择，放弃才会有意义。作为公职人员，我们放弃了安逸和享受，选择了奋斗和清苦，就要相信奋斗和清苦的价值；我们放弃了私心和私利，选择了使命和担当，就要相信使命和担当的意义。

选择是一种睿智的放弃，放弃是一种理智的拥有。

（2）人生感悟

一位刚刚卸了任的公司老板告诉我：人生如同赛场。上半场凭借着天赋、智商、勤奋、学历、职位、业绩和财富比拼"上升"；而下半场则按照血压、血脂、血糖、尿酸、胆固醇争着"下降"。往往真正的赢家多半赢在下半场，其中的关键在于：没病也要体检，不累也要休息，不渴也要喝水，不富也要知足。再闹心也要平和，再郁闷也要寻开心，再痛苦也要找乐子，再有理也要让人，再有钱也要行善，再有权也要低调，再忙也要锻炼！

人的一生好像是乘坐北京地铁一号线：途经国贸——羡慕繁华；途经金融街——梦想发财；途经公主坟——希望成为皇亲贵族；经过玉泉路，依然雄心勃勃……这时候有个声音飘然入耳：乘客您好！八宝山快到了。

此时顿悟：人生短暂，何不淡然处之？何不尽享已经把握在手中的生活呢？

6. 人际关系中的"草莓"：人生六不交

有道是"物以类聚，人以群分"，这话看似不恭，其实极有道理。谁要是想跳出自己生活的圈子，去刻意另外结朋交友，穷小子偏要高攀大富翁，山野草民却想依附高官显爵，十有八九要碰一鼻子灰；即便硬"贴"上去了，也不免自取其辱，自寻烦恼，被人耻笑。故而，要想心平气和自得其乐地过日子，人生当有六不交。

（1）不与豪富交，我不穷

穷与富都是相对而言的，本来，你的小日子过得不错，房子虽不大够住，钞票虽不多够花，家具虽不时髦够用；可是如果硬要典见着脸和豪富大款交往，一看人家那豪宅花园、名车游艇，再看人家花天酒地、一掷千金的派头，登时就觉得自己太穷了，穷得惨不忍睹，穷得无地自容。其实，你的家境并无任何变化，屋还是那间屋，钱还是那些钱，只是因交友"不慎"，一下子就把自己变成"穷人"了。

（2）不与显贵交，我不贱

在自己生活的圈子里，我堂堂正正，无欲则刚，人人敬我，我敬人人，是个顶天立地的纯爷们儿。可是，如果一旦削尖脑袋跻身于显贵圈子去混世界，"朝扣富儿门，暮随肥马尘"，那就少不了仰人鼻息，胁肩诣媚，唯唯诺诺，受人白眼，成了谁也瞧不起的贱骨头，显贵身边的小喽啰。人在屋檐下，不得不低头，再怎么努力巴结，结果也不过是"残杯与冷炙，到处潜悲辛"。

（3）不与"人生成功者"交，我不失败

人生成功，或升官发财，或成名成家，固然可喜可贺；不成功其实也没什么了不起，照样过日子。但你无论如何不要刻意结交那些炙手可热大富大贵的成功者，否则，"人比人该死，货比货该扔"，瞧瞧人家，立德、立功、立言，处处辉煌，面面灿烂，比比自己，是这也失败，那也失败，一无是处，一钱不值，简直就是白活了，这又何苦来哉！

（4）不与名士交，我不自卑

名士大腕，名震中外；我却默默无闻，如同无名小草，活着没有影响，走了也没人在意。本来这也很正常，既然是两股道上跑的车，那就各行其是算了，可如果硬要把你的热脸往人家的冷屁股上贴，请题词，要签名，留合影，剃头挑子一头热，那就很可能自讨没趣，还会使自己感觉格外自卑。倘若人家名士脾气一上来，再甩你一耳光，虽然出自名人之手，打在脸上也是火辣辣的。

（5）不与风流才子交，我不自惭形秽

风流才子，才高八斗，出口成章，多才多艺，非常人可比。我生性笨拙、愚钝，只会下死力气、笨功夫，苦熬苦干，笨鸟先飞居然也偶有小成，因不与风流才子交，就不知天高地厚，人外有人，倒也常自鸣得意，聊以自慰。几杯老酒下肚，酒不醉人人自醉，还真把自己当个人物。

（6）不与"幸运儿"比，我不叹命运不济

有的人运气特别好，上天格外关照，要风有风，要雨有雨，一路绿灯，事事如意；我却半生坎坷，不是碰壁，就是摔跤，情场失意，官场折戟，商场也赔多赢少，磕磕碰碰走到今天。但不和幸运儿交，我也并不觉得老天待我不公，相反还不时对命运之神生出感激之情，因为我周围这些朋友兄弟都这样，彼此彼此。

一个人如果不穷、不贱，没有失败感，不自卑自弃，自我感觉良好，还常怀感激之情，那么，这个人的生活或许算不上"诗意的栖居"；但肯定潇洒快乐、本色自然，就如山间明月，江上清风。

7. 社会支持中的"草莓"：谁是你的"贵人"

谁是你的"贵人"？先别急着下结论，请你认真思考下面这些问题后，再做回答：

你购买房子或车子时还差几万元，需要借钱时你第一个想到的是谁？

你在工作和生活中遭遇挫折时，你第一个会向谁倾诉？

当你经营自己的生意或推销产品时，你第一个想把商品卖给谁？

当你遭受疾病或重大意外时，你最想让家里人通知谁？

当你做生意赔了大钱山穷水尽时，你第一个电话最想打给谁？

当你身边突发灾害时，你最想见的人是谁？

当你不幸被裁员或下岗时，你最想找谁痛痛快快地大喝一场？

当你从"官位"上退居二线后，你最想和谁一起吃饭打牌泡澡？

当你个人独处心灵极度空虚时，你最想让谁陪在身边？

当你身处异地身无分文的时候，你第一个会想到谁？

在上面假设的 10 个问题中，你一共想到了几个人？其中有多少人是重叠的？

人的一生不能缺少朋友，关键时刻更不能缺少"贵人"，那么谁会是你的"贵人"，你又是谁的"贵人"？你可能真的朋友遍天下，可知己又有几人？对此，你应当心中有数。

8. 管好自己的健康

"五快"判断躯体健康。我国的人均期望寿命从新中国建立前的 35 岁增长到现在的 72 岁，但我国的"人均健康期望寿命"只有 62 岁。也就是说，每个人在去世之前，有平均 10 年的时间都是健康状况较差的阶段，比如生活不能自理甚至陷入植物人状态等。

判断躯体的健康，我们可以根据"五快"标准：吃得快（指胃口好，而不是狼吞虎咽）、走得快、说得快、睡得快、便得快，判断心理健康可以根据"三良好"标准：良好的个性、良好的处世能力和良好的人际关系。

世界卫生组织的研究显示，人的健康和寿命 60% 取决于自己，15% 取决于遗传，10% 取决于社会因素，8% 取决于医疗条件，7% 取决于气候影响。报告同时显示，如果有针对性地降低危险因素，全球人口的期望寿命能延长 10 年以上。所以说，健康其实就在我们自己的手中，它是个人能力的体现，是社会和个人的资源，需要我们的管理和珍惜。学会管理自己的健康就是要把握健康的三大基石——合理膳食、适当运动和保持心理平衡。除了这三个基本要求外，健康的生活方式还要求我们每天保证 7 至 8 小时的睡眠等。

（1）合理膳食：脂肪太少并非好事

食物是身体能量和营养的来源，维持生命活动和体力活动。值得提出的是，现在有些女孩子为了减肥，一提到脂肪就避之则吉，实际上脂肪过少会影响身体对脂溶性维生素的吸收，往往减了体重伤了身体。

那么怎样的膳食才对健康最有利呢？中国营养学会根据中国人的特点推荐了 8 条膳食指南。

食物要多样，混食可以互补，偏食很难达到合理营养。

粗细要搭配，多吃粗粮。

饥饱要适当。

三餐要合理。一天中早餐、午餐、晚餐的热量应该分别占人体所需能量的 30%、40%、30%，早餐尤其重要。如果不吃早餐，体内胆汁、胰腺分泌受到影响，容易引起胆结石等胆囊疾病。

限油腻。植物食品来源的脂肪要占总脂肪摄入的 2/3。

少吃盐。摄入过多盐分容易造成血压高、肾功能损害，增加幽门螺旋杆菌的毒性。根据世界卫生组织的最新建议，每人每日吃盐不应该超过 5 克。

少吃甜食多吃鱼。每周进食 230 克富含鱼油的鱼，可以有效减少心血管疾病的发病率和猝死可能。

戒烟限酒。吸烟的危害众所周知，因此一定要戒烟。少量饮酒可以形成保护机制，对抗动脉粥样硬化。但是过度饮酒会损伤人体的肝脏和神经系统。

（2）适量运动：每次 30 分钟以上才能减脂

每周 3 至 4 次有规律的运动可以有效加强心脏的泵血功能，减少患血管疾病的概率。运动分为有氧运动和无氧运动，前者主要锻炼耐力，后者主要锻炼力量。我们主张锻炼以有氧运动为主，比如骑单车、走路等。

锻炼时应该遵循"因人而异、因地制宜、量力而行、循序渐进、持之以恒"的原则。具体来说，应该选择自己喜爱、适宜、可行的运动项目进行锻炼。强度要逐渐增加，但不能超负荷，如果在运动过程中感觉和旁边的人对话有困难，就证明你运动过量了。一般来说，适当强度的运动使人呼吸加快、气喘、身体发热、微汗，成年人运动停止后 10 秒内的心率不大于每分钟 140 到 150 次为宜。每次运动的时间应坚持在 30 分钟以上，因为运动的头 20 分钟消耗的是人体肌肉糖原，之后消耗的才是体内脂肪。

（3）心理平衡：活在当下，多些包容

根据卫生部编写的《精神卫生宣传教育核心信息和知识要点》，精神健康是健康不可缺少的一部分，没有精神疾病并不代表精神健康。每个人不仅需要身体健康，也需要精神健康。快乐与否，是个人心态问题。要保持良好的心态，可以尝试以下的方法：

活在当下，善于解放自己，"快乐源于舍弃"。

对他人要多些包容，少积怨。

放下"架子"，与别人转换角色。

坚持运动，寻找快乐。

找人倾诉，必要时大哭一场。

学会时时感恩，为他人着想。

9. 轻松十分钟——办公桌前的瑜伽术

深呼吸，并尽量彻底地把气呼出——清空你的肺。

闭上眼睛，花两分钟时间做深呼吸练习，集中精力于你的呼吸，放松你的身体。

端坐在椅子上，脊柱挺直，将双足平放在地板上。享受稳定的感觉。

在吸气时，伸展你的双手，把它们放在你面前（不要耸肩）。真正感觉这次伸展。向一个方向旋转手腕，然后向回转，每次保持 15 秒钟。

当你的伸展业已达到最大限度的时候，将手指互锁，使你的手背面向你，并尽力向上伸展。享受这种感觉。轻柔的释放并打开双手和双臂。

重复向上伸展，但这次轻柔地、以臂部为支点向左旋转躯干，保持臂部朝前。呼气，重复以上运作转向右边。重复这个运作三次。

进行几次深呼吸作为结束。留心这次简短的瑜伽术练习所带来的积极益处和精力恢复。

重返工作。

10. 减少工作压力的行动方案

与尽量多的同事建立有益的、愉快的和合作的关系。

量力而行。

与你的领导建立特别有效的和支持性的关系。

理解领导的问题并帮助领导理解你的问题。

与你的领导谈判项目的可行截止期。准备建议自己的截止期，尽量避免让你的领导把截止期强加给你。

研究未来。尽可能多地了解可能发生的事情，以提前为这些事情的到来做好准备。

每天要寻找时间放松。

用散步来恢复精力。

寻找减少办公环境噪声的方法。

时常出入一下办公室，变换一下环境，放松一下头脑。

减少对琐事关注的数量。只要有可能，就把日常文书工作交给他人。

·限制打扰。努力在每天安排一段不受打扰的时间。

不要推迟处理讨厌的问题。

建立有益的"烦事清单"，以免遗漏。

# （五）工作中的情绪及调节策略

1. 工作中的情绪种类

（1）悲伤

在工作中因为失去职位或者遇到挫折，盼望的目标或事物破灭而产生的心理体验。悲伤又可以分为遗憾、失望、难过、悲伤、极度悲伤等不同等级。

（2）愤怒

在工作中，个体的行为目标或愿望受到干扰、破坏和打击，使自己期盼无法实现或者遭受损害而产生的心理体验。愤怒又可细分为不满意、愠、怒、激愤、狂怒等不同程度等级。.

（3）恐惧

在工作中由于缺乏心理准备，不能应付、处理和驾驭突然出现的某种可怕或危险的情景所产生的心理体验。

（4）焦虑

焦虑类似恐惧又不同于恐惧，在工作中由于压力过大或者人际关系紧张，都会引发不同程度的焦虑。过度的焦虑对于身心健康是没有好处的。

（5）喜悦

在工作中每个员工的目标达到时，需要得到满足，或是受到社会与他人赞美时会产生的心理体验。这种心理体验会产生心灵的愉悦。

2. 情绪调节的特征

情绪调节是指个体管理和改变自己或者他人情绪的过程。在这个过程中，通过一定的策略和机制，情绪在生理反应、主观体验和表情行为等方面发生一定的变化。具体地讲，首先，情绪调节包括所有的正性和负性的情绪，如快乐、忧伤等。其次，情绪调节一般只针对高水平的情绪，即强烈的情感体验和过高的唤醒水平。许多研究表明，高唤醒情绪对认知活动起瓦解和破坏作用。但一些较低强度的、需要增强的情绪也需要调节。情绪调节的个体差异是情绪调节过程中表现出来的比较稳定的特点。情绪调节的个体差异来源于个体情绪激活的阈限、情绪的易感性及情绪生理唤醒水平等方面的差异。情绪调节是为了使个体在情绪唤醒的情境中保持功能上的适应状态，帮助个体将内部的唤醒维持在可管理的、最佳的表现范围里；同时在面临干扰事件时，情绪调节促进任务定向行为，避免和减弱由于失败和创伤带来的负情绪压力。总之，情绪调节是为了协调情绪与认知、行为，使情绪达到良好的、适应的、可管理的状态，促进认知活动，提高工作绩效。

3. 情绪调节的策略

能够控制情感的起伏不定、喜怒无常和消极的情绪反应是一项萤要的技能，情绪调节的策略有：

（1）自我控制

自我控制是个人对自身的心理和行为的主动掌握，是个体自觉地选择目标，在没有外界监督的情况下，适当地控制、调节自己的行为，抑制冲动，抵制诱惑，坚持不懈地保证目标实现的一种综合能力。当某些消极情绪被激发起来后，有的人会哭泣、吼叫、打人、骂人甚至采取一些极端的行为。这时就要先冷静下来，有意识对自己的情绪进行控制，先要仔细考虑采取这种行为的利与弊，然后选择一种适宜的行为方式表达自己的情绪。另外，平时要注意不能随意乱发脾气，要求在生气、发怒时尽量控制自己，不能随意扩大某事的严重性，尽可能做到"大事化小，小事化了"，这样能更好地促进自我控制能力的提高。

（2）注意力转移

注意力转移是把注意力从引起不良情绪反应的刺激情境中转移到其他事物上去或从事其他活动的情绪调节方法。当出现情绪不佳的情况时，要把注意力转移到使自己感兴趣的事情上，或暂时避开令人伤心的地方。如：外出散步，看电影，听听笑话，看看幽默小说，打球，下棋，找朋友聊天，换换环境等。这些活动有助于使情绪平静下来，在活动中寻找到新的快乐。这种方法一方面中止了不良刺激源的作用，防止不良情绪的泛化、蔓延；另一方面，通过参与新的活动，特别是自己感兴趣的活动而达到增进积极情绪的目的。

（3）自我安慰

这种情绪调节方法主要是当一个人追求某个事物而不能实现，为了减少内心失望，找一个借口或理由以缓解矛盾冲突，消除焦虑、抑郁、烦恼和失望情绪。人不可能处处顺心事事顺利，学习、就业、人际交往中遇到了困难和挫折，在经过最大努力仍不能改变状况时，可适当地进行自我安慰，要说服自己适当让步，将不成功归因于客观条件和客观现实，同时要勇于承认并接受现实。这种方法对于帮助人们在大的挫折面前接受现实，保护自己，避免精神崩溃是很有益处的。经常用"胜败乃兵家常事""塞翁失马，焉知非福""坏事变好事"等词语来进行自我安慰，可以摆脱烦恼，缓解矛盾冲突，消除焦虑、抑郁和失望，达到自我激励、总结经验、吸取教训之目的，有助于保持情绪的安宁和稳定。

（4）适当发泄

当情绪发作时，人体内潜藏着一股能量，过分压抑只会使情绪困扰加重，积聚起来有害身心健康。当公务人员有焦虑、烦闷、抑郁等负情绪时不要一味地把不良情绪藏在心底，要进行适度的宣泄，使压抑的心境得到缓解和改善，有利于公务人员的身心健康。

4. 公职人员在工作中的情绪调节

（1）面对清闲

有些单位、有些岗位工作不忙，好像用不着减压，其实是虚度青春、消耗生命。此时，会产生一种空虚的感觉。因此公务人员要尽可能找活干，并做出一些成绩。并且要抓紧时间学习，准备承担繁重的任务。

（2）面对冤屈

公职人员在工作中不免会得罪人，当遇到各种冤屈时，既不能呼天抢地，痛不欲生，也不能置之不理，应该以一颗平常心去面对，使自己的情绪保持稳定状态。为了避免受到冤屈，平时在做工作时一要做到"树下不整冠，瓜田不纳履"，该避嫌的一定要避嫌。二要做到多搜集证据和留下证据。

（3）面对谣言

所谓谣言就是假的。听到谣言不管你是愤怒还是辩解，客观上都像告诉别人这是真的。一般谣言不必用心去理会，你越重视，造谣者就越会洋洋得意。在情绪上关键是不要吃惊、不要郁闷，这时候自己更要专心地工作，更有信心地去工作，谣言自然会不攻自破。

（4）面对失败

如果失败了，心里不认输，就永远不会失败。"认输服输"是赌徒而不是干大事业的人。公职人员要学会以攻为守，以退为进。失败了不能情绪低落，不能丧失信心。失去了信心，失败就不可能成为成功之母。如果认输后再懊悔，压力就变成了压迫，甚至会把一个人压垮。

（5）面对阿谀奉承

遇到过高的夸奖，本身就是一种压力，因为这种夸奖是为了让你付出更多。阿谀奉承是一些人别有用心的，挖了个陷阱让你往下跳，这不仅是一种压力，更是一种杀伤力。因此越是在这种情境下越应该保持头脑的清醒和情绪的稳定，保持一种沉着冷静的状态，让拍马者望而却步，让旁观者信而心许。而且要牢记"逆耳忠言利于行"的警句。

# 八、保持良好的睡眠

## （一）没有东西能够代替良好的睡眠

能够保持生活平衡和没有压力是非常令人满意的事情。正如我们所知，各种力量会通过社会的各个方面对你产生综合影响，使你处于某种不平衡的状态。随着日子一天天流逝，越来越多的事情在争夺你的时间和注意力。所以，从现在开始，你应当花点时间来设计你自己的工作和生活方式。尽管在本课程中，你学过的内容在这方面对你会有很大帮助，但睡眠这件事是必须重视的。

### 那件事情的原因

1878 年发生了一件重大的事情，你能猜到是什么事情吗？在告诉你答案之前，先给你一点线索：此前，人们的睡眠时间一般都是在每晚 8~11 个小时。人们一般会在太阳落山后 1~2 小时后休息，太阳升起时起床。

1878 年后，在短短的几年内，每个成年人的平均睡眠时间从每晚 10 小时下降到 8 小时。从那时开始，每天的睡眠时间开始不断下降，最后徘徊在每天 7 小时左右。

1878 年发生了什么？人们为什么要放弃休息时间？哦，是爱迪生发明了电灯。

小贴士：日出而作，日落而息是人类特有的模式。

通过电灯人们获得了人造光，类似的各种其他发明接踵而来，它们大大地改变了人类的睡眠模式。在过去的数百万年中，人类的平均睡眠时间都在每晚 10 小时以上。那么，人类的身体可能在仅仅 100~120 年就能适应这种状况的改变吗？不太可能。如果你每天晚上能有 8 小时的良好睡眠，你仍然达不到人体正常休息所需要的时间。

小贴士：睡眠的时候，对自己大方一些。只要你自己的身体觉得需要，你就应当让自己继续休息。良好的睡眠是抑制压力最好的方法之一。

### 苦战的胜利者

关于睡眠的更多问题就要涉及战争了。从 30 年前开始，美国人每年的工作和乘坐公交车的时间增加了 158 小时，世界其他地方的相关数据也在快速上升。

注意：如果没有充足的睡眠，无论你如何努力，你都不可能把工作做到最好。

对严重超时工作的日本工人的研究表明，经过数小时加班之后，总体工作效率不但没有上升，反而下降了。经过更多时间之后，这些工人实际上已经成为阻碍生产的因素——他们开始出错，他们不像原来那样能够很好地完成工作，而是干得越来越糟糕。

小贴士：通常你睡眠所需的时间由你自己决定。不同的人有不同的安排，与其他人进行比较是没有意义的。

不要轻信他人。喜欢虚张声势的人在办公室一般都会声称，他们通常每晚都只睡3～4小时，要不就是他们每天晚上平均睡眠只有5小时，他们每天凌晨2点钟才上床或整宿没睡之类。这种说法会使众人对睡眠的感觉更加神秘。

注意：每个人都需要规律的、良好的睡眠。那些声称能够睡眠很少的人，其实只有少数的人真正做得到。

## （二）能看得清楚的标志

不充分的睡眠导致各种不良后果：

反应迟钝。

身体疲惫不堪。

免疫系统变弱。

睡眠不足所造成的最严重的后果是：引起严重的相关病症。

如果你每天都感觉疲劳，那就充分表示你需要更多的睡眠。如果你有对应下面所列的各种情况，那么你需要立刻上床睡觉，因为你正在用健康和他人的幸福去冒险。

缺乏食欲或消化不良：你对食物不感兴趣已有一段时间，如果你在吃饭时也有这种感觉，尤其是难以吞咽，这些现象的根源于睡眠太少。

经过一晚充足的睡眠之后第二天早上还是感觉疲劳：睡眠专家认为，如果人们在身体其他方面是健康的，在一晚上充足睡眠之后，他们的精神还是那么萎靡不振，那么这种情况就与睡眠的关系不太大；如果你在上午10点或11点就想打盹，就应当注意你自己的身体信号了。

缺乏性欲：如果你不像过去那样对性感兴趣了，就可能出现了非年龄导致的问题，这是缺乏睡眠引起的。这种情况通常是在你自己不易察觉时发生的，但你的同伴却能够明确感觉到。

长时期疲劳：如果你数晚没有睡好，感觉身体不适，那就可能是你在此之前已经太长时间睡眠不足了。你要立刻安排一次不少于 8 小时的，不受打搅的睡眠，此外，你还要在周末抽出一些额外的睡眠时间补觉。

被杂事所烦扰：如果你被各种累计量很大的小事所困扰，不想接电话，还想逃避过去被认为是没有实质挑战性的任务，你就可能是睡眠不足，因此造成执行这些任务时大脑迟钝了。

眼睛发红：如果你的眼睛发红，不是因为刚刚乘坐末班飞机从西海岸飞到东海岸，那么你一定是睡眠太少了。这种情况下，你充血的眼睛是你缺乏睡眠的最好的证据。

睡眠时间过少会减少生活的乐趣，一切事情在你看来都那么无趣。如果处在这种状态，你的生活很快就会出现压力了。而最重要的是，对别人来说，你可能就是一个"危险分子"了。

注意：如果你患有失眠症，而你的身体在不停地运转、工作，那么你和你周围人的健康及安全就会处在危险状态。如果你在开车，你就是在用你自己、你的同伴或你的乘客以及公路上的其他人的生命进行赌博。

## （三）微睡眠现象

Martin Moore-Ede 博士在《二十四小时的社会》（The Twentg Four Hour Society）一书中提醒到，大多数人不知道自己身上发生过微睡眠。每个白天中，10～15 秒一次的睡眠会发生多次，而此时，这个人看上去似乎与正常情况一样。下面所列出的各种现象都意味着微睡眠的发生，它们是多次出现的：

办公室工作人员的微睡眠就发生在他们的办公桌旁，这种情况对他们周围的人没有特别的害处。

父母的微睡眠发生在驱车接送孩子上下课的路上。

商务车司机的微睡眠发生在运送 6～8 名乘客的路上。

名词解释：微睡眠——非常短暂、不可识别的睡眠，它通常发生在白天。

微睡眠的危险是显而易见的。想想看，你自己上周、上月或去年的微睡眠模式。你自己长期缺睡眠吗？你有微睡眠现象吗？这些情况在你身上发生的可能性比你自己想象的要大得多。

## （四）对自己和老板不公平

如果你筋疲力尽地去上班，就不可能像正常情况那样有工作效率。从某种角度来看，你这是在欺骗你的老板。从理论上说，你的组织雇佣的是你全部的工作能力，如果你工作时总是不能处在最佳状态，你就没有能够付出你所应当付出的。

为了确保你的睡眠质量，你应当把自己的卧室布置得舒服一些。室内的环境和空气应当适合你和你的配偶。如果可能，一旦进入睡眠，你就应当保持沉睡直到次日起床。如果你不舒服，你就不会睡好。

下面是几种能使你的卧室更加舒服的建议：

让你的卧室温度稍微冷一些有助于你和你的伙伴睡眠更好。但一些人喜欢卧室温度热一些，另一些人则喜欢冷一些。那么为怕冷的人准备一条毛毯，这样你们两个人就都可以感到很快乐。

无论什么电话，重要的、错拨的或恶作剧的，都别让它们打扰你的睡眠。一旦你晚上的睡眠被打扰，你就无法得到与熟睡一晚上的相同效果了。上床之前把电话铃关上，或将电话转到自动应答机或电话秘书的服务状态。这类技巧多得很呢！

减轻卧室里的干扰。当自己一个人居住时，你可能觉得打开电视机睡着更舒服。但多数情况下，电视音量可能会在半夜把你弄醒，因为你睡着后电视机的声音听上去会感觉更大。

晚上别让宠物在你的卧室里上蹿下跳或在房子周围跑来跑去。

注意：及时把你的电视机设置成自动关机状态，因为在你入睡之前躺在床上看电视的那段时间，会造成积累性精力消耗。

如果你早晨起床需要闹钟，一定要在闹铃第一次响起时起床。如果你按住闹钟开关再睡回笼觉，对身体的影响就弊大于利。如果你在第二次闹铃响起时没有再次睡着，闹铃会打搅你的睡眠并使你感觉比按时起床更糟糕。

入睡期间，让你自己有更大的活动空间。要保证自己拥有一张足够大的床，以便使你和你的同伴能够自由活动。否则，由于担心碰到别人，你会限制自己的活动并会不知不觉地降低睡眠质量。

如果你希望晚上睡一个好觉的话，入睡前至少6小时不要摄入咖啡因，也不要喝一滴酒。酒精会妨碍睡眠。虽然酒精有助于你快速入睡，但也会使你过早醒来，那样你再入睡就困难了。

最后，当你觉得累了就去睡觉，而不是因为闹钟突然响了提醒你该去睡觉了。如果忽略身体传递给你的信息，你将会付出代价。

## （五）管理者缺乏睡眠会降低员工的工作效率吗？

如果你所受到的关键压力导致反应速度下降或工作能力下降，你对员工会如何？如果你在检查其他人的工作时（见第三课《有害的工作环境》），看到了你的员工在工作时间里慢慢吞吞地磨洋工，你会如何处置？你多长时间才会巡视一次下属的办公室或工厂的现场？

这里有一些数据能够帮助你去摸索一些改进方法，它们能够解决社会上最普遍的问题之一：耗尽员工资源。国家睡眠基金会在一项调查中发现，51%的美国工人在工作中睡觉，大大地妨碍了他们应当按时完成的工作。40%员工承认当他们发困时，工作的质量就会受到影响。几乎超过 1/5（19%）的员工在他们发困时工作会偶尔或经常出错。

注意：睡眠专家提醒人们每天晚上保证睡眠在 8 小时以上，以便使自己精力充沛。1/3（33%）的美国成年人在工作日里睡眠不到 6 个半小时。

名词解释：耗尽——筋疲力尽，人感觉被彻底掏空，感觉虚脱的一种状态。许多成年人都经历过这种感觉，这种状态主要是由于缺乏充足的睡眠所引起的。

你是否感觉很奇怪，为什么你下属中有些人的工作效率总是比他们看起来低？1/4 的成年人每周里有两天以上感觉起床上班很困难，27%的成年人表示他们每周有两天以上的时间感到困倦。根据报告，至少 2/3 的成年人感到在工作中难以集中注意力或感到难以控制工作压力。

就像那些糟糕的数据显示的一样，58%的人都说当他们困倦的时候，做决定和解决问题都变得困难起来。调查结果显示，有 57%的被调查者承认，在他们困倦的时候，听取下属员工的意见则更加困难。总体上看，员工在困倦的时候，他们工作的数量和质量都会降低大约 30%。

必须创新

激发并保持员工的最佳状态需要创新的方法。这里有一些可行的参考：

鼓励员工在他们的办公桌上小憩一会儿。

当员工明显需要睡眠时，早点放他们回家，而且不要因为他们困倦而批评他们。

鼓励员工保持睡午觉的习惯。

建立睡眠室。

鼓励员工小睡一会儿远比让他们强装清醒好得多。

世界上还有大量事情需要我们去做，如果休息好了，我们每个人就有大量时间处在最佳的工作状态中。

## 九、控制延误及相关的减压方法

在这一节，我们将学习控制延误以及与此相关的减轻压力的方法，这样我们就能相对轻松地完成令人烦恼的繁重的工作了。

### （一）延误和压力

当你用完成一个高优先级别任务的方法去完成一个低优先级别的任务时，你就是在延误工作。

名词解释：延误——推迟、拖延某项工作或忽略一些需要你去注意的细节。

拖延必然导致堆积，于是你就会有太多的事情没有时间去做。无论你在家庭中还是在工作中拖延，都会由于拖延时间，引发压力。

注意：你的压力的增大就像一个个小任务堆积起来一样，并且看起来要比实际更大。

#### 令人愉快的任务就没有拖延的现象

让你高兴的事情通常都不会有问题，你会轻松地完成这些任务。问题往往是在你感觉任务比较困难、麻烦或令人担心的时候发生，这就是你会不知不觉地陷入拖延的原因。

人们常常愚弄自己。他们会对自己说些诸如"我在压力下会工作更好，所以我不需要现在就做这件事"或者"我要等到有感觉的时候再去做"之类的话。类似的表达能够帮助我们说服自己去拖延，从而引起更多的压力。

#### 小任务大问题

假设你有许多任务，每一项任务都要花费5~10分钟去完成。这些任务中没有哪一个会造成太大的麻烦。但面对所有这些小任务组成的总体时，人们就犯难了。

就像你在照顾植物生长时所需要完成的任务清单那样，你总是觉得自己落下了什么事情，列出来的所有的任务数量看上去是那么的庞大，但还是有许多方法能够摆脱拖延，并减小由此带来的压力。

## （二）首先，将事情安排好

如果使用"各个击破"的方法，你就能够很好地解决延误的问题。将每一个小任务都看成是一个独立的整体。如果你有一项大任务，先将它分解成若干小任务，并将每个任务都看成是独立的。当你处理一项 5 分钟的小任务并满意地完成时，就会有更多的精力、注意力和方案去处理下一个 5 分钟的工作。

同样，如果你在处理多项 5 分钟的任务，而每一个任务都能给你带来胜利的喜悦时，无论多么小的胜利，你都会受到鼓励奔向下一项任务，再下一项任务。用这种方法，一大堆 5 分钟的任务就变得比一项单独的 25 分钟的任务容易完成了。

小贴士：在我写第 27 本书的时候，我把每一章都看成是一件单独的任务，与整本书完全分开。

比如，当完成了这一章后，我站起身，伸展四肢，来回走走，喝一大杯水。我在做这些事的时候完全没有去想下一步将要写作的事情。这样，当我开始写作第八课《信息过度的压力》的时候，就能够保持精力充沛、注意力集中。以把这本书的每一章都作为一个独立任务对待的方式去写作，从而使在短时间内写一本 200 页的书的庞大计划，看上去就不那么可怕了。

小贴士：如果我必须写一整本书，而不将它分成若干节课（换句话说，整本书就是一大堂课），那它就是一项很困难的任务了。导致这种结果的原因就是没有能力将一项大任务分解并逐个击破。

### 清理你的桌面

简单地说，如果你的视野之内有太多的东西，会不利于进行工作的。当你手上只有一个项目或一项任务时，你就比较容易保持头脑清醒和注意力集中。如果你不在自己的办公室而是在一个会议室或在其他的地方，你手上只有与这项任务有关的材料，那么你工作的效率会更高。

### 确定真正的任务

有时因为不能确定一些不清晰的事情而拖延影响了你的工作情绪，使你无法开始工作：

也许你对接受这项任务心里很矛盾。

也许你认为这项任务没必要也不值得去做。

也许你对做这项工作很反感，如果你没有能力在开始的时候拒绝，那么现在你必须对你的承诺负责。

无论原因如何，如果你能发现在任务拖延背后的原因，你就有许多办法克服这些障碍并开始工作。

### 排除干扰

有时你延误项目是因为你害怕自己的工作被打断。为了减少这种可能性，防止注意力分散，你可以让你的前台接待员挡住所有打来的电话同时关掉你自己的电话铃，也不要检查你的电子邮箱。做到这些，你就能够有一段不被打扰的时间了。

小贴士：如果你认为某项任务需要1小时，你不一定非要安排出至少1.5小时的时间来不被打扰。当你找到一段30~90分钟的时间时，你就可以随时正常进入完成这项工作的状态了。

## （三）轻松地完成工作

要学会"先易后难"。你无论如何去做，都应当先去寻找所做的工作中能够快速且轻松完成的那些内容，然后搞定它。这是一种能够以很好状态开始工作的方法，它比一开始就去处理难题要好多了。

小贴士：假定你正面临一项困难的项目，你如何才能立刻取得一个轻松搞定的结果？打开文件夹，浏览一下文件目录，并找到一个容易切入的入口，接下来你可以开始从某一方面处理这个项目了。

有时将材料简单组织一下，把它们分类放在不同的文件夹内装订起来或按照难易程度重新安排一下各项任务的次序，便能使你更好地处理这些项目。因为这些项目的有关资料都根据重要性进行了有序的整理，所以你可以有信心地连续工作了。

注意：过度地重新组织和安排事物是一种典型的拖延方式。没必要为那些较小、优先级较低的任务进行重新组织安排，简单地把它们当作阶梯就可以了。

## 重构任务

小说家 Tom Wolfe 在为《绅士》（Esquire）杂志工作时曾经错过了文章提交的最后期限，他的编辑给了他一个很妙的建议。编辑要 Wolfe 写一封信，把他如何写这篇文章以及何时提交写清楚。

于是 Wolfe 提交了一份像信件一样的草稿。果然，通过删除前一两段文字，并保留原来写作的主题内容，编辑得到了自己所需要的材料。这位编辑仅仅将任务简单地重新构造了一下，Wolfe 就可以着手完成了。

名词解释：重构——重新构造一项任务，以便提供一种不同的视野。

小贴士：Wolfe 在完成拖延的文章时并没有遇到麻烦，他只是启动有困难。通过改变形式，即让他写一封信，问题就轻易解决了。

## 给它 5 分钟

假设现在有一项任务你并不想做，但你又必须开始做。一种方式是让你自己全身心投入，有点像把自己的双脚同时放进一个浅水池，然后用 5 分钟时间将注意力集中在这个项目上。5 分钟之后，你就停止。

小贴士：大多数使用 5 分钟处理方式的人在 55 分钟之后都不会停止下来，他会全身心地投入这件事情，保持在一个方向上持续前进。如果你已经在一个任务上花了 5 分钟，就没有理由不试试再多用点时间，比如 60 分钟甚至 70 分钟。

## 发动汽车

有时仅仅是一个打开电脑的动作，一个弹出录像机影带的动作或一个轻轻按下录音笔的动作，都足以被用来启动一项被指派的任务。一般来说，按下电脑的开关让它启动，或是拿起一个文件夹或一份文件，都像在发动汽车。

假定你的轿车坏在路边，你需要重新发动汽车。突然，引擎启动了，此刻当然不能将汽车熄火，你要保持这种状态并稳定运行 20 分钟。同样，一旦电脑启动，而你的硬盘发出嗡嗡声，你可能就会经历一次发动汽车的过程。

## 利用替换

如果你面临着许多消耗你注意力的事情（谁不是这样呢?），你可以用一个项目与另一个项目进行替换。

你可以这么做：假定你必须做项目 A，而你已经把它延迟了。紧接着，项目 B 又来了，而这个项目难度更大，涉及的方面更多，更费心思。突然，项目 A 看上去不那么糟糕了。好了，现在赶快紧急处理 A 吧。你当然还在继续处理着 B 任务，但别忘了保持你的 A 任务在进行中。

### 快速戒掉坏习惯

这种方法不是适用于每一个人的，并且它也不是总要使用的。有时启动一个项目的唯一办法就是匆忙且全身心地投入其中。快速戒掉坏习惯，不给自己留下拖延的余地。

令人惊异的是，当你用这种方式去处理那些拖延的问题时，你会觉得它实际上并不像听上去那么令人心烦。事实上，这么做反而会感觉很轻松。

我的朋友 Jim Cathcart 是一位职业演说家，他几年前曾做出一个决定，他要把自己的所有幻灯片都扔掉。因此他被迫学习演示软件并把他的音频视频文件都转换成新的格式——一种更加强大的媒体文件。

## （四）从他人那里寻求帮助

假如无论你如何努力都不能启动被你推迟的任务，相关的压力又不断增加，在这种情况下，你可以从朋友那里获得一些帮助。

让他人拿着"赎金"

假如你想完成你已经延迟数周的任务，你可以交给一位朋友 500 美元并告诉他："如果我下周四之前没能完成这个项目，这 500 美元就归你了。"（这种方法适合老实人或没钱的人。）

小贴士：如果 500 美元还不够，就拿出 1000 美元或 2000 美元。当达到一个合适的金额时，我保证你会及时完成这项任务。

### 寻求同盟者

有些任务的确太具有挑战性，以至于你不能单独面对。是否有人愿意试一试这项被你推迟了的任务？如果有，你就有了很好的合作伙伴或同盟者，你可以与他们并肩作战。

名词解释：同盟者——一类与你有相同兴趣或目标的人。

正如你在第二课《压力是怎样出现的？》中所了解的，无论何时你发现一些人正遭遇着与你相同的挑战时，你能够达到目标的可能性就会大大增加。

## 向某人汇报

无论上班还是在家都不耽搁工作的原因之一是：工作时你通常要向老板汇报，而他一直在等着你工作的结果并根据你努力的程度支付你的薪水。如果你不能完成你的工作，将会被扣除薪水。

小贴士：如果你让某个人等着你的工作结果或等着听你的进展情况，你就一定会加大启动手中任务的力度。

尽管你处理个人事务不必像处理一件指派任务那样投入，但不得不向什么人去汇报项目进展情况的压力会增加你及时启动并完成项目的可能。即使这个人并不支付你的薪水，你还是会在个人荣誉感的驱使下去完成这项任务。

## 委托任务

你是否能将你手上任务的一部分委托出去？尤其是你不愿意做的部分或不擅长的部分。

让我们客观地面对这样一个事实：总有一些工作是无论你多么努力，无论你上了多少堂课，实践了多长时间，都不能掌握的。但会有其他人善于处理它们，那么，就把这些工作委托给他们吧。

如果你并不具备分派任务的能力，你可以去交换任务。作为回报，你要承担对方不愿意或不擅长处理的任务。

小贴士：有些人永远也掌握不了弹钢琴，有些人则永远不会编程序，还有些人永远不会创作，这是人的本性。如果你想要"培养你的天性"，那么就要像 Jim Cathcart 在他的著作《橡树法则》（The Acorn Principle）中所说的那样，通过获得帮助来积累力量、克服弱点。

## 寻求指导

当你的任务正在被拖延时，你的办公室或组织里是否有人简短地告诉你如何去启动这个任务？

特别是对那些潮水般涌来的任务，如果你能找到某些了解情况的人，他们能够帮助你启动，你就应当去向他们请教。这样，在那些人离开之后，你只要继续处理这些任务就可以了。

## （五）帮助自己的方法

如果你面临一项并不令人愉快的任务时，那么在它后面的事情会令你感到愉快。换句话说，只有你先完成了那件令人不愉快的任务，才能去做那件令你快乐的事情。

小贴士：Aubrey Daniels 在《把最好的带给人们》（Bringing Out the Best in People）一书中提出，应当像"外婆原则"所要求的那样，在一次好的表现之后给予一点奖励。正如外婆所说的，如果你不吃完菠菜就不给你吃冰激凌。

### 休息一会儿吗？

一般情况下你之所以没有启动任务，是因为你太疲劳了（见第六课《保持良好的睡眠，让自己处于良好的平衡状态》）。当你很好地休息并补充了充足的营养之后，你就能够大大地提高工作效率。反过来，如果你睡眠不足，饭也没有吃好，最简单的任务在你看来也比实际情况要难得多。

### 为自己设置屏障

有时只是简单地躲到某个地方去，就会使你能够全神贯注地处理手上的任务。

不在办公室，而是在家甚至是饭店的客房里，你也许能工作一整天。关键是让你整个人脱离通常的办公环境，没有人能找到你，这样你就有机会集中全部精力到你应当完成的工作上去。当你完成它们之后，你会发现，没有完成工作的压力消失了！

# 十、心理调适的方法

## （一）培养多样的兴趣爱好

（1）养花种草

在阳台上或居室中种植数盆鲜活的花草，经常浇水、施肥、剪枝、扦插、移植。悠然自得地养花种草，不仅可使自己心情舒乐爽然，而且对于治疗高血压、动脉硬化、心脏病、神经性头痛、消化道溃疡等慢性疾病也都有一定的辅助作用。最近，一些医学专家研究发现，当人置身于花丛之中时，芬芳扑鼻的花草味还可以用来治病，特别是对忧郁症、焦虑症、恐惧症等这些牵涉心理的病症具有特殊疗效。如天竺花香能使人神经安定镇静，促进睡眠，消除疲劳；米兰香味能使气喘病人感到心情舒适；薰衣草的花香能使心动过速病人的心率得到缓减；丁香花香对牙痛病人有镇痛安静作用；茉莉花能使人沉静轻松；桂花香气沁人肺腑，能使疲劳顿消。

（2）欣赏音乐

"感人心者，莫先于乐。"优美的音乐可通过听觉器官作用于人体，会使组织细胞产生同类良性共振，从而调节人体生理节律，激发人体潜能，使各组织器官的生理机能处于一种和谐状态。经常欣赏优美动听的音乐，不仅有益于启迪心灵、陶冶情操，而且还有舒气畅胸、愉悦心情的良好作用。国外有很多医生用音乐来止痛、解毒、消除紧张情绪，并治疗神经衰弱和失眠等症。

丁香花

（3）书法绘画

书法和绘画讲究执笔和运气，作书画如同练气功一样，是最佳的养心健身方法之一。挥毫练笔不仅可使人得到艺术上的高雅享受，而且能和气血、活经络、平衡阴阳、修身养性。做书法绘画时，"意在笔尖""凝神静思"，尤其是在郊外一边写生作画，一边欣赏自然风光，更是情趣盎然、有益于身心健康。作书画时，一个人的内心处于安静和谐的状态，因此一切烦恼和杂念都抛到了九霄云外。所以当各种压力增加，处于焦虑或忧郁状态时，适当练练书法和绘画，有利于调节身心的健康。

（4）静心读书

书是文化的沉淀和传递，是慰藉心灵的良药。读书可以使人知识渊博、明辨是非、懂得科学、趋利避害。此外，读书可以提高人的品性和修养，增加智慧和能力，俗话说"腹有诗书气自华"，讲的就是这个道理。国内外的医学心理专家发现，阅读书报对人可以起到调节情感、消除烦恼、淡化忧郁心理、减轻疾病的作用。据报道，德国就有医院为病人开设了专门的图书馆，使不少慢性病，尤其是神经系统及心理疾病的患者因沉湎于书中而很快康复。

## （二）培养主观幸福感

（1）什么是主观幸福感

主观幸福感（Subjective Well-Being，简称SWB）主要是指人们对其生活质量所做的情感性和认知性的整体评价。在这种意义上，决定人们是否幸福的并不是实际发生了什么，关键是人们对所发生的事情在情绪上做出何种解释，在认知上进行怎样的加工。因而主观幸福感是一种主观的、整体的概念，它是评估相当长一段时期的情感反应和生活满意度。

（2）主观幸福感的影响因素

第一，环境因素。影响主观幸福感的环境因素包括社会环境因素，家庭环境因素，工作和学习环境因素。

第二，遗传因素。研究发现遗传基因对主观幸福感有明显的影响。明尼苏达大学Tellegen等著名的双生子研究发现：在不同家庭环境中抚养长大的同卵双生子，其SWB水平的接近程度，比在同一个家庭中抚养长大的异卵双生子要高得多。有学者认为，人具有快乐或不快乐的基因素质，气质的差异导致个人体验主观幸福感的水平不同。

第三，遗传一环境因素。影响主观幸福感的遗传一环境因素包括：年龄因素，性别因素，人格因素等。

（3）如何培养主观幸福感

如何不断提升个体主观幸福感，促进个体心理和谐，为构建社会主义和谐社会创造一个和谐、健康的心理环境，这无论对个人发展还是对国家与社会进步都是有益处的。提升个人主观幸福感可以从以下几方面入手：

①悦纳自己，促进个体内部心理和谐。所谓悦纳自己，就是愉快地接受自己，包括对自身缺点的认识和接受。一个跟自己过不去的人是很难幸福快乐起来的。懂得爱自己非常重要，甚至可以说是一生幸福的基石。人的一生就是不断接受自己与不断完善自己的过程。悦纳自己，积极调试自己的心态，使个体内部心理时时处于和谐状态，无疑是提高主观幸福感的有效途径之一。

②拥有一颗平常心，促进人事心理和谐。人生不如意之事十有八九，拥有一颗平常心，对生活中不良事件的免疫力自然会增强。世人的人生境遇各有不同，却有相当一部分愁苦是因心态的不平衡引起的，其实挫折、打击也是生活阅历的一种积累，是走向幸福生活的历练过程。因此，以平常心对待世事，促进个体人事心理和谐，也是

增强个体主观幸福感的重要途径。

③宽容他人，促进人际心理和谐。宽容是一种美德，更是和谐人际关系的纽带和桥梁。人人都希望有高的主观幸福感，但是这种幸福并不是因为拥有得多，而是因为计较得少。宽容是海纳百川的气魄和胸襟，斤斤计较可能会得到一点小利，却失去了宁静和平的心态与和谐的人际关系。因此，宽容别人实际上是善待自己，和谐了自己的人际关系，无形中提高了自己的主观幸福感。

④人与自然和谐相处。人与自然和谐相处是一种幸福。要做到人与自然的和谐共处就必须了解自然规律、尊重自然规律、承担起自然平衡的责任。有很多事其实都可以从自身做起，虽然有些看起来都是些不起眼的小事，却能避免对自然的破坏，只有这样，我们才能与自然和谐相处，也唯有如此，才能幸福生活，享受强烈的主观幸福感。

## （三）提高自我效能感

（1）自我效能感的定义

自我效能感的概念是1977年美国心理学家班杜拉在《自我效能：关于行为变化的综合理论》中最早提出的，指的是"人们对自身能否利用所拥有的技能去完成某项工作行为的自信程度"。

（2）自我效能感的功能

自我效能感具有下述功能：

①决定人们对活动的选择及对该活动的坚持性。

②影响人们在困难面前的态度。

③影响新行为的获得和习得行为的表现。

④影响活动时的情绪。

（3）自我效能感改变的因素

①成败经验。一般而言，成功的经验能提高个人的自我效能感，多次的失败会降低自我效能感。但这还要受个体归因方式的影响。

②替代性经验。人们通过观察他人的行为而获得的间接经验会对自我效能感产生重要影响。

③言语劝说。言语劝说的价值取决于它是否切合实际。缺乏事实基础的言语劝说对自我效能感的影响不大，在直接经验或替代性经验基础上进行劝说的效果会更好。

④情绪反应和生理状态。个体在面临某项活动任务时的身心反应、强烈的激动情

绪通常会妨碍行为的表现而降低自我效能感。

⑤情境条件。不同的环境提供给人们的信息是大不一样的。某些情境比其他情境更难以适应和控制。当一个人进入陌生而又易引起焦虑的情境中时，其自我效能感水平与强度就会降低。

（4）提高自我效能感的策略

①及时鼓励、正确评价，增加公职人员工作的成功体验。一方面，为了减少公职人员的挫败感，要及时并多鼓励他们努力工作。张大均在自己主编的《教育心理学》中就这样写着："当人或动物接连不断地受到挫折，便会感到自己对一切都无能为力，丧失信心，这种心理状态被叫作习得无助感。"这种"无助感"会严重影响公职人员的工作热情和工作信心，从而导致工作效率的降低。另一方面，正确评价，可以激发公职人员的自尊心，上进心。取得积极效果的评价应该注意以下几点：第一，评价要客观、公正和及时。第二，评价要根据公职人员的心理的发展水平、气质、性格等特点。一般来说，鼓励应该多于批评和指责可以更加激发起公职人员的工作动机。

②重视榜样的作用，加强公职人员的替代经验理念。运用先进的榜样教育公职人员，已成为古今中外经常使用，广泛开展的一种教育活动。先进的榜样对公职人员的影响是巨大的，榜样对他人的影响并不是指任何榜样对任何公务员所起的作用都是相同的。俗话说："人上一百，形形色色。"孔子在《论语》中提道："三人行，必有我师焉，择其善者而从之，其不善者而改之。"所以，在给公职人员树立榜样时要看到每个人的差异性，公职人员自己要有主动，从而学习他人的长处。树立榜样时应该注意以下几点：第一，榜样的可接近性。使公职人员感到有相似的条件可以学到。只有这样的榜样才可以对别的公职人员产生足够大的影响。第二，榜样的权威性。即公认为是学习的榜样，从而引起敬仰之情。第三，榜样的特点突出，使公职人员感到有兴趣。这样才有能激起他们的共鸣，增强模仿学习的动力。

③引导公职人员正确归纳，促进他们工作的积极性。按照归因理论，公职人员把事业的成功与失败归因于能力、努力、任务难度、运气等因素，并提出归因的可控性、内外部性、稳定性三个维度。公职人员所采取的归因方式会影响其对未来成功的期望、情绪反应、任务选择、努力程度、坚持性以及工作业绩。研究表明，个体的归因对其自主工作有重要的影响。

# （四）建立稳固的心理支持系统

心理健康有三个保护层：第一个保护层是我们自己，就是我们前面讲到的通过认识减压、情绪管理等提升自己的自我保护能力；第二个保护层就是支持力量，当遇到人生难题的时候，是不是有人能给你一种支持的动力、包括现实帮助也包括精神鼓舞。第三层是专业人士、专业机构提供帮助。目前社会上帮助力量还很薄弱，不仅专业人士和机构少，很多公职人员在承受着巨大心理压力时，要求帮助的动力也不足，所以建立稳固的心理支持系统非常重要。当我们遇到工作难题、生活烦恼、情感困惑、疾病困扰等人生难题时，这个系统能够给我们最强有力的支持。如果没有这个力量，心理问题出现的概率就大大增加。

为此，我们要通过以下途径建立心理支持系统：

（1）构建稳固的家庭关系

稳固和谐的家庭关系可以为我们提供心理安慰和支持。当我们遇到困难和挫折时，当我们心灵受到伤害时，当我们情绪出现波动时，家庭可以为我们提供倾诉的场所，家人可以为我们带来心灵的慰藉和情感的支持，所以我们在进行心理调适时，通过构建和谐的家庭关系可以为我们提供心理支持。

（2）提升交友的质量

好的朋友是一面镜子、一个参谋、一个同伴，好的朋友可以提升自己的道德，净化自己思想，正像孔子说的"益者三友，损者三友。友直、友谅、友多闻，益矣。友便辟、友善柔、友便佞，损矣。"公职人员应该谨慎交友、从善交友、择廉交友。具体事项一是应该多交富有正直心、正义感、讲原则的朋友，以良友为镜，及时发现和改进自己的缺点错误，从而提高工作水平。二是要注重沟通交流，沟通交流是公职人员保持心理健康的重要方式。

（3）充分发挥心理咨询机构的作用

随着经济的发展、社会的进步，心理咨询机构不断健全，服务质量不断提升，一些心理咨询和机构可以为公职人员提供高质量的心理咨询、心理诊断和心理干预，从而达到降低心理压力、解决心理困惑、重塑个人心理的目的。要达到此目的有两点需要注意，一是政府要规范和鼓励心理咨询机构的发展，二是加大心理咨询机构工作人员的培训力度，提升他们进行心理服务的能力和素质。

（4）注重媒体对公职人员心理的调适作用

在媒体上加强对公职人员进行心理调适的宣传，针对当前公职人员心理存在的问题，正确地宣传对公职人员进行心理调适的必要性与重要性，并定期介绍减轻公职人员心理压力策略与方法，引导他们正确地面对工作和生活中的种种问题，从而树立积极向上、乐观洒脱的心态，为公职人员重塑健康、和谐的心灵世界。

## （五）协调生活方式

1. 营养与膳食

营养与膳食和缓解压力有着紧密的联系，正确的营养搭配与合理的膳食规律有助于增强人们抵抗压力的能力。

（1）营养膳食与减压的关系

为了应对工作和生活的诸多压力，应该吸收足够多的能量来满足压力的需要。公职人员经常感觉疲惫不堪，这与日常压力下食欲不振、饮食营养搭配不合理或膳食习惯存在问题有关。现代工作和生活经常无规律，失调的饮食习惯和营养搭配是压力未见减小的一个原因。

热能和脂肪摄入过度会引发肥胖，肥胖又会增加患癌症、糖尿病和心脏病的概率，这些疾病又会成为压力源。胆固醇过量会增加患心脏病的危险，并且会导致极度的恐惧、焦虑和悲伤。糖的摄入量增加会造成热量过剩，因此会导致情绪的波动。盐摄入过量会使血压急剧升高，因此会导致易怒或情绪波动。维生素或矿物质摄入不足会导致精神不振、失眠、焦虑或易怒。过量的酒精摄入会带来很多危险，对肝脏和大脑会造成伤害。

（2）减压膳食与营养搭配

在饮食上，有很多食物有安神、补脑、催眠的作用，可以帮助人们减轻压力，调节情绪。下面介绍几种食品仅供参考：

①酸枣仁。有安神、宁心、敛汗、养肝的功能，可以有效缓解虚烦不眠、烦渴惊悸等症状。能够起到镇静、催眠的作用，炒食口味更佳。

②灵芝。有益气、安神、养心、止咳平喘的功效，可以用来治疗神经衰弱、失眠、消化不良等慢性疾病。临床试验表明，灵芝能够增强中枢神经系统的功能，改善冠状动脉的血液循环，调节血压，对长期失眠、神经衰弱引起的心悸不安、精神疲惫、容颜憔悴等症状具有显著的疗效。

③莴笋。具有镇静、安神的功效，特别是莴笋汁可以利五脏、通经脉、开胸膈，

有助于缓解精神压力过大而导致的失眠等症状，睡前食用，效果更加明显。

④莲子。有镇静、养心、安神之功效，可与芡实、糯米煮粥食用，对过分焦虑、神经衰弱等症状有明显的治疗作用。

⑤糯米。补气血，暖脾胃，适于身体虚弱、神经衰弱的人食用，加红枣煮粥食用效果会更好，可以温养五脏、益气安神。

⑥龙眼。龙眼是一种补脑安神、滋补强身的食品，尤其适用于忧思过度引起的健忘失眠、心慌乏力、头晕心悸等症状。龙眼中含有丰富的葡萄糖、蔗糖、维生素等营养物质，能够滋养大脑神经组织，调整大脑皮层的功能，从而改善失眠、健忘等症状，增强记忆力。

⑦小米。又称粟米，性味甘咸、凉。《本草纲目》中说："粟米煮粥食益丹田，补虚损，开肠胃。"说明小米有健脾、养胃、安眠之功效。现代医学研究表明，食物蛋白质中的色氨酸可以使大脑神经细胞分泌出一种血清素（5-羟色氨），它可以抑制大脑的活动，催人入睡，使人产生困倦的感觉。这种物质分泌的越多，人就越容易进入睡眠状态。而小米是色氨酸含量最高的谷物，所以晚饭喝一碗小米粥，有助于缓解压力，轻松入睡。

⑧牛奶。牛奶是一种较为理想的治疗失眠的食物，牛奶中含有催眠作用的物质色氨酸，可以催人入睡。此外，温热香醇的牛奶使人产生温饱感，可以增加安眠的效果，而且牛奶的催眠作用是逐渐增强，不像其他安眠药催眠作用逐渐减弱，所以牛奶可以使人后半夜睡得更香。

（3）培养合理的饮食习惯

培养合理健康的饮食习惯，不仅可以补充人体所需的各种营养，而且欢乐融融的就餐氛围会让人心情舒畅，因此养成合理的饮食习惯是非常必要的。

合理安排膳食结构。合理的膳食结构应该：品类齐全营养丰富；各种营养比例适当；满足人体所需，不能过多也不能过少；有利于消化和吸收。

此外，还应注意以下问题：

①饮食保持清淡，少吃油腻。油盐放置要适量，过多的脂肪和盐分的摄入会引发肥胖和高血压，危及身体健康。

②选择低糖、低咖啡因的饮料。含高糖、高咖啡因的食物和饮料摄入过多会造成人体生理的失衡，引起情绪焦虑、精神萎靡等症状，对肠胃、脑等器官有损害作用，甚至引起心血管疾病，应尽量少用。

③饮食中要含有足量的维生素和矿物质。维生素可分为脂溶性维生素（维生素 A、D、E、K）和水溶性维生素（复合维生素 B 及维生素 C）。在压力情境下，水溶性维生素更容易被破坏。为了更好地应对压力，平衡饮食中含有的维生素数量，应该增加维生素和矿物质的补充量。

④保持合理的用餐规律。在用餐时间上，应结合个人的生活规律、作息安排进行合理的规划，保证大部分时间能够按时用餐，这样不仅可以恢复精神，保持良好的状态，而且肠胃可以得到很好的保养。不规律的用餐可以导致血糖的不平衡，会让人感到精神疲惫，神志模糊。对于公职人员来说，早餐的重要性应该放在首位，因为早餐不仅有助于补充上午工作的能量与营养的需要，平衡血糖，而且可以使公职人员以充沛的精力去迎接一天的挑战，如果早餐的营养跟不上会导致大脑缺氧，使人疲惫不堪，从而影响工作效率。

⑤营造舒适的用餐氛围。轻松快乐的用餐环境不仅可以使人心情舒畅，还可以帮助消化，放松神经，获得休息。所以选择自己喜欢的就餐方式和用餐环境，如选择布置温馨的烛光晚宴，可以使人在这样的氛围下心情愉快，忘却烦恼。舒适的用餐氛围可以使一家人欢乐融融，既可以使人得到放松，又可以增进亲人之间的感情，使我们充满信心地去面对各种压力和挑战。

2. 运动与锻炼

（1）平衡运动

距今 4 000 年左右，针对各类疾病、健康和亚健康问题，我们的祖先主张采用"导引"运动的方式，即所谓"舞以宣导"的歌舞运动进行调养。我们现在所见的五禽戏、易筋经、八段锦、太极拳等多种传统养生方法，就是这种"导引"运动的延伸。

现在人们喜欢将"过劳"和"过闲"引发的非健康、非疾病状态，称之为"亚健康"状态。然而，"生命在于运动"的真谛，并不包含"过闲"和"过劳"两种运动，而在于适时、适量、适度、愉悦的个性化运动——平衡运动。所谓平衡运动，乃是养生运动的根本所在，其目的在于全面提升生命质量。

人们开始用更加科学的"运动"方式来养生，结果就形成了以"平衡运动"为主流的运动养生方式。运动养生的基本特点是以"动"促"生"，动静结合，不仅带有体育运动倾向，还带有休闲娱乐倾向，它特别强调适时、适量、适度、愉悦一体化的平衡运动。适时，是指不仅运动要选择合适的时间，而且运动的时间要合适。一般而言，养生运动的最佳时间是下午，每次 30 分钟到 60 分钟为佳。适量，是指运动的量要达到个体心身最佳适应次数，不能过多，也不能过少。适度，是指运动的度要适合个体心身最佳适应限度，不能过大，也不能过小。愉悦，是指运动时要使个体心身保持轻松、舒畅的整体愉悦状态，不要带着愤怒去做养生运动。

（2）运动的形式

运动的形式有很多，归纳起来主要有：

①散步：每日慢步有益于身心健康。民间谚语曰："饭后百步走，活到九十九。"持之以恒，方可见功。

②跑步：提倡以适当的速度跑适当的距离，太短、太慢难于起到健身作用；太快、太长则以竞赛为目的而非健身了，应量力而行，要持之以恒。

③健身操和健美操：徒手操如早操、工间操、课间操，均属健身操类，目的在于全民健身，人人可行。时下流行的健美操，则要求更高，运动量更大，可以增强肌肉，使体形匀称健美，主要适应于中青年人。

④登山：是良好的户外运动。孔子曰："仁者乐山、智者乐水。"登山之乐，由来已久。

⑤游泳：游泳是一种全面锻炼身体素质的运动。《论语》中有"暮春之日，春服既成，冠者五六人，童子六七人，浴乎沂，风乎舞雩，咏而归"，俨然是一种集体的活动了。

⑥武术：可分徒手及持械两大类，其目的既有技击格斗、御敌防身的一面，亦有强健体魄、养生延年的一面。

（3）运动的功效

适度的运动有利于增强心血管和肺部的功能，缓解心血管疾病发生的概率，具体功效有：

①降低血压。

②减少胆固醇与甘油三酯。

③降低肌肉紧张度。

④减少脂肪。

⑤提高睡眠质量。

⑥延缓衰老。

3. 休息与放松

适当休息有利于提高工作效率。试验证明如果工人连续工作能实现100%，如果分段后，中间有休息时间，则完成任务的结果是200%。头脑绷得太紧使人疲劳，车轮大战让人疲惫，紧张促使疲劳加倍。适当的休息会让效率提高，保持放松至少保持正常水平，有可能还会超常发挥，这样的状态是最佳状态。身体再累精神是饱满的，人不会疲惫；如果身体是正常的，精神是疲劳的，则人是疲惫的。公职人员要想更好地完成工作，就应当适度地休息。

比适当休息更重要的应该是放松，如果在重压之下工作，不仅工作会让体力透支，并且压力会让人精力消耗殆尽。身体上的消耗可以通过休息恢复，而精神上重负只能靠放松来卸下。休息是简单的，而精神上重负靠停下来不干活是不能解除的。如解除必须是放松，放松的是头脑中那紧绷的弦，一切顺其自然。其实放松就是在工作时关注于工作的过程，而忽略工作的结果，没有结果上的要求，自己自然压力减小，压力减小自然工作效率可以达到正常水平。

（1）放松的方式

①打盹：学会在一切场合，如走廊、汽车里，打盹10分钟，这会令你精神振奋。

②想象：通过想象一个你所喜爱的地方，如大海、高山等情境放松大脑。

③按摩：紧闭双目，用自己的手指尖用力按摩前额和后脖颈处，有规律地向一定方向旋转，不要漫无目的的揉搓。

④调整呼吸：快速进行浅呼吸。为更好放松，慢慢吸气、屏气，然后呼气，每一阶段持续八拍。

⑤摆脱常规：尝试用一些不同的新方法，做一些你不常做的事，如双脚蹦着下楼梯等。

⑥放松反应：舒适地坐在一个安静的地方，紧闭双目，放松肌肉并调整呼吸。

⑦发展兴趣：培养自己对各种有益活动的兴趣，并尽情地去享受。

⑧伸展运动：伸展对消除紧张十分有益，它可以使全身肌肉得到放松。

⑨沐浴时唱歌：每次洗澡时放开你的歌喉，尽量拉长声调。因为大声唱歌需要不停地深呼吸，这样可以心情愉快。

（2）瑜伽休息术

瑜伽休息术是古老瑜伽中的一种颇具效果的放松艺术。在整个练习过程中，需要完全集中意识且放松身体而让其休息。对于过于繁忙、缺少睡眠的人们，十五分钟左右的瑜伽放松术就能使人恢复精力。在瑜伽课程中，每个动作间以及课程结束部分都会加入休息术，这有助于练习者肌体和精神的超量恢复。瑜伽休息术的练习方法也非常的简单，三种常用的技法：训练法、意境法和休息法。练习者可以根据情况来选择放松的方法，前两种是比较简单的放松方法，适合没有太多时间做放松练习的人，而休息术是循序渐进的，全面的放松，进行时间越多，效果也会更好。

4. 保持良好的睡眠

（1）睡眠的作用

①消除疲劳，恢复体力。

②保护大脑，恢复精力。

③促进生长发育。

④提高人体的免疫力。

⑤延缓衰老，促进长寿。

（2）影响睡眠的四大要素。

①睡眠时间。人的睡眠是分周期的，有深睡期与浅睡期之分。人的最佳入睡时间为晚上十点左右，最晚不能超过十一点。在浅睡期，即使睡得时间很长，还是不如在深睡状态下睡眠效果好。正常人睡眠时间一般每天八小时左右，入睡快而睡眠深，一般六个小时可以完全恢复体力。但如果入睡慢而睡眠浅，易醒多梦的人，即使睡眠十个小时也难以恢复体力。因此，睡眠时间太长或太短对身体都不好。

②睡眠环境。睡眠质量的好坏与睡眠环境密切相关。在15~24℃的温度中，人可以安然入睡，如果太热或者太冷都会使人辗转反侧，难以安眠。如果迁入新居或暂住他处，对新的环境不适应，很容易导致失眠。室内的空气、周围的声响、灯光的强弱都会影响人的正常睡眠。

③睡眠用具。床的硬度应当适中，过硬的床会使人不舒服；如果睡床过软，则会使脊柱处于弯曲状态，造成脏器的挤压或拉伸，也难以安眠。睡眠与枕头的高度有关，如果枕头过高，天长日久会导致颈椎病。此外，枕芯应选用吸收性和透气性较好的材料，并经常翻晒，保持卫生。

④睡眠姿势。睡眠姿势一般以右侧为主。因为心脏在左侧，应尽量避免对它的压迫。患有高血压的人应适当垫高枕位，四肢疼痛的人应当避免压迫患处。总之，选择适当的睡姿有利于提高睡眠的质量。

（3）促进睡眠的方法

①劳逸适度，改变不良生活习惯。戒烟、酒，忌辛辣刺激食品，如咖啡、浓茶等。晚餐不要过饱。

②适量选食一些有助于神经功能的食品。如河鱼、海鱼、牡蛎、虾、泥鳅、猪肝、

猪腰、核桃、花生、苹果、蘑菇、豌豆、蚕豆、牛奶等。

③睡前半小时不再用脑，在安宁的环境中听听柔和优美的音乐。难以入睡者还可以做一些外出散步之类的松散活动。

④上床前以40~50℃温水洗脚后，搓揉脚底片刻。冬天更应该将脚部搓至温热。

⑤忌用热性补药，如鹿茸、人参、附子等。

⑥经常参加种花养草等园艺活动，陶冶性情，消除紧张焦虑情绪，使心理趋于平衡。

⑦睡前喝一杯牛奶或吃一点甜食，有助于提高睡眠质量。

⑧清早迎着太阳活动，锻炼半小时左右，有助于体内生物钟的调整。

5. 戒除精神药物与不良嗜好

（1）戒用精神活性药物

精神活性药物主要分为三大类：镇静剂、兴奋剂和致幻剂。

镇静剂是一种抑制中枢神经系统兴奋度、舒缓身体机能、稳定人的行为的药物。常用的镇静剂有巴比妥酸盐和止痛药。兴奋剂是一种增强神经系统兴奋度的药物，最常用的兴奋剂有咖啡因、尼古丁、可卡因和安非他明。致幻剂是一种能够改变知觉体验并使人产生幻觉的药物，如麦角酸二乙基酰胺、大麻和摇头丸等。

人们一旦服用这些精神活性药物，就会形成明显的依赖性，虽然可以短时间舒缓烦闷和疲劳，但是对人的身体伤害是巨大的，因此应远离这些精神活性药物。

（2）戒除不良嗜好

酗酒是一种不良的嗜好，美国大约有140万酗酒者，每年因为酒后驾车引起的交通事故会夺去20 000条生命，还会造成150万人受伤，超过60%的杀人事件与酒精有关。世界卫生组织早已宣布：酒精是仅次于烟草的第二号杀手。人过中年，应当戒除各种恶习，不饮烈性酒，更不要醉酒和嗜酒。酒精依赖又称酒瘾或酒癖，指长期饮酒者对酒产生了一种精神上和躯体上的依赖。其表现特点为：①易产生焦虑、抑郁情绪；②幻觉症；③柯萨可夫综合征（又称遗忘综合征），表现为识记能力发生障碍，近记忆缺损，对刚发生的事不能回忆，对多年以前的事却能正确回忆等。

吸烟危害健康已是众所周知的事实。香烟点燃时所释放的化学物质主要是焦油和一氧化碳等化学物质。吸烟者患肺癌的危险性是不吸烟者的13倍，如果每日吸烟在35支以上，则其危险性比不吸烟者高45倍。吸烟者肺癌死亡率比不吸烟者高10~13倍。肺癌死亡人数中约85%由吸烟造成。冠心病发病率吸烟者较不吸烟者高3.5倍，冠心病病死率前者较后者高 6 倍，心肌梗死发病率前者较后者高 2~6 倍。综上所述，借助烟酒等不良嗜好来稳定情绪的做法是不可取的。

# 十一、养成压力管理的好习惯

## （一）避开产生压力的刺激因素

在当今这个繁忙的世界中，产生压力的刺激因素无处不在，所以我们要尽量避开那些表面上的压力刺激因素，只把注意力集中在那些真正重要的事情上。比如，避开那些会对你产生负面影响的办公室政治和工作中的人际矛盾。部门内部和部门间的竞争会导致人为的竞争意识和危机意识的产生。真正的团队协作和共同的活动有利于营造一个更加高效的工作环境。如果你有能力让你的同事远离争斗，并带领他们建立一个彼此之间相互联系的团队，你在帮助自己的同时，也对公司的建设做出了巨大的贡献。

另外，要限制过多的媒介刺激。网上大量闪动的广告、过于忙碌的网页、慢得几乎让人发疯的下载速度、令人吃惊的弹出式菜单等都会加重你的焦虑程度。所以，要跳过那些过于夸张的、不幸的新闻报道，因为这种新闻的目的之一就是刺激你产生焦虑情绪。也不要总看电视，因为它是另外一个额外信息和额外压力源。

最后，要限制含咖啡因的饮料、酒精和糖的摄入量。这些物质看似暂时能提供给你想要的东西，比如，咖啡因可以让人保持警觉；糖可以迅速提神；酒精能让人放松，但这些物质所产生的效果都是表面的。过多摄入这些物质不但不会帮你解压，结果还会适得其反。

## （二）采用一些解压绝招

要把解压绝招融入你的日常工作中。一想到又要召开一次长期的预算会议，一听到主管领导马上要见你的消息，或者一个工作狂告诉你她整个周末都在加班，你的身体立刻就会紧张起来，这时，这些解压绝招就会对你大有帮助。这些解压绝招会很轻松、很自然地帮助你度过这些紧张的时刻，使你能够更好地享受生活和工作带给你的快乐。

尝试"迷你型"放松疗法。所谓"迷你型"是指，一旦开始感觉压力过大时，你马上就可以采用的一种短小版本的放松疗法。如果你并没有太多时间用来放松，你就可以采用以下提到的这些做法来帮助你解压。

深深吸一口气，屏住呼吸几秒钟，然后再把气体慢慢地呼出来，呼气的同时要不断重复你事先选好的词。

把右手放在肚脐正下方。把注意力全部集中在呼吸上，把气体一直吸到肚脐处。第一次吸气时说数字"十"，然后呼气。再吸气时说数字"九"，然后呼气。一直重复这样的动作，直到数到"零"为止。

用鼻子吸气，用嘴呼气，连续重复十次。仔细体会吸入的气体有多凉，呼出的气体有多热。

把气体想象成一朵云。当你呼吸时，把吸入的气体想象成一朵云，先是充满你的身体，然后再慢慢离你而去。

享受幽默带来的快乐。大笑可以把由于紧张而变得僵直的面部表情变得更加轻松、更加灵活。幽默也是把消极的自我对话变成更加积极、更加有趣的自我对话的一种方式。

从工作带给你的压力和焦虑中跳出来，尝试看到事情有趣的一面。

从每天的工作和生活中去寻找幽默。密切注意那些巧合事件、小讽刺和小矛盾。

边玩边工作。你可以把完成一些日常工作看作是在玩游戏。

收集一些卡通图片来装点你的工作空间。

把有些事情夸张到近乎荒谬的地步。跳出你的常规界限，或偶尔说一些出乎意料的话。

把你经常说的那些消极的自我对话的台词转换成一些有趣的对话。比如，你可以把"这样的事情总会发生在我身上"变成"我只能拿出60%的时间来处理这样的事"。

注释：不要把幽默误以为是嘲笑。嘲笑别人，或者把自己的快乐建立在他人的痛苦之上，一点都不有趣，相反它却会给他人造成伤害。真正的幽默应该建立在相互尊重的基础之上，而且还要在幽默中照顾到每个人的情绪。

休息片刻。我们的身体和心理都需要暂停，也就是暂时从我们的工作和日常活动中脱身出来去休息一下。密切注意你的压力和精力水平。当感觉到压力开始逐渐增加，精力开始逐渐下降时，你可以休息片刻。工作中的一些解压方式包括：

听音乐；

散步；

与朋友闲聊；

爬楼梯。

这些都是些简单的、日常的休息方式。除此之外，你还需要安排一些更长时间的休息，比如延长的周末或短期度假，骑车去乡下，找个包食宿的地方住下来，去徒步旅行或者钓鱼，或者哪怕只是读一本好书。彻底对你的工作和生活节奏做些调整会使你用一种全新的方式去看待你的工作世界，这样你的压力就会变小，精力就会变得更加充沛。

所有这些方法都可以帮助你解压，进而帮助你恢复旺盛的精力。忙里偷闲、放松、愉悦感意味着你的压力和焦虑感变得越来越小。

# 第七章　冲突管理

## 一、冲突管理概述

冲突反映的是有关当事方目标的不相容性，而不一定以暴力为标志，所以冲突管理也不一定以暴力为界限。冲突管理作为处理冲突的一种战略，其实就是进行维持和平的工作。冲突管理是冲突已经显现、预防性措施已经无助于缓解冲突双方的敌对之时启动的，但却不一定非以暴力行为的产生作为界定冲突管理的下限。因此，冲突管理应当是在冲突显现而非必须在暴力行为发生之后采取的一种应对冲突的战略。其核心要素为三部分：控制冲突的继续升级，最大限度地减少冲突导致的危害性，促进冲突各方的理性沟通与合作。

冲突管理可以认为是为解决冲突创造条件的行动，其目的在于改变冲突双方的互动方式，使冲突关系从毁灭性向建设性转变。从现实看，冲突管理旨在对不相容性进行协调和管理，通过谈判、调停等第三方介入的方式和冲突管理的框架性机制等对冲突予以引导性管理，防止冲突演变成剧烈的暴力行动，为解决冲突创造条件。

瑞典的尼科拉斯教授认为冲突是"两方或多方在同一时间意识到的在某个问题立场上的差别"。可以看出，无论是哪位学者，都有这样的认识：冲突是关系的一种，而冲突理论是关系管理理论的重要组成部分，由于冲突具有最根本的价值矛盾性，才会不断发展和升级，也才延伸出对冲突进行管理的冲突管理理论。

**冲突解决与冲突管理的区别**

| 比较项目 | 冲突解决 | 冲突管理 |
| --- | --- | --- |
| 哲学理念 | 冲突代表体系出了差错 | 冲突代表体系的正常部分 |
| 基本心态 | 冲突双方一定要分出胜负 | 冲突可能是为了达成共同的目标 |
| 处理方式 | 利用各种手段消灭冲突 | 以理性的态度寻找处理冲突的最佳途径 |
| 处理态度 | 防卫自己，压制他人 | 开放自己，愿意改变立场 |
| 对冲突的忍受 | 无法忍受冲突的存在 | 对组织有利的冲突可以存在 |

从方法论的角度分析，冲突管理不能视为范围中的一点，而是连续体上的一点。冲突管理是冲突预防之后、冲突解决之前的一个中心环节。它既是在冲突预防失效之后的补救措施，又是冲突解决的理想未达成之前的处置策略。从时间上看，冲突管理处在冲突发展的中期，以暴力的发生或即将发生为切入点。多数情况下，冲突管理是指解决暴力与暴力冲突的方式，将冲突置于纯粹的政治层面上予以缓解，也就是控制冲突的范围和烈度，避免冲突的升级或失控。

在具体操作上，冲突管理是在一定组织内的活动，包括冲突管理者对冲突进行分析、评估和对其管理进行可行性研究；确定管理的目标、计划及程序安排；调动可调动的资源实施管理计划，对各方进行引导和沟通。其中的关键环节是采取切实措施对冲突进行控制和监督，保证管理的操作运行与管理目标相一致。

冲突管理对企业组织中存在的冲突形成了三种不同的观点。

第一种为传统的冲突观点，认为冲突是有害的，会给组织造成不利影响。冲突成为企业组织机能失调、非理性、暴力和破坏的同义词。因此，传统观点强调管理者应该尽可能避免和清除冲突。

第二种为冲突的人际关系观点，认为冲突是任何组织无法避免的自然现象，不一定给组织带来不利的影响，有可能成为有利于组织工作的积极动力。既然冲突是不可避免的，管理者就应该接纳冲突，承认冲突在组织中存在的必然性和合理性。

第三种是新近产生的冲突的互动作用观点。与人际关系观点只是被动地接纳冲突不同，互动作用观点强调管理者要鼓励有益的冲突，认为融洽、和平、安宁、合作的组织容易对变革和革新的需要表现得静止、冷漠和迟钝，一定水平的有益的冲突会使组织保持旺盛的生命力，善于自我批评和不断革新。

总的来讲，冲突管理是指人们由于某种抵触或对立状况而感知到的不一致的差异。广义的冲突管理应当包括冲突主体对于冲突问题的发现、认识、分析、处理、解决的全过程和所有相关工作，也就是对于潜在冲突（潜在的对立或不一致）→知觉冲突（冲突的认识和个性化阶段）→意向冲突（冲突的行为意向阶段）→行为冲突（冲突主体采取行动阶段）→结果冲突（冲突形成结果及其结果的影响阶段）的全过程进行研究管理。

狭义的冲突管理则着重把冲突的行为意向和冲突中的实际行为以及反应行为作为研究对象，研究冲突在这两个阶段的内在规律、应对策略和方法技巧，以便有效地管理实际冲突。迄今所见的论述冲突管理的文献多立足于狭义冲突管理的范畴。

随着组织或群体内部分工的日益细密、具体，外部环境的复杂多变，竞争的剧烈，技术和信息的进步，不同主体之间的相互交往与互动活动日益频繁，多层次、多类型、多作用的冲突现象十分普遍，冲突问题越来越突出，冲突已经成为一种十分重要的组织现象和社会现象。因此，一个组织、群体或个人能不能学习、掌握和提高冲突管理的科学知识和艺术技巧，能不能及时、正确、有效地实施冲突管理，趋利避害地驾驭冲突，直接影响着自身目标的实现，关系到组织、群体和个人的生存与发展。